KB179743

중국의 전통도덕

중국의 전통도덕

뤄궈제(羅國杰) 주편 / 김승일 감수

초위림 · 김강일 · 이형준 옮김

중화민족 전통미덕의 계승과 확대 발전

- 《중국의 전통도덕》 머리말 -

리란칭(李嵐淸)

중국은 예의지국, 문명고국(文明古國)이라고 세상 사람들은 말하고 있다. 중화민족의 전통문화는 인류문명의 발전에 막대한 공헌을 하였다. 대대로 이어져 온 혁명가들은 중화민족의 우수한 전통문화에 대해 계승 발전시키고 널리 알리는 일을 매우 중시하였다. 마오쩌둥은 "우리 민족은 수천 년의 역사를 가지고 있다. 거기에는 특징이 있고 많은 진귀한 것들이 있다. 이러한 것들에 비해서 우리들은 아직 초등학교 학생에 불과하다. 오늘날의 중국은 중국의 긴 역사과정 속의 한 중국으로서 발전하고 있다. 따라서 우리는 이러한 역사적 전통을 끊어지게 해서는 안 된다. 공자로부터 손중산에 이르기까지 우리는 모든 것을 종합하고 귀납해서 이러한 진귀한 보배들을 계승해야만 한다"고 했다. 덩샤오핑은 우리들에게 "인류사회가 창조한 모든 문명의 성과를 대담하게 흡수하고 거울로 삼아야 한다"고 요구했다. 장쩌민은 중국공산당

성립 70주년 대회에서 한 담화에서 "중화민족은 유구한 역사와 우수한 문화를 가진 위대한 민족이다. 우리의 문화 건설이 역사를 농단해서는 안 된다. 민족전통문화에서 그 정수는 취하고, 조잡한 것들은 버려 시대적 특징에 결합시켜 더욱 발전시키고 새로운 것을 만들어 내어 그 빛이 끊임없이 발양될 수 있도록 해야 한다"고 했다. 중국의 전통도덕은 중화민족이 장기간에 걸쳐 지켜오던 중 서서히 응집되어져 민족정신의 한 중요한 조성부분이 되었고, 이는 중화민족 전통문화의 핵심이 되었다.

중국 특색의 사회주의 건설은 좋은 물질문명을 건설하는 데 있고, 좋은 정신문명을 건설하는 데 있다. 특히 사회주의시장경제 체제 하에서 정신문명 건설은 매우 중요하다. 중화민족의 전통미덕은 의심할 것도 없이 정신문명 건설의 중요한 일면이다. 이러한 전통미덕을 계승하고 널리 알리고자 하는 근본 목적은 혁명전통교육과 결합하여 우리의 민족정신을 더욱 진작시키는데 있고, 나아가 중화민족의 자존심, 자신감, 응집력 등을 더욱 증가케 하는데 있다. 그리고 더 좋은 인간관계를 만들 수 있도록 협조하고, 사회주의시장경제의 건강한 발전을 촉진시키고자 하는데 있다. 나아가 사회주의, 집체주의, 애국주의 사상을 사람들의 마음속에 더욱 깊이 새기도록 하고, 사회문화사상의 주선율이 되게 하여 현대사회의 발전에 적응할 수 있도록 형성시키고, 중국의 특색 있는 가치관과 윤리도덕규범을 형성케 하는데 있다.

청소년의 전통미덕 교육을 더욱 확대 강화시키는 일은 교육에 종사하는 모든 이들과 전 사회가 대면하고 있는 중요한 임무이다. 이에 대해 국가교육위원회는 수십 명의 전문가들이 참여하여 중국전통도덕의 소재에 대해 전면적으로 분석 정리 한 기초 위에서 전통도덕과 시대정신의 결합, 혁명전통과의 상호 결합, 애국주의, 국제주의와 결합시킨다는 원칙에 따라 그 정수를 취하고 분류하여 귀납시킨 후 《중국의 전통도덕》을 편찬하게 된 것인데, 간편본과 복합본으로 되어 있다.

이 책은 덕육(德育, 인격을 닦고 덕성을 기르는 교육 - 역자 주)의 참고 교재로 사용할 수 있는데, 여러 학교에서 사용해 본 후 제언해 오는 각 방면의 의견을 반영하여 다시 한 번 그 역량을 재정비한 다음 이를 기초로 해서 각 학년, 각종 학교 학생들에게 적합한 책이 되도록 재편집하여, 학생들이 쉽게 사용할 수 있는 교과서가 되도록 할 방침이다. 동시에 이 책의 내용이 전화(電化)교육 수단과 문예작품 형식을 통해 전파하도록 하여 전통미덕의 교육을 확대할 수 있도록 할 예정이다.

여러 전문가와 독자들, 특히 교육에 참여하는 분들이 이 책에 대해서 수정해야 할 부분에 대해 지적해 주기를 바라며, 이러한 지적은 곧바로 편집자들에게 전해서 재판을 찍을 때 보다 더 나은 책이 되도록 할 생각이다.

차 례

중화민족 전통미덕의 계승과 확대 발전 / 5

규범편

1장 인간관계에서의 도덕규범 ································· **17**

   이끄는 말 ··· 17

   1절. 공충(公忠) ·· 18

   2절. 정의(正義) ·· 25

   3절. 인애(仁愛) ·· 32

   4절. 중화(中和) ·· 43

   5절. 효자(孝慈) ·· 48

   6절. 성신(誠信) ·· 57

   7절. 관서(寬恕) ·· 62

   8절. 겸경(謙敬) ·· 66

   9절. 예양(禮讓) ·· 71

2장 자기를 다루어 입신(立身)하는 도덕규범 ············· **77**

   이끄는 말 ··· 77

1절. 자강(自强) ································· 78

2절. 지절(持節) ································· 83

3절. 지치(知恥) ································· 87

4절. 명지(明智) ································· 93

5절. 용의(勇毅) ································· 98

6절. 절제(節制) ································· 102

7절. 염결(廉潔) ································· 106

8절. 근검(勤儉) ································· 111

9절. 애물(愛物) ································· 116

3장 직업 도덕과 문명의 예의 규범 ················· **123**

이끄는 말 ································· 123

1절. 경업(敬業) ································· 124

2절. 예의(禮儀) ································· 138

덕행편

1장 천하를 가슴에 품고 국가와 인민을 사랑한다 ············ **151**

이끄는 말 ································· 151

1절. 나라와 국민을 걱정한다(憂國憂民) ············ 151

2절. 국가를 위해 헌신한다(以身許國) ············· 157

3절. 외세의 폭력에 대해 저항하다(抗暴御侮) ········· 167

2장 국가를 위해 공충(公忠)이 되어야 하고, 청렴결백해야 한다

································· **175**

이끄는 말 ································· 175

1절. 공정한 태도로 사사로움을 없앤다(秉公去私) ······· 176

2절. 부정부패를 척결하고 청렴을 제창한다(反貪倡廉) ···183

3장 세속에 휩쓸리지 않고 주체적으로 행동하며, 깨끗한 절개로 자신
을 지킨다 ···187
　이끄는 말 ··· 187
　1절. 정의를 지켜 영합하지 않는다(持正不阿) ············· 188
　2절. 기개를 꿋꿋하게 지킨다(堅守氣節) ················· 191

4장 부지런히 일하고 용감하며, 질박하고 검약해야 한다 ········201
　이끄는 말 ··· 201
　1절. 혹독한 조건 하에서도 분투한다(艱苦奮鬪) ·········· 202
　2절. 질박하고 검약해야 한다(質朴儉約) ················· 206

5장 근면하고 열성적으로 학문을 좋아하며, 스승을 존중하고 도리를
중시한다 ··· 211
　이끄는 말 ··· 211
　1절. 근면하고 끈기 있게 공부한다(勤學苦讀) ············· 212
　2절. 스승을 존중하고 도를 중시한다(尊師重道) ·········· 216

6장 자신을 수양해 스스로를 통제하며, 덕을 숭상하고 의로움을 중시
한다 ··· 221
　이끄는 말 ··· 221
　1절. 마음을 분발시켜 스스로 강해진다(勵志自强) ······· 222
　2절. 스스로를 통제하여 잘못을 고친다(自律改過) ········ 227
　3절. 진실되고 성실하게 약속을 지킨다(誠信守約) ········ 230
　4절. 겸허하고 공손하여 예를 갖춰 양보한다(謙恭禮讓) ·233

5절. 눈앞의 이익을 보면 먼저 의리를 생각한다(見利思義)

.... 237

7장 가정의 화목, 효도와 자애, 우애와 공경 **241**

이끄는 말 241

1절. 부모는 자애롭고 자식은 효도해야 한다(父慈子孝) · 242

2절. 부부는 서로 사랑하고 존경해야 한다(夫妻愛敬) ··· 246

3절. 형은 우애로워야 하고 아우는 공경해야 한다(兄友弟恭)

.... 249

4절. 가정교육을 중시해야 한다(注重家敎) 251

**8장 무리를 즐겁게 하고 조화를 귀하게 여기며, 덕으로써 향리를 화목
하게 한다** **255**

이끄는 말 255

1절. 덕으로서 교우한다(以德交友) 256

2절. 자신에게는 엄하게 하고 타인에게는 너그러워야 한다(嚴
己寬人) 262

3절. 윗사람을 공경하고 아랫사람을 사랑한다(尊老愛幼) 264

4절. 위험에 빠지거나 곤란한 사람을 도와준다(扶危濟困) 266

교육수양편

1장 덕교(德敎)와 수신(修身) **273**

이끄는 말 273

1절. 덕교를 우선으로 한다(德敎爲先) 275

2절. 수신을 근본으로 한다(修身爲本) 282

2장 입지(立志) ·· **287**

　이끄는 말 ·· 287

　1절. 지학(志學, 학문에 뜻을 둠) ·························· 288

　2절. 지도(志道, 도에 뜻을 둠) ···························· 294

3장 위학(爲學, 학문을 닦음, 배움) ················ **299**

　이끄는 말 ·· 299

　1절. 호학(好學) ·· 300

　2절. 박학(博學) ·· 306

　3절. 위기(爲己, 자신을 위함) ···························· 308

4장 존양(存養) ·· **311**

　이끄는 말 ·· 311

　1절. 양기(養氣) ·· 313

　2절. 집의(集義) ·· 316

　3절. 지경(持敬) ·· 318

　4절. 절욕(節欲) ·· 322

5장 극치(克治) ·· **329**

　이끄는 말 ·· 329

　1절. 신독(愼獨) ·· 331

　2절. 자성(自省) ·· 332

　3절. 개과(改過) ·· 333

　4절. 공의(公義)로 사사로움을 극복함(以公克私) ········· 334

6장 역행(力行) ····················· 337

이끄는 말 ······················ 337

1절. 궁행(躬行)과 독행(篤行) ·············· 340

2절. 신언(愼言)과 신동(愼動) ············· 341

3절. 사상마련(事上磨鍊) ················ 342

7장 이상(理想) 인격과 이상 경계(境界) ········· 345

이끄는 말 ······················ 345

1절. 군자(君子)와 성현(聖賢) ·············· 347

2절. 공안낙처(孔顔樂處) ················ 348

3절. 호연지기(浩然之氣) ················ 349

명언편

1장 교화덕치(敎化德治) ················ 353

이끄는 말 ······················ 353

1절. 교화(敎化) ···················· 354

2절. 표솔(表率, 모범) ················· 358

3절. 가교(家敎) ···················· 361

4절. 역속(易俗) ···················· 366

5절. 덕치(德治) ···················· 368

2장 공사의리(公私義利) ················ 373

이끄는 말 ······················ 373

1절. 군기(群己, 무리와 나) ·············· 375

2절. 공사(公私) ···················· 380

3절. 의리(義利, 의리와 사리) ·············· 386

4절. 이욕(理欲) ·· 394

3장 인생처기(人生處己) ·· **399**

이끄는 말 ··· 399

1절. 생사(生死) ·· 400

2절. 역명(力命) ·· 405

3절. 영욕(榮辱) ·· 410

4절. 우락(憂樂, 근심과 즐거움) ·································· 416

5절. 궁달(窮達) ·· 421

4장 대인교우(待人交友) ··· **427**

이끄는 말 ··· 427

1절. 지인(知人) ·· 428

2절. 대인(待人) ·· 430

3절. 교우(交友) ·· 437

4절. 인화(人和) ·· 444

규범편

道

德

1장

인간관계에서의 도덕규범

이끄는 말

중국의 전통 도덕규범은 넓고 심오하며 풍부한 내용을 지닌 체계를 이루어 다양한 측면에서의 규정을 지니고 있다. 본 장은 인간관계에 착안하여, 9가지의 큰 기본적 규범을 선별하고 개괄하였다. 첫째는 공충(公忠)인데, 이는 개인과 국가·천하 사이의 관계를 다루는 도덕규범을 말한다. 둘째는 정의(正義)로서, 인간관계와 이익관계를 다루는 도덕적 원칙을 말했다. 셋째는 인애(仁愛)로서, 사람과 사람이 함께 지내는 도리를 말했고, 넷째는 중화(中和)로서, 자신을 다루고 타인과 어울리고 외부에 대해 대응하는 중, 마땅히 지켜야 하는 언행에서의 한도를 말했다. 다섯째는 자애(孝慈)로서, 부모 자식 사이에서 각기 행해야 하는 규범을 말했다. 여섯째는 성신(誠信)으로, 사람 사이의 교제 가운데 도덕 주체가 마땅히 지켜야 하는 기본적인 덕목을 말했다. 일곱째는 관서(寬恕, 너그럽게 용서함 - 역자 주)로, 사람 사이의 교제에서 모순과 충돌에 봉착할 때의 도덕규범을 말했고, 여덟째는 겸경(謙敬)으로, 타인을 대할 때에 겸손하게 자신을 단속하며 공경하게 타인을 대하여 남과 나의 관계가 화해에 이르도록 하는 규범을 말했으며, 아홉째는 예양(禮讓)으로, 겸경(謙敬)을 구체화한 규정을 말했다. 이 아홉 가지의 기본적인 도덕규범은 여러 층위와 측면에서 상호 통일된 체계로서, 그것들이 앞뒤로 배열된 순서가 《중국의 전통 도덕》 여러 권의 면모를 이루고 있는 것이다.

1절. 공충(公忠)

공충(公忠)은 중국 전통 도덕에서 가장 중요한 규범이다. 중국 봉건사회의 3강 5상의 윤리 중에서, 공충(公忠)은 개인의 "수신 요체"로 간주될 뿐만 아니라, 사회도덕에서의 최고 원칙으로 규정된다. 그 원인은 바로 그것의 흥성 여부가 천하의 흥망과 사직의 안위에 직접 관계되기 때문이었다. 일찍이 《상서(尙書)》, 《춘추좌전(春秋左傳)》 등의 전적에는 이미 "공(公)으로 사(私)를 없앤다[以公滅私]", "공가(公家)의 이익임을 알고서 하지 않음이 없다[公家之利, 知無不言]", "환란을 마주해 국가를 잊지 않는다[臨患不忘國]"라는 규범적인 요구가 있다. 공자가 하나로 꿰뚫은[一以貫之] 주장은 개괄해 "충(忠)과 서(恕)일 뿐이다[忠恕而已]"라고 말할 수 있다. 공자의 뒤를 이은 묵가는 "공의(公義)를 받들고 사사로운 원한을 물리치라"고 주장했고, 법가는 "사사로움이 없음[無私]"·"사사로움을 배척함[背私]"을 강조했으며,

도가는 "성인은 사사로운 마음이 없고, 백성의 마음을 마음으로 삼는 다[聖人無心, 以百姓心爲心]"라는 말을 제기했다. 그런데 유가는 공충 (公忠)을 보다 중시하여, "천하로 인해 즐거워하고, 천하로 인해 근심 하라[樂以天下, 憂以天下]"고 제창하고, "천하를 공(公)으로 삼는다[天 下爲公]" · "공정하여 사사로움을 잊는다[公而忘私]"라는 사상으로 확 대 발전시켰다. 전국시대 말기의 유학자들은 특히 "효보다도 충을 우 선한다[忠先于孝]"는 사상을 제기하여 충(忠)을 지고한 지위로 격상시 켰다. 송명(宋明)시기의 유학자들은 비록 천리(天理)를 통해 공충(公 忠)을 논증하고 충군(忠君)의 도통(道統)을 옹호하였지만, 그 기본 정 신은 여전히 "천하의 공공성[天下之公]" · "충은 백성을 걱정함에 있다 [忠在恤民]"는 쪽에 치우쳤다. 이후의 진보적 사상가들은 모두 백성과 국가 · 천하를 위하는 공충(公忠)정신을 창도하였다. 공충정신은 이미 중화민족 도덕정신의 핵심으로 응결된 것이라고 말할 수 있다.

　주의해야 할 점은 봉건적 도덕 교화가 "충군(忠君)"을 곧바로 윤리 강상의 중요 내용으로 삼는데, 매우 장기간 동안 윤리적인 최고의 원 칙이 되었을 때조차도 그 자체의 역사적 제약을 지니고 있었고, 이러 한 "충군(忠君)" 사상 또한 끊임없이 민본사상의 억제를 받았다는 사 실이다. 명 · 청 왕조시기 및 그 이후의 계몽적 사상가들은 더욱이 "일 가 일성(一家一姓)"에 대한 우매한 충성과 인민 · 민족에 대한 공충(公 忠)을 구별해냈고, 한 왕조 · 한 세대로서의 "국가"와 조국으로서의 "천하"를 구별해 내면서, "천하의 흥망에는 필부에게도 책임이 있다 [天下興亡, 匹夫有責]"는 입장을 제기하였다. 이는 근본적으로 전통적 인 충덕(忠德)의 협소하고 우매한 일면을 탈바꿈시켜, "공충(公忠)"의 도덕이 새로운 의의를 획득하도록 만든 것이었다.

夙夜在公①.(《诗·召南·采蘩》)

【주석】① 夙: 새벽, 在公: 공무를 하고 있음을 뜻함.

公家之利①, 知无不为②, 忠也.(《左传·僖公九年》)

【주석】① 公家之利: 국가의 이익을 말함. ② 知无不为: 알면 하지 못하는 일이 없다.

临患不忘国①, 忠也.(《左传·昭公元年》)

【주석】① 临患不忘国: 국가가 존망의 위기에 처해 있을 때 국가의 안위와 함께하다.

故官无常贵①, 而民无终贱②. 有能则举之③, 无能则下之④. 举公义, 辟私怨⑤.
(《墨子·尚贤上》)

【주석】① 官无常贵: 존귀가 언제나 변화 없는 관리는 없다. ② 民无终贱: 항상 가난하고 비천한 사람은 없다. ③ 有能则举之: 능력 있는 사람을 추천하다. ④ 无能则下之: 무능한 사람은 면직해야 한다. ⑤ 辟私怨: 개인 간의 원한을 피함.

分人以财谓之惠, 教人以善谓之忠, 为天下得人者谓之仁. 是故以天下与人易①, 为天下得人难②.(《孟子·滕文公上》)

【주석】① 以天下与人易: 국가 통치권을 쉽게 상실할 수 있다. 与, "予"와 통함. ② 为天下得人难: 국가 관리 재능을 구비한 인재를 선발하는 것이 어렵다.

古者苍颉之作书①也, 自环者②谓之私, 背私之谓公③, 公私相背也, 乃苍颉固以知之④矣.(《韩非子·五蠹》)

【주석】① 作书: 책을 쓰다. ② 自环者: 환장필획. 설문(《说文解字》)에서 원 뜻으로부터 파생된 것이고 자영위사(自营为厶) 营 环과 상통하고 사(私)는 옛 글자 厶와

같다. ③ 背私之谓公: 설문(《说文解字》)에 따라 公(공)은 평등하게 나누는 뜻이고 八와 厶로 생겨남. 八의 모양은 등과 같고 八厶는 厶(私)의 반대면이다. ④ 固以知 之: 당연히 잘 아는 것이다. 以와 已(이미)는 서로 통함.

天下非一人之天下也, 天下之天下也. 阴阳之和①, 不长一类②: 甘露时雨, 不私一物: 万民之主, 不阿③一人.(《吕氏春秋 · 贵公》)

【주석】① 阴阳: 최초의 뜻은 해가 비치는 앞과 뒤를 가리키는 것인데, 해가 비치는 쪽은 양(阳)이고, 해를 등지는 쪽을 음이라고 함. 그 후 음양은 두 종류의 서로 대립 되는 자연계의 세력을 가리키는 것으로 되어 있으며, 음양 간의 모순을 통하여 사물 의 변화를 설명하고 있다. 和(화): 조화하다. ② 长: 생장. 不长一类: 한 종류만 생장 하지 않는다. ③ 阿: 한쪽 편만 두둔함.

昔先圣王之治天下也, 必先公, 公则天下平矣. 平得于公. 尝试观于上志①, 有 得天下者众矣, 其得之以公, 其失之必以偏. 凡主之立②也, 生于公③.(同上)

【주석】① 上志: 고대의 기록. ② 凡主之立: 무릇 군주란 정권을 잡은 것을 말함. ③ 生于公: 언제나 공(公)을 견지하는 원칙.

大道之行也, 天下为公①, 选贤与能, 讲信修睦②. 故人不独亲其亲, 不独子 其子③, 使老有所终④, 壮有所用, 幼有所长, 矜⑤. 寡. 孤, 独, 废, 疾者皆有 所养, 男有分⑥, 女有归⑦. 货恶其弃于地也, 不必藏于己 : 力恶其不出于身 也, 不必为己. 是故谋闭而不兴⑧, 盗窃乱贼而不作, 故外户而不闭. 是谓 "大同".(《礼记 · 礼运》)

【주석】① 天下为公: 세상은 천하 서민의 세계이지 한 사람이나 한 가족의 천하가 아니다. ② 讲信修睦: 성실하여 믿을 만하고 서로 우호적으로 대함. ③ 不独子其子: 자기의 자식만을 따뜻하게 사랑해서는 안 된다. ④ 使老有所终: 노인들의 만년 생활 을 편안히 보내게 함한다 ⑤ 矜: 鳏(홀아비)과 통함. 처가 없는 노인. ⑥ 分: 직분 직무. ⑦ 归: 귀착점. 제때 시집가는 것을 말함 ⑧ 谋闭: 책략은 막히는 것을 말함.

兴(일어날 홍)은 起와 통함.

国耳^①忘家, 公耳忘私, 利不苟就^②, 害不苟去^③, 惟义所在^④.(《汉书》卷八 《贾谊传》)

【주석】① 耳: 어조사 ② 利不苟就: 이익을 만날 때 소홀히 추구하지 않는 것을 말함. ③ 害不苟去: 재해와 재난 앞에서 그럭저럭 되는 대로 피하지 않고 멀리 도망치지 않는다. ④ 惟义所在: 의만 행위의 원칙으로 삼는다.

天之所覆, 地之所载, 人之所履, 莫大乎忠^①. 忠者, 中^②也, 至公无私. 天无私, 四时行: 地无私, 万物生: 人无私, 大亨贞^③. 忠也者, 一其心^④之谓也. 为国之本, 何莫由忠^⑤?(《忠经 · 天地神明章》)

【주석】① 天之所覆 …… 莫大乎忠: 천과 지, 즉 자연계와 사회에서 사람의 행위와 윤리관계 중에서 충성만큼 귀중하고 큰일이 없다. ② 中(중): 옛날에 중은 충(忠)과 통하고 사심 없이 정직하다는 뜻이다. 중은 정(正)이고 충은 정이다. ③ 大亨贞: 형(亨)정(贞)은 《周易·屯》(주역·준)에서 단사(象辞)이고 길형을 점치는 단언(断语)이다. 형(亨)은 순조롭게 형통하는 뜻이고 정(贞)은 정(正)의 뜻이다. 대길을 말함. ④ 一其心: 한 마음 한 뜻이 되고 둘이 없다. 충경《忠经》에 따라 하나는 충과 정(正)이고 둘은 벽(僻)과 사(邪)라는 것을 말함. 충은 한 마음이 되어야 하고 망설이지 않아야 한다. ⑤ 何莫由忠: 충을 버리면 성공하는 일이 없다.

报国之道有四: 一曰贡贤^①: 二曰献猷^②: 三曰立功: 四曰兴利. 贤者国之干^③, 猷者国之规^④, 功者国之将, 利者国之用. 是皆报国之道, 惟其能而行之^⑤. (《忠经 · 报国章》)

【주석】① 贡贤: 인재를 추천과 추거함. ② 献猷: 대책을 내놓다. ③ 干: 핵심 역할을 하는 사람 ④ 猷者国之规: 국가의 계책과 책략 ⑤ 惟其能而行之: 앞에서 지적한 네 가지 국가에 보답하는 방법에 대하여 말한다면 오직 충성의 정신을 구비해야 실천에 옮길 수 있다.

理者, 天下之至公, 利者, 众人所同欲. 苟公其心, 不失其正理, 则与众同利
无侵于人, 人亦欲与之. 若切①于好利, 蔽于自私, 求自益以损于人, 则人亦
与之力争, 故莫肯益之, 而有击夺之者矣②.(《二程集·周易程氏传》卷三)
【주석】① 切: 급히 ② 故莫肯益之, 而有击夺之者矣: 남에게 손해를 끼치고 자기의
이익을 도모하는 이기적인 인물에 대하여 투쟁을 하고 그가 이익을 얻지 못하도록
하는 동시에 일부 사람들은 그를 공격하여 그의 이득을 빼앗으려 한다.

为善为公, 心之正也. 为恶为私, 心之邪也. 为善为公, 则有和协辑睦①之风,
是之谓福. 为恶为私, 则有乖争陵犯②之风, 是谓之祸. 和协辑睦, 人所愿
也. 乖争陵犯, 人所恶也. 吾邑街道不治久矣, 行者疾之③, 乃有肯出心力损
货财, 辛勤而为之者, 此真为善为公, 而出于其心之正者也.(《陆九渊集》卷
二十《赠金谿砌街者》)
【주석】① 和协辑睦: 서로 화목하도록 조절하다. ② 乖争陵犯: 상호간 까다롭게 싸
우면서 침범하다. 陵: 凌와 통함. ③ 行者疾之: 길을 가는 사람들도 다 싫어하고 원
망하다.

为政当以公平正大行之, 是非毁誉①, 皆所不恤②. 必欲曲徇③人情, 使人人
誉悦, 则失公正之体④, 非君子之道也.(陈宏谋:《从政遗规·薛文清公要语》)
【주석】① 毁: 비방과 중상. 誉: 칭찬. ② 恤: 걱정과 우려. ③ 曲徇: 자기의 뜻을
굽혀서 남에게 아첨한다. ④ 体: 대체, 근본적인 원칙.

法者, 因天理, 顺人情, 而为之防范禁制也. 当以公平正大之心, 制其轻重
之宜, 不可因一时之喜怒而立法. 若然, 则不得其平者多矣.(同上)

则臣道如何而后可? 曰: 缘①夫天下之大, 非一人之所能治, 而分治之以群
工②. 故我之出而仕也, 为天下, 非为君也: 为万民, 非为一姓也. 吾以天下
万民起见③, 非其道, 即君以形声强我, 未之敢从也, 况于无形无声乎! 非其

道, 即立身于其朝, 未之敢许也, 况于杀其身乎! 不然, 而以君之一身一姓
起见, 君有无形无声之嗜欲, 吾从而视之听之, 此宦官宫妾④之心也: 君为
己死而为己亡, 吾从而死之亡之, 此其私暱者⑤之事也. 是乃臣不臣之辨
也.(黄宗羲:《明夷待访录·原臣》)

【주석】 ① 缘: 원인 연유 ② 群工: 문무백관. 고대에 "工"과 "官"은 동음이다. 뜻도
역시 통하다. ③ 以天下万民起见: 천하 서민백성을 위해 나타나는 식견과 생각. ④
宦官宫妾: 중국황궁에서 황제 황후와 비빈들을 위해 시중을 드는 사람들. 거세한
남자를 환관이라 부르고 여성을 비빈궁녀로 부른다. ⑤ 私暱(ni 膩)者: 暱와 "昵"는
통함. 서로 친하게 교제하는 사람. 여기서는 군주의 총애를 받는 사람.

有亡国, 有亡天下, 亡国与亡天下奚辨? 曰: 易姓改号, 谓之亡国: 仁义充
塞, 而至于率兽食人, 谓之亡天下. …… 是故知保天下, 然后知保其国. 保
其国, 其君其臣, 肉食者谋之: 保天下者, 匹夫之贱, 与有责焉耳.(顾炎武:
《日知录·正始》)

古之所谓忠, 以实之谓忠也. 下之事上当以实, 上之待下乃不当以实乎①?
则忠者共辞也②, 交尽之道也③, 岂又专责之臣下④乎? …… 古之所谓忠,
中心之谓忠也. 抚我则后⑤, 虐我则雠⑥, 应物平施⑦, 心无偏袒, 可谓中矣,
亦可谓忠矣.(谭嗣同:《仁学》卷下)

【주석】 ① 下之事上 …… 不当以实乎: 下, 신하. 上, 군주. 신하는 마땅히 군주에게
목숨을 바쳐 충성을 하여야 한다. 그렇다면 군주는 신하에게 충성을 다할 수 없단
말인가? ② 共辞: 신하와 군주에 맞는 언어. 공사(共辞)도 공명(共名)이라고 부른다.
③ 交尽之道也: 이곳에서는 담사동(谭嗣同)의 평등사상이 반영되었다. 그는 충성이
라는 것은 군주와 신하 간 공동으로 사용할 수 있는 언어라고 생각한다. 충성은
군주와 신하 간 마땅히 성의를 다해야 하는 윤리적인 개념이다. ④ 岂又专责之臣
下: 어찌 신하에게만 각박하게 요구할 수 있으랴? ⑤ 抚我则后: 잘 돌보아주고 어
루만져 사랑하는 군주로 여기다. 후(后): 옛 날에 군주의 호칭. ⑥ 虐我则雠: 나를

학대하는 사람은 원수이다. ⑦ 应物平施: 사람이나 사물을 대할 때는 평등한 태도로 대하여야 한다.

2절. 정의(正義)

'의(义)'는 번체로 "의(義)"라 쓰는데, "양(羊)"자와 "아(我)"자로 이루어져 있다. '양(羊)'은 좋음과 아름다움을 상징한다. "의(义)란 의(宜)이다". '의(宜)'의 뜻은 해야 하는 것, 마땅히 해야 함이다. 이 때문에 '의(义)'는 곧 선한 것과 아름다운 것, 마땅히 해야 하는 것과 이치에 맞는 것을 의미하고 있다.

'의(义)'는 유가(儒家)가 엄수하는 "오상(五常)" 중의 하나로, 바로 인간관계를 다루는 기본적인 도덕 원칙이다. 유가는 특별히 의(義)를 중시했다. 《논어(論語)》에는 '의(義)'자가 24차례 언급되며, 《맹자(孟子)》에서는 '의(義)'자가 108차례 사용되었으니, '의(義)'를 사람의 입신과 처세에서의 근본으로 삼았던 것이다. 그 밖의 각 학파에서도 모두 '의(義)'를 매우 중시했지만, '의(義)'에 대한 해석에서는 매우 큰 차이가 있다. '의(義)'와 '이(利)'의 관계는 중국 사상사에 있어 장기간에 걸쳐 논쟁이 된 중요한 하나의 문제다. 의·리의 분별은 바로 도덕행위와 물질적 이익, 그리고 개인 이익과 사회·국가의 이익의 관계를 정확히 인식하는 것이다. 주희(朱熹)는 의리 분별을 "유학에서 가장 중요한 원리[儒者第一義]"로 간주했다. 유가는 공의(公義)와 사리(私利)의 대립 및 공리(公利)와 공의(公義)의 일치를 강조한다. 묵가(墨家)는 '의(義)'가 천하·국가와 백성의 이익을 통일하는 것이라 인식했고, "의

(義)는 이로움[利]이다"라고 여겼다. 순자(荀子)는 "의로움과 이로움이란 인간이 둘 다 지닌 것이다[義與利者, 人之所兩有也]", "의로움을 우선하고 이익을 뒤로 하라"고 주장했다. 서한(西漢) 시대 동중서(董仲舒)는 "합당한 바에 부합해야지 이로움을 도모하지는 않으며, 도리를 밝혀야 하지 결과를 계산하지는 않는다[正其誼不謀其利, 明其道不計其功]"라는 주장을 제기해, 일방적으로 오직 공의(公義)만을 강조하고, 사사로운 이익을 무시하는 경향으로 나아갔다. 청나라 초기의 안원(顔元)은 도의(道義)와 공리(功利)를 결합시키고, "그 합당한 바에 부합함으로써 이로움을 도모하고, 도리를 밝혀서 결과를 계산한다[正其誼以謀其利, 明其道而計其功]"는 주장을 제시해 비교적 합리적으로 의리관계의 문제를 해결했다. 중국 역사상 정의(正義)는 사회 전체의 이익을 체현하며, 수많은 인인(仁人)·지사(志士)들이 정의를 위해 헌신하도록 격동시켰다. 동시에 정의는 또한 인격에의 존중을 고수하고 개인가치를 실현한다는 의미도 지니고 있다. 전통적인 정의 관념이 포함하고 있는 "이익을 보면 의로움을 생각하고[見利思義]" "의로운 다음에야 선택하고[義然後取]", "의로움을 으뜸으로 삼는[義以爲上]" 등의 사상은 현실 생활 속에서 여전히 우리들이 계승하고 선양할 필요가 있다. "이익을 보면 의로움을 망각함[見利忘義]"은 당연히 정직함을 지닌 사람들이 혐오하는 것이나, 의로움을 중시하고 이익을 부인해 버리는 잘못된 관점도 역시 지양해야 할 것이다.

君子敬以直內, 义以方外①, 敬义立而德不孤②.(《周易·坤》文言)
【주석】① 敬以直內, 义以方外: 존경과 신중한 태도로 자기의 마음을 정직하게 하고 정의로운 준칙으로 자기 품행을 바르게 하다. ② 不孤: 외롭고 고립되지 않다.

见得思义①.(《论语 · 季氏》)
【주석】① 见得思义: 손에 넣는 것을 보고 그것을 가져야 하는지 여부를 마땅히 생각해야 한다.

子曰: "君子义以为质①, 礼以行之, 孙以出之②, 信以成之."(《论语 · 卫灵公》)
【주석】① 义以为质: 의를 근본으로 삼다. ② 孙: 逊(겸손할 손)과 통함. 逊以出之, 겸손한 말로 표현하다.

曰: 义正者何若①? 曰: 大不攻小也, 强不侮弱也, 众不贼寡也, 诈不欺愚也, 贵不傲贱也, 富不骄贫也, 壮不夺老也. 是以天下之庶国②, 莫以水火毒药兵刃以相害也.(《墨子 · 天志下》)
【주석】① 何若: 어떤, 어떻게 ② 庶国: 많은 국가들

天下贫, 则从事乎富之: 人民寡①, 则从事乎众之: 众而乱, 则从事乎治之. 当其于此②, 亦有力不足, 财不赡③, 智不智, 然后已矣. 无敢舍余力④, 隐谋遗利⑤, 而不为天下为之者矣. 若三务者, 此仁者之为天下度⑥也, 既若此矣.(《墨子 · 节葬下》)
【주석】① 寡: 적다. ② 当其于此: 바로 이때. 그가 바로 이와 같은 공익사업에 종사했을 때. ③ 不赡: 충분하지 못하다. ④ 无敢舍余力: 감히 남은 힘을 버리지 않고 힘닿는 데까지 일하는 것을 말함. ⑤ 隐谋遗利: 계책을 감추고 재부를 보존하다. 遗利, 재부와 이익을 남겨놓다. ⑥ 若三务者, 此仁者之为天下度(duó夺): 이와 같은 3대 임무를 완성하면 바로 착한 사람이 천하 만민을 위하여 이로운 것을 일으키기 위한 계획이다.

义, 志以天下为芬, 而能能利之, 不必用①.《墨子 · 经说上》)
【주석】① 全句意思是: 의(义), 천하의 일을 자신의 임무로 삼는다면 바로 천하 만민의 유익한 사람으로 된다. 그렇다고 하여 자기를 꼭 임직해 달라고 요구할 필요

는 없다. 芬, 分의 번체자이고 본분이다.

非其义也, 非其道也, 禄之以天下, 弗顾也①: 系马千驷②, 弗视也. 非其义也, 非其道也, 一介不以与人, 一介不以取诸人③.(《孟子·万章上》)

【주석】 ① 此四句意思是: 만약 대중의 마음속에 도의에 맞지 않으면 설령 그에게 천하의 재부를 봉록으로 준다 하여도 그는 한번 돌이켜 보지 않을 것이다. ② 千驷: 사마(네 필의 말)는 사(驷)를 말함. 천사(千驷)는 말 사천 필이다. ③ 此四句意思是: 도덕과 정의에 맞지 않으면 남에게 매우 작은 것도 줄 수 없고 요구할 수도 없다. 介(개), 芥(개)과 통함. 一介, 미세한 것을 비유하다.

孟子曰: "人皆有所不忍, 达之于其所忍, 仁也: 人皆有所不为, 达之于其所为, 义也①. 人能充无欲害人之心, 而仁不可胜用也: 人能充无穿踰之心, 而义不可胜用也②. 人能充无受尔汝③之实, 无所往而不为义也④."(《孟子·尽心下》)

【주석】 ① 此六句意思是: 모든 사람들은 마음속으로 차마할 수 없는 일에 부닥칠 수 있다. 그러나 그가 그것을 참을 수 있는 일에 확충한다면 바로 인(仁)이라고 할 수 있다. 모든 사람들은 자기가 하기 싫어하는 일에 부닥칠 수 있다. 그러나 그것을 자기가 하고 싶어 하는 일에 귀착시킨다면 바로 의(义)라고 할 수 있다. ② 此四句意思是: 사람마다 남을 해하지 않겠다는 마음을 확충한다면 그의 인(仁)은 무진장하다. 사람마다 남에게 불의한 행동을 하는 것을 확충하지 않는다면 그의 의(义)도 무진장하다. 穿踰: 벽에 구멍을 뚫고 뛰어넘는 것은 절도를 비유한 것이다. ③ 尔汝: 본래 연장자와 상급이 후배와 부하에게 부르는 통칭인데 여기에서는 비천한 호칭이다. ④ 此二句意思是: 사람마다 남들로 부터 멸시를 받지 않겠다는 심정을 확충한다면 어디를 가나 모두가 다 의(义)에 부합될 것이다.

孟子曰: "鱼, 我所欲也: 熊掌, 亦我所欲也, 二者不可得兼, 舍鱼而取熊掌者也①. 生亦我所欲也: 义亦我所欲也, 二者不可得兼, 舍生而取义②者也." (《孟子·告子上》)

【주석】 ① 熊掌(곰발바닥): 다시 말하면 곰번(熊蹯)이다. 본초강목(《本草纲目》)에

따르면 곰은 겨울에 동면할 때 먹지 않고 배가 고프면 자신의 발바닥을 핥는데 곰 발바닥은 대단히 맛이 있다고 한다. 그래서 물고기와 곰발바닥을 동시에 얻지 못할 때 물고기를 얻는 것보다 차라리 곰발바닥을 얻는 것이 낫다. ② 舍生而取义: 정의 를 위해 목숨을 바치다.

水火有气而无生, 草木有生而无知, 禽兽有知而无义. 人有气, 有生, 有知, 亦且有义①, 故最为天下贵也. 力不若牛, 走不若马, 而牛马为用, 何也? 曰: 人能群, 彼不能群也②. 人何以能群? 曰: 分. 分何以能行③? 曰: 义. 故义以 分则和, 和则一, 一则多力, 多力则强, 强则胜物④.(《荀子·王制》)

【주석】① 气: 기. 중국 고대에 일부 사상가들은 기를 원시물질로 여기고 만물은 기로서 구성되었다고 여겼다. 生: 생명. 知: 지각, 동물의 본능. 义: 도의. ② 若: 같을 여. 群: 사람들은 일정한 직분관계로 조직되어 있다. 彼: 그, 그들. 마소를 말함. ③ 此句意思是: 직분은 어떻게 실현할 수 있는가? 分: 직분. ④ 此五句意思是: 도의 표 준으로 사람들을 자기의 직분에 만족하도록 하여야 사람들 간의 관계를 조정할 수 있다. 상호간 조정을 할 수 있다면 곧 일치한 의견을 달성할 수 있다, 일치한 의견을 달성할 수 있다면 곧 힘도 세다, 힘이 세면 곧 강대해진다, 강대하면 세상 만물을 곧 싸워 이길 수 있다. 一: 일치, 통일.

凡奸人①之所以起者, 以上之不贵义②, 不敬③义也. 夫义者, 所以限禁人之 为恶与奸者也. 今上不贵义, 不敬义, 如是, 则下之人百姓皆有弃义之志而 有趋奸之心矣, 此奸人之所以起也.(《荀子·强国》)

【주석】① 奸人: 예의를 파괴하는 사람. ② 以上之不贵义: 군주가 의를 중시하지 않 은 것을 말함. ③ 敬: 존경, 우러러 모시다.

…… 遇乡①则修②长幼之义, 遇长则修子弟之义, 遇友则修礼节辞让之义, 遇贱而少者③则修告导④宽容之义.(《荀子·非十二子》)

【주석】① 遇乡: 같은 고향 사람을 만남. ② 修: 강구하다. 실현하다. ③ 贱而少者: 신분이 낮고 항렬과 나이가 어린 사람. ④ 告导: 권고, 유도하다.

义与利者, 人之所两有也①. 虽尧, 舜不能去民之欲利, 然而能使其欲利不克其好义也②. 虽桀, 纣亦不能去民之好义, 然而能使其好义不胜其欲利也. 故义胜利者为治世, 利克义者为乱世③. 上④重义则义克利, 上重利则利克义.(《荀子·大略》)

【주석】① 此二句意思是: 이 두 문장의 뜻은 정의와 재부 및 이익은 백성이 겸한 것이다. ② 此二句意思是: 이 두 문장의 뜻은 설령 상고시대 성왕 요와 순도 백성이 이익을 추구하는 것을 제거할 수 없다. 백성들이 재부보다 정의를 더 좋아하도록 하여야 한다. 其: 지시대명사, 백성. 克: 이기다. 好(hào浩): 좋아하다. ③ 此二句意思是: 이 두 문장의 뜻은 바로 그렇기 때문에 사람들이 재력보다 정의를 더 좋아하면 태평성세가 되며, 정의보다 재력을 더 좋아하면 혼란한 세상이 된다. ④ 上: 통치자를 가리킴.

义者, 宜也, 尊贤为大①.(《礼记·中庸》)

【주석】① 全句意思是: 일반적으로 말하는 의는 누구나 자기 원대로 되는 것이다. 어진 덕행 있는 사람을 존경하는 것은 제일 큰 의이다. 宜, 응당과 합리적이다.

义在正我, 不在正人, 此其法也①. 夫我无之而求诸人, 我有之而诽诸人, 人之所以不能受也, 其理逆矣, 何可谓义②? 义者, 谓宜在我者. 宜在我者, 而后可以称义③. 故言义者, 合我与宜, 以为一言. 以此操之, 义之为言我也④. 故曰: 有为⑤而得义者, 谓之自得: 有为而失义者, 谓之自失: 人好义者, 谓之自好: 人不好义者, 谓之不自好. 以此参之, 义, 我也, 明矣⑥.(董仲舒:《春秋繁露·仁义法》)

【주석】① 此三句意思是: 이 세 문장의 뜻은 의는 다른 사람이 아니라 스스로 자신을 교정하는 것이며 그것은 의의 준칙이다. 法, 법률. ② 此五句意思是: 이 다섯 문장의 뜻은 자신이 구비하지 않은 것을 다른 사람에게 요구하고, 자신이 구비한 것으로 다른 사람을 비난하면 다른 사람은 받아들일 수 없을 뿐만 아니라 도리에도 맞지 않다. 어찌 의라고 말할 수 있으랴? 诸, "之于" 두 글자의 합음이다. 诽(비난하다),

非와 통하고 비평과 비난하다는 뜻이다. ③ 此四句意思是: 의의 뜻은 자신의 말과 행동이 적합하다는 것이다. 자신의 말과 행동이 걸맞으면 의라고 부를 수 있다. ④ 此五句意思是: 그래서 의는 자신과 (宜) 당연히 결합하여 형성된 것이다. 이 경우로 말한다면 의의 뜻은 나 자신에게 말한 것이다. 操, 장악하다. 쥐다. ⑤ 有为: 장래성이 있다. ⑥ 以此参之, 义, 我也, 明矣: 이와 같은 이치로 의(义)의 뜻은 나에 대한 것이라는 것을 증명해 주고 있다. 이것이 뚜렷하다.

天之生人也, 使人生义与利. 利以养其体, 义以养其心. 心不得义不能乐, 体不得利不能安. 义者心之养也, 利者体之养也. 体莫贵于心, 故养莫重于义, 义之养生人大于利①. 奚以知之? 今人大有义而甚无利, 虽贫与贱, 尚荣其行, 以自好而乐生, 原宪, 曾, 闵②之属是也. 人甚有利而大无义, 虽甚富, 则羞辱大恶. 恶深, 祸患重, 非立死其罪者, 即旋伤殃③忧尔, 莫能以乐生而终其身, 刑戮夭折之民是也. 夫人有义者, 虽贫能自乐也. 而大无义者, 虽富莫能自存. 吾以此实④义之养生人, 大于利而厚于财也.(董仲舒:《春秋繁露·身之养重于义》)
【주석】① 养莫重于义, 义之养生人大于利: 의를 양육하는 것보다 더 중요하는 것이 없고, 재력보다 의로 사람을 양육하는 것은 훨씬 더 중요하다. ② 原宪, 曾, 闵: 원헌(原宪), 자는 자사이고 노(鲁)나라 사람이다. 증(曾), 증참(shēn参), 자는 자여이고 노나라 무성 사람이다. 민(闵), 민손(损), 자는 자건(子骞)이고 노나라 사람이다. 세 사람은 다 공자의 제자이다. ③ 殃(앙): 재화, 재앙. ④ 实(실): 실증, 확인.

君子义以为质, 得义则重, 失义则轻, 由义为荣, 背义为辱①. 轻重荣辱惟义与否, 科甲②名位, 何加损于我, 岂足言哉!(《陆九渊集》卷十三《与郭邦逸》)
【주석】① 由(유): ……부터, ……에서. 背(배), 위반, 위배. ② 科甲(과갑): 과거(科举)를 말함. 한(汉)·당(唐) 때부터 인재를 선발할 때 갑(甲), 을(乙) 등과를 설치했기 때문에 이와 같은 이름이 생겼다.

有一人之正义, 有一时之大义, 有古今之通义①: 轻重之衡, 公私之辨, 三者
不可不察. 以一人之义, 视一时之大义, 而一人之义私矣: 以一时之义, 视
古今之通义, 而一时之义私矣: 公者重, 私者轻矣, 权衡之所自定也.(王夫
之:《读通鉴论》卷十四《安帝十四》)

【주석】① 通义(통의): 일반 상황과 모든 시대에 적용되는 도리와 법규.

其实义中之利, 君子所贵也. 后儒乃云"正其谊不谋其利", 过①矣! 宋人喜
道之, 以文其空疏无用之学, 予尝矫其偏, 改云: "正其谊②以谋其利, 明其
道而计其功."(颜元:《四书正误》卷一)

【주석】① 过: 잘못, 일정한 정도나 표준을 넘다. ② 谊: 의(义)와 통함.

3절. 인애(仁愛)

인애(仁愛)사상은 중국의 전통적 미덕 중에서 극히 중요한 일부분으로, "중국 고유의 정신"이다.

인(仁)은 중국 고대 유가의 근본적 도덕 사상이며, 또한 가장 중요한 도덕규범 가운데 하나이다. 공자는 인(仁)에 대하여 다양한 측면에서 논의한 적이 있고, 아울러 인(仁)에 풍부한 도덕적 내용을 부여했다. 인(仁)은 충서(忠恕), 극기(克己), 효제(孝悌), 자애(自愛)를 포괄하며, 또한 지혜[智]·용기[勇], 공손함[恭]·너그러움[寬]·믿음[信]·민첩함[敏]·은혜로움[惠] 등의 미덕 및 그에 관한 규범까지도 포괄한다. 이 때문에 인(仁)은 언제나 유가에게 "완전무결한 덕성[全德]"으로 파악되었다.

인(仁)의 핵심은 타인을 사랑하는 것이다. 공자는 최초로 "사람을 사랑함[愛人]"이라고 인(仁)을 해석했는데, 타인에 대해 동정하고, 관심을 기울이고, 아껴야 한다는 것이다. 맹자는 인애(仁愛) 사상을 계승하고 발전시켜 "친족을 친히 하고 백성에게 어질며, 백성에게 어질고서야 사물을 아끼게 된다[親親而仁民, 仁民而愛物]"고 주장했다. 유가의 인애(仁愛)는 자기로부터 남을 미루어 보고, 내부로부터 외부로 향하며, 가까운 곳에서부터 먼 곳으로 나가는 것임을 알 수 있다. 묵가(墨家)는 겸애(兼愛)를 주장했는데, 겸애는 "다른 사람의 국가를 보기를 자신의 국가를 보듯 하고, 다른 사람의 가족 보기를 자신의 가족을 보듯 하고, 타인의 신체를 보기를 자신의 신체를 보듯 하라[視人之國若視其國, 視人之家若視其家, 視人之身若視其身]"고 요구한다. "천하의 사람들이 모두 서로 아껴서, 강자가 약자를 핍박하지 않고, 다수가 소수를 위협하지 않고, 부자가 가난한 사람을 모욕하지 않고, 신분이 높은 자가 신분이 낮은 자에게 오만하지 않으며, 사기꾼이 어리석은 사람을 등쳐먹지 않는다[天下之人皆相愛, 強不執弱, 衆不劫寡, 富不侮貧, 貴不敖賤, 詐不欺愚]"는 것이 겸애의 이상적인 경지이다. 한대 이후 유가의 학자들은 이론에 있어 인애(仁愛)사상에 대한 진일보한 발전을 이루었다. 한유(韓愈)는 《원도(原道)》에서 "박애를 인(仁)이라 일컫는다[博愛之謂仁]"고 했다. 장재(張載)는 〈서명(西銘)〉에서 "백성은 나의 동포요, 만물은 나의 친구다[民, 吾同胞. 物, 吾與也]"라는 유명한 명제를 제기했다. 주희는 인(仁)은 "사랑의 원리이자 마음의 덕[愛之理, 心之德]"으로 인식했고, 아울러 '생(生)'으로 인(仁)을 해석했다. 후대의 사상가인 강유위(康有爲)와 담사동(譚嗣同) 등도 인애(仁愛)사상에 대해 모두 해명한 바가 있다.

인애(仁愛)는 정확히 인간관계를 처리하는 원칙이자 인간을 신의 부속품으로 삼는 종교 관념과 인간을 도구로 삼는 노예 주인의 의식에 대한 부정이다. 그것은 인간과 인간이 서로 사랑하고, 인간적 가치를 존중하고, 타인을 동정하고 도울 것을 제창하여 고대적 인도주의 정신을 구체화하였다. 현실사회의 삶 속에서 인애사상과 도덕규범은 여전히 중요한 의의를 지니고 있다. 주저 없이 말하자면, 전통 도덕 중에 인애사상은 또한 역사적 한계도 지니고 있다. 첫째는 선진시대 유가가 제창한 인애에는 신분적 차별이 있다는 것이고, 둘째는 "겸애"와 "백성은 동포이고, 만물은 친구이다" 등의 관점에는 아직 공상적인 요소가 포함되어 있는데, 계급사회 안에서 공동의 초계급적인 인류애를 지닐 수 없기 때문이다.

樊迟①问仁. 子曰: "爱人."(《论语 · 颜渊》)
【주석】① 樊迟(번지): 공자의 제자, 이름은 수(须)이고 자는 자지이다.

子贡①曰: "如有博施于民而能济众, 何如? 可谓仁乎?"子曰: "何事于仁, 必也圣乎! 尧舜其犹病诸②! 夫③仁者, 己欲立而立人, 己欲达而达人④. 能近取譬, 可谓仁之方也⑤已."(《论语 · 雍也》)
【주석】① 子贡(자공): 공자의 제자, 성은 단목, 이름은 사(赐), 자는 자공이다. 위(卫)나라 사람이다. ② 尧舜(요와 순): 전설상의 상고시대 두 군주, 또한 공자 마음속의 성인이다. 病: 걱정, 난처하다. 诸: "之乎"의 합음이다. 이 문장의 뜻은 어찌 인덕(인복) 뿐이겠나, 그것은 곧 성덕이다. 요와 순도 아마 이렇게 할 수가 없었다. ③ 夫(fú扶): 어기조사. ④ 己于立而立人, 己欲达而达人: 자신이 단단히 서려고 하면 남을 단단히 서 있게 하여야 하며, 자신이 이치에 밝으려면 남도 이치에 밝게 해야 한다. ⑤ 能近取譬, 可谓仁之方也: 취비(取譬)는 예를 들면이라는 뜻이고, 비여(譬如)의 비

는 예여(例如)와 통한다. 검증하다. 주위에서 좋은 사람과 유익한 일을 선택해서 따라 배우면 바로 인도(仁道)를 실행하는 좋은 방법이다.

仲弓①问仁. 子曰: "出门如见大宾②, 使民如承大祭③. 己所不欲, 勿施于人④. 在邦无怨, 在家无怨⑤."(《论语·颜渊》)

【주석】① 仲弓(중궁): 공자의 제자 염옹(冉雍), 자웅 중궁이다. ② 大宾: 귀빈. ③ 大祭: 중대한 제사. ④ 此二句的意思是: 이 두 문장의 뜻은 자기가 싫은 것을 남에게 시키지 말 것. ⑤ 此二句的意思是: 이 두 문장의 뜻은 자기가 싫은 것을 남에게 주지 않는 사람은 나라나 집에서 원망하는 사람이 없다.

子曰: "弟子①, 入则孝, 出则悌②, 谨③而信, 泛爱众④, 而亲仁."(《论语·学而》)

【주석】① 弟子(제자): 일반적으로 그 뜻은 두 가지이다. 첫째는 어린아이이고 두 번째는 학생이다. 여기서는 어린이를 말함. ② 悌(제): 동생이 형에게 순종하다. ③ 谨(근): 말이 적다. ④ 泛爱众: 대중을 널리 사랑함. 泛(넘칠 범) 광범위하다.

问仁, 曰①: "仁者先难而后获②, 可谓仁矣."(《论语·雍也》)

【주석】① 曰(가로되 왈): 공자 왈. 공자가 말하기를. ② 先难而后获: 처음에는 힘들게 해야 수확을 얻을 수 있다.

樊迟问仁. 子曰: "居处恭①, 执事敬②, 与人忠③. 虽之④夷狄, 不可弃也." (《论语·子路》)

【주석】① 居处恭: 집에 있을 때 풍채가 단정함. ② 执事敬: 엄숙하며 진지하게 일함. ③ 与人忠: 성심성의껏 남을 위해 일함. ④ 之: 동사, 도착함.

子曰: "刚, 毅, 木①, 讷②, 近仁."(同上)

【주석】① 木: 질박하다. ② 讷(nè): 입이 무겁다.

子张①问仁于孔子. 孔子曰: "能行五者于天下为仁矣." "请问之." 曰: "恭, 宽, 信, 敏, 惠. 恭则不侮②, 宽则得众③, 信则人任焉④, 敏则有功⑤, 惠则足以使人⑥."(《论语·阳货》)

【주석】① 子张(자장): 공자의 제자, 성은 전손(颛孙), 이름은 사(师)이고 자는 자장이다. ② 恭则不侮: 정중하면 모욕을 받을 수 없다. 恭(공), 공손 정중. ③ 宽则得众: 너그럽고 후하면 대중으로부터 추대를 받을 수 있다. ④ 信则人任焉: 성실하면 남의 신임을 받을 수 있다. 信, 성실. ⑤ 敏则有功: 근면하고 성실하게 일을 하면 효율이 높고 공헌도 크다. ⑥ 惠则足以使人: 은혜를 베풀면 남을 부릴 수 있다. 惠, 은혜.

子曰: "志士仁人, 无求生以害仁①, 有杀身以成仁②."(《论语·卫灵公》)

【주석】① 无求生以害仁: 목숨을 부지하기 위해 인덕을 해친다. ② 有杀身以成仁: 인덕을 위해 목숨을 바친다.

子曰: "巧言令色, 鲜矣仁①."(《论语·学而》)

【주석】① 此二句的意思是: 이 두 문장의 뜻은 감언이설과 위선적인 얼굴을 가진 사람은 인덕이 그다지 많지 않다. 巧言: 교묘하게 꾸며대는 말. 令色: 위선적인 표정.

子曰: "不仁者不可以久处约①, 不可以长处乐②, 仁者安仁③, 知者利④仁." (《论语·里仁》)

【주석】① 约: 간소, 청빈. ② 乐: 안락. ③ 仁者安仁: 사람은 인에 만족해서 언제 어디서 무슨 일을 하던 스스로 느끼며 어진 인덕에 따라 일을 처리한다. ④ 知(지): 智(지혜)와 통함. 利, 이용.

子墨子言曰: "仁人之事者, 必务求兴天下之利, 除天下之害." 然当今之时, 天下之害孰为大①? 曰: "若大国之攻小国也, 大家之乱小家②也, 强之劫弱, 众之暴③寡, 诈之谋愚, 贵之敖贱, 此天下之害也. 又与为人君者之不惠④, 臣者之不忠也, 父者之不慈也, 子者之不孝也, 此又天下之害也. 又与今人之贱人⑤,

执其兵刃毒药水火以交相亏贼^⑥, 此又天下之害也."(《墨子·兼爱下》)

【주석】① 孰为大: 가장 큰 해는 무엇인가? 孰(숙), 누구, 어느, 무엇. ② 家: 여기서 가리키는 것은 그때 대부의 고향 채읍(采邑)을 말함. ③ 暴: 모욕하고 짓밟다. ④ 与: 如(여), "若"(약)과 같은 뜻. 不惠: 어질지 않다. ⑤ 贱: 여기서는 "贼"과 같은 뜻으로 사용한 것으로 추측된다. 일설 "今" 밑에 있는 "人"은 연문이다. ⑥ 交相亏贼: 서로 상해를 가하다.

天下之人皆相爱, 强不执^①弱, 众不劫寡, 富不侮贫, 贵不敖贱, 诈不欺愚. 凡天下祸篡怨恨, 可使毋起者, 以相爱生也, 是以仁者誉之^②.(《墨子·兼爱中》)

【주석】① 执(집): 持(지)와 같고 무력으로 위협한다는 뜻이다. ② 誉(예): 칭찬. 之, 서로 평등하게 사랑하며 모두 좋게 지내다(兼相爱, 交相利).

夫爱人者, 人必从而爱之^①: 利人^②者, 人必从而利之: 恶^③人者, 人必从而恶之: 害人者, 人必从而害之.(同上)

【주석】① 此二句的意思是: 이 두 문장의 뜻은 남을 사랑하는 사람은 남으로부터 사랑을 받는다. ② 利人: 남에게 이익을 베풀어 주다. 利(리), 여기서는 동사로 사용함. ③ 恶(wù物): 미워하다.

仁者爱人, 有礼者敬人. 爱人者, 人恒爱之: 敬人者, 人恒敬之.(《孟子·离娄下》)

孟子曰: "君子之于物也, 爱之而弗仁^①: 于民也, 仁之而弗亲. 亲亲而仁民^②, 仁民而爱物^③."(《孟子·尽心上》)

【주석】① 此二句的意思是: 이 두 문장의 뜻은 군자는 만물을 아끼지만 인을 주지 않는다. 物(물), 일반적으로 만물을 가리킨다. ② 亲亲而仁民: 육친을 사랑하면 더 나아가 백성을 인애한다. ③ 仁民而爱物: 백성을 인애하고 더 나아가 만물을 아끼다.

君子之爱人也以德, 细人^①之爱人也以姑息^②. (《礼记·檀弓上》)

【주석】① 细人: 소인. ② 姑息: 원칙 없이 포용하다.

温良者, 仁之本也^①. 敬慎者, 仁之地也^②. 宽裕者, 仁之作也^③. 孙接者, 仁之能也^④. 礼节者, 仁之貌也. 言谈者, 仁之文^⑤也. 歌乐者, 仁之和也^⑥. 分散者, 仁之施也^⑦. 儒者兼此而有之, 犹且不敢言仁也, 其尊让^⑧有如此者. (《礼记·儒行》)

【주석】① 此二句的意思是: 이 두 문장의 뜻은 온화하고 선량한 것은 인덕의 근본이다. ② 此二句的意思是: 이 두 문장의 뜻은 공손히 정숙하고 신중한 것은 인덕의 본질이다. 敬慎, 존경, 정숙, 신중. ③ 此二句的意思是: 이 두 문장의 뜻은 인덕은 후련하고 유연한 행동거지 속에서 구현된다. 作(작), 행동거지. ④ 此二句的意思是: 이 두 문장의 뜻은 사람을 겸손하게 대할 때 인덕의 역할이 구현된다. 孙(손), 逊(겸손할 손)과 통함. ⑤ 文: 문학적 재능. ⑥ 此二句的意思是: 이 두 문장의 뜻은 시가와 음악은 인덕의 화목과 즐거움을 표현한다. ⑦ 此二句的意思是: 이 두 문장의 뜻은 재물을 가난한 사람에게 나누어 주어서 그들을 구제하는 것은 인덕이 베풀어주는 것을 표현함. 分散, 여기서는 재물을 나눠주어 가난한 사람을 구제하는 것을 말함. ⑧ 尊让: 존경하고 사양하다.

何谓仁? 仁者憯怛^①爱人, 谨翕^②不争, 好恶敦伦^③, 无伤恶之心, 无隐忌之志, 无嫉妒之气, 无感愁之欲, 无险诐^④之事, 无辟违^⑤之行. 故其心舒, 其志平, 其气和, 其欲节, 其事易, 其行道, 故能平易和理而无争也. 如此者谓之仁. (董仲舒:《春秋繁露·必仁且智》)

【주석】① 憯(cǎn惨)怛(dá达): 근심하고 슬퍼함. ② 谨翕(xī吸): 정중하고 사근사근하다. ③ 好恶敦伦: 좋든 싫든 모두 윤리에 따라야 함. ④ 险诐(bì避): 간사하고 아첨하여 바르지 못함. ⑤ 辟违: 사악하고 괴팍함.

仁之法, 在爱人, 不在爱我. 义之法, 在正我, 不在正人. 我不自正, 虽能正

人, 弗予为义. 人不被其爱, 虽厚自爱, 不予为仁①.(董仲舒:《春秋繁露·仁义法》)

【주석】① 此三句意思是: 이 세 문장의 뜻은, 그는 비록 자신을 사랑하지만 다른 사람이 그의 사랑을 받을 수 없어서 춘추(春秋)에 의하면 그의 행동이 인과 잘 맞지 않기 때문에 칭찬할 수 없다. 予, 칭찬.

人必其自爱①也, 然后人爱诸②: 人必其自敬也, 然后人敬诸. 自爱, 仁之至③也: 自敬, 礼之至也. 未有不自爱, 敬而人爱, 敬之者也.(扬雄:《法言·君子》)

【주석】① 自爱: 자기는 인격과 도의로 자신을 아끼고 보살피며 자존과 자중을 말함. ② 人爱诸: 남도 그를 아끼고 보살핌. 诸, 제3인칭 대명사, "之"와 같고 현대 중국어 속에서 남 타(他)나 그녀(她)와 통함. ③ 至: 제일, 가장.

夫仁者, 必恕然后行①. 行一不义, 杀一无罪, 虽以得高官大位, 仁者不为也. 夫大仁者, 爱近以及远, 及其有所不谐, 则亏小仁以就大仁②. 大仁者, 恩及四海: 小仁者, 止于妻子③.(刘向:《说苑·贵德》)

【주석】① 此二句的意思是: 이 두 문장의 뜻은, 어진 사람은 입장을 바꾸어 생각하고 나중에 행동함. ② 大夫仁者 …… 以就大仁: 참으로 위대한 어진 마음을 가진 사람은 자기의 선심을 널리 베풂. 그 중에서 화목하지 않은 현상이 있으면 작은 인을 희생하여 큰 인을 성취함. 谐, 화목하다. 亏, 희생. ③ 妻子: 아내와 자식.

夫足寒伤心, 民劳伤国: 足温而心平, 人佚而国宁①. 是故善为理②者, 必以仁爱为本, 不以苛酷③为先. 宽有刑罚, 以全人命: 省彻徭役, 以休民力: 轻约赋敛, 不匮人财④: 不夺农时, 以足民用: 则家给国富, 而太平可致也.(刘勰:《刘子·爱民》)

【주석】① 佚: 逸과 통하다, 안일(安逸)하다. 역시 휴식하다. 宁, 안녕. ② 理: 治(치)와 같음. 다스리다, 관리하다. ③ 苛酷: 너무 지나치고 잔혹하다. ④ 不匮人财: 세금을 경감하고 백성의 재력을 다 쓰지 않다.

博爱①之谓仁, 行而宜之②之谓义, 由是而之焉之谓道③, 足乎己而无待于外之谓德④. 仁与义为定名⑤, 道与德为虚位⑥. 故道有君子小人, 而德有凶有吉⑦. 老子之小仁义⑧, 非毁之也, 其见者小也. 坐井而观天, 曰天小者, 非天小也. 彼以煦煦⑨为仁, 孑孑为义⑩, 其小之也则宜. 其所谓道, 道其所道, 非吾所谓道也; 其所谓德, 德其所德, 非吾所谓德也. 凡吾所谓道德云者, 合仁与义言之也, 天下之公言也. 老子之所谓道德云者, 去仁与义言之也, 一人之私言也.(韩愈:《韩昌黎集》卷十一《原道》)

【주석】 ① 博爱: 광범하게 보편적으로 사랑함. ② 行而宜之: 행위가 인정과 도리에 맞다. 宜, 적합함. 예기·중용《礼记·中庸》: 의(义)는 이(宜)와 통함 ③ 由是而之焉之谓道: 인의에 따라 가면 도임. 是, 여기서는 인의를 말함. 앞에 있는 "之"는 향하여 가는 뜻이다. ④ 德: 주예·지관사도·사씨(《周礼·地官司徒·师氏》), 정(정현郑玄)주석: "在心为德, 施之为行" 마음속에 있으면 덕이고 시행하면 행이다. 사람들이 자아수양에 의하여 도달한 어느 정도의 정신세계를 말함. ⑤ 定名: 확정된 명칭, 인의의 내포된 뜻은 확정된 것이다. 즉 오직 긍정적인 것과 좋은 것. ⑥ 虚位: 공허한 자리. 도덕의 내포된 뜻은 확정할 수 없다, 즉 긍정적이고 좋은 것일 수도 있고 반대로 나쁠 수도 있다. ⑦ 此二句的意思是: 이 두 문장의 뜻은 도는 군자의 도가 있고 소인의 도도 있으며 흉덕과 길덕이 있다. 한유(韩愈, 768-824년)의 뜻은 정통 유가(儒家)가 주장하는 것은 군자가 숭상하는 인의(仁义) 도와 길(吉)의 덕(德)이다. 그러나 노자(老子)가 주장하는 것은 오직 도의 도이고 덕의 덕이다. ⑧ 小仁义: 인의를 깔보고 인의가 보잘 것 없는 것으로 여기고 있다. ⑨ 煦煦: 따뜻하다. ⑩ 孑孑: 미소한 모양.

百亩之田, 不夺其时, 而民不饥矣. 五亩之宅①, 树之以桑, 而民不寒矣. 达孝悌, 则老者有归, 病者有养矣. 正丧纪②, 则死者得其藏. 修祭祀, 则鬼神得其飨③矣. 征伐有节, 诛杀有度, 而民不横死④矣. 此温厚而广爱者也, 仁之道也.(《李觏集·礼论第三》)

【주석】 ① 宅: 주택 구역. ② 丧纪: 장례를 치르는 예식. ③ 飨(xiang想): 제물을 바쳐 제사를 지냄. ④ 横死: 뜻밖의 재난을 당하여 죽음.

民吾同胞, 物吾与也①. 大君者, 吾父母宗子②: 其大臣, 宗子之家相也. 尊高年, 所以长其长③: 慈孤弱, 所以幼其幼. 圣其合德, 贤其秀也. 凡天下疲癃残疾, 惸独鳏寡, 皆吾兄弟之颠连而无告者也④. 于时保之⑤, 子之翼⑥也: 乐且不忧, 纯乎孝者也. 违曰悖德, 害仁曰贼⑦.(《张载集·正蒙·乾称》)

【주석】① 此二句的意思是: 이 두 문장의 뜻은 백성을 나의 동포 형제로 여기고 만물을 나의 친한 벗으로 여기다. ② 宗子: 장남. ③ 此二句的意思是: 이 두 문장의 뜻은 윗사람을 존경하는 것은 자기의 노인을 존경하는 것과 같음. ④ 疲癃: 罷癃과 통함. 늙고 병든 사람. 惸(qióng琼), 본의는 형제가 없는 사람, 파생된 의미는 고독과 무의무탁한 사람을 말함. 颠连: 지쳐서 견딜 수 없다. 그 뜻은 천하의 모든 장애인과 고독한 사람들은 다 나의 고난하고 불쌍한 형제와 마찬가지이다. ⑤ 于时保之: 그리하여 국권을 지켜야 한다. 时, "是"와 같음. ⑥ 翼: 공손하다. ⑦ 害仁曰贼: 인을 해치는 사람을 곧 도둑이라고 부른다.

仁之道, 要①之只消道一公字. 公只是仁之理, 不可将公便唤做仁. 公而以人体之, 故为仁. 只为公, 则物我兼照, 故仁, 所以能恕②, 所以能爱, 恕则仁之施, 爱则仁之用也.(《二程集·河南程氏遗书》卷十五)

【주석】① 要: 요점. ② 恕: 공자가 가로되, 자기가 싫은 것을 남에게 강요하지 말라고 했다.

仁是根, 恻隐是萌芽①. 亲亲, 仁民, 爱物, 便是推广到枝叶处.(朱熹:《朱子语类》卷六)

【주석】① 此二句的意思是: 이 두 문장의 뜻은 동정하는 마음은 인의 발단이다. 恻隐: 동정.

仁者, 生生①之德也: "民之质矣, 日用饮食"②, 无非人道所以生生者. 一人遂其生, 推之而与天下共遂其生, 仁也. 言仁可以赅义, 使亲爱长养不协于正大之情, 则义有未尽, 亦即为仁有未至③. 言仁可以赅礼, 使无亲疏上下

之辨, 则礼失而仁亦未为得.(戴震:《孟子字义疏证》卷下《仁义礼智》)

【주석】① 生生: 꼬리를 물고 일어나다. 주역·계사상(《周易·系辞上》): "生生"은 "易(역)"이라고 함. ② 인용문은 예기·예운(《礼记·礼运》)을 볼 것. ③ 此四句的意思是: 이 네 문장의 뜻은 인(仁) 중에는 의가 포함될 수 있다. 만약 친척과 연장자를 사랑하고 어린이를 부양하는 것이 정당한 보편적인 사리에 부합될 수 없다면 아직 완전히 의에 도달하지 못했고 또는 인에 아직 충분히 도달하지 못하였다.

是故其仁小者则为小人, 其仁大者则为大人. 故孝弟于家者, 仁之本也: 睦姻①于族者, 仁之充②也: 任恤③于乡者, 仁之广也. 若能流惠于邑, 则仁大矣: 能推恩于国, 则仁益远矣: 能锡类于天下, 仁已至矣.(康有为:《长兴学记》)

【주석】① 睦姻: 즉 주예(《周礼》)에서 말하는 "睦姻"은 곧 육덕 효(孝), 우(友), 목(睦), 인(姻), 임(任), 휼(恤) 중에 있는 두 덕이다. ② 充: 확충. ③ 任恤: 주예(《周礼》)에서 말하는 육덕 중에서 목(睦), 인(姻)뒤에 있는 임(任), 휼(恤) 두 덕이다.

仁以通为第一义. 以太①也, 电也, 心力②也, 皆指出所以通之具. 以太也, 电也, 粗浅之具也, 借其名以质心力. 通之义, 以"道通为一③"为最浑括. 通有四义: 中外通, 多取其义于《春秋》, 以太平世远近大小若一故也: 上下通, 男女内外通, 多取其义于《易》, 以阳下阴吉, 阴下阳吝④, 泰否⑤之类故也: 人我通, 多取其义于佛经, 以无人相, 无我相⑥故也.(谭嗣同:《仁学·界说》)

【주석】① 以太: 물리학 역사에 있는 명사이며 또한 매질이라고 부른다. 이전에 과학자들이 가정한 전자기에너지(光热电磁) 매개체. 담사동(谭嗣同: 1865~1898년)은 인류는 계급을 뛰어넘어 통하는 자애로운 마음이 있다고 생각하였다. 이른바 측은히 여기는 마음, 이것은 바로 물리학의 에테르(以太)와 같다. ② 心力: 사유와 심리 능력을 말함. ③ 道通为一: 여러 가지 현상의 차이는 도(道)에서 일치하게 된다. ④ 吝: 길(吉)과 상반되고 순조롭지 못하다는 뜻이다. ⑤ 泰否: 역(《易经》)에서 태(《泰》)와 부(《否》) 두 괘(卦)를 말함. ⑥ 无人相, 无我相: 서로 차이가 없는 것을 말함. 相, 형상.

4절. 중화(中和)

"중화(中和)"는 유가가 제시한 하나의 중요한 윤리적 원칙이자 근본적인 도덕기준이다. 《예기(禮記)》 《중용(中庸)》에서는 그것을 "천하의 큰 근본[天下之大本]", "천하의 공통된 도[天下之達道]"라고 하였다. 공자는 "중용을 덕으로 하는 것은 지극한 것이다[中庸之爲德也, 其至矣乎]"라고 했다. 유가의 윤리사상 가운데, "중화(中和)"·"중용(中庸)"·"중도(中道)"라는 개념은 다양한 이해와 해석을 지니고 있다. 따라서 다양한 상황에서 다양한 의미로 사용된다. 이러한 개념들에 대한 이해에 있어서의 엇갈림은 지금도 여전히 존재하고 있다. 여기서 우리는 주로 그 도덕적 의의만을 골라냈는데, 인품에서 자신을 정립할 때 올바르도록 해야 하고, 일처리를 할 때 올바른 도리를 지켜야 함을 사람들에게 요구하여, 지나치거나 부족한 극단적 행동을 피하려 노력하고, 인간관계를 정의로운 단합과 조화상태로 유지시킴으로써 사회발전을 이롭게 하는 것이다.

중화(中和)는 온전한 도덕관념으로 《예기》 《중용》에서 비로소 나타나지만, 이러한 사상 관념은 중국의 전통적 관념 가운데서도 유구한 역사를 지닌 것이다. 전승해 오는 바에 따르면, 요(堯)가 순(舜)에게 왕위를 물려주었을 때, 이미 "그 중심을 잡으라[允執厥中]"고 전수하였다고 한다. 공자의 사상 속에서는 중용의 원칙이 처음과 끝을 관통하고 있으며, 비교적 명확한 논의도 존재한다. 송대 성리학자들은 다양한 철학적 입장으로부터 중화(中和) 사상을 해석하고 해명해 냈다. 주희는 공식적으로 《예기》에 포함된 《대학(大學)》·《중용》을 독립시켜 내어, 《논어(論語)》·《맹자(孟子)》와 나란히 사서(四書)로 편찬함으로써, 중화(中和)사상이 당시와 이후의 사회생활 속에서 막대한 영향을 초래하도록 하였다.

"중화(中和)"는 도덕범주로서 풍부한 논증 내용을 포함하고 있다. 그것은 인륜의 도리이자 군자(君子)의 덕이기도 하다. 따라서 중화는 사람들의 희로애락의 감정과 욕망이 적절한 한도를 지켜야 하고, 행위가 예의에 부합해야 한다고 요구한다. 중정(中正)하여 치우치지 않고 화이부동(和而不同)함으로써, 마음이 부정해지거나, 욕망이 조화를 잃고, 행위가 극단화되어 인간의 도리를 위반하는 것을 방지하는 것이다. 이런 내용은 매우 가치 있는 것이다. 물론 시대적 조건의 제약과 인식의 한계로 인해, 고대의 여러 사상가들은 중화사상을 상세히 해명할 때, 정도의 차이는 있지만 무원칙하게 사회모순 및 계급 모순을 조화시키려는 경향을 드러냈다. 철학적으로도 유심주의적이고 형이상학적인 이해를 지녀서 심지어 어떤 신비한 색채까지도 포함한다. 이는 비판해 마땅한 것이다.

人心惟危, 道心惟微①, 惟精惟一②, 允执厥中③.(《尚书·大禹谟》)

【주석】 ① 人心惟危, 道心惟微: 마음은 사람의 지각이 내심 속에서 생겨 나타내는 것이다. 형기(形气)로 나타나는 것이 인심이라고 하고 의리(义理)로 나타나는 것이 도심(道心)이라고 함. 危, 마음이 안정되지 않고 가라앉을 수 없다. 微, 은폐하고 나타나지 않다. ② 精: 정성을 다하여 심혈을 기울이다. 한결같이 일념으로. ③ 允: 성실하여 믿을 만하다. 执, 굳게 지키다. 厥, 그의, 그것의. 中, 중용(中庸)의 도.

子曰: "过犹不及①."(《论语·先进》)

【주석】 ① 过: 과분하다. 不及: 달성할 수 없다. 과분하거나 달성할 수 없는 것은 다 좋지 않다.

子曰: "君子和而不同①, 小人同而不和②."(《论语·子路》)
【주석】① 君子讲有原则的调和而不盲从附和. 군자는 원칙에 따라 타협하고 맹종하지 않는다. ② 小人盲从附和而不讲有原则的调和. 소인은 원칙성이 없이 무턱대고 따라 타협하다.

有子①曰: "礼之用, 和②为贵. 先王之道, 斯③为美. 小大由之, 有所不行. 知和而和, 不以礼节之, 亦不可行也④."(《论语·学而》)
【주석】① 有子: 공자의 제자, 성은 유(有)이고 명은 약(若)이다. ② 和: 타협하고 화목하다. 또한 적합, 타당, 아주 적절하다는 뜻이다. ③ 斯: 화(和) ④ 小大由之有所不行 …… 亦不可行也: 작은 일이나 큰일을 오로지 타협의 방법으로 열중하면 어떤 곳에서는 통하지 않는다. 예(礼)로 화목을 통제 관리하지 않고 오직 화목을 위한 화목은 여전히 통할 수 없다.

言必当①理, 事必当务, 是然后君子之所长也. 凡事行, 有益于理者立之, 无益于理者废之, 夫是之谓中事. 凡知说, 有益于理者为之, 无益于理者舍之, 夫是之谓中说. 事行失中谓之奸事, 知说失中谓之奸道. 奸事奸道, 治世之所弃, 而乱世之所从服也.(《荀子·儒效》)
【주석】① 当: 적당, 적합하다.

喜怒哀乐之未发, 谓之中①: 发而皆中节, 谓之和②. 中也者, 天下之大本也: 和也者, 天下之达道③也. 致中和, 天地位焉, 万物育焉.(《礼记·中庸》)
【주석】① 此二句的意思是: 이 두 문장의 뜻은 희노애락(喜怒哀乐)은 사람의 감정이고 이런 감정을 나타내기 전에 사람의 마음속은 담담하고 어느 쪽으로도 치우치지 않는 경지가 있을 수 있다. 이런 것을 중이라고 함. 中, 어느 한 쪽으로도 기울지 않다. ② 中(zhòng仲)节: 중(中), 부합. 절(节), 법률, 일상적인 이치. 희노애락 등의 감정을 나타내는 것은 다 일상적인 이치에 맞고 화(和)는 바로 화목하고 중용(中庸)이라는 것을 말함. ③ 达道: 천하 공동으로 준수하는 이치.

45

仲尼^①曰: "君子中庸^②, 小人反中庸. 君子之中庸也, 君子而时中^③. 小人之反中庸也, 小人无忌惮也."(同上)

【주석】① 仲尼: 공자, 이름은 구(丘)이고 자는 중니이다. ② 中庸: 지나치거나 모자라지 않고 또 어느 한편으로 치우치지도 않는 알맞는 상태나 정도이다. ③ 时中: 시의에 맞게 일을 하고 지나치거나 모자라지 않다.

故君子和而不流^①, 强哉矫^②! 中立而不倚, 强哉矫! 国有道^③, 不变塞^④焉, 强哉矫! 国无道, 至死不变, 强哉矫!(同上)

【주석】① 和而不流: 성격이 비록 온화하지만 남이 하는대로 따라가지 않는다. ② 矫: 꿋꿋한 모양. ③ 国有道: 국가의 정치가 평화롭다. ④ 塞: 빈틈없다. 포부를 가슴에 품은 것을 말함. 不变塞, 포부를 바꿀 수 없다.

天地之气, 莫大于和. 和者, 阴阳调, 日夜分, 而生物. 春分而生, 秋分而成, 生之与成, 必得和之精. 故圣人之道, 宽而栗^①, 严而温, 柔而直, 猛而仁. 太刚则折, 太柔则卷, 圣人正在刚柔之间, 乃得道之本. 积阴则沉, 积阳则飞, 阴阳相结, 乃能成和.(《淮南子 · 氾论训》)

【주석】① 栗: 위엄, 엄숙.

孔子曰: "中人之情, 有余则侈, 不足则俭, 无禁则淫, 无度则失^①, 纵欲则败. 饮食有量, 衣服有节, 宫室有度, 畜聚有数, 车器有限, 以防乱之源也. 故夫度量不可不明也, 善欲^②不可不听也."(刘向:《说苑 · 杂言》)

【주석】① 失: 일(佚)과 통함. 안락, 방탕하다. ② 善欲: "善教"선교로 추측하다. 좋은 것을 가르치다.

夫刚则不和, 不和则不可用. 是故四马不和, 取道不长: 父子不和, 其世破亡: 兄弟不和, 不能久同: 夫妻不和, 室家大凶.《易》曰: "二人同心, 其利断金^①." 由不刚也^②.(刘向:《说苑 · 敬慎》)

【주석】① 인용문은 주역·계사상(《周易·繫辞上》)에서 나왔으며 뜻은 두 사람이 마음을 같이 하기만 하면 마치 예리한 칼과 같이 동(铜)과 금(金)을 절단할 수 있다. ② 由不刚也: 지나치게 강경하지 않기 때문에 그렇다.

一阴一阳之谓道, 然变而通之, 未始不由乎中和也. 阴阳之道, 在天为寒燠雨旸①, 在国为礼乐刑赏, 在心为刚柔缓急, 在身为饥饱寒热, 此皆天人之所以存, 日用而不可免者也. 然稍过其分, 未尝不为灾. 是故过寒则为春霜夏雹, 过燠则为秋华冬雷, 过雨则为淫潦, 过旸则为旱暵②. 礼胜则离, 乐胜则流: 赏僣③则人骄溢, 刑滥则人乖叛. 太刚则暴, 太柔则懦: 太缓则泥, 太急则轻: 饥甚则气虚竭, 饱甚则气留滞, 寒甚则气沉濡, 热甚则气浮躁. 此皆执一而不变者也. 善为之者, 损其有余, 益其不足: 抑其太过, 举其不及, 大要归诸中和而已矣. 故阴阳者, 弓矢也: 中和者, 质的也. 弓矢, 不可偏废, 而质的不可远离. 《中庸》曰: "中者天下之大本也, 和者天下之达道也. 致中和, 天地位焉, 万物育焉." 由是言之, 中和岂可须臾④离哉?(司马光: 《司马文正公传家集·答李大卿书》)

【주석】① 燠(yù育): 덥다. 旸(yáng阳): 해가 뜨고 맑은 날씨. ② 暵(hàn汗): 가물다. ③ 僣(jiàn见): 지나치다. ④ 须臾: 잠깐.

中庸, 只是一个道理, 以其不偏不倚, 故谓之"中", 以其不差异可常行, 故谓之"庸". 未有中而不庸者, 亦未有庸而不中者. 惟中, 故平常.(朱熹: 《朱子语类》卷六十二)

以性情言之, 谓之中和: 以礼义言之, 谓之中庸, 其实一也. 以中对和而言, 则中者体, 和者用①, 此是指已发, 未发②而言. 以中对庸而言, 则又折转来, 庸是体, 中是用. 如伊川③云"中者天下之正道, 庸者天下之定理"是也. 此"中"却是"时中", "执中"④之"中". 以中和对中庸而言, 则中和又是体, 中庸又是用.(朱熹: 《朱子语类》卷六十三)

【주석】① 体: 사물의 주요 부분, 주체. 用, 사물 본질의 외부 표현. ② 已发, 未发: 예기·중용(《礼记·中庸》)을 볼 것, "희노애락을 나타내기 전에는 중(中)이라고 하고, 나타나서 다 일상적인 이치에 맞으면 화(和)라고 함." ③ 伊川(이천): 정이(程颐), 북송시대의 철학자, 자 정숙(正叔), 이천 선생이라고 부른다. ④ 时中: 중용(《中庸》)에서 소위 "君子而时中"이란 시의(时宜)와 중도(中道)에 맞다는 것이다. 执中, 진실하게 어느 쪽으로도 치우치지 않고("允执厥中") 중도를 지키는 것을 말함.

子程子曰: "不偏①之谓中, 不易之谓庸②. 中者, 天下之正道: 庸者, 天下之定理③."(朱熹:《四书章句集注·中庸章句》)
【주석】① 偏: 편면, 편향 ② 易: 변화. 庸, 항상. ③ 定理: 확고 불변의 법칙. 이 말은 주희(朱熹)가 정이(程颐)의 말을 인용한 것이다.

君子之所以为中庸者, 以其有君子之德, 而又能随时以处中也. 小人之所以反中庸者, 以其有小人之心, 而又无所忌惮也. 盖中无定体①, 随时而在, 是乃平常之理也. 君子知其在我, 故能戒谨不睹②, 恐惧不闻③, 而无时不中. 小人不知有此, 则肆欲妄行, 而无所忌惮矣.(同上)
【주석】① 体: 존재의 형식. ② 戒谨不睹: 군자는 남이 볼 수 없는 곳에서 자기의 행동거지를 더욱 신중히 한다는 것을 말함. ③ 恐惧不闻: 군자는 다른 사람이 들을 수 없는 곳에서 자기의 언담을 각별히 조심한다는 것을 말함.

5절. 효자(孝慈)

효자(孝慈)는 중국의 전통 도덕 중에서 가장 중요한 규범으로, 특수한 지위와 기능을 지닌다. 유가는 효자(孝慈)를 인(仁)과 의(義)의 근본이 되는 "인륜의 공리(公理)"로 보았고, 자애[慈]와 효도[孝]는 본래 부모와 자식 사이의 자연적인 깊은 애정에 근거한 것이자 그것을 예절로 만든 것이라고 생각했다. 효도는 자식에게 해당되는 것이고, 자애는 부모에게 해당되는 것이다. 부모에게 있어, 기본적 윤리규범은 아버지는 의롭고 어머니는 자애로워야 하는 것인데, 경우에 따라 자애는 부모 모두의 윤리 규범이 된다. 부모의 자녀에 관한 윤리적 의무는 첫째 보호하고 양육하는 것이다. 둘째는 의로운 방향으로 교육하여, 가정을 이루고 생업을 꾸릴 수 있도록 하는 것이다. 이 모두는 자애란 덕목의 구체적인 표현이다. 자식에게 있어, 기본적 윤리규범은 효도이다. 효도의 구체적인 표현이란 반드시 봉양하면서 공경하여 부모에게 과실이 있다면 완곡히 간언하고 부모를 섬길 때는 항상 깊은 애정과 즐거운 안색을 유지하는 것, 부모가 주신 신체를 잘 보존하고 가치 없는 모험과 싸움을 하지 않는 것, 입신양명하여 부모를 드러내는 것 등등이다. 개괄해서 논하자면, 첫째는 부모의 뜻을 받듦이고, 둘째는 부모를 봉양함이다. 이런 것들을 해낼 수 있다면 곧 효자가 된다. 고대 윤리사상가들이 강조한 바는 부모 자식 사이의 애정이 인(仁)의 근본이며, 잘 확장하면 천하에 관한 사랑에 보탬이 되리라는 것이었다. 당연히 이는 일종의 합리적인 사상이라고 말할 수 있다. 물론 전통적인 부모 자식 간의 윤리도 협애하고 불합리한 일면을 지니는데, 예를 들면 부모가 자식을 사유재산처럼 보고, 자식의 독립과 주체성을 억압하여 "불효에는 세 가지가 있는데, 후사가 없는 것이 가장 크다[不孝有三, 無後爲大]"는 등의 생각을 제창하는 것이다. 송명(宋明) 이후, 성리학자들은 봉건왕조를 보호하기 위해 맹목적인 효도를 선양했는데, 이는 마땅히 버려야 할 찌꺼기이다.

父慈而教①, 子孝而箴②, 兄爱而友③, 弟敬而顺④, 夫和而义⑤, 妻柔而正⑥,

姑慈而从⑦, 妇听而婉⑧, 礼之善物⑨也.(《左传·昭公二十六年》)

【주석】① 父慈而教: 자애로운 아버지가 자식들을 가르친다. ② 子孝而箴: 효성스러운 아들이 아버지의 실수를 권고한다. ③ 兄爱而友: 형은 동생들을 사랑하고 다정하게 대한다. ④ 弟敬而顺: 동생은 형을 존경하고 순순히 따른다. ⑤ 夫和而义: 남편은 부드럽고 사리에 밝다. ⑥ 妻柔而正: 아내는 부드럽고 올바르다. ⑦ 姑慈而从: 姑, 시어머니. 시어머니는 자애롭고 충고를 잘 받아들인다. ⑧ 妇听而婉: 妇, 며느리. 며느리는 순종할 뿐만 아니라 말을 완곡하게 잘 한다. ⑨ 礼之善物: 善物, 좋은 일. 예의에 따라 좋은 일이 오다.

石碏谏①曰: "臣闻爱子, 教之以义方②, 弗纳③于邪. 骄奢淫佚④, 所自邪也. 四者之来, 宠禄过⑤也."(《左传·隐公三年》)

【주석】① 石碏(què鹊): 석작, 춘추시기 위(卫)나라의 사대부. 谏, 직언하여 권고하다. ② 义方: 정도. 바른 길. ③ 纳: 받아 넣다. 들어서다. ④ 骄奢淫佚: 교만하고 사치스러우며 황음무도하다. ⑤ 宠: 총애하다. 총애를 받다. 禄, 상을 주다. 하사하다. 참고 시경·소아·첨피락의 정전(《诗经·小雅·瞻彼洛矣》郑笺). 郑笺(정전), 동한 때 정현(郑玄) 저작 모시전전(《毛诗传笺》)의 약칭.

子夏①问孝. 子曰: "色难②. 有事, 弟子服其劳: 有酒食, 先生馔③: 曾④是以为孝乎?"(《论语·为政》)

【주석】① 子夏(자하): 공자의 제자. 성 복(卜), 이름 상(商), 자 자하. ② 色难: 줄곧 부모님을 상냥하고 웃는 얼굴로 모시는 것은 어렵다. 효자는 부모님에게 깊은 애정을 가져야 줄곧 싫어하지 않고 상냥하게 모실 수 있다. ③ 先生: 이곳에서는 연장자를 가리킴. 馔(zhuàn撰): 식용하다. ④ 曾(céng层): 경(竟), 뜻밖에.

父母在①, 不远游②, 游必有方③.(《论语·里仁》)

【주석】① 在: 살아 있다. 건재하다. ② 远游: 먼 곳에 가다. ③ 有方: 가는 방향과 장소가 있다. 이곳에서는 언제나 부모님을 염려하고 함부로 부모님을 멀리 떠나서

는 안 된다.

孟武伯[1]问孝. 子曰: "父母唯其疾之忧[2]."(《论语 · 为政》)
【주석】① 孟武伯(맹무백): 맹의자(孟懿子)의 아들, 이름 체(彘). ② 疾: 질병. 이곳에서는 부모님이 자기의 질병만 걱정하게 하고 다른 일에 걱정을 끼치지 않도록 하는 것은 곧 효성을 드리는 것이다. 기본사상은 불의한 일을 하지 않으면 곧 효성을 드리는 것이다.

子游[1]问孝. 子曰: "今之孝者, 是谓能养[2]. 至于犬马, 皆能有养: 不敬, 何以别乎[3]?"(同上)
【주석】① 子游: 공자의 학생. 성 언(言), 이름 언(偃), 자 자유(子游). ② 能养: 부모님에게 의식(衣食)을 드려 모실 수 있다. ③ 이곳에서는 부모님을 모시는 면에 있어서 가장 중요한 것은 존경하는 것이다. 존경하지 않고 봉양하면 개나 말을 기르는 것과 차이가 없다.

事父母几谏[1]. 见志不从, 又敬不违[2], 劳[3]而不怨.(《论语 · 里仁》)
【주석】① 几(jī基): 경미하다. 완곡하다. 은근하다. 几谏: 부모님이 실수가 있으면 상냥스럽고 웃는 얼굴로 완곡히 권고를 드려야 한다. ② 又: 더욱, 다시, 아직도. 不违: 거스르지 않다. 실례하지 않다. ③ 劳: 힘들게 일하다. 수고하다.

孝, 以亲为芬[1], 而能能利亲[2]. 不必得[3].(《墨子 · 经说上》)
【주석】① 芬: 분(分)의 번체자. 분수를 지키다. 자기 직책. ② 能能: 첫 "能"자는 능히 할 수 있다는 뜻. 다음 "能"자는 ……을(를) 잘 한다는 뜻. ③ 得: 부모님의 마음에 들다.

子墨子[1]曰: 姑尝本原之[2]孝子之为亲度[3]者. 吾不识孝子之为亲度者, 亦欲人爱利其亲与? 意欲人之恶贼[4]其亲与? 以说观之, 即欲人之爱利其亲也. 然即吾恶先从事即得此⑤? 若我先从事乎爱利人之亲, 然后人报我爱利吾亲乎⑥? 意我先从事乎恶⑦人之亲, 然后人报我以爱利吾亲乎? 即必吾先从事乎爱利人之亲, 然后人报我以爱利吾亲也.(《墨子·兼爱下》)

【주석】① 子墨子: 공양전·은공 11년 하휴의 주석(《公羊传·隐公十一年》何修注)에 의하면 성씨 앞에 자(子) 자를 붙이면 그 사람은 자기의 스승이다. 묵자(墨子): 춘추말기(春秋末期)의 사상가, 교육가. 성 묵, 이름 적(翟), 묵가(墨家) 학파를 창립하였다. ② 姑: 잠시, 우선. 尝: 시험해 보다. 原: 추구하다. 이 문장의 뜻은 잠시 근본적인 것에서부터 추구해 보다. ③ 度(duó夺): 계산하다. 파생된 뜻은 계획과 생각하는 것이다. ④ 恶(wù物): 증오하다. 미워하다. 贼: 상해하다. ⑤ 本句意为, 이 문장의 뜻은 나는 먼저 무엇을 하면 사람들의 사랑을 받고 나의 부모님에게 이롭겠는가(人爱利吾亲)? 恶(wū乌): 어떤, 무엇. ⑥ 报: 보답하다. 고마움을 표시하다. ⑦ 恶: 증오하다.

为人父而不明父子之义以教其子而整齐之, 则子不知为人子之道以事其父矣. 故曰: 父不父, 则子不子.(《管子·形势解》)

世俗所谓不孝者五: 惰其四支①, 不顾父母之养, 一不孝也: 博弈好饮酒, 不顾父母之养, 二不孝也: 好货财, 私妻子②, 不顾父母之养, 三不孝也: 从③耳目之欲, 以为父母戮④, 四不孝也: 好勇斗很⑤, 以危父母, 五不孝也.(《孟子·离娄下》)

【주석】① 四支: 즉 사지(四肢). 惰其四肢, 부지런하지 않다. ② 私妻子: 아내와 자식에 대하여 편애하다. ③ 从: 종(纵)과 통하고 방임하다는 뜻. ④ 戮(lù路): 치욕을 주다. ⑤ 斗很: 곧 고집을 부리며 다투다. 很, 한(狠)과 통함.

老吾老①, 以及人之老: 幼吾幼②, 以及人之幼. 天下可运于掌③.(《孟子·梁惠王上》)

【주석】① 老吾老: 앞의 노(老) 자는 동사, 존경하여 모신다는 뜻. 다음 노(老) 자는 노인을 가리킨 것이다. ② 幼吾幼: 앞의 유(幼) 자는 동사, 보호하다는 뜻. ③ 天下可运于掌: 천하를 손 안에 장악하듯이 쉽다. 运, 돌다. 운행하다.

请问为人父? 曰: 宽惠而有礼. 请问为人子? 曰: 敬爱而致恭.(《荀子·君道》)

入孝出弟①, 人之小行②也; 上顺下笃③, 人之中行也; 从道不从君, 从义不从父④, 人之大行也. 若夫志以礼安⑤, 言以类使⑥, 则儒道毕矣⑦.(《荀子·子道》)

【주석】 ① 入孝出弟(tì替): 집에서는 부모님에게 효성을 드리고 밖에서는 선배를 존경함. 弟(제), 悌(제)와 통함. ② 行: 덕행. ③ 上顺下笃: 위로는 군주와 부친에게 순종하고 아래로는 비천한 사람과 어린이에 대하여 진실하게 사랑함. ④ 从道不从君, 从义不从父: 만약 군주와 부친의 염원과 명령이 도의에 어긋나면 즉 도의에 복종하고, 군주와 부친에게 순종하지 않는다. ⑤ 志以礼安: 예의대로 생각하고, 어기면 마음이 불안하다. ⑥ 言以类使: 도의에 따라 말하다. 즉 도의와 예의에 의하여 말하라고 함. ⑦ 毕: 모든 것이 다 준비되다.

孝子所以不从命有三: 从命则亲①危, 不从命则亲安, 孝子不从命乃衷②; 从命则亲辱, 不从命则亲荣, 孝子不从命乃义; 从命则禽兽③, 不从命则修饰④, 孝子不从命乃敬. 故可以从而不从, 是不子⑤也; 未可以从而从, 是不衷也. 明于从不从之义, 而能致恭敬, 忠信, 端悫⑥以慎行之, 则可谓大孝矣. 传曰: "从道不从君, 从义不从父."此之谓也. 故劳苦彫萃⑦而能无失其敬, 灾祸患难而能无失其义, 则⑧不幸不顺见恶⑨而能无失其爱, 非仁人莫能行.(同上)

【주석】 ① 亲: 부모님을 가리킨다. ② 衷: "忠"(충)과 통함. ③ 禽兽: 부모님을 사람들의 멸시를 받는 경지에 빠지게 하다. ④ 修饰: 즉 인품, 덕행과 수양. 부모님을 인품과 덕성과 수양이 있는 사람으로 되게 하다. ⑤ 不子: 행위는 아들로서 당연한 행위가 아니다. ⑥ 端悫(què确): 단정하고 성실하다. ⑦ 彫萃: 초췌하고 지쳐서 기운이 없다. ⑧ 则: 설사 ~할지라도. ⑨ 见恶(wù恶): 남들로부터 증오를 받다.

凡为人子之礼, 冬温而夏清①, 昏定而晨省②, 在丑夷③不争.(《礼记·曲礼上》)

【주석】 ① 冬温而夏清(qìng庆): 겨울에는 부모님의 거처가 따뜻한가 관심을 기울이고, 여름에는 부모님의 거처가 시원한가에 관심을 기울이다. ② 昏定而晨省(xǐng醒):

밤에는 노인들에게 이불과 베개를 잘 펴놓고, 아침에는 노인들에게 인사를 드린다.
③ 丑夷: 같은 항렬이나 연배의 사람. 丑(축), 侜(주)와 통함. 夷(이), 侪(제)와 같다.

夫为人子者, 出必告①, 反必面②, 所游必有常③, 所习必有业④, 恒言⑤不称老.
(同上)

【주석】① 出必告: 떠나기 전에 부모님께 알려야 함. ② 反必面: 집에 돌아와서 부모님을 찾아뵙고 부모님이 염려하지 않게 하다. 反(반), 返(반)과 같다. ③ 所游必有常: 밖에 나가면 항상 가는 곳이 있다. ④ 所习必有业: 전공과목을 배워야 함. ⑤ 恒言: 일상적인 이야기.

曾子曰: "孝子之养老也, 乐其心, 不违其志, 乐其耳目, 安其寝处, 以其饮食忠养之."(《礼记·内则》)

孝子之有深爱者必有和气, 有和气者必有愉色, 有愉色者必有婉容①. 孝子如执玉②, 如奉盈③, 洞洞属属然④如弗胜⑤, 如将失之. 严威俨恪⑥, 非所以事亲也, 成人之道也⑦.(《礼记·祭义》)

【주석】① 婉容: 온화하고 유순한 풍채(仪容). ② 如执玉: 부모님을 모실 때는 귀중한 옥을 손에 든 것처럼 신중하게 해야 한다. ③ 如奉盈: 부모님을 모실 때는 물이 가득 들어 있는 그릇을 양손으로 받쳐든 것처럼 조심해야 한다. 奉(봉), 捧(봉)과 통함. ④ 洞洞属属然: 경건하고 정성스러우며 한결같은 모양. ⑤ 如弗胜: 마치 감당할 수 없는 것 같다. ⑥ 严威俨(yǎn眼)恪(kè克): 의용은 정중하면서 위엄이 있다. ⑦ 成人之道: 옛날 남자가 만 20세가 될 때 모자를 쓰는 성인식을 거행하여 어른이 되는 것을 표시함. 엄위엄각(严威俨恪)은 성인들이 일부 장소에서 차린 풍채와 형태, 그러나 부모님 앞에서 절대로 그렇게 할 수가 없다. 양친 앞에서는 자식으로서 효성을 다하여야 함.

子云: "从命不忿, 微谏不倦, 劳而不怨, 可谓孝矣."(《礼记·坊记》)

众之本教曰孝, 其行曰养. 养可能也, 敬为难: 敬可能也, 安为难: 安可能也, 卒为难①. 父母既没②, 慎行其身, 不遗父母恶名③, 可谓能终矣. 仁者, 仁此者也. 礼者, 履此者也. 义者, 宜此者也. 信者, 信此者也. 强者, 强此者也. 乐自顺此生④, 刑自反此作⑤.(《礼记·祭义》)

【주석】① 卒为难: 이 구절의 뜻은 부모님이 건재할 때는 평생 효심을 다 하는 것이 어렵다. 卒, 끝나다. ② 没(mò末): 殁(몰)과 통함. 돌아가다. ③ 不遗父母恶名: 부모님에게 악명을 끼칠 수 없다. ④ 乐自顺此生: 즐거운 것은 성실한 효도 중에서 생겨난다. ⑤ 刑自反此作: 형벌은 이런 효도를 위반하는 것을 징벌하기 위하여 제정함.

夫孝者, 善继人之志①, 善述人之事②者也.(《礼记·中庸》)

【주석】① 善继人之志: 선인의 유지를 잘 계승함. ② 善述人之事: 선인의 사업을 잘 완성함.

子曰: "孝子之事亲也, 居则致其敬, 养则致其乐, 病则致其忧, 丧则致其哀, 祭则致其严, 五者备矣, 然后能事亲. 事亲者, 居上不骄, 为下不乱, 在丑① 不争. 居上而骄则亡, 为下而乱则刑, 在丑而争则兵. 三者不除, 虽日用三牲之养②, 犹为不孝也."(《孝经·纪孝行章》)

【주석】① 丑 : 많다. 많은 사람. ② 日用三牲之养 : 이 구절의 뜻은 매일 부모님에게 세 가지 고기로 부양함. 三牲 즉 소, 양, 돼지.

为人母者, 不患不慈, 患于知爱而不知教也. 古人有言曰: "慈母败子." 爱而不教, 使沦于不肖, 陷于大恶, 入于刑辟①, 归于乱亡, 非他人败之也, 母败之也.(司马光: 《温公家范》卷三)

【주석】① 入于刑辟(bì必): 법률과 형벌의 제재를 받다. 辟(벽), 법, 법률.

守身, 持守其身, 使不陷于不义也. 一失其身, 则亏体辱亲, 虽日用三牲之养, 亦不足以为孝矣.(朱熹: 《四书章句集注·孟子集注》卷七)

唯养生功夫是父母切实受用处. 至于送死, 虽必诚必信, 勿之有悔, 而在人子皆发于实心, 在父母则尽是虚文矣. 语云: "棰牛而飨墓[①], 不若鸡豚之逮存[②]", 此最伤心之言. 盖既当善养口体, 尤当善养其志: 既欲得亲之心, 又欲纳亲于道[③]: 是为难耳.(《陈确集·文集·养生送死论》)

【주석】① 棰(chuí)牛而飨(xiǎng想)墓: 棰(추)牛, 망치로 소를 때려잡다. 飨(향)墓묘지에 가서 제사를 지내다. 이 구절의 뜻은 부모님의 묘지에 가서 큰 집짐승으로제사를 지내다. ② 不若鸡豚(tún屯)之逮存: 豚, 돼지새끼. 일반적으로 돼지를 가리킴.이 구절의 뜻은 부모님이 건재할 때 닭과 돼지로 부양하지 못하다. 逮(태), 미치다.③ 纳亲于道: 양친이 인의를 하도록 하고 정도로 걸어가게 함. 纳(의납), 들어서다,들어가다는 뜻.

今世之不善养父母者, 尝有词矣, 吾塞耳不忍听也. 曰: "吾非不欲孝吾父母也, 奈父母之于兄弟厚而于吾独薄也." 曰: "吾祖宗之业, 吾父尽废之而不我遗[①]也, 吾何以为孝?" 嗟呼! 以市道交[②], 人犹恶[③]之, 况于以市道事吾父母乎! 虽然, 夫亦何市道之有! 所谓市道, 较利悉锱铢而无爽也[④]. 今父母之利子奚若[⑤]? 而一旦忘之, 反诛责之无已时, 去市道益远矣[⑥].(《陈确集·文集·子惑论》)

【주석】① 不我遗: 나에게 남겨주지 않다. ② 以市道交: 시장 규구대로 교제함. ③恶(wù物): 싫어하고 멸시함. ④ 较利: 돈과 이윤을 따지다. 즉 물건 값을 흥정하다.锱(zī兹)铢: 고대 중량 단위. 6铢(수)는 1锱(치)이다, 1치는 4분의 1량(两)이다. 无爽:차이가 없다. 이 두 구절의 뜻은 시장에서 사람들은 추호의 손해도 보지 않기 위하여 따지다. ⑤ 奚若: 어떻게. ⑥ 去市道益远矣: 시상 규구에 너무 멀구나!

父母固人所至亲, 子者固人所至爱[①], 然但自亲其亲, 自爱其子, 而不爱人之亲, 不爱人之子, 则天下人之贫贱愚不肖者, 老幼矜[②]寡孤独废疾者, 皆困苦颠连, 失所教养矣. …… 故公世人人分其仰事俛畜[③]之物产财力, 以为公产, 以养老慈幼, 恤贫医疾, 惟用壮者, 则人人无复有老病孤贫之忧.

俗美种良, 进化益上. 此父子之公理也.(康有为: 《礼运注叙》)

【주석】① 至: 극히, 가장. 至亲: 지친, 육친. 至爱: 가장 사랑하는 사람. ② 矜(guān 官): 鳏(관)과 통함. ③ 仰事俛(fǔ俯)畜: 俛, 俯(부)와 같고 仰(앙)과 대립되다. 이 구절의 뜻은 위로는 부모님을 봉양하고 아래로는 처자를 부양하다.

忠孝二德, 人格最要之件也①. 二者缺一, 时曰非人. …… 人非父母无自生, 非国家无自存. 孝于亲, 忠于国, 皆报恩之大义, 而非为一姓之家奴走狗所能冒②也.(梁启超: 《饮冰室合集》专集之四《新民说·论国家思想》)

【주석】① 最要之件: 제일 중요한 조건. ② 冒: 가장하다.

6절. 성신(誠信)

성신(誠信)은 성실하면서도 신용이 있는 것이고, 또한 충성과 신의로 개괄된다. 성신(誠信)이라는 도덕은 사람들에게 진실되고 선량한 마음과 언행의 일치를 요구한다. 성신(誠信)이란 규범은 충(忠)과 상통하며, 또한 인(仁)·의(義)와 관련된다. 성(誠)은 인(仁)에 있고, 신(信)은 의(義)에 가깝다. 성신(誠信)이 인의에서 벗어나면, 바로 가치를 잃어버리게 된다.

성신(誠信)은 유가에게 "덕을 진전시키고 업을 닦는 근본[進德修業之本]", "사람이게 하는 도리[立人之道]", "정치를 확립하는 근본[立政之本]"으로 간주되었다. 공자는 "사람이면서 신용이 없다면 합당한지 모르겠다[人而無信, 不知其可]"는 사상을 제기했을 뿐만 아니라 신(信)을 "백성에게 신뢰를 받지 못하면 설 수 없다"는 위치로까지 격상시켰으니, 군대가 없고, 식량이 없어 죽더라도 반드시 신뢰를 받아야 하는 것이었다. 맹자는 신(信)을 성(誠)과 관련시켜 성신(誠信)의 내재적 관계와 규범적 의의를 해명하였다. 순자는 현명한 인재를 선발하고 나라를 다스리는 개념에서 한층 더 확장하여, 신(信)을 붕우 윤리·교제 윤리에 관계된 규범일 뿐만 아니라, 일체의 윤리적 관계는 모두 성신(誠信)을 근본으로 삼아야 한다는 정도로까지 확대시켰다. 이후의 유가들도 모두 이러한 전통을 계승하였다. 송명시대 성리학자들은 성신(誠信)에 대하여 철학적 사변적인 분석을 행했는데, 한쪽 방면에서는 성(誠)을 더욱 전면적으로 규명하였으나, 또 다른 한편으로는 현학의 허황된 폐단에 가까워서 심지어 신비화된 경향까지 지녔다. 그러나 총체적으로 말해, 유가는 변함없이 성신(誠信)이 지닌 경세치용(經世致用)의 측면을 중시하였고, 상하좌우의 관계를 막론하고 성신(誠信)이라는 덕(德)은 언행을 일치시키고 겉과 속이 하나 되게 하여, 진실 되게 선을 좋아함으로써 백성을 널리 구제하는 데에 달려 있음을 강조했다. 이것이 중요한 의의를 지니는 것이다.

"君子终日乾乾, 夕惕若, 厉, 无咎①."何谓也? 子曰:"君子进德修业. 忠信, 所以进德也②. 修辞立其诚, 所以居业也③. 知至至之④, 可与言幾⑤也. 知终终之, 可与存义也⑥. 是故居上位而不骄⑦, 在下位而不忧⑧. 故乾乾因其时而惕⑨, 虽危无咎⑩矣."(《周易·乾》文言)

【주석】이 인용어는 주역·건(《周易·乾》)점괘의 효사(爻辞)이다. 乾乾(건건), 즉 健健(건건), 끊임없이 노력하는 뜻. 惕(회), 경계. 若(약), 然(연)과 같다. 厉(려), 위험. ① 咎(구), 재앙. 이 구절의 뜻은 도덕이 있는 군자는 강건 정직하며 하루 종일 꾸준히 노력하고 밤에도 여전히 경계심을 늦추지 않으므로 비록 처지가 위험해도 재난을 피할 수 있다. ② 君子进德 …… 所以进德也: 이 구절의 뜻은 군자는 미덕을 증진하여 업무 수준을 높이고 충성과 신의를 강구하여 미덕을 증진시킨다. ③ 修辞立其诚,

所以居业也: 이 구절의 뜻은 군자는 말하거나 일을 할 때 성실을 기초로 하여 공을 쌓아 사업을 시작한다. ④ 知至至之: 知至, 일의 추세가 어느 정도 발전되어 가는 것을 예견할 수 있다. 至之, 열심히 노력함. ⑤ 可与言幾: 幾(기), 미(微), 조짐이 있다 는 뜻. 이 구절의 뜻은 일의 추세가 발전되는 것을 예견할 수 있는 사람과 일의 발전 변화의 계기에 대한 견해를 서로 이야기할 수 있다. ⑥ 知终终之, 可与存义也: 知终, 즉 일의 결말을 예견할 수 있다. 终之, 곧 예상하는 결과를 열심히 쟁취하고 마땅히 정지해야 할 때는 즉시 정지해야 한다. 이 구절의 뜻은 사람이 일의 결말을 예견할 수 있을 때는 적극적으로 쟁취해야 하며, 마땅히 정지해야 할 때는 정지해야 한다. 그렇게 되면 곧 그와 함께 정의를 지킬 수 있음. ⑦ 居上位而不骄: 지위가 높 지만 거만하고 횡포하지 않다. ⑧ 在下位而不忧: 지위가 낮지만 마음속에 근심과 불만이 없다. ⑨ 因其时而惕: 일의 발전 기회를 포착하고 신중하게 경계하다. ⑩ 虽 危而无咎: 비록 위험이 있지만 잘못과 재난을 피할 수 있다.

有子曰: "信近①于义, 言可复②也. 恭近于礼, 远③耻辱也." (《论语·学而》)
【주석】 ① 近: 가까이 하다. ② 复: 실행하다. ③ 远: 멀리 떨어지다. 피하다.

子贡①问政. 子曰: "足食, 足兵②, 民信之矣." 子贡曰: "必不得已而去, 于斯三 者何先③?" 曰: "去兵." 子贡曰: "必不得已而去, 于斯二者何先?" 曰 "去食. 自古 皆有死, 民无信不立④." (《论语·颜渊》)
【주석】 ① 子贡: 공자의 제자, 성 단목(端木), 이름 사(赐), 자 자공(子贡). ② 足兵: 충족한 무기와 군비. ③ 不得已而去, 于斯三者何先: 만약 삼자 중에서 하나를 취소 해야 한다면 먼저 무엇을 취소해야 하는가? 三者: 음식물, 군대, 국민의 신임. ④ 自古皆有死, 民无信不立: 예로부터 사람은 결국 죽게 되어 있다, 만약 국민의 신임을 받지 못하면 국가 조정은 와해될 것이다.

圣人之诺已①也, 先论其理义, 计其可否②. 义则诺, 不义则已: 可则诺, 不 可则已: 故其诺未尝不信也. 小人不义亦诺, 不可亦诺, 言而必诺, 故其诺

未必信也③. 故曰: 必诺之言, 不足信也④.(《管子·形势解》)

【주석】① 诺(낙): 허락하다. 已(이), 정지하다, 허락하지 않다. ② 计其可否: 할 수 있는지 여부를 생각함. ③ 其诺未必信: 그의 허락은 꼭 믿을 수 있는 것은 아니다. ④ 必诺之言, 不足信也: 허락할 수 없는 것을 다 허락하면 완전히 믿을 수 없음.

真者, 精诚之至也①. 不精不诚, 不能动人. 故强哭者虽悲不哀, 强怒者虽严不威, 强亲者虽笑不和. 真悲无声而哀, 真怒未发而威, 真亲未笑而和. 真在内者, 神动于外②, 是所以贵真也③.(《庄子·渔父》)

【주석】① 真者, 精诚之至也: 真(진)은 도가(道家)가 자연본체(自然本体)를 표시하는 중요한 범주이다. 여기에서 지적한 진(真)은 자연을 인식하고 자연적인 천인일체의 근본을 소통하였다. 이 구절의 뜻은 본진(本真)은 정성(精诚)이 최고에 도달하는 상태이다. ② 真在内者, 神动于外: 즉 본진이 마음속에 있으면 표정과 태도는 겉모양으로 나타날 수 있다. ③ 是所以贵真也: 진심이 내재하고 있으면 표정과 태도는 겉으로 나타나며, 내외 통일은 바로 진(真)의 귀중한 점이다.

士君子之所能不能为①: 君子能为可贵, 不能使人必贵己②: 能为可信, 不能使人必信己③: 能为可用, 不能使人必用己. 故君子耻不修, 不耻见污④: 耻不信, 不耻不见信⑤: 耻不能, 不耻不见用. 是以不诱于誉, 不恐于诽, 率道而行, 端然正己, 不为物倾侧, 夫是之谓诚君子⑥.(《荀子·非十二子》)

【주석】① 君子之所能不能为: 절개를 지키는 사람(士君子)은 할 수 있는 것이 있고, 할 수 없는 것도 있음. ② 君子能为可贵, 不能使人必贵己: 군자는 스스로 자중할 수 있으나 남이 꼭 자기를 존중하도록 할 수 없다. ③ 能为可信, 不能使人必信己: 신용이 있도록 할 수 있으나 다른 사람이 꼭 자기를 믿도록 할 수 없다. ④ 耻不修, 不耻见污: 수양이 잘 되지 않은 것을 부끄러워할 수 있으나 남이 중상하여도 그것을 수치로 여기지 않는다. ⑤ 耻不信, 不耻不见信: 자기가 신용이 없는 것을 수치로 여길 수 있으나 남이 신용하지 않아도 수치로 여기지 않는다. ⑥ 是以不诱于誉, 诚君子: 誉(예), 칭찬하다. 诽(비), 비방하다. 率道(솔도), 정도를 따라. 端然(단연), 단정하고 점잖다. 倾侧(경측), 기울어지고 흔들리다. 이 구절의 뜻은 그래서 영예의 유혹을 받지

않고 비방을 무서워하지 않으며 정도를 따라서 행동하며 외부의 영향에 흔들리지
않는 사람은 성실한 군자이다.

诚故信, 无私故威①.(《张载集·正蒙·天道》)
【주석】① 威: 위엄 있고 존엄하다.

"敬以直内, 义以方外①", 便是立诚②. 道之浩浩, 何处下手? 惟立诚才有可
居之处, 有可居之处则可以修业.(朱熹:《朱子语类》卷九十五)
【주석】① 敬以直内, 义以方外: 존경하고 신중한 태도로 마음을 정직하게 하고, 정
의의 준칙을 외재 행동의 규범으로 삼다. ② 立诚: 성실을 확립함.

凡人所以立身行己①, 应事接物, 莫大乎诚敬. 诚者何? 不自欺不妄之谓也.
敬者何? 不怠慢不放荡之谓也.(朱熹:《朱子语类》卷一一九)
【주석】① 立身: 인품을 확립하다. 行己: 행위와 일을 처리하는 것.

诚意, 只是表里如一. 若外面白, 里面黑, 便非诚意. 今人须于静坐时见得
表里有不如一, 方是有工夫①. 如小人见君子则掩②其不善, 已是第二番过
失③.(朱熹:《朱子语类》卷十六)
【주석】① 今人 …… 有功夫: 이 뜻은 현재 사람들이 조용히 앉아 깊이 생각할 때
자기의 겉과 속이 다르다는 것을 발견할 수 있다면 이런 사람은 바로 수양이 있는
사람이다. ② 掩: 숨기다. 가리다. ③ 已是第二番过失: 그의 뜻은 과실이 있으면 당
연히 잘못한 것이고 숨기면 거듭하여 잘못을 한 것이기 때문에 두 번째로 잘못이다.

忠者何? 不欺之谓也: 信者何? 不妄之谓也①. 人而不欺, 何往而非忠②: 人
而不妄, 何往而非信③. 忠与信初非有二也. 特由其不欺于中而言之, 则名
之以忠: 由其不妄于外而言之, 则名之以信④. 果且有忠而不信者乎? 果且
有信而不忠者乎? 名虽不同, 总其实而言之, 不过良心之存, 诚实无伪, 斯

可谓之忠信矣[5].(《陆九渊集》卷三十二《主忠信》)

【주석】① 忠者何 …… 不妄之谓也: 不欺, 속이지 않다. 不妄, 함부로 말하지 않다. 不欺(기)와 같다. 이 구절의 뜻은 忠(충)은 속이지 않는 것이고 信(신)은 거짓말을 하지 않는 것이다. 충신은 서로 상통함. ② 人而不欺, 何往而非忠: 기만을 하지 않는 사람은 어떤 장소에서도 충성하지 않을 수 없다. ③ 人而不妄, 何往而非信: 거짓말을 하지 않는 사람은 어디에서나 신임을 받을 수 있다. ④ 忠与信 …… 名之以同: 충과 신은 본래 서로 관계하지 않는 것이 아니다. 자기를 속이지 않으면 충이고, 언행이 바르면 신이라고 함. ⑤ 名虽不同 …… 斯可谓之忠信矣: 충과 신은 명사가 다르지만 본질적으로 말하면 양심이 있고 허위가 아니다. 이러하면 충신이라고 할 수 있다.

7절. 관서(寬恕)

관서(寬恕)는 중국의 전통적 도덕 중 중요 규범의 하나이다. 관서(寬恕)는 타인과 어울리는 원칙으로서, 개인과 타인의 도덕적 관계를 다루는 기본적 태도이자 요구의 하나이다. '관(寬)'이라는 것은 타인과 교제할 때 넓고 열린 마음으로 자기를 미루어 타인의 마음을 헤아리며, 공정함으로써 원수를 갚고, 자기를 통제하는데 엄격하고, 타인을 대함에 너그러워야 함을 뜻하는 것이다. '서(恕)'라는 것은 곧 자기를 미루어 타인의 마음을 헤아리고, 처지를 바꾸어 생각해 타인을 위해 고려하며, 타인을 이해하여, 타인에게 선을 행해야 한다는 것이다. 무릇 자기가 하기를 꺼리고 싫어하는 일에 대해서는 역시 타인에게도 강제해서는 안 된다는 것으로, 즉 공자는 "자기가 바라지 않는 것을 남에게 베풀지 말라[己所不欲, 勿施於人]"고 말했다.

유가의 사상 가운데, 관서(寬恕)는 매우 중요한 지위를 차지한다.

유가는 "서(恕)"를 "충(忠)"과 관련시켜서, '충서(忠恕)'를 "종신토록 실천해야 하는[可以終身行之]", "일관하는 도리[一貫之道]"로 보았다. 맹자는 "서(恕)를 힘써서 실천하는 것, 이보다 인(仁)을 추구하는데 가까운 것이 없다[强恕而行, 求仁莫近焉]"라고 강조했다. 순자는 관서를 "포용의 방법[兼術]"이라 일컫고, 이러한 수신의 방법에 능숙해야 자신을 바로잡고 인격을 완성할 수 있다고 생각했다. 선진시대 이후의 역대 유학자들은 관서를 개인의 수양에서의 중요 내용이자 인륜관계를 다루는 기본적 준칙으로 삼았다. 물론, 관서(寬恕)가 무원칙한 관용·양보는 아니다. 공자는 "덕(德)으로써 원수를 갚는 것[以德報怨]"을 찬성하지 않았고, "공정함으로 원수를 갚고[以直報怨]" 덕으로써 덕을 갚아야 한다고 주장했다. 주희는 "혈기에 의한 노여움은 있을 수 없지만, 의리에 따른 노여움은 없을 수 없다[血氣之怒不可有, 義理之怒不可無]"고 강조했다. 그러나 역사적으로 일부 사람들은 이 개념에 대해 용속하게 이해하고, 마주치는 일마다 인내할 것을 주장해 "백번 참아야 부를 이룬다[百忍成金]"고 하고, 심지어 "남이 얼굴에 침을 뱉어도 저절로 마르기를 기다린다[唾面自干]"는 지경으로까지 진부해졌다. 이는 실질적으로 이미 "관서(寬恕)"가 지닌 진정한 함의와는 유리된 노예적 의식의 표현인데, 실제 생활에서 매우 유해하니 역시 우리가 오늘날 폐기해야 할 것이다.

子贡问曰:"有一言而可以终身行之者乎?"子曰:"其①恕②乎! 己所不欲, 勿施于人"(《论语·卫灵公》)

【주석】① 其(기): 조사, 추측하다, 개략. ② 恕(서): 공자의 사상에서 忠(충)과 恕(서)는 서로 대응하다. 충은 남을 위해 자기가 할 수 있는 것은 다 하는 것이고, 서는

자기가 싫은 것을 남에게 시키지 않는 것이다.

或^①曰:"以德报怨^②, 何如?"子曰:"何以报德? 以直报怨^③, 以德报德."
(《论语·宪问》)

【주석】 ① 或: 어떤 사람. ② 以德报怨: 덕으로 원한을 갚다. 예기·표기(《礼记·表记》):
"공자가 가로되, 덕으로 원한을 갚는 사람은 자애로운 사람이고 원한으로 은혜를 갚
는 사람은 형을 받아야 하는 사람이다." 공자는 덕으로 원한을 갚는 것을 찬성하지
않다. ③ 以直报怨: 直(직), 공평무사하다. 이 구절의 뜻은 원한에 대해서는 원칙대로
처리해야 함. 남이 자기에 대하여 원한이 있기 때문에 달리 처리해서는 안 된다.

故君子之度己则以绳^①, 接人而用抴^②. 度己以绳, 故足以为天下法则矣;
接人用抴, 故能宽容, 因求^③以成天下之大事矣. 故君子贤而能容罢^④, 知
而能容愚^⑤, 博而能容浅^⑥, 粹而能容杂^⑦, 夫是之谓兼术.(《荀子·非相》)

【주석】 ① 度(도)(duó夺): 따져보다. 绳(승): 목공용 먹줄. 즉 도덕의 기준을 가리킴.
이 구절의 뜻은 군자는 도덕의 기준으로 자신을 따져보다. ② 抴(예)(yè夜): 拽(예)과
통함. 선측. 이 구절의 뜻은 옛날 선객들이 목선을 탈 때 선원은 양손으로 선측을
잡아당겨 영접하는 것처럼 남을 대하여야 함. ③ 因求: 求(구)자는 众(중)자로 여겨
야 함.杨倞(경): 成事在众(성사는 모두에 달려있음). 즉 구(求)자는 중(众)자가 잘못된
것이다. 因: 친(亲), 친근하다. ④ 罢(pí皮): 疲(피)와 통하고 연약하고 무능하다. 이
구절의 뜻은 군자는 현명하고 능숙한 인재이므로 연약무능한 사람을 너그럽게 여기
다. ⑤ 知而能容愚: 현명하고 무지몽매한 사람을 관용하다. ⑥ 博而能容浅: 속이 넓
어 천박한 사람을 너그럽게 대하다. ⑦ 粹而能容杂: 깨끗하고 난잡한 사람을 관용함.

所恶^①于上, 毋以使下; 所恶于下, 毋以事上; 所恶于前, 毋以先后^②; 所恶
于后, 毋以从前; 所恶于右, 毋以交于左^③; 所恶于左, 毋以交于右. 此之谓
絜矩之道^④.(《礼记·大学》)

【주석】 ① 恶(wù务): 싫다. 좋아하지 않다. ② 毋以先后: 결코 이전의 방법으로 뒤에

자란 사람이나 사물을 대하지 말 것. ③ 所惡于右, 毋以交于左: 오른쪽 사람이 한 일을 싫어하면 그 사람처럼 왼쪽 사람과 그렇게 교제하지 말 것. ④ 絜(xié恊)矩之 道: 도량의 원칙과 방법. 주희(朱熹)의 주석 : 곱자로 측량하고 방(方)으로 가지다(度 之以矩, 取之以方).

所谓恕者, 君子之人, 论彼恕于我①, 动作消息于心②. 己之所无, 不以责③ 下. 我之所有, 不以讥彼. 感己之好敬④也, 故接⑤士以礼. 感己之好爱⑥也, 故遇人有恩⑦. 己欲立而立人, 己欲达而达人. 善人之忧我也, 故先劳人⑧. 恶人之忘我也, 故常念人⑨. 凡品⑩则不然, 论人不恕己, 动作不思心. 无之 己而责之人, 有之我而讥之彼. 己无礼而责人敬, 己无恩而责人爱. 贫贱则 非人初不我忧也, 富贵则是我之不忧人也. 行己若此, 难以称仁矣.
(王符:《潜夫论·交际》)

【주석】 ① 왕종염(王宗炎)은 彼(피)자 뒤에 则(즉)자가 빠진 것으로 생각한다. 그러므로 "论彼则恕于我"가 당연함. 이 구절의 뜻은 군자는 남을 대할 때 너그러이 용서하여야 한다. ② 动作消息于心: 동작, 사람이나 사물을 대하는 행위. 消息, 증감. 消(소), 즉 마땅히 정지해야 하는 행위. 예, "己之所无, 不以责下" 자기가 없는 것(할 수 없는 것)에 대하여 남을 책망하지 말라. 息(식), 곧 당연히 할 수 있는 행위. 예, "感己之好 敬也, 故接士以礼"남이 자기를 존경하는 것을 좋아 한다면 남을 예절있게 대하여야 한다. ③ 责: 요구. ④ 感己之好敬: 남의 존경을 받는 것을 좋아하여 스스로 체험하다. ⑤ 接: 대하다. 접대하다. ⑥ 感己之好爱: 남의 추대를 받는 것을 좋아하여 스스로 체험하다. ⑦ 故遇人有恩: 그래서 남을 대할 때 은혜를 베풀어야 한다. ⑧ 善人之忧 我也, 故先劳人: 남이 저를 우려하는 것을 좋아하면 먼저 남을 위해 수고해야 한다. 善, 좋아하다. 劳, 수고하다. ⑨ 恶人之忘我也, 故常念人: 남이 자기를 잊어버리는 것을 싫으면 항상 남을 그리워하여야 한다. ⑩ 凡品: 일반 사람. 보통 사람. 이 구절의 뜻은 빈천할 때 남이 자기를 조금도 우려하지 않다고 원망하다. 非, 동사, 비난하다. 원망하다. 初不, 조금도 하고싶지 않다. 이 구절의 뜻은 부귀할 때 남을 우려하지 않는 것이 옳다고 생각하다. 行己若此: 자기의 행위가 만약 이렇다면.

心只是放宽平便大, 不要先有一私意隔碍, 便大. 心大则自然不急迫. 如有
祸患之来, 亦未须惊恐: 或有所获, 亦未有便欢喜在.(朱熹:《朱子语类》卷
九十五)

忠, 尽己也: 恕, 推己也. 尽己之理而忠, 则以贯天下之理: 推己之情而恕,
则以贯天下之情. 推其所尽之己而忠恕, 则天下之情理无不贯也. 斯"一以
贯之"矣①.(王夫之:《读四书大全说》卷十九)

【주석】① 一以贯之: 공자가 가로되, 하나로 꿰다. 논어·위령공(《论语·卫灵公》)을
볼 것. 즉 하나의 기본적인 관념 혹은 원칙으로 모든 일을 관통하다.

问: 古人之言天理, 何谓也? 曰: 理也者, 情之不爽失也: 未有情不得而理
得者也. 凡有所施于人, 反躬而静思之:"人以此施于我, 能受之乎? "凡有所
责于人, 反躬而静思之:"人以此责我, 能尽之乎?"以我絜①之人, 则理明. 天
理云者, 言乎自然之分理也: 自然之分理, 以我之情絜人之情, 而无不得其
平是也.(戴震:《孟子字义疏证》卷上《理》)

【주석】① 絜(결, 혈): 따져보다.

8절. 겸경(謙敬)

"교만함은 손실을 부르고, 겸손은 이익을 거둔다.[滿招損, 謙受益]"
"예를 익히는 데는 공경이 중요하다.[治禮, 敬爲大]" 이는 중국의 옛 선
인의 교훈이자 또한 중화민족의 전통적 미덕이다. 중국의 고대 전적
가운데, 겸경(謙敬)에 관한 논의와 표준적 해석은 비록 시대의 추이에
따라 변화했지만, 기본적 정신은 오히려 일이관지되고 있다. "예의가
3백 가지고, 위의가 3천 가지이다[禮儀三百, 威儀三千]"라는 말은, "공

경을 중시하는" 전통을 줄곧 체현하여 왔다고 말할 수 있다.

겸경(謙敬)은 개인 자신의 수양에서의 미덕일 뿐 아니라, 타인을 대하고 일을 처리하는데 있어서의 도덕적 요구이다. '겸(謙)'은 곧 스스로를 겸손히 함이니, 자기를 비우는 것이다. '경(敬)'은 곧 남을 공경함이니, 예의로 타인을 대하는 것이다. 이 밖에도 겸경과 공손(恭遜)·근검(勤儉)·근신(謹愼)·절제(節制) 등은 모두 내재적 관련을 지닌다. 중국 유가의 윤리적 이해에 따르면, 겸손[謙]은 자신에게 있는 것이고, 공경[敬]은 타인에 대한 것이다. 겸경은 반드시 진심과 성의를 지녀야 하는데, 남을 높이고 자기를 낮추고, 자기 책임을 중히 하고 남에게 관대하고, 교만함을 극복하고 자만심을 억제하며, 스스로 크다고 하지 않는다. 이 때문에 "일에서는 공경할 것을 생각하라[事思敬]", "자만하지 말라[不自矜]", "스스로 옳다고 하지 않는다[不自是]", "공로를 차지하지 않는다[不居功]", "능히 남에게 겸손하다[能下人]", "선을 택하여 따른다.[擇善以從]" "스스로를 돌이켜 자신을 성찰한다[自反自省]"는 말을 강조했다. 이러한 경세치용(經世致用)으로 겸경(謙敬)을 규정함은 도가(道家)가 명백히 한 채움과 비움·강함과 약함의 변증법적 사상과 결합하여, 겸경의 미덕을 확대·발전시키는 데에 있어 중요한 작용을 일으켰다. 고대인은 겸경의 덕에 관해 논의하는 가운데 약간의 부정적 내용을 포함했는데, 예를 들면, "도망쳐서 싸우지 말라[退讓無爭]", "지위가 높으면 덕도 뛰어나다[位尊德高]"는 생각, 그리고 겸경(謙敬)의 규범 속에서 지위와 신분의 높낮음·윗사람을 높이고 아랫사람을 낮추는 등의 봉건적 의식은 마땅히 분석해 비판해야 하는 것이다.

滿招損, 謙受益, 时乃天道[1].(《尚书·大禹谟》)

【주석】① 时乃天道: 时(시), 是(시)와 통함, 대명사. 天道, 즉 천지 자연의 도리. 자연 법칙.

志自满, 九族①乃离.(《尚书·仲虺之诰》)

【주석】① 九族(구족): 일반적으로 구족은 동성친족 고조부터 증조, 조부, 부친, 자기, 아들, 손자, 증손, 현손까지이고 여기서는 일반적으로 친척을 가리킴.

骄淫矜侉①, 将由恶终.(《尚书·毕命》)

【주석】① 骄淫矜(jīn今)侉: 교만하여 사치스러우며 황음무도하고 뻐기며 허풍떨다. 侉(과), 夸(과)와 같다.

谦: 亨①. 君子有终②.(《周易·谦》)

【주석】① 谦: 괘명. 亨(형), 형통하다. 즉 겸허하게 남을 대하면 꼭 형통할 것이다. ② 君子有终: 즉 군자로 행하면 좋은 결과가 있다. 君子(군자), 고대 귀족과 덕 있는 사람의 통칭. 终(종), 좋은 결과.

子曰:"劳而不伐①, 有功而不德②, 厚之至也③, 语以其功下人者也④. 德言盛, 礼言恭⑤. 谦也者, 致恭以存其位者也⑥."(《周易·系辞上》)

【주석】① 劳而不伐: 공로가 있지만 자만하지 않다. 伐(벌), 스스로 자랑하다. ② 有功而不德: 공로가 있지만 자처하지 않다. 德(덕), 동사 ③ 厚之至也: 아주 중후하다. ④ 语以其功下人者也: 공훈이 있지만 예절바르게 사람을 대하다. ⑤ 德言盛, 礼言恭: 도덕은 확대 발전시켜야 하고 예의는 바라야 한다. 言(언), 조사, 마땅히 ……해야 한다. ⑥ 谦也者, 致恭以存其位者也: 겸손의 의미는 예의를 바르게 하고 그의 지위를 보존케 하는 것이다.

不自见①, 故明: 不自是②, 故彰③: 不自伐④, 故有功: 不自矜, 故长. (《老子》第二十二章)

【주석】① 不自见: 자기의 의견을 고집하지 않다. 주관적이 아니다. ② 不自是: 스스로 옳다고 여기지 않다. ③ 彰(창): 분명하고 명백하다. ④ 伐(벌): 스스로 자랑하다.

子曰: "躬自厚而薄责于人①, 则远怨②矣."(《论语·卫灵公》)
【주석】① 躬自厚而薄责于人: 자신을 반성하고 자주 스스로 자신을 나무라며 남을 적게 나무라다. ② 远怨: 원한을 멀리하면 원한을 면할 수 있다.

凡论人有要①: 矜物之人, 无大士②焉. 彼矜者, 满也. 满者, 虚也③. 满虚在物④, 在物为制也⑤. 矜者, 细之属⑥也.(《管子·法法》)
【주석】① 论人有要: 사람을 평론할 때 요령이 있어야 한다. ② 大士: 위대한 사람. ③ 满者, 虚也: 거만하면 손해를 본다는 뜻이다. ④ 满虚在物: 가득하여 손해보다. ⑤ 在物为制: 대중에게 달려 있다. ⑥ 细之属: 미미한 사람이다.

修恭逊①, 敬爱, 辞让, 除怨, 无争, 以相逆②也, 则不失于人矣. 尝试多怨争利, 相为不逊, 则不得其身③. 大哉! 恭逊敬爱之道.(《管子·小称》)
【주석】① 恭逊: 공손하고 겸허하다. ② 相逆: 서로 대하다. 逆(역), 접대하다. ③ 不得其身: 자신조차 보전하기 어렵다.

孟子曰: "食而弗爱①, 豕交之也②: 爱而不敬, 兽畜之也. 恭敬者, 币之未将者也③. 恭敬而无实④, 君子不可虚拘⑤."(《孟子·尽心上》)
【주석】① 食(si四)而弗爱: 먹을 것만 주고 사랑하지 않다. 食(식), 饲(사)와 통함. 사육하다. ② 豕交之也: 돼지로 대하고 여기다. 豕(시), 돼지. ③ 恭敬者, 币之未将者也: 고대 속백(束帛)을 선물로 손님에게 증정한다. 이 속백을 폐(币)라고 부른다. 폐는 일반적으로 차, 말, 옥, 비단 등 여러 가지 선물이다. 이 구절의 뜻은 공손한 마음은 예폐(礼币)를 증정하기 전에 이미 있었다. ④ 无实: 진실하지 않은 마음. ⑤ 君子不可虚拘: 군자는 허위의 예절에 얽매일 필요가 없다.

所谓恭者, 内不敢傲于室家, 外不敢慢于士大夫: 见贱如贵, 视少如长: 其礼先入①, 其言后出: 恩意②无不答, 礼敬无不报: 睹贤③不居其上, 与人推让: 事处其劳, 居从其陋, 位安其卑, 养甘其薄④.(王符: 《潜夫论·交际》)

【주석】① 其礼先入: 먼저 예의가 있다는 뜻. ② 恩意: 은혜와 애정. ③ 睹贤: 덕성이 높은 사람을 보다. ④ 养甘其薄: 스스로 간략하게 양생하다.

大抵人多见得在己则高, 在人则卑. 谦则抑己之高而卑以下人①, 便是平也. (朱熹:《朱子语类》卷七十)

【주석】① 谦则抑己之高而卑以下人: 이 구절의 뜻은 겸허한 사람은 자기의 거만한 태도를 억제하여 남보다 낮은 지위에 처하여도 기꺼이 받아들이다.

今人病痛, 大段只是傲. 千罪百恶, 皆从傲上来. 傲则自高自是, 不肯屈下人. 故为子而傲, 必不能孝: 为弟而傲, 必不能弟①: 为臣而傲, 必不能忠. …… "傲"之反为"谦". "谦"字便是对症之药. 非但是外貌卑逊, 须是中心恭敬, 撙节②退让, 常见自己不是, 真能虚己受人. 故为子而谦, 斯能孝: 为弟而谦, 斯能弟: 为臣而谦, 斯能忠. 尧舜之圣, 只是谦到至诚处, 便是"允恭克让"③ "温恭允塞"④也.(王守仁:《王阳明全集》卷八《书正宪扇》)

【주석】① 为弟而傲, 必不能弟: 뒤의 弟(제)는 悌(제)와 같고 순종하다는 뜻. 이 구절의 뜻은 동생이 오만하면 필연코 형님에게 순종하지 않을 것이다. ② 撙节: 스스로 억제하고 참는다는 뜻이다. ③ 인용문은 상서·요전(《尚书·尧典》)에서 나왔고 요제(帝尧)는 확실히 정중히 직위를 재능 있는 사람에게 내주었다. ④ 인용문은 상서·순전(《尚书·舜典》)에서 나왔다. 순제(帝舜)의 온화하고 겸손한 미덕은 확실히 풍부하다.

能敬者, 与觉①俱在, 与息②俱存. 与觉俱在, 故心无散时③: 与息俱存, 故气无暴时. 心无散时, 气无暴时, 是为能敬. 谨慎, 敬也, 而敬不尽于谨慎. 温恭, 敬也, 而敬不尽于温恭. 无肆无慢, 敬也, 而敬不尽于无肆无慢. …… 敬者, 止欲于未萌, 消欲于既生: 防纵于未形, 反纵于既行: 所以保其心而

纳于礼度④者也.(唐甄:《潜书·敬修》)

【주석】① 觉(각): 의식은 맑고 깨끗할 때. 범어보리(梵语菩提), 인식하다, 알아차리다. ② 息(식): 숨, 생명을 가리킴. ③ 散(산): 제멋대로 하다. ④ 礼度: 언행은 예의에 맞다.

学问之道, 贵能下人①: 能下人, 孰不乐告之以善! 池沼下, 故一隅之水归之: 江汉下, 故一方之水归之: 海下, 故天下之水归之. 自始学以至成圣, 皆不外此.(唐甄:《潜书·虚受》)

【주석】① 下人: 겸손하게 자기 자신을 낮추다. 다른 사람에게 가르침을 간청하다.

9절. 예양(禮讓)

예양(禮讓)은 중국의 전통 도덕 중에서 중요할 뿐 아니라 널리 알려진 규범이다. 개인이 수신하여 인격을 완성하고 타인과 교제할 때, 중요한 의미를 지닌다. 예양은 중국의 전통 도덕의 기본적인 요구의 하나다. 강상(綱常)의 예(禮)란 점에서 동일하나, 의미 층위는 다른 점을 지니고 있다. 중국 고대에서의 "예(禮)"라는 개념은 특별히 풍부한 내용을 포함하는데, 대체로 세 가지 층위로 나눌 수 있다. 첫째, 전체 사회의 신분제도·법률 규정 및 윤리 규범의 총칭이다. 둘째, 전체 사회의 도덕규범을 뜻하는데 중점을 둔다. "예(禮)는 덕의 토대이다[禮者, 德之基也]"라는 말이 뜻하는 바가 바로 이런 의미다. 셋째는 예의(禮儀)·예절(禮節)·의식(儀式) 및 처세와 일을 처리하는 방법인데, 역시 중국의 전통 윤리에서 "예(禮)"의 중요한 한 측면에 속한다.

예양은 일종의 전통적 도덕규범으로서, "덕에 따라 지위를 순서 짓고, 예에 따라 질서를 규정함[德以敍位, 禮以定倫]"을 목적으로 한다.

주로 인간들이 갖가지 다양한 사람 간 교제관계 내에서 공경(恭敬) · 겸양(謙讓)의 정신과 행동을 지녀야 함을 요구함으로써 개인의 도덕적 소질을 향상시키고, 인간관계를 조화롭고 순탄하게 유지하는 것이다. 이른바 중화민족은 예의(禮義)의 나라이자 문명이 오래된 국가로, 바로 이 규범 속에 포함된 것 중 강조하는 바로는 호례(好禮) · 유례(有禮) · 예모(禮貌) · 예절(禮節) 등의 의미가 있다. 마땅히 지적해야 할 것은 중국은 장기간에 걸친 봉건사회 내에서, 예양(禮讓)이란 도덕규범으로부터 다른 시기에 다양한 정도로 신분제도 및 존비의 관념의 영향을 받아왔고, 또한 자주 지나치게 "겸손히 물러서는[卑讓]" 소극적인 측면이 있었다는 점이다. 이는 폐기해야 할 필요가 있다.

礼, 经国家, 定社稷, 序民人, 利后嗣者也①.(《左传 · 隐公十一年》)
【주석】① 이 구절의 뜻은 예는 국가를 관리하고 사직(社稷)을 안정시키며 인민들의 질서를 정연하게 한다. 이것은 후대에 유리하다.

礼, 国之干①也. 敬, 礼之舆②也. 不敬则礼不行, 礼不行则上下昏③, 何以长世④? (《左传 · 僖公十一年》)
【주석】① 干(간): 몸. ② 舆(여): 수레. 礼之车, 선물을 담아 둔 차간. ③ 昏(혼): 어지럽다. 혼란하다. ④ 长世: 세대를 연장하다.

让, 礼之主也.(《左传 · 襄公十三年》)

"忠信, 礼之器①也. 卑让, 礼之宗②也". 辞不忘国, 忠信也. 先国后己, 卑让也. (《左传 · 昭公二年》)
【주석】① 器: 용기. 그릇. ② 宗: 근본.

子曰: "恭而无礼则劳①, 慎而无礼则葸②, 勇而无礼则乱, 直而无礼则绞③."
(《论语·泰伯》)

【주석】① 劳(노): 피곤하다. ② 葸(사)(xǐ洗) : 무서워 위축하다. 어색하다. ③ 绞
(교): 남을 각박하게 해치는 말을 하다.

不学礼, 无以立①.(《论语·季氏》)

【주석】① 이 구절의 뜻은 예의를 배우지 않으면 입신처세(立身处事)할 수 없다.

子曰 : "君子博学于文, 约之以礼, 亦可以弗畔①矣夫②!"(《论语·雍也》)

【주석】① 畔(반): 叛(반)과 같다. ② 夫(fú扶): 어기 조사. 인용어의 뜻은 군자는 문
화전적을 광범히 배우고 또한 예의로 자신을 억제하면 경서(经书)를 떠나 도덕을
배반하지 않을 것이다.

礼起于何也? 曰: 人生而有欲, 欲而不得, 则不能无求: 求而无度量分界①,
则不能不争: 争则乱, 乱则穷②. 先王恶③其乱也, 故制礼义以分④之, 以养
人之欲, 给人之求, 使欲必不穷乎物, 物必不屈⑤于欲, 两者相持而长, 是礼
之所起也.(《荀子·礼论》)

【주석】① 度量分界: 일정한 한도와 한계. ② 穷(궁): 곤궁하다. 방법이 없다. ③ 先王:
고대 현명한 군주. ④ 分: 구분하다. 변별하다. ⑤ 屈(jué决): 할 수 있는 바를 다하다.

凡用血气, 志意, 知虑, 由礼则治通, 不由礼则勃乱提僈①: 食饮, 衣服, 居
处, 动静, 由礼则和节, 不由礼则触陷生疾②: 容貌, 态度, 进退, 趋行, 由礼
则雅③, 不由礼则夷固僻违④: 庸众而野⑤. 故人无礼则不生, 事无礼则不成,
国家无礼则不宁.(《荀子·修身》)

【주석】① 由(유): 따르다. 지키다. 勃(발), 悖(패)와 같다. 勃乱, 혼란시키다. 提(제),
느슨하다. 해이하다. 僈(만), 慢(만)과 같음. 提僈(제만), 게으르다. ②触(촉): 위반하다.
陷(함), 잘못, 실수. 触陷生疾, 실수하고 잘못을 저지르다. ③ 雅(아): 고상하고 우아

73

하다. ④ 夷固(이고): 오만하다. 避违(피위), 도리에 맞지 않다. 일반적인 도리를 위반하다. ⑤ 庸众: 비속하다. 野(야): 거칠고 야만스럽다.

礼者, 所以正身^①也: 师者, 所以正礼^②也. 无礼何以正身? 无师, 吾安知礼之为是也?(同上)

【주석】① 正身: 행위를 바르게 하고 예의 요구에 부합되지 않는 사상과 행위를 제거함. ② 正礼: 예의를 정확하게 설명하고 가르침.

孰知夫恭敬辞让之所以养安也^①! 孰知夫礼义文理之所以养情也^②! 故人苟生之为见, 若者必死^③: 苟利之为见, 若者必害: 苟怠惰偷懦之为安, 若者必危: 苟情说之为乐, 若者必灭. 故人一之于礼义^④, 则两得^⑤之矣: 一之于情性, 则两丧之矣.(《荀子 · 礼论》)

【주석】① 이 구절의 뜻은 공손하고 사양하는 것이 사회 안정을 배양하고 보호한다는 것을 누가 알았겠는가! 养安, 사회 안정을 양성하고 보호하다. ② 이 구절의 뜻은 예의와 의식은 고상한 감정을 배양한다는 것을 누가 알겠는가! 礼义文理, 예의와 관련된 각종 규범적인 의식. ③ 이 두 구절의 뜻은 만약 한 사람이 오직 욕되게 살아간다면 그는 꼭 사형에 처해질 것이다. 苟生, 욕되게 살아가다. 若(약), 이와 같다. 이러하다. ④ 一之于礼义: 예의와 의식에 전념하다. ⑤ 两得: 예의와 성정을 다 받을 수 있다.

先王之立礼也, 有本有文. 忠信, 礼之本也: 义理, 礼之文也. 无本不立, 无文不行.(《礼记 · 礼器》)

礼尚往来, 往而不来非礼也: 来而不往, 亦非礼也. 人有礼则安, 无礼则危. 故曰: 礼者不可不学也.(《礼记 · 曲礼上》)

夫礼者自卑而尊人. 虽负贩者^①必有尊也, 而况富贵乎? 富贵而知好礼, 则

不骄不淫: 贫贱而知好礼, 则志不慑②.(同上)

【주석】① 负贩者: 상품을 지고 돌아다니면서 매매하는 소상인. ② 慑(섭): 두려워하다.

礼者, 理也, 文也. 理者, 实也, 本也. 文者, 华也, 末也. 理是一物, 文是一物. 文过则奢, 实过则俭. 奢自文所生, 俭自实所出. 故林放问礼之本, 子曰: "礼, 与其奢也, 宁俭."言俭近本也.(《二程集·河南程氏遗书》卷十二)

2장
자기를 다루어 입신(立身)하는 도덕규범

이끄는 말

어떠한 도덕이라도 구체적인 행위 주체를 통해서 실행된다. 따라서 어떠한 도덕적 실천도 결국 개체의 도덕 성품과 경지를 향상시키기 위한 것이다. 이 때문에 중국의 전통적 도덕은 특별히 개체가 자기를 다루어 입신하는 것을 중시한다. 본 장에서는 이런 방면에서의 아홉 가지의 기본 규범을 선별했다. 첫째는 자강(自强)으로, 사람들이 발전을 위해 노력하며 강해지고자 함과 날마다 자신의 덕성을 새롭게 만드는 것을 논의한다. 둘째는 지절(持節)로, 사람들의 지조와 기개를 논한다. 셋째는 지취(知恥)로, 사람들이 선을 좋아하고 악을 싫어하는 정조(情操)와 도덕 감을 논한다. 넷째는 명지(明智)로, 어떻게 시비를 분별하고 행위를 선택해야 하는지를 논한다. 다섯째는 용의(勇毅)로, 사람이 인의(仁義)를 실천하거나 적을 물리치고 승리를 쟁취할 때의 덕성을 논한다. 여섯째는 절제(節制)로 사람이 스스로를 제어하거나 주재함을 논한다. 일곱째는 염결(廉潔)로, 행위를 하는 중에 의로움으로 이익을 제어함과 함부로 행하지 않는 것이 있음을 논한다. 여덟째는 근검(勤儉)으로, 사람의 일상 생활 속에서의 덕을 논한다. 아홉째는 애물(愛物)로, 사람이 어떻게 자연과 그 밖의 사물을 다루어야 하는지에 관한 도덕적 요구를 논한다(이 덕은 사실 이미 자기를 다루어 입신하는 범위를 넘어서는 것이다). 이상의 기본 규범은 자기를 다루어 입신할 때의 도리로서, 고대에 적용되었을 뿐만 아니라 현재에도 활용되는 것이다.

1절. 자강(自强)

자강불식(自强不息)하고, 개혁하여 향상시켜 나가는 것은 중국의 전통적 도덕에서의 중요한 규범이며, 또한 중화민족의 정신이 과거부터 지금까지 관철해 왔던 우수한 전통이다. 그것은 사람들이 자강불식하여, 스스로를 극복하여 자립하기를 요구한다. 또한 동시에 사람들이 궁할 때 변통을 생각하고 개혁하여 강해지려 노력하게 고무한다. 자강(自强)의 정신이 역사적으로 유구한 중화문명을 주조했을 뿐만 아니라, 중화의 아들과 딸들이 더욱더 찬란한 미래를 향하여 분투해 나아가도록 격려해 왔다.

중국의 전통적 도덕 가운데, 자강(自强)은 도덕정신이자 규범으로서, 그 주체는 개인만을 가리키는 것이 아니라 인민·국가와 민족까지를 가리킨다. 《역전(易傳)》에서 말한 "자강불식(自强不息)"이 [주체로] 지적하는 것은 군자(君子)이고, 《묵자(墨子)》가 말하는 자강(自强)은 정사를 다루는 일·문서를 다루는 일·농사짓는 일·직조하는 일 등 각종 직업 단체를 포괄하며, 《관자(管子)》에서 말한 부강富強(*부유하고 강성하게 만드는 일)에서 그 주체는 국가와 민족이다. 이후의 각 학파 그리고 이름난 군주와 신하들이 말한 자강(自強)은 모두 도덕적 개체의 자강(自強)이라는 내용을 포함하고 있지만, 보다 중요한 것은 국가를 다스리고 천하를 안정시키는 것, 국가와 중화민족의 자강을 추진하는 데에 있다. 여기에는 중국 고대사상가들의 도덕적 주체성에 대한 깊은 이해가 구체화되어 있고, 유가가 말한 "무리를 얻어 하늘을 움직인다[得衆動天]"·"우리의 중화를 강화한다[強我中華]"라는 진취적인 정신도 구체화되어 있다.

자강의 도덕적 정신은 개혁하여 향상을 위해 노력한다는 내용을 포함하고 있는데, 이것이 "하루 새로워졌으면 나날이 새롭게 하고, 날마다 새롭게 하라"고 탕(湯)의 대야에 새겨진 명문의 의미이고, 역전(易傳)》에서 "그 변화에 통달하여 백성들이 지칠 줄 모르도록 하라"고 한 말이다. 혁신이란 어떤 시대의 변화를 말하거나, 어떤 예법(禮法)의 변천을 말하며, 또한 단순히 어떤 한 측면에서의 정치의 개혁을 말하기도 하다. "하늘의 운행은 강건하다[天行健]"라는 것은 일종의 영원한 운동과 변화일 뿐이기 때문에, "자강불식(自強不息)" 또한 곧 영원히 현재 상황에 만족하지 않고, 부단히 개혁해서 발전해 나아가면서, 시대의 변화에 대응해 변화함으로써, 새롭게 시작하는 기세를 통해 국가를 다스리고 천하를 안정시킨다는 것을 의미하고 있다.

오늘날 우리들이 분석적이고 비판적으로 그 구체적인 내용들을 다루면서, 그 가운데 자강불식하며 개혁하여 발전을 위해 노력하는 정신

을 받아들이는 것은 중국의 사회주의 현대화 건설에 있어 매우 적극적
인 의의를 지닌다.

道有升降①, 政由俗革②, 不臧厥臧③, 民罔攸劝④.(《尚书·毕命》)
【주석】 ① 道有升降: 세상살이는 좋을 수도 있고 나쁠 수도 있다. 또한 흥성할 수도
있고 쇠퇴할 수도 있다. ② 政由俗革: 정치와 종교도 세상 형편의 변화에 따라 개혁
하여야 한다. ③ 不臧(zāng脏)厥臧: 앞에 있는 臧(장)자는 동사로 사용함. 표창하다는
뜻을 말함. 뒤에 있는 臧(장)자는 명사로 사용함. 선량하다는 것을 말함. 이 구절의
뜻은 선량하는 것을 표창하지 않고 혹은 선덕을 확대 발전시키지 않다. ④ 民罔攸
劝: 국민에게 권면하는 것이 없으면 국민에게 권면할 수가 없다. 攸(유), 所(소). 劝
(권), 勉励(격려하다).

天行健①, 君子以自强不息②.(《周易·乾》象辞)
【주석】 ① 天行(천행): 즉 천체 또는 천지자연의 운행법칙. 또한 天行은 고대 천도
를 이렇게 불렀다고 함. 健(건), 곧 강건하고 쇠약하지 않다. 天行健, 천도의 운행은
강건하고 쇠약하지 않다는 뜻이다. ② 不息: 영원히 그치지 않다. 神农氏没: 먼 옛날
에 염제(炎帝)가 세상을 떠났다. 黄帝, 尧, 舜氏作: 상고 시대에 황제(黄帝), 요제(尧
帝), 순제(舜帝)가 선후차로 계승하였다. 作(작), 일어나다. 通其变, 使民不倦: 옛사람
의 기구와 제도를 변혁하고 국민을 꾸준히 진취하게 함. 神而化之, 使民宜之: 기묘하
게 융통하여 은연중에 감화되고 국민들로 하여금 모든 일이 거침없이 진행되는 것
을 느끼게 하다. 通则久: 변통하여야 오래 갈 수 있다.

神农氏没①, 黄帝, 尧, 舜氏作②, 通其变, 使民不倦③: 神而化之, 使民宜之④.
易, 穷则变, 变则通, 通则久⑤.(《周易·系辞下》)
【주석】 ① 知人者智, 自知者明: 남을 잘 아는 사람은 기지가 넘치는 사람이고 자신
을 잘 아는 사람이야말로 훌륭한 사람이다. ② 胜人者有力, 自胜者强: 남을 싸워 이
기는 사람은 힘이 세고 자신의 약점과 결점을 극복할 수 있는 사람이야 말로 강한

사람임. ③ 知足者富: 지족한 사람은 항상 부유함. ④ 强行者有志: 부지런히 노력하는 사람은 포부가 있음. ⑤ 不失其所者久: 자기의 토대에서 벗어나지 않는 사람은 오래갈 수 있다. 所(소), 토대, 기초. ⑥ 死而不亡者寿: 몸은 비록 죽었지만 훌륭한 명성을 후세에 전하는 사람이야말로 장수하였다고 할 수 있다. 즉 자신에 대해서 정확히 알(自知)고 자승(自胜), 자족(自足), 자강(自强)하는 사람이다. 이런 사람은 오래갈 수 있음.

知人者智, 自知者明①. 胜人者有力, 自胜者强②. 知足者富③. 强行者有志④. 不失其所者久⑤. 死而不亡者寿⑥.(《老子》第三十三章)
【주석】 ① 法者所以爱民: 국민을 보호하기 위하여 법률을 제정함. ② 礼者所以便事: 국정을 편리하게 하기 위하여 예의법도를 세움. ③ 苟可以强国: 오직 국가를 강승하게 할 수 있다면. ④ 不法其故: 옛 제도(법률)를 그대로 사용하지 않는다. ⑤ 不循其礼: 옛 예의를 계속 따르지 않는다.

孟子曰:"⋯⋯ 有孺子歌曰:'沧浪之水①清兮, 可以濯我缨②: 沧浪之水浊兮, 可以濯我足.'孔子曰:'小子③听之! 清斯濯缨, 浊斯濯足矣, 自取④之也.'夫人必自侮, 然后人侮之: 家必自毁, 而后人毁之: 国必自伐⑤, 而后人伐之."(《孟子·离娄上》)
【주석】 ① 沧浪(láng郎)之水: 즉 맑고 푸른 물. ② 缨: 모자의 술. ③ 小子: 小子란 일반적으로 젊은 자제를 가리킴. 여기에서 공자는 자기의 제자를 이렇게 부름. ④ 自取: 자기가 선택한 것. 자신이 꾀여든 것. ⑤ 自伐: 자기를 토벌함. 여기서는 국가 자신이 다른 나라에게 자기를 토벌할 수 있는 조건을 조성하였다.

由此观之, 知人无务①, 不若愚而好学. 自人君公卿至于庶人②, 不自强而功成者天下未之有也.(《淮南子·修务训》)
【주석】 ① 无务: 아무 일도 하지 않음. ② 自人君公卿至于庶人: 인군(人君), 곧 군주. 공경(公卿), 일반적으로 신분이 높은 사람 또는 사대부를 가리킴. 庶人, 국민 백성.

大凡入形器者^①, 皆有能有不能. 天有形之大者也: 人, 动物之尤者也. 天之能, 人固不能: 人之能, 天亦有所不能也. 故余曰, 天与人交相胜耳^②. 其说曰: 天之道在生殖, 其用在强弱^③: 人之道在法制, 其用在是非^④. …… 故曰: 天之所能者, 生万物也: 人之所能者, 治万物也.(《刘禹锡集》卷五《天论上》)

【주석】① 形器: 모양 있고 볼 수 있는 물건. ② 交相胜: 서로 이길 수 있다. 각자가 이길 수 있는 장점이 있음. ③ 其用在强弱: 그의 역할은 바로 강한 것으로 약한 것을 싸워 이기는 데 있다. ④ 其用在是非: 그의 역할은 시비를 명백히 가리는 것에 있다.

后生自立最难, 一人力抵挡流俗不去, 须是高着眼看破流俗方可. 要之, 此岂小廉曲谨^①所能为哉? 必也豪杰之士.(《陆九渊集》卷三十五《语录下》)

【주석】① 小廉曲谨: 작은 일에도 청렴하고 언행을 각별히 조심함.

技可进乎道^①, 艺可通乎神^②, 中人可易为上智^③, 凡夫可以祈天永命^④: 造化自我立^⑤焉. "用志不分, 乃凝于神"^⑥, 己之灵爽^⑦, 天地之灵爽也. "俛焉孳孳, 毙而后已"^⑧, 何微之不入, 何坚之不钻^⑨, 何心光之不发^⑩乎? 是故人能与造化相通, 则可自造自化.(《魏源集·默觚上·学篇二》)

【주석】① 技可进乎道: 기술이 매우 뛰어나면 도(道)와 하나로 되는 경지에 도달함. ② 艺可通乎神: 기예가 정통할 정도로 도달하면 종잡을 수 없는 신묘한 경지에 도달하게 된다. ③ 中人可易为上智: 중등쯤 지혜가 있는 사람은 상등지혜가 있는 사람이 될 수 있음. ④ 祈天永命: 祈天, 하늘이 복을 가져다줄 것을 바라다. 永命, 장수하다. ⑤ 造化: 즉 대자연이 창조하고 만물을 낳아 기르는 힘이라는 뜻이다. 造化自我立: 사람이 하늘의 뜻을 개변할 수 있고 성사는 사람에 달려 있다. ⑥ 인용어는 장자·달생(《庄子·达生》)에서 나옴. 만약 사람이 온 마음을 다 기울이면 심지가 정신과 마음이 하나로 맺히는 경지에 도달하게 된다. ⑦ 灵爽: 곧 영리한 기를 가리킴. ⑧ 인용어는 예기·표기(《礼记·表记》)에서 나옴. 俛(부), 勉(면)과 같다. 분발 노력하다는 뜻. 孳孳: 부지런하다. 俛焉孳孳, 근면하고 분발노력함. 毙而后已, 죽어서야 그만둠. ⑨ 何微之不入, 何坚之不钻(마): 어떤 미세한 공간에도 들어갈 수 있고 어떤 견고한 물건도

갈 수 있다. 劇(마), 磨(마)와 같다. ⑩ 何心光之不发: 어떠한 마음속의 빛도 나타낼 수 있다. 人能与造化相通, 则可造自化: 사람이 하늘과 서로 통할 수 있다면 천도 운행의 법칙을 장악할 수 있으며 스스로 창조하여 번성하고 양육할 수 있다.

2절. 지절(持節)

지절(持節)은 지조[操守]·절개[操守]·도덕적 지조[德操]라는 의미와 유사한데, 모두 개체 행위의 품성을 표시하는 개념이다. 지절(持節)이란 개념은 이 세 가지 개념이 드러내는 함의를 지니고 있으며, 동시에 덕을 행하는 주체의 능동적 태도라는 함의도 지니고 있다. 이 때문에 여기서 지절(持節)을 이상의 여러 개념을 총괄하는 기본적 규범으로 취하였다.

지절(持節)이라는 도덕규범의 내용은 부귀함과 빈곤에 어떻게 대응해야 하는가, 생사와 화복에 어떻게 대응해야 하는가, 영예와 치욕, 성과와 명성을 어떻게 다루어야 하는가, 권력과 지위·작위와 녹봉을 어떻게 다루어야 하는가, 그리고 남과 자기·가정과 국가의 관계를 어떻게 다루어야 하는가 등의 측면과 관련된다. 그 기본적인 정신은 처세할 때에는 반드시 인덕(仁德)에 근거해야 하고, 자신을 지킬 때에는 반드시 대의(大義)를 따라야 하고, 사람됨에서 중시해야 할 것은 대절(大節)에 있고, 궁핍하거나 현달하거나 청렴함을 드러내야 하고, 자신을 희생해서라도 인(仁)을 완성하고 의로움을 선택해야 한다는 점을 강조하는 데에 있다. 이것이 바로 중국의 전통적 도덕이 강조했던, "의로움에 짝하고 도와 함께하며[配義與道]"·"의를 축적함으로써 생기는[集義所生

]"1) 호연지기(浩然之氣)이자 "부귀로 방탕하게 할 수 없고, 빈천으로 흔들 수 없으며, 위무로 굴복시킬 수 없는[富貴不能淫, 貧賤不能移, 威武不能屈]" 대장부의 정신이다. 각 사상가들은 지절(持節)이라는 규범에 관한 논의 가운데, 다양한 방면으로부터 "입지(立志)"·"원대하고 굳셈[弘毅]"·"도덕적 지조[德操]"·"대행(大行)"·"대절(大節)"·"절전[節全]" 등의 개념을 제기하였지만, 모두 지절이라는 하나의 규범의 구체화이자 전개이다. 이 하나의 도덕규범은 중화민족의 불굴의 도덕정신을 드러낸다. 물론 지절(持節) 내의 몇 가지 사상은 역시 일정한 부정적 의미를 지니고 있다. 이를테면 "자신이 죽더라도 군주가 편안한다면 죽는다[身死而君安則死之]"는 봉건적인 충군사상은 지절이란 전통 규범 가운데의 찌꺼기라고 말해야 마땅한 것이고, 비판해야 할 것이다.

子曰:"富与贵, 是人之所欲也: 不以其道得之, 不处①也. 贫与贱, 是人之所恶也: 不以其道得之②, 不去也. 君子去仁, 恶乎③成名? 君子无终食之间④违仁, 造次必于是⑤, 颠沛必于是⑥."(《论语·里仁》)
【주석】① 不处: 점유하지 않고 향수하지 않다. ② 得之: 마땅히 거지로 "去之"되어야 한다. ③ 恶(乌)乎: 어떻게, 어째서. ④ 终食之间: 한 끼니의 시간. ⑤ 造次: 시간이 황급하고 급박하다. 是, 여기에서 此(차)의 뜻이고 인(仁)을 가리키다. ⑥ 颠沛: 좌절당하여 곤궁할 때.

曾子①曰: "士不可以不弘毅②, 任重而道远. 仁以为己任③, 不亦重乎? 死而后已, 不亦远乎?"(《论语·泰伯》)

1) 역자 임시주석 : 원문에는 "集义所在"라고 되어 있다. 저자가 '호연지기'와 연관시키고자 했던 것이라면, "集義所生"으로 고쳐야 맞다.(《孟子》〈公孫丑上〉) 그게 아니라면, 《맹자》〈離婁下〉의 "惟義所在"를 의도한 말일 수도.

【주석】① 曾子: 공자의 제자, 성 曾(증), 이름 參(삼)(shēn深), 자 子輿(자여). ② 弘毅: 굳세고 의지력이 있다. ③ 仁以为己任: 인덕(仁德)을 천하에 실현하는 것을 자기의 책임으로 여기다.

志士仁人, 无求生以害仁①, 有杀身以成仁②.(《论语·卫灵公》)

【주석】① 无求生以害仁: 자기의 목숨을 보전하기 위하여 인덕을 손상시켜서는 안된다. 无(무), 毋(무)와 통하고 ……할 수 없다, 하지 말라는 뜻이다. ② 有杀身以成仁: 인덕(仁德)을 위해 희생하다. 有(유), 오직, 마땅히.

贵不能威①, 富不能禄②, 贱不能事③, 近不能亲④, 美不能淫⑤也. 植固而不动⑥, 奇邪乃恐⑦.(《管子·任法》)

【주석】① 贵不能威: 여기에서 뜻은 명철한 군주는 덕성이 높을 뿐만 아니라 법을 잘 지켜야 하며, 비록 귀한 신분이지만 권세로 남을 협박할 수 없다. ② 富不能禄 부유한 자는 재화로 남에게 뇌물을 주어서는 안 된다. ③ 贱不能事: 천박한 사람은 남을 잘 섬기는 것으로 동요하여서는 안 된다. ④ 近不能亲: 근친이라고 명철한 군주를 좌우하여서는 안 된다. ⑤ 美不能淫: 미녀는 색정으로 미혹시켜서는 안 된다. ⑥ 植固而不动: 그런 까닭에 확고부동하다. ⑦ 奇(jī机)邪乃恐: 사악하고 행동이 바르지 못한 사람은 패망이 곧 도래할 것이다. 두려워하다.

居天下之广居①, 立天下之正位②, 行天下之大道③: 得志, 与民由之④: 不得志, 独行其道⑤. 富贵不能淫, 贫贱不能移, 威武不能屈, 此之谓大丈夫.(《孟子·滕文公下》)

【주석】① 广居: 넓은 주택. 여기서는 의(义)를 가리킴. ② 正位: 정당한 위치. 여기서는 예(礼)를 가리킴. ③ 大道: 공명정대한 도로 여기에는 의(义)를 가리킴. ④ 与民由之: 국민과 함께 인의지도(仁义道德)를 지킴. 얻은 것을 남에게 주다. ⑤ 独行其道: 스스로 인의지도를 견지하고 이행하다. 위의 구절과 대응함, 지켜서 얻은 것을 자기가 가지다.

故士^①穷不失义, 达^②不离道. 穷不失义, 故士得己^③焉: 达不离道, 故民不失望焉. 古之人, 得志, 泽^④加于民: 不得志, 修身见于世. 穷则独善其身^⑤, 达则兼善天下^⑥.(《孟子·尽心上》)

【주석】 ① 士(사): 춘추시대 가장 낮은 귀족. 사는 교육을 받고 전문 지식과 재능이 있으며, 후에 점차 지식인으로 된 사람에 대한 통칭. ② 达: 현달하다. 빈궁과 상반되고 관도가 형통함. ③ 得己: 스스로 얻다. ④ 泽: 은혜. ⑤ 穷则独善其身: 곤궁할 때 스스로 인의지도(仁义道德)를 굳게 지키다. ⑥ 达则兼善天下: 현달할 때 천하에 인의를 널리 실행할 수 있다.

是故权利不能倾^①也, 群众不能移也, 天下不能荡^②也. 生乎由是, 死乎由是^③, 夫是之谓德操^④. 德操然后能定, 能定然后能应, 能定能应, 夫是之谓成人. (《荀子·劝学》)

【주석】 ① 倾: 넘어지다. ② 荡: 동요하다. ③ 生乎由是, 死乎由是: 생(生)은 정도를 따라 태어나고, 사(死)는 이 정도를 따라 죽을 것이다. 由是: 이를 따르다. ④ 德操: 덕성과 품행. 즉 고상한 도덕과 정서.

士之为人, 当理^①不避其难, 临患^②忘利, 遗生行义^③, 视死如归. 有如此者, 国君不得而友^④, 天子不得而臣^⑤. 大者定天下, 其次定一国, 必由如此人者也.(《吕氏春秋·士节》)

【주석】 ① 当理: 진리에 직면하다. ② 临患: 위난에 직면하다. ③ 遗生行义: 정의를 위해 목숨을 바치다. ④ 不得而友: 아주 만나 보기 드문 사람이 친구가 되다. ⑤ 不得而臣: 많지 않은 인재를 신하(臣下)로 임용하다.

君子为善不能使福必来^①, 不为非而不能使祸无至^②. 福之至也, 非其所求, 故不伐其功^③: 祸之来也, 非其所生, 故不悔其行^④.(《淮南子·诠言训》)

【주석】 ① 不能使福必来: 행복이 반드시 오도록 할 수 없다. ② 不能使祸无至: 재앙이 오지 않도록 할 수 없다. ③ 不伐其功: 스스로 공훈을 과시하지 않다. ④ 不悔

其行: 자기의 모든 행위를 후회하지 않다.

论曰: 夫称仁人者, 其道弘矣①! 立言践行, 岂徒徇名安己而已哉②, 将以定去就之概, 正天下之风, 使生以理全, 死与义合也. 夫专为义则伤生, 专为生则骞义③, 专为物则害智, 专为己则损仁. 若义重于生, 舍生可也: 生重于义, 全生可也④.(《后汉书·李杜列传》)

【주석】① 其道弘矣: 그의 도(道)는 넓고 크다. ② 岂徒徇名安己而已哉: 어찌 다만 명예를 추구하여 자기의 생명을 보전하겠는가. ③ 骞(qiān千)义: 곧 손해보다. 骞, 손해. ④ 全生可也: 생명을 보전하는 것은 가능하다.

夫生不可不惜, 不可苟惜①. 涉险畏之途②, 干祸难之事, 贪欲以伤生, 谗慝③而致死, 此君子之所惜哉: 行诚孝而见贼④, 履仁义而得罪, 丧身以全家⑤, 泯躯而济国⑥, 君子不咎⑦也.(颜之推:《颜氏家训·养生》)

【주석】① 苟: 소홀히 하다. ② 险畏之途: 곤란과 위험이 있는 도로. ③ 谗慝(tè特): 참언으로 헐뜯고 나쁜 일을 하다. ④ 见贼: 살해당하다. ⑤ 全家: 여기서는 즉 온 가족을 보전하는 것을 가리킴. ⑥ 泯躯: 몸을 바치다. 국가에게 유익하다. 나라를 구하다. ⑦ 咎: ……의 탓으로 돌리다. ……에게 죄를 돌리다. 지적하다.

生以载义①, 生可贵: 义以立生②, 生可舍.(王夫之:《尚书引义》卷五)

【주석】① 生以载义: 생명은 도의를 짊어지다. ② 义以立生: 도의를 입신의 근본으로 여기다.

3절. 지치(知恥)

지치(知恥)는 때로 "유치(有恥)"라고도 하는데, 중국의 전통적 도덕의 기본적 규범 중의 하나이다. 예로부터 "사람이게 하는 근본적 법도

[立人之大節]"·"치세에서의 중요한 단서[治世之大端]"로 간주되어 왔다.

지치(知恥)라는 것은 곧 사람들의 마음속에서의 선악과 영욕(榮辱)의 기준이며, 또한 "부정직함을 따르지 않괴[不從枉]", "잘못을 행하는 것을 수치스러워하는[羞爲非]"는 "악을 싫어하는 마음[羞惡之心]"이다. 그것은 사람들이 일을 처리할 때, 인(仁)을 지키고 의로움을 실천하고, 말을 삼가며 행동에 신중하며, 영욕을 잘 구분해 파악할 것을 요구한다. 고대인들은 "국가에 도(道)가 있을 때 가난하고 지위가 낮은 것은 부끄러운 일이지만, 국가에 도(道)가 없을 때 부유하고 신분이 높은 것이 부끄러운 일이다[邦有道, 貧且賤焉, 恥也; 邦無道, 富且貴焉, 恥也]", "예를 행하면서도 끝까지 마무리 하지 못한다면 부끄러운 것이다. 마음이 외양만 못하다면 부끄러운 것이다. 화려하지만 결실이 없다면 부끄러운 것이다. 헤아리지 못한 채 베푼다면 부끄러운 것이다[2]. 베풀고서도 구제하지 못한다면 부끄러운 것이다[爲禮而不終, 恥也. 中不勝貌, 恥也. 華而不實, 恥也. 不度而施, 恥也. 施而不濟, 恥也]"라고 여겼다. 중국의 윤리 사상에서, 유가는 "몸가짐에서 부끄러움을 지닌[行己有恥]" 사군자(士君子)를 양성하는 것을 교육의 주요 목표로 삼았다. 도덕규범으로서의 지치(知恥)는 개인·민족과 국가 모두와 밀접한 관련을 맺는다. 개인에 있어서 염치(廉恥)는 사람됨에 있어서의 대절(大節)이다. 사람에게 부끄러움이 있다면 하지 말아야 할 것이 있을 수 있게 되지만, 부끄러움이 없다면 하지 말아야 할 것이 없게 되니, 어떠한 나쁜 일이라도 다 해 버리게 된다. 따라서 사람은 부끄러움을 알아야[知恥]

---

2) 역자 주석: 현재의 인용은 《國語》〈晉語4〉에 나온다. 원문은 "不變而施"가 아니라, "不度而施"로 되어 있다. "不度而施"로 번역하였다.

비로소 과오를 고칠 수 있는 것이다. 민족과 국가의 경우, 인민이 부끄러움을 지닌다면, 사회풍속이 비로소 아름답고 선해질 수 있으며, 권력을 지닌 사대부 계층이 부끄러움을 알게 된다면, 국가의 존엄이 비로소 유지될 수 있게 되는 것이다. 바로 이런 의미에서, 《관자(管子)》는 "예·의로움·청렴함·부끄러움은, 국가의 네 가지 기틀이다. 네 가지 기틀이 펼쳐지지 못하면 국가는 멸망하게 된다[禮義廉恥, 是謂四維. 四維不張, 國乃滅亡]"고 강조했다.

다른 시대마다 다양한 평가 및 선택기준이 있다 할지라도, 지치(知恥)는 하나의 도덕규범의 어떤 시대에서건 필요한 것이다. 고대의 어떤 사상가는 지치(知恥)를 "내가 본래 가지고 있는 것[吾所固有]"으로 간주함으로써 유심주의적인 선험론의 빠지기도 했지만, 그 중에서도 수많은 심오한 논의는 여전히 명백히 긍정적 의의와 현실적 의미를 지니고 있다.

不恒其德①, 或承之羞②, 貞吝③.(《周易·恒》)
【주석】① 不恒其德: 자기의 인품과 덕성을 영원히 유지할 수 없음. 恒(항), 영원하다. 德(덕), 인품과 덕성. ② 或承之羞: 아마 이것을 위해 치욕을 당함. 羞(수), 부끄러워하다. 치욕. ③ 貞: 고집하다. 吝(린), 잘못, 실수, 치욕. 이 구절의 뜻은 고집을 부리고 시정하지 않으면 치욕을 당할 수 있다.

邦有道, 貧且賤焉, 恥也: 邦无道, 富且貴焉, 恥也①.(《论语·泰伯》)
【주석】① 이 구절의 뜻은 국가는 도(道)가 있는데 자기가 빈천하면 치욕스러운 일이고 국가는 도가 없지만 자기가 오히려 부귀하면 또한 부끄러운 일이다.

子曰: "士志于道, 而耻恶衣恶食①者, 未足与议也②."(《论语·里仁》)

【주석】① 恶衣恶食: 즉 낡은 옷과 조악한 음식. 검소한 생활. ② 이 구절의 뜻은 지식인은 진리를 탐구하는데 뜻을 가지고 있다. 그런데 자기가 낡은 옷을 입고 조악한 음식을 먹는 것을 수치로 여긴다. 이러한 사람과는 도(道)에 대해 이야기할 가치가 없다.

子曰: "君子耻其言而过其行①."(《论语·宪问》)
【주석】① 이 구절의 뜻은 군자는 말이 많고 하는 일이 적은 것을 치욕으로 여긴다.

子曰:"巧言, 令色, 足恭①, 左丘明②耻之, 丘亦耻之. 匿③怨而友其人, 左丘明耻之, 丘亦耻之."(《论语·公冶长》)
【주석】① 巧言, 令色, 足恭: 감언이설과 환한 얼굴로 가장하고 지나치게 공손함. ② 左丘明: 춘추 말년 노(鲁)나라 사관(史官). 듣건대 좌전(《左传》)의 작자라고 함. ③ 匿: 숨기다.

礼不逾节①, 义不自进②, 廉不蔽恶③, 耻不从枉④. 故不逾节则上位安, 不自进则民无巧诈, 不蔽恶则行自全⑤, 不从枉则邪事不生.(《管子·牧民》)
【주석】① 逾节: 마땅히 준수하여야 하는 규구를 초월함. ② 自进: 함부로 공명을 추구함. ③ 蔽恶: 실수를 숨기다. ④ 从枉: 사악한 것대로 함. ⑤ 行自全: 자연히 완벽한 덕성.

无恻隐①之心, 非人也: 无羞恶②之心, 非人也: 无辞让之心, 非人也: 无是非之心, 非人也.(《孟子·公孙丑上》)
【주석】① 恻隐: 동정하다. ② 羞恶(物): 즉 치욕, 증오.

孟子曰:"耻之于人大①矣, 为机变②之巧者③, 无所用耻④焉. 不耻不若人, 何若人有⑤?"(《孟子·尽心上》)
【주석】① 大: 중대하다. ② 为机变: 전술을 사용하다. ③ 巧者: 간사하고 음험한

사람. ④ 无所用耻: 어디서나 부끄러워할 것이 없다. ⑤ 不耻不若人, 何若人有: 남보다 좋지 않은 것을 부끄럽게 여기지 않으면 어찌 마음에 들 수 있는 것이 있겠는가?

孟子曰:"人不可以无耻, 无耻之耻①, 无耻矣②."(同上)
【주석】① 无耻之耻: 치욕을 모르는 그런 치욕. ② 无耻矣: 정말로 치욕을 모르다.

故君子耻不修①, 不耻见污②: 耻不信③, 不耻不见信④: 耻不能⑤, 不耻不见用⑥.(《荀子 · 非十二子》)
【주석】① 耻不修: 자기의 인품과 덕성이 낮은 것을 부끄러워함. 修(수), 善(선). 여기서는 인품과 덕성이 높다는 뜻. ② 不耻见污: 남이 비방하는 것을 두려워하지 않음. ③ 耻不信: 자기가 신용을 지키지 않는 것을 수치로 생각함. ④ 不见信: 다른 사람으로부터 신용을 받지 못함. ⑤ 耻不能: 자기가 재능이 없어서 부끄럽게 생각하다. ⑥ 不见用: 임용을 받지 못함.

知耻近乎勇①.(《礼记 · 中庸》)
【주석】① 이 구절의 뜻은 치욕을 알아서 용감과 덕성을 가까이하다.

痛①, 莫大于不闻过: 辱, 莫大于不知耻.(王通:《文中子 · 关朗篇》)
【주석】① 痛: 비통하다. 가슴 아파하다.

耻, 有当忍者, 有不当忍者. 人须是有廉耻. 孟子曰:"耻之于人大矣!" 耻便是羞恶之心. 人有耻, 则能有所不为①.(朱熹:《朱子语类》卷十三)
【주석】① 不为: 하지 않다.

人唯知所贵①, 然后知所耻. 不知吾之所当贵, 而谓之有耻焉者, 吾恐②其所谓耻者非所当耻矣.(《陆九渊集》卷三十二《人不可以无耻》)
【주석】① 贵(귀): 귀중하다. 진귀하다. ② 恐: 무서워하다. 걱정하다.

礼义, 治人之大法: 廉耻, 立人之大节. 盖不廉则无所不取, 不耻^①则无所不为. 人而如此, 则祸败乱亡^②, 亦无所不至^③. 况为大臣, 而无所不取, 无所不为, 则天下其有不乱, 国家其有不亡者乎! 然而四者^④之中, 耻尤为要. 故夫子之论士曰: "行己有耻^⑤." 《孟子》曰: "人不可以无耻, 无耻之耻, 无耻矣." 又曰: "耻之于人大矣, 为机变之巧者, 无所用耻焉." 所以然者, 人之不廉, 而至于悖^⑥礼犯义, 其原^⑦皆生于无耻也. 故士大夫之无耻, 是谓国耻. (顾炎武:《日知录·廉耻》)

【주석】 ① 不耻: 염치없다. ② 祸败乱亡: 재앙(祸), 실패(败), 동란(乱), 멸망(亡). ③ 至: 도래하다. ④ 四者: 즉 예(礼), 의(义)렴(廉), 치(耻). ⑤ 行己有耻: 수치스러운 마음을 가지다. ⑥ 悖: 위배하다. 위반하다. ⑦ 原: 원인. 근원.

耻之一字, 乃人生第一要事. 如知耻, 则洁己^①励行, 思学正人^②, 所为皆光明正大. 凡污贱淫恶^③, 不肖^④下流之事, 决不肯为. 如不知耻, 则事事反是.(石成金:《传家宝》二集 卷二《人事通》)

【주석】 ① 洁己: 세속에 물들지 않고 자신의 순결을 지키다. ② 正人: 정직한 사람. 올바른 사람. ③ 污贱淫恶: 더럽고 천박하며 황음사악하다. ④ 不肖: 품행이 단정치 못하다. 쓸모있는 사람이 못되다.

士皆知有耻, 则国家永无耻^①矣.(龚自珍:《明良论二》)

【주석】 ① 无耻: 여기에서의 뜻은 부끄러워 할 일이 없다.

人之有所不为, 皆赖^①有耻心. 如无耻心, 则无事不可为矣. 风俗之美, 在养民知耻^②. 耻者, 治教之大端^③.(康有为:《孟子微》卷六)

【주석】 ① 赖: 의지하다. 의뢰하다. ② 风俗之美, 在养民知耻: 좋은 사회 풍조는 국민의 부끄러워하는 마음을 양성하기에 달려 있다. 美(미), 고대, 善(선)과 통함. ③ 治教: 즉 정사와 교화를 가리킴. 大端: 곧 사물의 주요 부분.

4절. 명지(明智)

명지(明智)는 중국의 전통적 도덕의 기본 규범 가운데 하나이다. 《예기(禮記)》 《중용(中庸)》에서는 지성[智]을 인(仁)·용기[勇]과 함께 모두 "천하에서 언제나 통용되는 덕목[天下之達德]"이라 칭하였다.

'지(智)'는 '지(知)'라고도 쓰는데, 바로 이성·지혜를 뜻한다. "지혜로운 사람은 미혹되지 않는다[智者不惑]." 공자는 인(仁)과 지(智)를 모두 중시하여 여러 차례 인(仁)·지(智)를 함께 거론하였다. 공자가 볼 때, 지(智)는 인(仁)을 실현하는 중요한 조건이었다. 그는 지(智)·인(仁)·용(勇) 세 가지를 통일시켜 지사(志士)·인인(仁人)의 기본적인 덕성으로 삼았다. 맹자는 지(智)를 시비와 선악을 판별하는 능력의 일종이라고 간주하고, "옳고 그름을 가리는 마음이 지(智)"라는 명제를 제기했고, 아울러 지(智)를 인(仁)·의(義)·예(禮)·신(信)과 함께 "오상(五常)"이라 병칭하였다. 한나라 때의 유학자인 동중서는 "반드시 인하면서 지혜로워야 한다[必仁且智]"고 강조하였다. 한 이후 송·명, 그리고 청대의 유가는 일반적으로 모두 지(智)의 중요성을 긍정했고, 또한 지(智)에 대해 설명하거나 해명하였다. 중국의 고대사상가들은 명지(明智)에 풍부한 도덕적 내용을 부여했다. 개괄해 말하자면, 주로 다음과 같은 몇 가지 측면으로 포괄할 수 있을 것이다. 첫째, 명지(明智)는 도리를 알고 준수하는 데에 있다. 둘째, 명지는 타인과 국가를 이롭게 하는 데에 있다. 셋째, 명지는 자신을 알고 타인을 알아보는 데에 있다. 넷째, 명지는 신중히 말하고 신중히 행동하는 데에 있다. 다섯째, 명지는 미세한 조짐을 보고서 변화를 파악해 능숙히 대처하는 데에 있다. 이 이외에도, 명지는 또한 학문을 좋아하고 과오를 아는 것, 능력을 헤아려 실천하는 것, 편안한 상황에 거처하면서도 위기를 고려하는 것 등을 포괄한다.

　명지(明智)는 중국의 전통적 도덕규범으로서, 긍정적인 사회적 의의를 지닌다. 그것은 사회생활의 질서를 유지하고 인간관계를 조화시키는 데에 있어서, 고대의 정신문명과 물질문명의 발전에 있어서, 중요한 적극적 역할을 하였다.

知人者智, 自知者明①.(《老子》第三十三章)
【주석】① 이 구절의 뜻은 남의 재능과 품행을 잘 아는 것은 지혜롭다고 할 수 있으며, 자기를 잘 아는 것을 훌륭하다고 할 수 있다.

子曰：“不患人之不己知, 患不知人也①.”(《论语·学而》)
【주석】① 患: 우려하다. 不己知: “不知己”의 도치문. 이 구절의 뜻은 남이 자기를 잘 알지 못한다고 걱정하지 말고 자기가 남을 잘 알지 못하는 것을 우려해야 함.

樊迟问仁, 子曰：“爱人.”问知①, 子曰：“知人②.”樊迟未达③, 子曰：“举直错诸枉, 能使枉者直④.”(《论语·颜渊》)
【주석】① 知(지): “智”(지)와 같음. ② 知人: 남을 잘 인식하다. ③ 未达: 잘 이해하지 못하다. ④ 直(직): 정직. 错, “措”과 같고 방치(放置)하다. 诸: “之于”의 합음. 枉: 사악하다. 이 구절의 뜻은 정직한 사람을 사악한 사람보다 높은 자리에 임용하여야 한다. 이렇게 하면 사악한 사람을 정직하게 할 수 있다.

樊迟问知. 子曰：“务民之义, 敬鬼神而远之, 可谓知矣①.”(《论语·雍也》)
【주석】① 이 세 구절의 뜻은 국민이 마땅히 해야 한다고 인정하는 일에 전념하고 귀신을 존경하면서 그를 멀리하면 지혜로운 사람이라고 할 수 있다. 务(무), 진력하다. 전심전력으로 일하다.

知之为知之, 不知为不知, 是知也^①.(《论语·为政》)

【주석】 ① 이 구절에서 앞에 있는 네 개의 "知"(지) 자는 즉 알다, 이해하다. 뒤에 있는 "知"는 "智"(지)와 같다. 이 구절의 뜻은 아는 것을 곧 안다고 하고 모르는 것은 모른다고 해야 참으로 안다고 할 수 있고 현명하다고 할 수 있다.

子墨子言曰: "知者之事, 必计国家百姓所以治者而为之, 必计国家百姓之所以乱者而辟之^①."(《墨子·尚同下》)

【주석】 ① 知: "智"와 통함. 计: 고려하다. 辟(벽): "避"(피)와 같음. 이 구절의 뜻은 현명한 사람의 중요한 일은 국가와 백성이 다스리자는 원인을 생각하고 일을 해야 하며 국가와 백성이 혼란스러워 하는 연유를 꼭 고려하고 그것을 되도록 피해야 함.

夫知者, 必量其力所能至, 而从事焉^①.(《墨子·公孟》)

【주석】 ① 이 구절의 뜻은 총명한 사람은 자기의 힘으로 할 수 있는 것을 잘 생각하고 후에 가서 어떤 일에 종사하여야 한다.

是是, 非非谓之知, 非是, 是非谓之愚^①.(《荀子·修身》)

【주석】 ① 是(시): 정확하다. 非(비): 잘못. 是是: 즉 정확한 것으로 여기다. 非是: 곧 정확한 것으로 여기다. 이 구절의 뜻은 정확한 것을 정확한 것으로 여기고 정확하지 못한 것을 잘못으로 여겨야 현명하다고 할 수 있다. 잘못한 것을 정확한 것으로 여기고 정확한 것을 잘못으로 여기면 어리석다고 할 수 있다.

言而当, 知也; 默而当, 亦知也^①. 故知默犹知言矣^②.(《荀子·非十二子》)

【주석】 ① 이 구절의 뜻은 적합하게 말하면 현명하다고 할 수 있다, 알맞게 침묵을 지킨다면 또한 현명하다고 할 수 있다. 默(묵), 침묵. ② 이 구절의 뜻은 침묵을 잘 알면 말을 잘 아는 것과 같다. 知, 잘 알다.

故知者之举事也, 满则虑嗛, 平则虑险, 安则虑危^①, 曲重其豫, 犹恐及其

95

祸, 是以百举而不陷也^②.(《荀子·仲尼》)

【주석】 ① 知: 智(지)와 통함. 举事: 일을 하다. 嗛(겸): 歉(감)과 통함. 满则虑嗛: 부유할 때와 부족할 때를 고려해야 한다. 平: 평탄하다. 险: 곤란과 위험. 安: 안전. 危: 위험. ② 曲: 세밀하다. 豫(예): 预(예), 통하고 예방하다. 百举: 많은 일을 한다는 것을 형용하다. 이 세 구절의 뜻은 신중하고 세심하게 예방을 잘하면 재화를 걱정할 필요가 없다. 많은 일을 해도 실패할 수 없다.

何谓之智? 先言而后当^①. 凡人欲舍行为, 皆以其智先规而后为之^②. 其规是者, 其所为得, 其所事当, 其行遂^③, 其名荣, 其身故利而无患, 福及子孙, 德加万民, 汤武是也. 其规非者, 其所为不得, 其所事不当, 其行不遂, 其名辱, 害及其身, 绝世^④无复, 残类^⑤灭宗亡国是也. 故曰莫急于智^⑥. 智者见祸福远, 其知利害蚤^⑦: 物动而知其化, 事兴而知其归^⑧, 见始而知其终, 言之而无敢哗^⑨, 立之而不可废, 取之而不可舍, 前后不相悖, 终始有类, 思之而有复, 及之而不可厌^⑩. 其言寡而足, 约而喻, 简而达, 省而具, 少而不可益, 多而不可损. 其动中伦, 其言当务. 如是者谓之智.(董仲舒:《春秋繁露·必仁且智》)

【주석】 ① 先言而后当: 즉 먼저 사물에 대한 판단을 말하고 그 다음에 적합하다고 증명한다. 当(당), 적합하다. ② 凡人欲舍行为, 皆以其智先规而后为之: 이 뜻은 사람이 무슨 일을 할 때 먼저 이지적으로 계획한 다음에 가서 실행한다. 舍(사), 시행하다. 规(규), 계획하다. ③ 遂(수): 성공하다. ④ 绝世: 자손이 끊기다. ⑤ 残类: 동류에 상해를 가하고 종족을 괴멸하다. ⑥ 莫急于智: 지혜보다 더 절박한 것이 없다. ⑦ 见祸福远: 미래의 祸(화)와 福(복)을 볼 수 있다. 知利害蚤: 미리 익(利)과 해(害)를 잘 알다. 蚤(조): 早(조)와 같다. ⑧ 归: ……에 기울다. 추세. 이 두 구절의 뜻은 사물이 개시하자 곧 그의 변화를 알 수 있다. 일이 일어나자 곧 그의 추세를 알 수 있다. ⑨ 言之而无敢哗: 그가 말할 때 남이 감히 떠들거나 반대하지 못하다. ⑩ 悖(패): 背(패)와 같다. 위반하다는 뜻. 类(류): 즉 법률. 思之而有复: 생각한 후에 다시 할 수 있다. 及(급): 도착하다. 厌(염): 손실을 적게 보다. 이 여섯 구절의 뜻은 그의 말은 간결하고 내용이 충실하며 투철하면서 도 쉽게 알 수 있다. 간단하지만 뜻이 명백하

다. 생략하였지만 대체로 내용은 포함되어 있다. 간결하여서 조금도 증가할 수 없고, 많기는 하지만 조금도 감소할 수 없다. 中伦: 조리에 맞다. 当务: 시무에 맞다.

千金之裘, 非一狐之皮[①]: 台庙之榱, 非一木之枝[②]: 先王之法, 非一士之智也. 故曰讯问者智之本, 思虑者智之道也[③]. (刘向: 《说苑·建本》)

【주석】① 裘: 모피로 만든 방한 옷. 이 두 구절의 뜻은 매우 값진 가죽옷은 여우의 모피 한 장으로 만들 수 없다. ② 榱(cuī摧): 지붕의 서까래(椽). 非一木之枝: 한 나무의 가지가 아님. 이 두 구절의 뜻은 서로 질문하고 가르침을 받는 것은 지혜의 본원(本原)이고 심사숙고는 지혜의 경로(途径)이다.

智者, 知也. 独见前闻, 不惑于事[①], 见微知著[②]也. (班固: 《白虎通·情性》)

【주석】① 不惑于事: 일에 대하여 미혹되지 않다. ② 见微知著: 일의 시작을 보고 그의 본질과 발전추세를 알 수 있다.

智者见利而思难, 暗者见利而忘患[①]. 思难而难不至, 忘患而患反生[②]. (刘勰: 《刘子·利害》)

【주석】① 难: 재난, 우환. 暗者: 즉 어지럽고 어리석은 사람. 患(환): 화(祸), 재난(灾难). ② 反生: 오히려 발생하다.

知过[①]之谓智, 改过之谓勇, 无过之谓仁. 学者无遽言仁[②], 先为其智勇者而已矣. 好问好察, 改过不吝[③]之谓上智: 饰非拒谏[④], 自以为是之谓下愚. 故上智者必不自智, 下愚者必不自愚. (《陈确集·别集》卷二《近言集》)

【주석】① 过: 실수, 잘못. ② 无遽言仁: 인(仁)에 대하여 말할 때 서두르지 않다. 遽(거), 서두르다. 갑자기. ③ 改过不吝: 잘못이 있으면 아낌없이 고칠 수 있다. 吝, 인색하다. 아깝다. ④ 饰非拒谏: 자신의 잘못을 감추고 충고를 받아들이지 않다.

5절. 용의(勇毅)

용기[勇]는 고대 중국에서 "세 가지 달덕(達德)" [지(智)·인(仁)·용(勇)] 가운데 하나이다. 중국의 전통적 윤리 문화에서, 용기의 도덕적 성질을 표현하는 개념에는 강(剛: 강함)·의(毅: 굳셈)가 있다. 여기서 우리는 합성어인 용의(勇毅)를 사용해 용기[勇]라는 도덕규범을 표현하는데, 그 내용으로는 주로 인(仁)을 체화해 자애로울 수 있는 것, 의로움을 실천하고 예(禮)를 따르는 것, 지혜를 통해 잘 판단하는 것, 위기에 대처하면서 두려움이 없는 것, 부끄러움을 알고서 힘써 실천하는 것 등을 포괄한다.

중국의 전통적 도덕 중에서, 유가와 병가는 일관되게 용기라는 덕을 추앙했다. 공자는 용기를 인덕(仁德)을 실천하기 위한 조건 가운데 하나로 삼고, 용기는 반드시 예의(禮義)에 부합해야 하며, 또한 용기와 지혜를 모두 겸비할 수 있어야 한다고 생각했다. 맹자는 인간됨에서의 용기는 반드시 근본적 법도[大節]에 부합해야 한다고 주장했고, 목숨을 버리더라도 의로움을 선택하는 정신을 강조했다. 병가는 언제나 충용(忠勇)·의용(義勇)과 연관하여 용기라는 덕목의 중요성을 강조했다. 선진시대의 묵가(墨家)·도가(道家)와 법가(法家) 그리고 후대의 사상가들은 도덕규범으로서의 용기에 대해 모두 계승하고 발전시킨 점이 있다. 용의(勇毅)는 나약함과 대조된다. "두려움이란, 용기에 적대하는 것이다[懼者, 勇之仇也]"라는 말은 바로 이러한 의미를 담고 있는 것이다. 용의는 또한 만용·모험과도 구별된다. "사납고 고지식하여 싸우길 좋아하는 것은 용기와 비슷하지만 용기가 아니다[悍戇好鬪, 似勇而非]"라는 말은 바로 그런 뜻이다. 용의(勇毅)는 일정한 원칙과 목적으로부터 시작될 때, 즉 "의로움[義]"과 관련되어야 비로소 도덕적 가치를 지닌다.

　인류의 삶 속에서, 용의(勇毅)는 인간이 자연을 직접 정복하는 투쟁 속에서 나타날 뿐만 아니라, 정의로운 전쟁 속에서도, 그리고 과학적 발명과 예술적 창조, 그리고 사회적 진보를 추동하는 각종 사업 속에서도 나타난다. 현실의 사회생활 속에서 용의(勇毅)의 정신을 확대 발전시키고, 의로움을 보고 용감히 나서는 행동과 사회적 기풍을 기르는 것은 중요한 의의를 지닌다. 물론 용기 또는 용의(勇毅)는 도덕적 규범으로서, 그 구체적인 내용에서 일정한 시대성과 계급성을 갖고 있다. 시대에 따라 사회계급에 따라 용의에 대해 다양한 인식과 평가기준을 지니고 있다. 일부 사대부들은 진취적으로 분투할 용기를 잃어버리고 현실과 괴리된 몸과 마음의 수양을 강조하며 규율만을 추종함으로써 전통적인 용기가 지닌 진취적 정신을 왜곡하고 억눌러 죽였다. 이는 비판해 마땅한 것이다.

死而不义①, 非勇也. 共用②之谓勇.(《左传·文公二年》)
【주석】① 不义: 즉 도의(道义)에 맞지 않다. ② 共(gōng工)用: 국가를 위해 목숨을 바치다.

夫仁, 礼, 勇, 皆民之为也. 以义死用谓之勇①, 奉义顺则谓之礼②, 畜义丰功谓之仁③. 奸仁为佻④, 奸礼为羞⑤, 奸勇为贼⑥.(《国语·周语中》)
【주석】① 以义死用: 국가를 위해 서슴없이 목숨을 바치다. ② 奉义顺则: 즉 정의를 따라서 법률을 준수하다. ③ 畜义丰功: 곧 은정과 의리를 저축하고 공덕을 쌓다. ④ 奸人: 간악한 수법으로 자신의 인덕(仁德)을 사취하다. 佻(조), 절취하다. ⑤ 奸礼: 간악한 수법으로 자기가 예절이 있다는 것을 표시하다. 羞(수), 치욕. ⑥ 奸勇: 간악

한 수법으로 자신의 용감을 표시하다. 贼(적), 여기서는 즉 사회와 국민에게 해를
주는 사람.

子曰：“非其鬼①而祭之, 谄也②. 见义不为, 无勇也③.”(《论语·为政》)
【주석】 ① 鬼: 즉 죽은 선조. 일반적으로 귀신(鬼神)을 가리킴. ② 이 두 구절의 뜻
은 자기가 마땅히 제사를 지내지 않아야 하는 귀신에 대하여 제사를 지내면 아첨하
는 것이다. ③ 이 두 구절의 뜻은 정의(正义)에 맞는 일을 보고 하지 않으면 용기가
없는 것이다.

子路曰：“君子尚①勇乎?”子曰 :“君子义以为上②, 君子有勇而无义为乱, 小
人有勇而无义为盗③.”(《论语·阳货》)
【주석】 ① 尚: 숭상하다. 존귀하다. ② 义以为上: 의(仁)는 제일 존귀한 것이라고 여
기다. ③ 이 두 구절의 뜻은 군자가 의 없이 용기만 있으면 무장 반란을 일으킬
수 있고, 소인이 의 없이 용기만 있으면 강도가 된다.

偄弱易夺①, 似仁而非. 悍戆②好斗, 似勇而非.(《荀子·大略》)
【주석】 ① 偄(ruǎn阮)弱易夺: 연약하고 무능한 사람은 남들로 부터 쉽게 미혹을 당
하여 주장을 바꿀 수 있다. ② 悍戆(zhuàng壮): 흉포하고 무모하다.

有狗彘之勇者, 有贾盗之勇者①, 有小人之勇者, 有士君子之勇者: 争饮食,
无廉耻, 不知是非, 不辟死伤, 不畏众强, 恈恈然唯饮食之见②, 是狗彘之勇
也. 为事利, 争货财, 无辞让, 果敢而振, 猛贪而戾③, 恈恈然唯利之见, 是
贾盗之勇也. 轻死而暴④, 是小人之勇也. 义之所在, 不倾于权, 不顾其利,
举国而与之不为改视, 重死持义而不桡, 是士君子之勇也⑤.(《荀子·荣辱》)
【주석】 ① 彘(제): 돼지. 贾(gǔ鼓): 상인(商人). 盗(도): 도적. ② 辟(벽): 避(피)와 통함.
恈恈然: 매우 탐욕스러운 모양. 恈恈然唯饮食之见: 즉 탐욕스러운 눈길로 음식만 주
시하다. ③ 为事利: 이익(利益)을 위해 일을 하다. 很(흔), 狠(한)과 같다. 戾(lì立):

비뚤어지다. 포악하다. ④ 轻死而暴: 목숨을 내걸고 포악하다. ⑤ 与: 대처하다. 여기
서는 반대한다는 뜻. 桡(요), 挠(요)과 같고 굴복하다. 이 여섯 구절의 뜻은 정의를
위하여 권세에 굴복하지 않고 자신의 이익을 돌보지 않고 온 나라가 반대해도 자기
의 견해를 바꾸지 않는다. 비록 생명을 아끼지만 정의를 견지하여 굴복하지 않는다. 이
것이 바로 사군자(士君子)의 용감성이다.

有行之谓有义, 有义之谓勇敢. 故所贵于勇敢者, 贵其能以立义也①: 所贵
于立义者, 贵其有行也: 所贵于有行者, 贵其行礼也. 故所贵于勇敢者, 贵
其敢行礼义也②. 故勇敢强有力者, 天下无事则用之于礼义: 天下有事则用
之于战胜③. 用之于战胜则无敌, 用之于礼义则顺治. 外无敌, 内顺治, 此
之谓盛德. 故圣王之贵勇敢, 强有力如此也. 勇敢, 强有力而不用之于礼义
战胜, 而用之于争斗, 则谓之乱人④.(《礼记·聘义》)
【주석】① 이 구절의 뜻은 용감이 귀한 까닭은 정의를 수립하는 데 있다. ② 이
구절의 뜻은 용감이 귀한 까닭은 예의를 과감하게 실행하기 때문이다. 敢(감), 과감
하다. ③ 战胜: 적과 싸워 이기다. ④ 乱人: 정도를 어기고 혼란을 조장하는 사람.

勇一也, 而用①不同, 有勇于气②者, 有勇于义者. 君子勇于义, 小人勇于气.
(《二程集·河南程氏外书》卷七)
【주석】① 用 : 용처, 용도. ② 气 : 의기, 감정.

见善不能勇为, 见恶不能勇去, 虽终身从事于学, 无以有诸己①.(胡居仁:
《居业录》卷二)
【주석】① 无以有诸己: 자기의 수익이나 지식을 보태는 것이 없다.

才觉私意起, 便克去, 此是大勇.(同上)

6절. 절제(節制)

절제는 전통 도덕에서의 중요 규범이다. 절제란 도덕적 요구와 원칙에 근거해 자기의 욕망과 행동을 통제하거나 제한하는 것이다. 그것은 사람들이 예의(禮義)에 따라 행동할 것, 올바름을 지키고 사특함을 물리칠 것, 행위에 절도가 있을 것, 재물을 취하고 사용함에 절약할 것, 주체적으로 스스로를 완성된 인격으로 변화시킬 것을 요구한다. 중국의 고대 전적 가운데, 절제의 사상과 규범적 규정에 관한 내력은 멀고도 오래되었고, 내용도 풍부하다. 대체적으로 말하자면, 도가(道家)는 개인 자신의 절제를 중시하여, 자연의 도리를 준수할 것을 강조하며 "그만둘 것을 알라[知止]", "근원이 되는 바를 지켜라[守母]", "스스로를 극복하라[自勝]"고 말했다. 묵가(墨家)는 절용을 중시하여, 재화를 사용하는 이치를 강조하며, "국가의 재화를 낭비하지 말라[不費]", "백성을 수고롭게 만들지 말라[不勞]", "이로움을 촉진시키라[興利]"고 제창했다. 법가는 기강과 법제를 중시하여 법에 근거해 세상을 다스릴 것을 강조하면서 "기예를 아낌[嗇術]", "선택을 가늠함[權取]", "형법과 금령[法禁]"을 널리 시행했다. 유가는 주도적 지위를 차지한 학파로서, 각 학파의 장점을 흡수하여 이론과 경세치용이란 측면에서 절제의 규범을 두드러지게 발전시켰다. 공자가 "재정을 절도 있게 사용하여 인민을 사랑하라[節用而愛人]"는 사상을 제기한 이후로, 역대의 유가들은 모두 절제의 의미와 이치를 규명하는 것과 동시에, 세상을 다스리고 정치를 행함에 절제하고 청렴할 것과 경제적 재화는 마땅히 "사용할 때에 절도가 있어야 한다[用之有節]"고 강조하였다. 개인 자신의 절제에 대해서는, 자주(自主)와 자강(自强)을 강조했으니, "선택은 내심에 달려 있고[取舍于內]", "절제는 사람에 달려 있다[節制在人]"고 하여 "사람이 외물을 변화시켜[人化物]"야 하지 "외물이 인간을 변화시켜[物化人]"서는 안 되며, "그 중대한 것에서 먼저 스스로를 정립하여[先立乎其大]", "대체(大體: 마음에 내재된 도덕심)"를 통해 "소체(小體: 육체적 욕구)"를 제어하라고 하였다. 즉 "도(道)에 따라서 욕망을 통제하고[以道制欲]", "의로움에 따라서 욕망을 인도한다[以義導欲]"는 것이다. 송명 성리학의 시대에 한 때 "천리를 보존하고 인욕을 없애라[存天理, 滅人欲]"는 극단적인 경향이 나타났고, 이후의 유학자들도 "평정한 마음으로 욕망을 줄이라[淸心寡欲]"고 설교하였다. 그러나 전체적으로 중국의 전통적 도덕은 본래 힘써서 구하되 과도함도 부족함도 없는 중용(中庸)이라 할 수 있다. 이러한 절제에 관한 사상은 근대적 혁신자이자 자본가 계급의 혁명가인 손중산(孫中山)에게 "명리를 좇지 않고 의지를 분명히 한다[淡泊以明志]", "청렴함으로 기풍을 바로잡는다[淸廉以正風]"는 윤리정신을 형성시켰고, 또한 새로운 의미를 부여하였다. 사회주의 현대화가 진행 중인 오늘날, 힘들게 대업을 창조했던 정신을 선양하고 발전시킴으로써 중요한 의의를 지닌 절제의 미덕을 제창해야 할 것이다.

不役耳目[1], 百度惟貞[2]. 玩人喪德[3], 玩物喪志[4]. (《尙书 · 旅獒》)
【주석】 ① 不役耳目: 자기의 귀와 눈으로 듣거나 보는 것에 유혹되지 않고 가무와 여색의 노예가 되지 않는다는 뜻. ② 百度惟貞: 百度, 백 가지 일(많다). 惟貞, 정당하여야 한다는 뜻(합리적이고 합법적이다). ③ 玩人喪德: 사람을 희롱하면 곧 덕성을 잃다. ④ 玩物喪志: 쓸데없는 놀음에 빠져들면 큰 뜻을 잃다.

名与身孰亲? 身与货孰多^①? 得与亡孰病^②? 是故甚爱必大费^③, 多藏必厚亡^④. 故知足不辱^⑤, 知止不殆^⑥, 可以长久.(《老子》第四十四章)

【주석】 ① 身与货孰多: 자신과 재물을 대비해 볼 때 무엇이 중요한가. 多, 무겁다. ② 得: 명예와 이익을 받다. 亡: 목숨을 잃다. 病: 남에게 손해를 끼치는 것을 병이라고 함. 得与亡孰病: 여기서는 즉 이익을 얻는 것과 목숨을 잃는 것을 대비해 볼 때 무엇이 손해인가. ③ 甚爱必大费: 명예와 이익을 지나치게 좋아하면 꼭 많은 것을 낭비할 것이다. ④ 多藏必厚亡: 방대한 저장은 필연코 커다란 손실을 볼 것이다. ⑤ 知足不辱: 이익에 대하여 만족할 줄 알면 욕을 당하지 않는다. ⑥ 知止不殆: 적당한 정도에서 그만둘 줄 알면 위험을 당하지 않는다.

圣人为政一国, 一国可倍^①也. 大之为政天下^②, 天下可倍也. 其倍之非外取地^③也, 因其国家, 去其无用之费^④, 足以倍之. 圣王为政, 其发令兴事^⑤, 使民用财^⑥也, 无不加用而为者^⑦, 是故用财不费, 民德不劳, 其兴利多矣. (《墨子·节用上》)

【주석】 ① 可倍: 그 이익이 한 배로 더 증가할 수 있다. ② 天下: 크고 작은 여러 제후국을 합하여 중국이라고 부른다. ③ 非外取地: 또 다시 외부로 부터 토지를 쟁취하지 않다. 국토를 확대하여 이익을 증가하는 것이 아니다. ④ 去其无用之费: 소용없는 비용을 절약하다. ⑤ 兴事: 사업을 창설하다. ⑥ 使民用财: 민중을 부려 먹고 재력을 쓰다. ⑦ 无不加用而为者: 비용을 증가하지 않고 하는 것이 없다.

人有不为也, 而后可以有为^①.(《孟子·离娄下》)

【주석】 ① 有为: 장래성이 있다.

天地之道^①, 寒暑不时则疾^②, 风雨不节则饥^③. 教者, 民之寒暑也, 教不时则伤世^④; 事者, 民之风雨也, 事不节则无功^⑤.(《礼记·乐记》)

【주석】 ① 天地之道: 자연의 법칙. ② 寒暑不时则疾: 사람에게 있어서 만약 네 계절의 순서에 따라 변화하지 않으면 병이 생긴다. ③ 风雨不节则饥: 기후가 알맞지 않

으면 농작물이 재해를 입어 기근을 조성할 수 있다. ④ 教不时则伤世: 제때에 교화
하지 않으면 곧 세상의 기풍을 손상시킬 수 있다. ⑤ 事不节则无功: 일을 할 때 사
물의 규율대로 절제하지 않으면 효과를 얻을 수 없다.

人生而静, 天之性也. 感于物而动, 性之欲①也. 物至知知, 然后好恶形焉②.
好恶无节于内③, 知诱于外④, 不能反躬⑤, 天理灭矣⑥. 夫物之感人无穷, 而
人之好恶无节, 则是物至而人化物⑦也. 人化物也者, 灭天理而穷人欲者也.
(同上)
【주석】① 性之欲: 즉 사람의 본성 욕망. ② 物至知知, 然后好恶形焉: 외부의 사물
이 꼬리를 물고 따라올 때 마음속의 지혜가 느껴지는 것이 바로 취미 있는 것과
증오하는 것 두 종의 욕망이 형성된다. ③ 好恶无节于内: 마음속에서 좋아하거나
싫어하는 욕망을 절제할 수 없다. ④ 知诱于外: 이성이 외부의 사물에 의하여 유인
되다. ⑤ 不能反躬: 자기가 자신을 반성하고 단속하지 못하다. ⑥ 天理灭矣: 나면서
부여받은 이성이 사라지다. ⑦ 物至而人化物: 즉 외부 사물이 닥쳐옴으로 하여 사
람도 따라서 변화하였다.

在官惟明, 莅事①惟平, 立身惟清. 清则无欲②, 平则不曲③, 明能正俗④. 三
者备矣, 然后可以理人⑤.(《忠经 · 守宰章》)
【주석】① 莅事: 직접 참가하여 일을 처리함. ② 清则无欲: 청렴하면 사욕이 없다.
③ 平则不曲: 공평하고 두둔하지 않다. ④ 明能正俗: 청렴하고 결백하면 바르지 못
한 세속과 기풍을 바로 잡을 수 있다. ⑤ 可以理人: 관리가 되어 국가를 관리할 수
있다.

人心常炯炯①在此, 则四体不待羁束②, 而自入规矩. 只为人心有散缓时,
故立许多规矩来维持之. 但常常提警, 教身入规矩内, 则此心不放逸, 而炯
然在矣. 心既常惺惺③, 又以规矩绳检之, 此内外交相养之道④.(朱熹:《朱
子语类》卷十二)

【주석】① 炯炯: 뚜렷함을 형용하다. ② 羈束: 단속하다. ③ 惺(xīng星)惺: 맑고 깨끗하다. 정신을 차리다. 각성하다. ④ 内外交相养之道: 내외 서로 합하는 수양의 방법.

为学之道, 制欲为先. 彼出而不能反①, 申而不能屈②, 必至溺其身, 堕其名. 博学智士, 蹈此者多矣: 此无他, 欲败之也. 人之情, 孰无所欲! 得其正而安之, 不得其正则弃之, 是为君子. 得其正而溺之, 不得其正而强遂之, 是为鄙夫.(唐甄:《潜书·贞隐》)

【주석】① 彼: 욕망. 反: 돌아오다. 흩어진 것을 한데 모으다. ② 申: 뻗다. 屈: 굽곡. 굽히다. 즉 정욕은 뻗을 수 있지만 억제할 수 없다.

7절. 염결(廉潔)

염결(廉潔)은 중국의 전통적 도덕에서의 하나의 기본적 규범으로 "국가의 네 가지 기틀[國之四維]" 중의 하나로 간주되며, 또한 "벼슬한 자의 덕목[仕者之德]"으로도 간주된다. 염결이라는 말이 가리키는 것은 재화를 탐하지 않고, 처신이 명백한 것이다. 중국의 고대 사상가들은 '염(廉)'을 다양한 측면으로 규정했는데, 그 기본 정신은 바로 예법을 따라서 실천하고, 이익을 보면 의로움을 생각하는 것이다.

염결(廉潔)은 "정치를 행하는 근본[爲政之本]"이자 "관료된 자의 미덕[爲官之寶]"이다. 전통적 도덕 가운데, 염결한 사(士)는 역사서에 기재되었고, 민간에서는 구전되어 "청렴한 관료[淸官]"로 존중하였다. 관리가 청렴하지 않으면 그 해로움은 극심하다. 반고(班固)는 "관리가 청렴하고 공평하지 못하다면 정치의 도리는 쇠퇴한다[吏不廉平, 則治道衰]"고 했다. 왕영길(王永吉)은 "대신들이 청렴하지 않아 아랫사람을 통솔하지 못하면 소신들은 반드시 더러워진다. 소신들이 청렴하지 않아 백성을 다스리지 못한다면 풍속은 반드시 부패한다[大臣不廉, 無以率下, 則小臣必汚. 小臣不廉, 無以治民, 則風俗必敗]"고 말했다. 염결은 중화민족의 전통적 미덕일 뿐만 아니라 사회주의적 도덕의 건설에 있어서도 여전히 중요한 현실적 의의를 지니므로 대대적으로 제창할 필요가 있다.

子张①问于孔子曰: "何如斯②可以从政矣?"子曰: "尊五美, 屏③四恶, 斯可以从政矣." 子张曰: "何谓五美?"子曰: "君子惠而不费④, 劳而不怨, 欲而不贪, 泰而不骄, 威而不猛." 子张曰: "何谓惠而不费?" 子曰: "因民之所利而利之, 斯不亦惠而不费乎? 择可劳而劳之⑤, 又谁怨? 欲仁而得仁, 又焉贪⑥? 君子无众寡⑦, 无小大⑧, 无敢慢, 斯不亦泰而不骄⑨乎? 君子正其衣冠, 尊其瞻视⑩, 俨然人望而畏之, 斯不亦威而不猛乎?" 子张曰: "何谓四恶?" 子曰: "不教而杀谓之虐: 不戒视成谓之暴: 慢令致期谓之贼: 犹之与人也, 出纳之吝谓之有司."(《论语·尧曰》)

【주석】① 子张: 공자의 제자, 성 颛(zhuān专)孙(전손), 이름 师(사), 자 子张(자장). ② 何如: 어떻게, 어떤. 斯, 곧, 즉시, 바로, 꼭. ③ 屏(bǐng丙): 배제하다. ④ 惠而不费: 백성들에게 은혜를 받도록 하고 자기는 오히려 손해를 보지 않도록 하다. ⑤ 择可劳而劳之: 할 수 있는 것을 선택해서 하다. ⑥ 欲仁而得仁, 又焉贪: 인덕이 요구될 때 바로 인덕을 받았으니 또 무엇을 욕심부리는가. ⑦ 无众寡: 사람이 많고 적음을 막론하고 ⑧ 无大小: 세력이 크거나 작은 것을 막론하고 ⑨ 泰而不骄: 너그럽고 교만하지 않다. ⑩ 尊其瞻视: 자존심을 가진 그의 눈빛과 표정. 不戒视成: 사전에 훈계하지 않고 당장 성공을 요구하다. 慢令致期: 명령을 늦게 내리고 오히려 지정기일 내에 완성 할 것을 요구하다. 犹之: 같다. 出纳之吝: 재물을 쓸 때 인색하다. 有司: 재무를 관리하는 작은 관직. 여기서는 즉 남에게 재물을 줄 때 인색하다는 것을 가리킴.

君子之道也, 贫则见廉^①, 富则见义^②, 生则见爱, 死则见哀^③, 四行者不可虚假, 反之身^④者也.(《墨子·修身》)

【주석】 ① 贫则见廉: 생활이 빈곤할 때 청렴결백함을 나타내다. ② 富则见义: 부유할 때 대의(大义)를 나타내다. ③ 生则见爱, 死则见哀: 살아있는 사람에게 인애(仁爱)를 나타내고 죽은 사람에게 애통을 표현하다. ④ 四行者不可虚假, 反之身: 네 가지 덕행에 대하여 거짓을 꾸며서는 안 된다. 마땅히 자신을 돌이켜 보아야 함.

且婴闻之, 廉者, 政之本也: 让者, 德之主^①也. 栾, 高不让^②, 以至此祸, 可毋慎乎! 廉之谓公正, 让之谓保德.(《晏子春秋·内篇·杂下》)

【주석】 ① 主: 근본. ② 栾, 高不让: 栾(란), 즉 栾施(란시), 자 子旗(자기). 高(고), 즉 高强(고강), 자 子良(자량). 不让, 곧 강제로 취득하다.

孟子曰: "可以取, 可以无取, 取伤廉^①, 可以与, 可以无与, 与伤惠^②, 可以死, 可以无死, 死伤勇^③."(《孟子·离娄下》)

【주석】 ① 可以取, 可以无取, 取伤廉: 가질 것인가 안 가질 것인가 하고 망설일 때, 가지면 곧 청렴결백한 인품과 덕성을 손상시킬 것이다. 取, 남의 물건을 얻다. ② 可以与, 可以无与, 与伤惠: 남에게 줄 것인가 안줄 것인가 할 때 남에게 준다면 곧 은혜를 풀어주는 은덕을 상하게 하다. 与, 즉 주다. ③ 可以死, 可以无死, 死伤勇: 죽을 것인가 안 죽을 것인가 할 때 죽으면 정말로 의리(义礼)에 맞는 용기를 상하게 할 것이다.

吾未闻枉己而正人者也^①, 况辱己以正天下者乎^②? 圣人之行不同也, 或远, 或近^③: 或去, 或不去^④: 归洁其身而已矣^⑤.(《孟子·万章上》)

【주석】 ① 吾未闻枉己而正人者也: 올바르지 못한 사람이 남을 바로 잡을 수 있다는 말을 들어 본 적이 없다. ② 况辱己而以正天下者乎: 또한 하물며 자기가 더러우면서 천하를 바로 잡는 사람이 있는가. ③ 或近, 或远: 군주와 자기간의 관계가 멀거나 가까이 하는 것을 가리킴. ④ 或去, 或不去: 혹은 군대에서 제대하여 고향으로

돌아가거나 혹은 관리로 집권하다. ⑤ 归洁其身而已矣: 개괄하여 말하면 자신을 순결하게 하는 것이 예의가 아니다.

所谓方者, 内外相应也①, 言行相称也. 所谓廉者, 必生死之命②也, 轻恬资财③也. 所谓直者, 义必公正, 公心不偏党④也. 所谓光者, 官爵尊贵, 衣裘壮丽也. 今有道之士, 虽中外信顺, 不以诽谤穷堕⑤: 虽死节轻财, 不以侮罢羞贪⑥: 虽义端不党, 不以去邪罪私⑦: 虽势尊衣美, 不以夸贱欺贫⑧.
(《韩非子·解老》)

【주석】① 所谓方者, 内外相应也: 方, 방정하다. 内外相应, 즉 내외일치 언행일치. ② 必生死之命: 필연적으로 표현되는 것은 생사(生死)로 기개를 지키는 것이다. ③ 轻恬资财: 재화(财物)에 뜻을 두지 않다. 恬(첩), 담박하다. ④ 不偏党: 두둔하거나 한쪽 편을 들지 않다. ⑤ 虽中外信顺, 不以诽谤穷堕: 비록 자신은 내외로 충직하고 공손하지만 이로 인하여 불초하고 게으른 사람을 비방할 수 없다. ⑥ 侮罢羞贪: 나약한 사람을 모욕하고 이기적인 사람에게 치욕을 주다. ⑦ 虽义端不党, 不以去邪罪私: 비록 도의는 단정하여 두둔하지 않지만 이로 인하여 올바르지 못한 사람을 제거하지 않고 두둔하는 사람을 처벌하지 않는다. ⑧ 虽势尊衣美, 不以夸贱欺贫: 비록 권세가 존귀하고 옷이 화려하지만 이로 인하여 지위가 비천한 사람에게 과시하거나 가난한 사람을 업신여기지 않는다.

故临大利而不易其义①, 可谓廉矣. 廉故不以贵富而忘其辱②. (《吕氏春秋·忠廉》)

【주석】① 不易其义: 도의의 원칙을 개변하지 않다. ② 不以贵富而忘其辱: 지금 부유하지만 이전에 자기의 치욕을 잊어버리지 않다.

吏不廉平①, 则治道衰②. (《汉书》卷八《宣帝纪》)

【주석】① 廉平: 청렴하고 공평하다. ② 治道: 국가 통치의 도리.

志士不饮盗泉之水^①, 廉者不受嗟来之食^②, 况拾遗^③求利, 以污其行乎!
(《后汉书》卷八十四《列女传》)

【주석】① 盗泉(도천): 고대 샘물(古泉)의 이름. 옛 고장은 오늘날의 산동성 사수현 (泗水县) 동북 일대. 盗泉之水, 정당하지 않는 방법으로 얻은 물건을 가리킴. ② 嗟 来之食: 인용문은 예기·단궁하(《礼记·檀弓下》)에서 나왔다. 여기서는 경멸하여 주 는 회사를 비유함. ③ 拾遗: 남이 유실물을 주워 가지다.

夫王道之本, 经国之务^①, 必先之以礼义, 而致人于廉耻. 礼义立, 则君子轨 道^②而让于善: 廉耻立, 则小人谨行而不淫于制度^③. 赏以劝其能, 威以惩 其废. 此先王所以保义定功, 化洽黎元^④, 而勋业长世也. 故上有克让^⑤之 风, 则下有不争之俗: 朝有矜节^⑥之士, 则野无贪冒^⑦之人. 夫廉耻之于政, 犹 树艺^⑧之有丰壤, 良岁之有膏泽^⑨, 其生物必油然茂矣. 若廉耻不存, 而惟 刑是御^⑩, 则风俗彫弊, 人失其性, 锥刀之末, 皆有争心, 虽峻刑严辟, 犹不 胜矣.(《晋书》卷五十二《阮种传》)

【주석】① 王道: 유가학자들이 제출한 인의(仁义)로 천하를 통치하는 정치적인 주 장이다. 经国: 국가를 통치하다. ② 轨道: 법률, 규율. 파생된 의미는 준수하고 부합 된다는 뜻이다. ③ 淫于制度: 국가의 예의와 법률을 음란하게 함. ④ 保义定功, 化洽 黎元: 안정을 지키고 공훈과 업적을 세워서 백성에게 교화를 보급하다. ⑤ 克让: 겸 손하게 사양하다. ⑥ 矜节: 절조(节操)를 숭상하다 ⑦ 贪冒: 횡령하다. ⑧ 树艺: 재배 하다. 심어 가꾸다. ⑨ 膏泽: 작물을 축축히 적셔주는 빗물. ⑩ 唯刑是御: 형법으로 만 통제하는 것을 말함. 彫弊: 凋敝와 통하고 쇠패하다는 뜻. 锥刀之末: 송곳 끝, 칼 끝. 아주 작은 이익. 不胜: 통제할 수 없다.

廉耻, 士君子之大节, 罕^①能自守者, 利欲^②胜之耳.(欧阳修:《欧阳文忠公 集·廉耻说》)

【주석】① 罕: 적다. ② 利欲: 재화와 이익을 점유하려는 욕망.

尚廉, 谓甘心淡薄, 绝意纷华, 不纳苞苴①, 不受贿赂, 门无请谒②, 身远嫌疑, 饮食宴会, 稍以非义, 皆谢却之.(徐元瑞:《史学指南·吏员三尚》)

【주석】① 苞苴(jū居): 증정한 선물. 증정하는 선물을 포장해야 하기 때문에 포차(苞苴)라고 함. ② 请谒: 원조를 청하다. 告求, 원칙성 없이 남들로부터 보살펴줄 것과 도와줄 것을 청하다.

世之廉者有三: 有见理明而不妄取者, 有尚名节而不苟取者, 有畏法律, 保禄位而不敢取者. 见理明而不妄取, 无所为而然①, 上也: 尚名节而不苟取, 狷介②之士, 其次也: 畏法律, 保禄位而不敢取, 则勉强而然, 斯又为次也. (《薛瑄全集·薛文公从政名言》卷二)

【주석】① 无所为而然 목적 없이, 자연히 ② 狷介: 지나치게 조심스럽고 보수적이다.

8절. 근검(勤儉)

중국의 전통적 도덕 중에 근검(勤儉)은 가장 광범위하게 보급되었고, 가장 오랫동안 전파되어 왔던 미덕 중의 하나이다. 우(禹)가 치수할 때, "나라 일에 부지런하였고, 집안일에 검소하였다[克勤于邦, 克俭于家]"는 것은 아주 오래된 미담이 되었다.

근검이라는 것은 곧 근로와 절검이다. 근로(勤勞)가 가리키는 바는 사람들이 노동을 대하는 태도이자 품성이다. 도덕규범으로서, 그것은 사람들이 노동을 매우 아낄 것, 노동에 적극 참가할 것, 열심히 노력할 것, 고된 일을 두려워하지 말 것, 자신의 두 손으로 창조하고 자신의 생활을 풍요롭게 할 것을 요구한다. "민생은 근면함에 달려 있으니, 근면하다면 궁핍해지지 않는다[民生在勤, 勤则不匮]", "자신의 노력에 의

111

지하는 자는 살아가지만, 자신의 노력에 의지하지 않는다면 살 수 없다[賴其力者生, 不賴其力者不生]" 등의 사상은 모두 전통적 도덕에서의 근로에 대한 요구를 반영하고 있다. 절검(節儉)이 가리키는 것은 개인적 삶에서의 욕망을 다루는 태도이다. 그것은 사람들이 자기의 삶에서의 욕망을 절제하는 것, 자신의 소비행위를 단속하는 것, 검약하게 사는 것, 재화를 절약하는 것을 요구한다. "외물에 정신이 팔리면 뜻을 잃게 된다[玩物喪志]", "오로지 검소히 하여 덕을 함양한다[惟儉養德]"라는 말은 모두 절검이 개인의 성품의 수양에서 지닌 중요성을 강조한 것이다. 근검(勤儉)은 군자의 덕목이다. 도덕규범으로서, 근검은 반드시 업무에 최선을 다하고 절약해 사용해야 하되 사치하지도 인색하지도 않아야 한다. 국가에 대하여 말하자면, 근검은 "국가를 부강하게 하는 방법[富國之道]"이다.

근로와 절검은 "군자는 게으름이 없어야 하니, 먼저 농사짓는 어려움을 알아야 한다[君子所其無逸. 先知稼穡之艱難]"는 식으로 서로 관련된다. 오로지 자기의 부지런한 노동을 통해서만 비로소 진정 절검의 도리를 이해할 수 있다는 것이다. 이 때문에 마땅히 "근본에 힘써서 절용하고[彊本而節用]", "검약에 힘쓰고, 백성의 노력을 중시해야[務儉約, 重民力]" 한다고 말하는 것이다. 물론 자신을 수양하고 가정을 꾸리는 일에서든 국가를 관리하는 일에서든 근로와 절검은 모든 경우에 반드시 갖추어야 할 자질이자 요구다. 따라서 근로와 절검을 갖추지 못한다면 사람됨은 반드시 방종해지고, 가정을 맡으면 반드시 빈궁해지며, 국가를 다스리면 반드시 실패한다. 중국 고대 사상가 근검에 대해 많은 논의를 남겼고, 노동하는 광범위한 인민 대중들도 사람들에게 근검을 권하는 수많은 속담과 격언을 남겼다. 이는 우리가 도덕적 건설을 진행하는 데 있어서도 여전히 긍정적 의미를 가지고 있는데, 대대적으로 제창하고 발전시켜 선양해야 할 것이다

慎乃俭德①, 惟怀永图②.(《尚书 · 太甲上》)
【주석】① 乃: 너의. 이 구절의 뜻은 너의 절약하는 미덕을 신중히 할 것. ② 怀: 생각하다. 永: 항상, 영원히. 图: 계책, 계획. 이 구절의 뜻은 장구한 계획을 생각해야 함.

不作无益害有益, 功乃成①. 不贵异物贱用物, 民乃足②.(《尚书 · 旅獒》)
【주석】① 不作无益害有益, 功乃成: 유익한 일에 해를 주지 않기 위하여 무익한 일을 하지 않아야 성공할 수 있다. 공전(《孔传》)이 가로되, 游观(고대 제왕의 유락 장소)은 무익한 곳이다. "游观为无益"유람하는 것은 무익하다. 이곳의 실지 뜻은 쓸데없는 놀음에 빠져들어 큰 뜻을 잃다는 뜻이다. 真德秀(진덕수, 1178-1235년, 남송 때의 대신, 학자) 가로되, 무익한 일에 정신이 분리되어 성공할 수 없다. "为无益, 则心志分而功不成". ② 不贵异物贱用物, 民乃足: 정교하게 만든 것을 중시하지 않고 백성이 필요한 일용품을 중시했기 때문에 국민의 일용품이 부족하지 않다. 공전(《孔传》)이 가로되, 정교하게 만든 것은 기이(奇异)한 물건이다. "奇巧为异物". 真德秀(진덕수) 가로되, 기이한 물건을 중시하면 징수하는 것이 많기 때문에 백성 생활이 부족하게 된다. "贵异物, 则征求多而民不足".

民生在勤, 勤则不匮①.(《左传 · 宣公十二年》)
【주석】① 匮(kui愧) : 모자라다. 부족하다.

林放①问礼之本②. 子曰: "大哉问③! 礼, 与其奢也, 宁俭; 丧, 与其易也, 宁戚④".(《论语 · 八佾》)
【주석】① 林放(임방): 춘추시기 노나라(鲁国) 사람. ② 本: 근본. 본질. ③ 大哉问: 묻는 문제가 중대한 의미를 가진다. ④ 丧: 여기서는 장례를 치르는 예의를 가리킴.

易: 장례의식이 원만하다. 戚: 비통하다.

奢则不孙^①, 俭则固. 与其不孙也, 宁固.(《论语·述而》)
【주석】① 孙: 逊과 같다. 공손하다.

赖其力者生^①, 不赖其力者不生^②.(《墨子·非乐上》)
【주석】① 赖: 의지하다. 力: 즉 노동하다. 生: 생활, 생존. ② 이 두 구절의 뜻은
묵자(墨子)가 사람과 동물간의 차이를 말한 것이다. 사람과 동물간의 차이는 바로
사람은 노동을 해야 생존할 수 있다. 그렇지 않으면 사람은 생존할 수 없다.

足国之道^①, 节用裕民^②而善臧其余^③. 节用以礼, 裕民以政. 彼裕民, 故多
余. 裕民则民富, 民富则田肥以易^④, 田肥以易则出实百倍. 上以法取焉^⑤,
而下以礼节用之^⑥, 余若丘山, 无时焚烧, 无所臧之, 夫君子奚患^⑦乎无余?
故知节用裕民, 则必有仁义圣良之名, 而且有富厚丘山之积矣. 此无它故
焉, 生于节用裕民也. 不知节用裕民则民贫, 民贫则田瘠以秽^⑧, 田瘠以秽
则出实不半, 上虽好取侵夺, 犹将寡获也, 而或以无礼节用之, 则必有贪利
纠譑^⑨之名, 而且有空虚穷乏之实矣. 此无它故焉, 不知节用裕民也.(《荀
子·富国》)
【주석】① 足: 부유하다. 동사로 사용함. 道: 근본 방법과 원칙. ② 节用裕民: 비용을
절약하여 국민을 여유롭게 함. ③ 臧: 藏과 같다. 善臧: 저축해 두는 것을 잘함. 余:
즉 남은 양식과 재물. ④ 田肥以易: 비옥한 경작지를 잘 경작함. ⑤ 上以法取焉: 통
치자는 법령이나 규정대로 세금을 받다. 上: 즉 통치자, 관청. 取: 곧 세금을 가리
킴. ⑥ 下以礼节用之: 백성은 예의의 요구대로 비용을 절약한다. ⑦ 奚患: 구태여
우울할 필요가 있는가. ⑧ 田瘠以秽: 논밭이 척박하고 황폐하다. 秽: 황폐하다. ⑨
纠譑(jiǎo脚): 착취하다.

强本而节用^①, 则天不能贫; 养备而动时^②, 则天不能病; 修道而不贰^③, 则

天不能祸. 故水旱不能使之饥渴, 寒暑不能使之疾, 袄怪不能使之凶. 本荒
而用侈, 则天不能使之富: 养略而动罕④, 则天不能使之全: 倍道而妄行⑤,
则天不能使之吉.(《荀子·天论》)

【주석】① 本: 여기서는 농업생산을 가리킴. 强本而节用: 농업생산을 강화하고 비용
을 절약하다. ② 养: 부양하다. 의식 등 생활 자료를 가리킴. 备: 완비하다. 충분하다.
动时: 노동이 시기적절하다. ③ 修道: 정도(正道)를 따르다. 不贰: 한결같다. 확고부
동하다. ④ 养略: 의식 등 생활 자료가 부족하다. 略, 간략, 부족. 动罕: 게으르다.
⑤ 倍道: 정도와 배치되다. 倍(배), 背(배)와 통함.

子路①曰: "不能甘勤苦②, 不能恬贫穷③, 不能轻死亡, 而曰我能行义, 吾不
信也."(刘向:《说苑·立节》)

【주석】① 子路: 공자의 제자, 성 仲明由(중명유), 자 子路(자로). ② 甘勤苦: 부지런
히 고생하는 것을 단 것으로 여기다. ③ 恬贫穷: 빈곤하기에 만족하다.

然则可俭而不可吝已. 俭者, 省约为礼之谓也: 吝者, 穷急不恤之谓也. 今
有施者奢, 俭者吝: 如能施而不奢, 俭而不吝, 可矣.(颜之推:《颜氏家训·
治家》)

俭, 德之共也. 侈, 恶之大也. 共, 同也, 言有德者, 皆由俭来也. 夫俭则寡
欲, 君子寡欲, 则不役于物①, 可以直道而行②: 小人寡欲, 则能谨身节用③,
远罪丰家④, 故曰: 俭, 德之共也. 侈, 则多欲, 君子多欲, 则贪慕富贵, 枉道
速祸⑤: 小人多欲, 则多求妄用, 丧身败家, 是以居官必贿⑥, 居乡必盗⑦, 故
曰: 侈, 恶之大也.(司马光:《司马文正公传家集》卷六十七《训俭示康》)

【주석】① 不役于物: 물질생활에 마음이 동하지 않다. 役, 시키다. ② 可以直道而行:
정직한 도로를 따라 일을 할 수 있다. ③ 谨身节用: 각별히 언행을 조심하며 재물을
절약하다. ④ 远罪丰家: 죄악을 멀리하고 집안을 부유하게 하다. ⑤ 枉道速祸: 도의
를 위배하면 재앙을 초래할 수 있다. 枉, 위배하다. 速, 꾀어들이다. 유혹하다. ⑥

居官必贿: 관리가 되면 필연적으로 뇌물을 받다. ⑦ 居乡必盗: 시골에서 거주하면 필연적으로 도적이 되어 도둑질하다.

凡言节用, 非偶节一事, 便能有济①. 当每事以节俭为意, 则积久累日, 国用自饶②.(《宋史》卷三四二《王岩叟传》)
【주석】① 有济: 유익하다. 작용을 하다. ② 国用: 국가의 재물. 饶: 풍부하고 넉넉하다. 많다.

子弟须敬惜五谷. 地上及水盆中有米谷遗粒, 必取食之, 饭及小食, 不得粒屑遗漏, 即浆糊粥汤味变者, 亦须与鸡犬食, 不可抛弃.(李新庵, 陈彝:《重订训学良规》)

治家者, 勤苦操作矣, 又必节食省衣, 量入为出, 夫而后仓有余粮之积, 门无索逋之呼①. 至于因浪费而举债贷贷, 则其家道苦矣!(《严复集 · 代北洋大臣杨拟筹办海军奏稿》)
【주석】① 门无索逋(bū)之呼: 문 밖에서 돈을 받으러 온 사람의 고함소리가 없다. 索, 요구하다. 逋, 빚을 오랫동안 갚지 않다.

9절. 애물(愛物)

애물(愛物)은 석물(惜物)이라고도 하는데, 중국의 전통적 도덕의 중요한 내용이자 또한 특수한 의미를 지니고 있는 도덕적 규범이기도 하다. 일반적으로 말해서 도덕이 반영하는 것은 인간과 인간 사이의 윤리적 관계이다. 인간과 자연 · 인간과 외물의 관계가 어떻게 다루어지고 처리되어야 하는지는 인간과 인간의 관계에 제약을 받고, 인간과 인간 사이의 이익에 대한 요구를 따른다. 그것은 개체의 이성·감정·욕망 및 행위의 선택에 있어 바로 애물(愛物) 또는 석물(惜物)이라는 미덕으로 표현된다. 현대 윤리학에서는 생태윤리라는 문제가 있는데, 생태계의 평형에 관한 요구로부터 애물(愛物)이라는 도덕규범을 해석하자면 그 실질은 여전히 생태계의 평형관계로부터 인류의 생존과 발전에까지 이르기 때문에 애물(愛物)은 생태계의 평형을 유지하고 보호하라는 도덕적 요구를 지니고 있다. 이러한 요구는 형식상으로는 인간과 자연·인간과 외물의 관계를 드러내고 있으며 실질적으로는 변함없이 인간과 인간 사이의 이익관계와 윤리적 관계를 반영하는 것이다.

애물(愛物)은 중국적 도덕을 관통하는 전통이다. 관자(管子)는 자연자원에 대해 "계절마다 백성의 채취를 금해야 한다[以時禁發]"는 주장을 제기했다. 노자(老子)는 "낳되 소유하지 않으며, 행하되 자부하지 않으며, 키우되 주재하지 않는다[生而不有, 爲而不恃, 長而不宰]"는 사상을 제기했다. 순자는 "모여 사는 도리가 합당하다면, 만물은 모두 그에 적합한 것을 얻는다[群道當, 則萬物皆得其宜]"는 윤리사상을 총괄해 제기했다. 이 모두는 애물과 석물의 중요성을 강조하는 것이다. 이러한 사상들은 지금도 여전히 중요한 의의를 지니고 있다.

본 절에서 선별한 자료에서 일부 내용은 고대의 농업 생산과 소농경제의 사회생활 방식과 연관되기에, 현대적 삶의 방식과 비교했을 때 이미 적절치는 않은 것은 구체적으로 역사적인 분석을 행해야 한다. 일부 근검에 속하는 내용은 상응하는 절속에 수록해 두었으니, 독자들은 찾아서 열람할 수 있을 것이다.

是以圣人常善救人, 而无弃人[1]: 常善救物[2], 而无弃物.(《老子》第二十七章)

중국의 전통도덕

【주석】① 弃人: 폐기당한 사람. ② 物(물): 물이란 일반적으로 모든 물품과 기구를 가리킴.

生之畜^①之, 生而不有^②, 为而不恃^③, 长而不宰^④, 是谓玄德^⑤.(《老子》第十章)

【주석】① 畜: 기르다. 사육하다. ② 生而不有: 나서 자라고 있는 만물을 자기 것으로 삼을 수 없음. ③ 为而不恃: 자라는 만물에 대해 도움을 주었지만 공로가 있다고 자처하지 않다. ④ 长而不宰: 만물을 인솔하지만 통괄해서 지배하지 않다. ⑤ 玄德: 현묘한 덕.

山林虽广, 草木虽美, 禁发必有时: 国虽充盈^①, 金玉虽多, 宫室必有度: 江海虽广, 池泽虽博, 鱼鳖虽多, 网罟必有正^②, 船网不可一财而成也^③. 非私草木, 爱鱼鳖^④也, 恶废民于生谷^⑤也. 故曰, 先王之禁山泽之作者, 博民于生谷也^⑥.(《管子·八观》)

【주석】① 充盈: 부유하다. ② 罟(gǔ古): 망의 총칭. 正 : 본래는 화살과녁의 중심인데. 파생된 의미는 목표와 표준이 있다는 뜻임. 여기서는 물고기를 잡는 것은 법률로 관리하여야 함. ③ 船网: 즉 물고기를 잡아 생활하는 사람을 가리킴. 一财: 한 번의 수익, 예를 들면 늪의 물을 말려 고기를 잡아서 얻은 재화이다. 이 구절의 뜻은 어부는 한 번의 물고기를 잡은 것으로 생계를 할 수 없음. ④ 私草木, 爱鱼鳖: 풀과 나무 또는 물고기와 자라를 편애함. ⑤ 恶废民于生谷: 악한 것은 백성의 식량 생산을 내버려두는 것이다. ⑥ 이 구절의 뜻은 다수의 사람들을 식량 생산에 종사하도록 하다.

不违农时^①, 谷不可胜食^②也: 数罟不入洿池^③, 鱼鳖不可胜食也: 斧斤以时入山林^④, 材木不可胜用也. 谷与鱼鳖不可胜食, 材木不可胜用, 是使民养生丧死无憾也. 养生丧死无憾, 王道^⑤之始也.(《孟子·梁惠王上》)

【주석】① 农时: 즉 농업 생산의 각 시기. 不违农时, 농사시기를 놓치지 않음. 국가

에서 인재를 선발할 때는 응당 봄에 밭을 갈고 여름에 김매고 가을에 수확하는 시기를 방해하지 않는 한가한 겨울에 진행하여야 한다. ② 不可胜食: 식양을 다 먹을 수 없다는 뜻임. ③ 数(cù醋)罟(gǔ古): 세밀한 망. 洿池: 못. 이 구절의 뜻은 세밀한 어망으로 고기를 잡지 않아야 치어가 살 수 있다. 다음 구절은 물고기와 자라를 다 먹을 수 없다 "鱼鳖不可胜食也". ④ 斤: 도끼. 以时入山林: 풀과 나무가 시들어 떨어질 때를 선택택여 목재를 채벌하면 나무가 자라는 데 지장을 주지 않는다. ⑤ 王道: 인의(仁义)를 행하고 민심을 얻는 정치적인 방도.

群道当①则万物皆得其宜, 六畜皆得其长, 群生皆得其命. 故养长时②则六畜育, 杀生时③则草木殖, 政令时则百姓一④, 贤良服. 圣王之制也, 草木荣华滋硕⑤之时则斧斤不入山林, 不夭⑥其生, 不绝其长也: 黿鼍, 鱼鳖, 鰌鳣孕别之时⑦, 罔⑧罟毒药不入泽, 不夭其生, 不绝其长也: 春耕, 夏耘, 秋收, 冬藏四者不失时, 故五谷不绝而百姓有余食也: 污池⑨, 渊沼, 川泽谨⑩其时禁, 故鱼鳖优多而百姓有余用也: 斩伐养长不失其时, 故山林不童而百姓有余材也.(《荀子·王制》)
【주석】 ① 群道当: 대중들과 함께 잘 지내는 방법이 적당함. ② 养长时: 가축을 사육하는 시기가 적당함. ③ 杀生时: 나무를 찍고 심는 시기가 걸맞음. ④ 百姓一: 백성들은 보조를 맞추고 법률을 준수함. ⑤ 硕: 크다. ⑥ 夭: 꺾다. 부러뜨리다. ⑦ 黿(yuán元)(원): 큰 자라. 세칭 나두원. 등껍데기 위에 작은 혹이 있고 하천과 못에서 생장함. 鼍(tuó驼)(타): 즉 양자강 악어, 속칭 돼지룡. 鳝(shàn善)(선), 鳣(선)과 통함. 别: 생육, 모체를 떠나 태어났다는 뜻. ⑧ 罔(망): 网(망)과 같다. ⑨ 污池: 단수한 곳. ⑩ 谨: 엄하다. 童: 산에 풀과 나무가 없음.

雍季①曰:"竭泽而渔, 岂不获得? 而明年无鱼. 焚薮而田②, 岂不获得? 而明年无兽. 诈伪之道, 虽今偷可③, 后将无复④, 非长术也."(《吕氏春秋·义赏》)
【주석】 ① 雍季(옹계): 陈奇猷(진기유)가 말하는 바에 의하면 이것은 즉 좌전·문공 6년(《左传·文公六年》)에 기재한 公子雍(공자옹)임. ② 焚薮而田: 사냥터에 있는 풀과 나무를 불태우고 사냥을 함. ③ 偷可: 대강대강 해치우고 이익을 얻

다. ④ 后将无复: 앞으로 이익을 재차 얻어서는 안 된다.

故先王之法, 畋不掩群①, 不取麛夭, 不涸泽②而渔, 不焚林而猎. 豺未祭兽, 置罘③不得布于野: 獭未祭鱼, 网罟④不得入于水: 鹰隼未挚⑤, 罗网不得张 于溪谷: 草木未落, 斤斧不得入山林: 昆虫未蛰, 不得以火烧田. 孕育不得 杀⑥, 鷇卵不得探⑦, 鱼不长尺不得取, 彘不期年⑧不得食. 是故草木之发⑨ 若蒸气, 禽兽之归若流泉, 飞鸟之归若烟云, 有所以致之也⑩.(《淮南子 · 主术训》)

【주석】① 畋(tián田): 사냥하다. 掩群: 철저하게 해치우다. ② 涸泽: 늪의 물을 마르 게 하다. ③ 置(jū居): 토끼를 잡는 망. 罘(fú扶): 기계장치로 되어 있는 새와 짐승을 잡을 수 있는 망. ④ 罟(gǔ古): 망의 총칭. ⑤ 隼(sǔn笋): 일종의 흉맹한 새매. 위부 리가 갈고리모양이고, 등은 흑청색, 꼬리는 흰색, 가슴은 노란색. 鹰隼未挚: 흉맹한 매와 새매의 종류가 새를 잡기 전 시기. 일반적으로 음력 8월 이전을 가리킴. ⑥ 孕育不得杀: 새끼를 가진 짐승을 절대로 잡아 죽일 수 없음. ⑦ 鷇(kòu扣): 어미의 먹이를 기다리는 새 새끼. 探: 손으로 더듬다. ⑧ 彘(zhì至): 돼지. 期(jī基)年: 주년. ⑨ 发: 생장. ⑩ 有所以致之也: 이런 결과를 초래하는 사연이 있다.

每一食, 便念稼穑之艰难: 每一衣, 则思纺绩之辛苦.(吴兢: 《贞观政要 · 教 戒太子诸王》)

夫地力之生物有大数, 人力之成物有大限, 取之有度, 用之有节, 则常足: 取 之无度, 用之无节, 则常不足. 生物之丰败由天, 用物之多少由人. 是以圣王 立程①, 量入为出②, 虽遇灾难, 下无困穷. 理化③既衰, 则乃反是, 量出为入④, 不恤所无. …… 是乃用之盈虚, 在节与不节耳, 不节则虽盈必竭, 能节则虽 虚必盈⑤.(陆贽: 《陆宣公奏议 · 均节赋税恤百姓六条疏》)

【주석】① 立程: 도량형 기준을 제정함. ② 量入为出: 국가 재정 총수입에 근거하 여 지출을 결정함. ③ 理化: 통치와 교화. ④ 量出为入: 국가가 필요한 지출 비용의

액수에 따라 세금 징수의 수량을 확정한다. ⑤ 不节则虽盈必竭, 能节则虽虚必盈: 지출을 절제하지 않으면 재물이 충족해도 고갈을 초래할 수 있다. 만약 지출을 절제한다면 비록 재정이 공허하여도 곧 풍부하고 넉넉하게 될 것이다.

3장
직업 도덕과 문명의 예의 규범

이끄는 말

사람은 세상을 살면서 반드시 직업이 필요하다. 직업이 없으면 삶을 도모할 수가 없고, 직업에 최선을 다하지 않으면 삶이 행복할 수 없다. 이 때문에 중국의 전통적 도덕 가운데에는 사회의 관리자로서의 군주·백관, 사(士)·농(農)·공(工)·상(商), 사회 교육에 종사하는 선생·병을 고쳐 사람을 구하는 의사 및 예술에 종사하는 예술가에 이르기까지 모두 그에 상응하는 직업 도덕에 관한 요구를 지닌다. 사람은 세상을 살면서 사회적 인간 교제를 갖지 않을 수 없다. 따라서 사람과 마주하고 환경에 접해야 한다는 점은 교제에서의 구체적인 행위 예절을 갖지 않을 수 없고, 도리를 궁구하고 덕을 실천하는 주체를 위한 용모와 몸가짐 및 언행을 말하지 않을 수 없음을 뜻한다. 이 때문에 중국의 전통적 도덕에는 문명에서의 예의란 측면에서의 수많은 규정을 가지고 있다. 《중국의 전통 도덕》〈규범(規範)〉에는 "직업도덕"
과 "문명에서의 예의"라는 두 편이 있는데, 본 장은 상술한 두 편에
관한 요약이다. 오늘날까지의 실용적 가치로 고려되는 직업도덕은 정
치인의 도덕 · 스승의 도덕 · 의사의 도덕 및 상인의 도덕이라는 네 개
의 부분만을 선별했다. 직업에 최선을 다하는 것과 문명은 본 장의 세
밀하고도 깊이 있는 내용으로 존재한다.

1절. 경업(敬業)

본 절에서 선택한 것은 전통적 직업도덕이란 방면에서의 자료이다.
경업(敬業)은 직업 도덕의 핵심이다. 따라서 그것을 본 절의 표제로
삼았다. 전통적 직업도덕에는 여러 가지 측면이 있고, 오늘날의 실용
적 가치를 고려하게 된다. 본 절에서는 네 가지 측면을 선별했다. 정
치인의 도덕, 스승의 도덕, 의사의 도덕 그리고 상인의 도덕이다. 중국
의 전통 도덕 중에, 정치도덕은 단지 일반적 직업일 뿐만 아니라 국가
를 안정시키고 다스리는 천하의 "도(道)"라는 점은 제기할 만한 가치가
있다. 전통적인 정치인의 도덕은 '경업(敬業: 직업에 최선을 다 함)'이
라는 두 글자로 개괄할 수 있는 것이 아니기 때문이다. 본 절에서 선
별한 정치인의 도덕에 관한 자료는 근정(勤政)이라는 측면에 착안했
고, 그 나머지 내용은 반드시 본 편의 "공충(公忠)" · "염결(廉潔)" 등의
절을 참조했다. 스승은 도(道)를 전하고, 학업을 전수하며, 의혹을 해
결하는 것을 직업으로 하지만 배우지 않는다면 그 직업을 다할 수 없
다. 그러므로 스승의 도덕에 관한 부분은 일부분은 학자에 관한 도덕

적 요구를 함께 수용했다. 의사의 도덕은 인자함으로 타인을 구하고, 병을 고침을 신중히 하며, 의술을 더욱 훌륭히 만드는 것을 기본 규범으로 한다. 상인의 도덕은 매매에서의 공평함, 품질에서의 신뢰와 가격의 공정함·이익을 취함을 세밀히 관찰함을 규범으로 한다. 이런 도덕규범들은 오늘날 모두 본보기로 삼을 만한 중요한 의의를 지닌다.

嘉言罔攸伏①, 野无遗贤②, 万邦咸宁③. 稽④于众, 舍己从人. 不虐无告⑤, 不废困穷⑥, 惟帝时克⑦. …… 儆戒无虞⑧, 罔失法度, 罔游于逸⑨, 罔淫于乐, 任贤勿贰⑩, 去邪勿疑, 疑谋勿成, 百志惟熙, 罔违道以干百姓之誉, 罔咈百姓以从己之欲. 无怠无荒, 四夷来王.(《尚书·大禹谟》)

【주석】① 嘉言: 좋은 말, 착한 말. 罔(망): 없다. 아니다. 攸: ……의 것. 伏: 그만두다. 내버리다. 이 구절의 뜻은 무릇 착한 말은 내버려두는 것이 없다. ② 野: 민간. 벼슬을 하지 않고 민간에 있다. 贤: 재능과 덕을 함께 갖춘 사람. ③ 咸: 다. 모두. 宁: 안녕. ④ 稽: 조사하다. ⑤ 无告: 외롭고 쓸쓸한 사람. 즉 홀아비와 과부 늙어서 자식이 없는 사람(孤独鳏寡). ⑥ 废: 폐기하다. 困穷: 빈곤한 사람. ⑦ 克: ……할 수 있다. 帝: 즉 요제(尧帝). 이 구절의 뜻은 오직 요제가 이것을 할 수 있다. ⑧ 无虞: 뜻밖에. 이 구절의 뜻은 뜻밖의 일을 경계해야 함. ⑨ 逸: 방임하다. ⑩ 任贤勿贰: 재능과 덕을 함께 갖춘 사람을 곧 신임하고 등용하여야 하며 우유부단해서는 안 된다. 疑: 의혹, 의심. 疑谋: 의혹을 품다. 혹은 의문스러운 계획. 勿成: 성숙된 계획으로 여기고 시행하지 말 것. 熙: 넓다. 크다. 百志惟熙: 각종 지향은 마땅히 폭넓게 생각해야 함. 干: 원하다. 추구하다. 誉: 찬양하다. 咈: 비뚤어지다. 위배하다. 荒: 폐기하다. 정무를 소홀히 하다. 四夷: 주변의 소수민족. 来王: 주동적으로 귀순하다.

临兆民①, 懔乎若朽索②之驭六马, 为人上者③, 奈何不敬④?(《尚书·五子之歌》)

【주석】① 临: 높은 곳에서 아래로 내려다보다. 여기서는 군주가 백성을 통치하는 것을 말함. 兆(조): 백만을 조라고하다. 兆民: 만민. 백성이 매우 많다. ② 懔(름)乎:

두려워하는 심정을 형용함. 朽索: 썩어버린 밧줄. ③ 为人上者: 백성 위에 있는 군주를 가리킴. ④ 敬: 마음속에서 장중하고 중시하다.

季康子^①问政于孔子. 孔子对曰: "政者, 正也. 子帅^②以正, 孰^③敢不正?"
(《论语·颜渊》)
【주석】 ① 季康子(계강자): 노(鲁)나라의 정권을 잡은 대신. ② 帅: 거느리다. 앞장서다. ③ 孰: 의문대명사, 누구, 어느.

子曰: "为政以德, 譬如北辰^①, 居其所^②而众星共之^③."(《论语·为政》)
【주석】 ① 北辰: 북극성, ② 居其所: 그 자리에 끄떡하지 않고 있다. 그래서 지구에서 북극성을 바라볼 때 움직이지 않기 때문에 옛사람들은 북극성이 하늘에 있는 모든 별의 중추로 여기다. ③ 共(공): 拱(공)과 같다. 둘러싸다는 뜻이다. 众星共之: 모든 별들은 그를 둘러싸고 그에게 모인다. 이 구절의 뜻은 통치자들에게 권고하여 만약 어질고 바른 정치를 실시한다면 천하는 그들에게 귀순한다는 것을 비유한 것이다.

子曰: "道^①之以政^②, 齐之以刑^③, 民免^④而无耻: 道之以德, 齐之以礼^⑤, 有耻且格^⑥."(同上)
【주석】 ① 道(도): 导(도)와 같음. 즉 통치함. ② 政: 곧 법제 금령. ③ 齐(제): 동사. 정연하고 한결같이 단속한다는 뜻이다. 刑, 형벌. ④ 免: 면죄하다. 형벌을 면한다는 뜻이다. ⑤ 礼: 예교. ⑥ 格: 단정하게 하다.

子曰: "道^①千乘之国^②, 敬事而信^③, 节用而爱人, 使民以时^④."(《论语·学而》)
【주석】 ① 道: 통치하다. ② 千乘(shèng胜)之国: 옛날의 병거는 4필의 말로 끈다. 1대를 1승이라고 부른다. 춘추시기 국가 간 싸울 때 모두 병거를 사용한다. 그래서 병거의 수량은 국가 대소(大小)와 강약(强弱)의 표지이다. 千乘之国, 병거 천승(千乘)을 가지고 있는 나라. 공자시대에 천승을 가지고 있는 나라는 거의 중등나라에 속한다. ③ 敬: 엄숙하고 진지한 태도로 나라를 통치하는 것을 가리킴. 事: 즉 정사.

정무. 信: 신용을 중시하다. ④ 时: 시절. 여기서는 농번기가 아니다. 이 구절의 뜻은 요역(徭役)은 농한기에 진행하여야 한다.

凡有地牧民者①, 务在四时②, 守在仓廪. 国多财则远者③来, 地辟举则民留处④: 仓廪实则知礼节, 衣食足则知荣辱: 上服度则六亲固⑤, 四维张⑥则君令行. …… 国有四维, 一维绝则倾⑦, 二维绝则危, 三维绝则覆, 四维绝则灭. 倾可正也, 危可安也, 覆可起也, 灭不可复错⑧也. 何谓四维? 一曰礼, 二曰义, 三曰廉, 四曰耻. 礼不逾节⑨, 义不自进⑩, 廉不蔽恶, 耻不从枉. 故不逾节则上位安, 不自进则民无巧诈, 不蔽恶则行自全, 不从枉则邪事不生.
(《管子·牧民》)

【주석】① 有地: 국토를 보유(소유)하다. 牧: 본의는 가축을 기르는 것인데 파생의는 사람을 통치하고 관리하다는 뜻이다. ② 务在四时: 넷 계절 농사를 중시하다. ③ 远者: 먼 곳에서 있는 사람, 즉 다른 제후국(诸侯国) 사람들을 가리키다. ④ 辟: 개간하다. 举: 총체적이다. 留处: 만류하다. ⑤ 上服度: 즉 군주의 의복과 일용품은 행위의 준칙에 맞다. 六亲固: 육친(부모, 형제, 처자)은 단결하다. ⑥ 维: 천막사각의 밧줄. 국가를 창립할 때 제정한 대강을 비유함. 张: 열다. 펼치다. ⑦ 绝: 끊기다. 倾: 비뚤어지다. ⑧ 错: 措(조)와 통함. 안치하는 것을 시작하다. ⑨ 逾: 뛰어넘다. 여기서는 위반한다는 것을 가리킴. ⑩ 自进: 되는대로 진취하다. 不从枉: 사도(邪道)에 복종하지 않다. 全: 원비되다.

明王之务, 在于强本事, 去无用, 然后民可使富: 论贤人, 用有能, 而民可使治: 薄税敛, 毋苟于民, 待以忠爱, 而民可使亲. 三者, 霸王之事也. 事有本, 而仁义其要也.(《管子·五辅》)

尧舜①之道, 不以仁政, 不能平治天下②. …… 是以惟仁者宜在高位③. 不仁而在高位, 是播其恶于众④也. 上无道揆也⑤, 下无法守也⑥, 朝不信道⑦, 工不信度⑧, 君子犯义, 小人犯刑⑨, 国之所存者幸也⑩. 故曰: 城郭不完, 兵甲

不多, 非国之灾也: 田野不辟, 货财不聚, 非国之害也. 上无礼, 下无学, 贼
民兴, 丧无日矣. (《孟子·离娄上》)

【주석】① 尧舜(요순): 고대 유명한 두 분 성왕(圣王). ② 이 세 구절의 뜻은 비록
요순의 도가 있어도 인정(仁政)을 시행하지 않으면 천하를 잘 통치할 수 없다. ③
仁者: 즉 인덕(仁德)이 있는 사람. 宜: 마땅히 (마땅하다). 高位: 즉 최고 권력을 장악
함. ④ 播其恶于众: 백성 속에서 악을 전파하고 확산시키면 곧 천하에 후환이 끝이
없다. ⑤ 上无道揆: 군주는 도의 없이 사물을 추측함. 揆(규): 헤아리다. ⑥ 下无法守:
즉 신하(臣下)는 법이 없기 때문에 어떻게 직분에 충실하고 명령에 따르겠는가. ⑦
朝不信道: 조정(朝廷)은 도의를 신봉하지 않음. ⑧ 工不信度: 공예가는 척도를 믿지
않다. ⑨ 小人: 즉 서민 백성. 犯刑: 형법을 어기다. ⑩ 幸: 요행이. 不完: 완비되지
않고 견고하지 않다. 辟: 개척하다. 贼民: 즉 법을 어기고 규율을 어지럽히는 사람.
丧: 멸망하다. 无日: 시일이 없다.

故不教而诛, 则刑繁而邪不胜: 教而不诛, 则奸民不惩: 诛而不赏, 则勤属①
之民不劝: 诛赏而不类②, 则下疑俗俭③而百姓不一④. 故先王⑤明礼义以壹
之, 致⑥忠信以爱之, 尚贤使能以次之⑦, 爵服庆赏以申重⑧之, 时其事, 轻
其任以调齐之⑨. 潢然⑩兼覆之, 养长之, 如保赤子. 若是, 故奸邪不作, 盗
贼不起, 而化善者劝勉矣.(《荀子·富国》)

【주석】① 属: 王念孙(왕년손, 1744-1832년, 자 회조, 호 석구, 청나라 음운훈고 학
자)은 군서치요(《群书治要》)에 근거하여 励(려)자로 属(속)자를 교정함. 근면하다는
뜻. ② 类: 방법. 不类: 이 방법을 사용할 수 없다. 상벌(賞罰)이 일정한 원칙이 없다.
③ 下疑: 하급은 상급을 의심함. 俭(검), 险(험)과 통함. 俭, 요행히 면죄하고 되는대
로 상을 구함. ④ 不一: 사상과 행위가 일치하지 않음. ⑤ 先王: 고대 성왕. ⑥ 致:
표현하다. ⑦ 次之: 등급에 따라 배열함. ⑧ 申重: 여러 번 강조함. ⑨ 时其事: 사람
을 적당한 계절에 적당한 일을 하게 함. 轻其任: 자신의 능력을 헤아리고 일을 한다.
부담이 과중하지 않도록 하다. 调齐: 조절하다. ⑩ 潢(황): 洸(광). 潢然 수면(水面)이
넓고 세다. 化善: 선(善)에 전환함.

夫万民之从利^①也, 如水之走下, 不以教化堤防之, 不能止也. 是故教化立
而奸邪皆止者, 其堤防完也: 教化废而奸邪并出, 刑罚不能胜^②者, 其堤防
坏也. 古之王者明于此, 是故南面而治天下, 莫不以教化为大务.
(《汉书》卷五十六《董仲舒传》)

【주석】 ① 从利: 즉 이익을 추구함. ② 胜: 자제함.

致治之术, 先屏^①四患, 乃崇五政. 一曰伪, 二曰私, 三曰放^②, 四曰奢. 伪乱
俗, 私坏法, 放越规, 奢败制^③. 四者不除, 则政末由行矣. 俗乱则道荒, 虽
天地不得保其性矣: 法坏则世倾^④, 虽人主不得守其度矣: 规越则礼亡, 虽
圣人不得全其道矣: 制败则欲肆, 虽四表^⑤不能充其求矣, 是谓四患. 兴农
桑以养其生, 审好恶以正其俗, 宣文教以章^⑥其化, 立武备以秉^⑦其威, 明赏
罚以统其法, 是谓五政.(荀悦:《申鉴·政体》)

【주석】 ① 屏(bǐng丙): 버리다. 배제하다. ② 放: 방임하다. 내버려 두다. ③ 制: 제도.
④ 世倾: 세도(世道)가 기울어지고 타락하다. ⑤ 四表: 사방 끝없이 먼 곳. ⑥ 章(장):
彰(장)과 같고 현저하다. 발휘하다. ⑦ 秉: 고수하다. 장악하다.

正以处心, 廉以律己, 忠以事君, 恭以事长, 信以接物, 宽以待下, 敬以处
事, 居官之七要也.(同上)

当官之法, 唯有三事: 曰清^①, 曰慎, 曰勤. 知此三者, 则知所以持身矣^②.(陈宏
谋:《从政遗规·舍人官箴》)

【주석】 ① 清: 청렴하고 욕심이 없다. ② 이 구절은 吕本中(려본중, 1084-1145년, 남
송 시인, 자 거인)의 말.

子曰: "温故而知新, 可以为师矣."(《论语·为政》)

子曰: "默而识^①之, 学而不厌, 诲人不倦, 何有于我哉^②?"(《论语·述而》)

【주석】 ① 识(zhì至): 기억해 두다. ② 何有于我哉: 공자가 겸손하여 하는 말, 나는 무엇을 할 수 있겠는가.

子夏曰: "日知其所亡①, 月无忘其所能②, 可谓好学也已矣."(《论语·子张》)
【주석】 ① 亡(wú吾): 无(무)와 통함. 日知其所亡: 매일 자기가 알지 못한 지식을 알아야 함. ② 月无忘其所: 매월에 자기가 할 수 있는 것을 복습하여 잊어버리지 않도록 하다.

夫师, 以身为正仪而贵自安者也.(《荀子·修身》)

师术有四, 而博习不与焉: 尊严而惮①, 可以为师: 耆艾②而信, 可以为师: 诵说而不陵不犯③, 可以为师: 知微而论④, 可以为师.(《荀子·致士》)
【주석】 ① 惮: 존경. ② 耆(qí其): 60세 사람을 耆(기)라고 부르다. 艾(애): 50세 되는 사람을 艾(애)라고 부르다. ③ 诵说而不陵不犯: 낭독하고 해설하며 혼란하지 않고 스승의 가르침을 어기지 않다. 陵(릉), 凌(릉)과 통함. ④ 知微而论: 지식이나 학문이 깊고 정밀하여 인용하고 논증하다.

师也者, 教之以事而喻诸德者也①.(《礼记·文王世子》)
【주석】 ① 이 구절의 뜻은 일반적으로 말하는 선생님은 지식을 전수하는 것을 통하여 도덕을 가르쳐 주는 사람이다.

师严①然后道尊②, 道尊然后民知敬学.(《礼记·学记》)
【주석】 ① 严: 우러러 모시다. 존경하다. ② 道尊: 지식과 이치(义理)를 존중함.

虽有至道, 弗学不知其善也. 是故学然后知不足, 教然后知困. 知不足, 然后能自反①也. 知困, 然后能自强也. 故曰: 教学相长也.(同上)
【주석】 ① 自反: 스스로 반성함.

君子既知教之所由兴, 又知教之所由废, 然后可以为人师也. 故君子之教喻①也, 道而弗牵②, 强而弗抑③, 开而弗达④. 道而弗牵则和⑤, 强而弗抑则易⑥, 开而弗达则思. 和, 易以思, 可谓善谕矣.(同上)

【주석】 ① 喻: 가르침. ② 道而弗牵: 억지로 하지 않고 인도하다. ③ 强而弗抑: 압제하지 않고 격려하다. ④ 开而弗达: 곧바로 표현하지 않고 계발하다. ⑤ 和: 온화하다. ⑥ 易: 겸손하고 온화하다.

敬业乐群.(同上)

为师之务, 在于胜理, 在于行义. 理胜义立则位尊矣, 王公大人弗敢骄也, 上至于天子, 朝之而不惭.(《吕氏春秋 · 劝学》)

善教者则不然. 视徒如己. 反己①以教, 则得教之情也. 所加于人, 必可行于己, 若此则师徒同体.(《吕氏春秋 · 诬徒》)

【주석】 ① 反己: 자신을 반성하고 반대로 자기를 엄하게 요구하다.

凡学, 必务进业, 心则无营①. 疾讽诵, 谨司闻②, 观欢愉, 问书意, 顺耳目, 不逆志, 退思虑, 求所谓③, 时辨说④, 以论道, 不苟辨⑤, 必中法⑥, 得之无矜⑦, 失之无惭, 必反其本.(《吕氏春秋 · 尊师》)

【주석】 ① 无营: 욕망이나 요구가 없다. ② 司闻(사문): 귀가 사문자(司闻者)이다. 谨司闻, 즉 귀로 듣는 것을 신중하게 생각하다. ③ 求所谓: 한 걸음을 물러서서 생각하면 선생님의 가르침을 간청할 필요가 없다. ④ 时辩说: 항상 토론하고 변론하다. ⑤ 不苟辩: 변론을 위해 변론하지 않고 시비를 전도해서는 안 된다. ⑥ 必中法: 반드시 법률과 대도(大道)를 따르다. ⑦ 无矜: 교만하지 않다.

学以治之, 思以精之, 朋友以磨①之, 名誉以崇之, 不倦以终之, 可谓好学也已矣.(扬雄《法言 · 学行》)

【주석】① 磨: 연구토론하며 곰곰이 생각하다.

师者, 人之模范也. 模不模, 范不范, 为不少矣. (同上)

夫道成于学而藏于书, 学进于振而废于穷①.(王符:《潜夫论·赞学》)
【주석】① 振: 분기하다. 穷: 멈추다. 이 구절의 뜻은 학습에서의 진보는 꾸준히
노력한 결과이며 실패한 원인은 향상심이 없기 때문이다.

孔子(曰): "三人行, 则必有我师." 是故弟子不必不如师, 师不必贤于弟子.
闻道有先后, 术业有专攻, 如是而已.(韩愈:《韩昌黎集·师说》)

古之学者必有师. 师者, 所以传道, 受业, 解惑也.(同上)

业精于勤, 荒于嬉: 行成于思, 毁于随.(韩愈:《韩昌黎集·进学解》)

学者不可以不诚, 不诚无以为善, 不诚无以为君子. 修学不以诚, 则学杂:
为事不以诚, 则事败: 自谋不以诚, 则是欺其心而自弃其忠: 与人不以诚,
则是丧其德而增人之怨.(《二程集·河南程氏遗书》卷二十五)

师者, 所以传道, 授业, 解惑者也. 道之未闻, 业之未精, 有惑而不能解, 则非师
矣. 本无可师, 强聚道路交臂之人, 曰师曰弟子云者, 曾不如童子之师习其句
读, 巫医乐师百工之人授以艺术者之有其实也.(黄宗羲《南雷文案·续师说》)
人品不立, 则自知不足以为师, 凡事苟且, 人亦从而苟且之, 师道自此大坏
矣. 师道坏, 则无贤子弟, 无贤子弟, 则后来师道愈坏. 敝敝相承, 吾不知
其何所流极也.(陆世仪:《思辨录辑要》一)

教也者, 教人自知适当其可之准, 非教之舍己而从我也.(章学诚:《文史通义·原学上》)

为师之道, 端品为先. 模范不端, 则不模不范矣. 不惟立言制行, 随时检点, 即衣冠瞻视①, 亦须道貌岸然②.(张行简:《塾中琐言·端品》)

【주석】① 衣冠(의관): 옷차림. 瞻视: 곧 눈길, 표정. ② 道貌: 도학자(道学者)의 용모. 岸然: 태도나 모양이 엄숙하다.

诊不知阴阳逆从之理, 此治之一失矣. 受师不卒, 妄作杂术, 谬言为道, 更名自功, 妄用砭石, 后遗身咎, 此治之二失也. 不适贫富贵贱之居, 坐之薄厚, 形之寒温, 不适饮食之宜, 不别人之勇怯, 不知比类, 足以自乱, 不足以自明, 此治之三失也; 诊病不问其始, 忧患饮食之失节, 起居之过度, 或伤于毒, 不先言此, 卒持寸口①, 何病能中, 妄言作名②, 为粗③所穷, 此治之四失也.(《黄帝内经素问·征四失论》)

【주석】① 卒持寸口: 즉 먼저 손목에 있는 맥을 짚지 않고 맥이 온화하거나 온화하지 않은 것을 알지 못하다 ② 妄言作名: 질병의 증상이나 명칭을 정확히 진단할 수 없고 말하는 것이 경맥에 맞지 않아서 엉터리로 말하다. ③ 粗: 대략적인, 대충의.

夫医者, 非仁爱之士, 不可托也; 非聪明理达, 不可任也; 非廉洁淳良, 不可信也. 是以古之用医, 必选名姓之后, 其德能仁恕博爱, 其智能宣畅曲解①.(杨泉:《物理论》)

【주석】① 曲解: 매우 힘들게 이해하다.

夫为医之法, 不得多语调笑, 谈谑喧哗, 道说是非, 议论人物, 炫耀声名, 訾毁诸医, 自矜己德. 偶然治瘥①一病, 则昂头戴面, 而有自许之貌, 谓天下无双, 此医人之膏肓②也.(孙思邈:《备急千金要方·论大医精诚》)

【주석】① 瘥(chài): 병이 낫다. ② 膏肓(고황): 병이 극히 심하다는 것을 비유함.

여기서는 의사가 의사로서의 도리를 잘 모르면 중환자를 고칠 수 없다는 것과 같다.

世有愚者, 读方三年, 便谓天下无病可治, 及治病三年, 乃知天下无方可用. 故学者必须博极医源, 精勤不倦, 不得道听途说而言医道已了, 深自误哉! (同上)

凡欲为大医, 必须谙《素问》,《甲乙》,《黄帝针经》,《明堂流注》, 十二经脉, 三部①九候, 五脏六腑, 表里孔穴, 本草, 药对, 张仲景, 王叔和, 阮河南, 范东阳, 张苗, 靳邵等诸部经方. 又须妙解阴阳, 禄命, 诸家相法, 及灼龟, 五兆,《周易》, 六壬并须精熟. 如此乃得为大医. 若不尔者, 如无目夜游, 动致颠殒②. 次须熟读此方, 寻思妙理, 留意钻研, 始可与言于医道者矣.(孙思邈:《备急千金要方·论大医习业》)
【주석】① 三部: 즉 인체의 상, 중, 하 세 부분. ② 颠殒: 걸려 넘어지다. 하락하다. 내리다.

一戒: 凡病家大小贫富人等, 请观者便可往之, 勿得迟延厌弃, 欲往而不往, 不为平易. 药金毋论轻重有无, 当尽力一例施与, 自然阴骘①日增, 无伤方寸②.
二戒: 凡视妇女及孀尼僧人等, 必候侍者在傍, 然后入房诊视, 倘傍无伴, 不可自看. 假有不便之患, 更宜真诚窥睹. 虽对内人不可谈, 此因闺阃故也③.
三戒: 不得出脱病家珠珀珍贵等送家合药, 以虚存假换, 如果该用, 令彼自制入之. 倘服不效, 自无疑谤. 亦不得称赞彼家物色之好, 凡此等非君子也.
四戒: 凡为医者, 不可行乐登山, 携酒游玩, 又不可非时离去家中. 凡有抱病至者, 必当亲视, 用意发药. 又要依经写出药帖, 必不可杜撰药方, 受人驳问.
五戒: 凡娼妓及私伙家请看, 亦当正己, 视如良家子女, 不可他意见戏, 以取不正, 视毕便回. 贫窭者药金可璧④, 病愈(看回)只可与药, 不可再去, 以希邪淫之报.
一要: 先知儒理, 然后方知医理, 或内或外, 勤读先古明医确论之书, 须旦夕手不释卷, 一一参明, 融化机变, 印之在心, 慧之于目, 凡临证时自无差谬矣.

二要: 选买药品, 必遵雷公炮炙⑤, 药有依方修合者, 又有因病随时加减者, 汤散宜近备, 丸丹须预制: 常药愈久愈灵, 线药越陈越异. 药不吝珍, 终久必济.

三要: 凡乡井同道之士, 不可生轻侮傲慢之心, 切要谦和谨慎, 年尊者恭敬之, 有学者师事之, 骄傲者逊让之, 不及者荐拔之. 如此自无谤怨, 信和为贵也.

四要: 治家与治病同, 人之不惜元气, 斫丧太过, 百病生焉, 轻则支离身体, 重则丧命. 治家若不固根本, 而奢华费用太过, 轻则无积, 重则贫窘.

五要: 人之受命于天, 不可负天之命. 凡欲进取, 当知彼心顺否, 体认天道顺逆. 凡顺取, 人缘相庆: 逆取, 子孙不吉. 为人何不轻利远害, 以防还报之业⑥也?

六要: 凡里中亲友人情, 除婚丧疾病庆贺外, 其余家务, 至于馈送来往之礼, 不可求奇好胜. 凡飨⑦只可一鱼一菜, 一则省费, 二则惜禄⑧, 谓广求不如俭用.

七要: 贫穷之家及游食僧道, 衙门差役人等, 凡来看病, 不可要他药钱, 只当奉药. 再遇贫难者, 当量力微赠, 方为仁术. 不然, 有药而无伙食者, 命亦难保也.

八要: 凡有所蓄, 随其大小, 便当置买产业以为根本, 不可收买玩器及不紧物件, 浪费钱财. 又不可做银会酒会, 有妨生意, 必当一例禁之, 自绝谤怨.

九要: 凡室中所用各样物具, 俱要精备齐整, 不得临时缺少. 又古今前贤书籍, 及近时明公新刊医理词说, 必寻参看以资学问, 此诚为医家之本务也.

十要: 凡奉官衙所请, 必要速去, 无得怠缓, 要诚意恭敬, 告明病源, 开具方药. 病愈之后, 不得图求匾礼, 亦不得言说民情, 至生罪戾. 闲不近公, 自当守法.(陈实功,《外科正宗·医家五戒十要》)

【주석】① 阴骘(zhì至): 음덕(阴德). ② 方寸: 본래, 심장, 생각, 마음을 가리킨 것이다. 여기서는 사람의 양심, 선덕(善德)을 가리킴. ③ 虽对内人不可谈, 此因闺阃(kǔn捆)故也: 이것의 뜻은 일이 여자의 사적인 비밀에 관계되기 때문에 설령 자기의 부인에게도 말할 수 없다. 闺阃: 여자가 거처하는 방. 여자를 비유하는 뜻이다. ④ 药金可璧: 약비용을 전부 돌려주다. 璧, 璧还(벽환)은 완벽귀조(完璧归赵)전고로부터

135

나오다(빌려온 원래의 물건을 손상 없이 온전하게 되돌려주다). ⑤ 雷公炮炙: 즉 남조(南朝)의 송(宋)시기 약학가 雷敦(뢰효) 저작은 포자론(《炮炙论》)한방(汉方)약을 정제하는 전문 저작이다. 원저가 유실되고 후인(后人)들은 일서(佚书) 뢰공포자론(《雷公炮炙论》)을 편집하였다. ⑥ 还报之业: 业(업), 즉 업과 업보(业报) 불교의 말. 선업(善业)이나 악업(恶业)이 가져오는 인과응보 ⑦ 飧(sūn손): 일반적으로 식품을 가리킴. ⑧ 禄: 관리의 봉급. 惜禄: 즉 자기의 봉급을 낭비하지 않다.

医, 仁道也, 而必智以先之, 勇以副之, 仁以成之(吴瑭:《温病条辨·苏序》)

故良医处世, 不矜名①, 不计利, 此其立德也: 挽回造化, 立起沉疴②, 此其立功也: 阐发蕴奥, 聿著方书③, 此其立言也. 一艺而三善咸备, 医道之有关于世, 岂不重且大耶!(叶天士:《临证指南医案·华序》)
【주석】① 矜名: 명성(名声)을 숭상하다. ② 沉疴(kē疴): 중병(重病). ③ 聿著方书: 한약방의 저작을 쓰다. 聿(율), 말하다.

夫以利济存心, 则其学业必能日造乎高明, 若仅为衣食计, 则其知识自必终囿于庸俗.(同上)

医家立言著书, 心存济世者, 乃善良之心也. 必须亲治其症, 屡验方法, 万无一失, 方可传与后人. 若一症不明, 留与后人再补, 断不可徒取虚名, 恃才立论, 病未经见, 揣度立方. 倘病不知源, 方不对症, 是以活人之心, 遗作杀人之事, 可不畏欤?(王清任:《医林改错·半身不遂论叙》)

凡诊疾, 无论贵若王侯卿相, 贱如倩佣①丐儿, 皆一视同仁, 亦无计恭慢恩怨, 悉心救疗. 遇有奇病未明, 我见不到处, 便令再延识者商治, 勿专私意, 勿讳我短, 勿没人长, 期愈人病. 遇急来请, 勿避风雨, 此便是受用不尽的德也. 有等粗工庸手, 不习经书脉理, 不管病症重轻, 轻易投剂②, 陷人垂

死, 反谤正道, 负恶不悛③. 见有此人, 便当逢人说害马④, 免使无穷生灵将
来误于此辈. 虽曰隐恶扬善, 固称圣人, 若推广圣人之心, 政要⑤教无穷生
灵避此粗工庸手, 安能恝然⑥忍隐乎? 此非不存厚道, 但一片苦衷, 只知有
生灵之性命, 不知有同类之包荒⑦也. 且亦使若辈改心易行, 转庸手而为良
工, 儆戒一番. 望其同跻寿域⑧, 宁不大幸! 至有良工, 吾又逢人赞扬, 不啻
口出⑨, 暴庸手之谬, 举良工之善, 总为生灵起见, 何恤知我深我, 此尤是善
用其德者也.(肖京: 《轩岐救正论·医鉴·德医》)

【주석】① 倩傭: 고용된 노동력. ② 投剂: 처방전을 쓰다. ③ 悛(quān圈): 改, 회개하
다. 고치다. ④ 害马: 무리를 해치는 말. 성구 害群之马를 생략한 것이다. ⑤ 政要:
즉 마침 ……이다. ⑥ 恝(jiá颊)然: 걱정없는 모양. ⑦ 包荒: 용서하다. 용인하다. ⑧
同跻(jī基)寿域: 함께 병없이 장수하다. 跻, 오르다. ⑨ 不啻口出: 상서·진세(《尚书·
秦誓》)에서 "不啻如自其口出"의 생략어이다. 뜻은 입으로 칭찬하는 것보다 진심에
서 우러나오는 칭찬.

小说嘲庸医蚤亡诗云: "不肖谁知假, 贤良莫识真. 庸医不蚤①死, 误尽世间
人." 岂非天道恶之耶? 故甫尝戒诸子弟: 医惟大道之奥, 性命存焉. 凡业者
必要精心研究, 以抵于极, 毋谓易以欺人, 惟图侥幸. 道艺自精, 必有知者,
总不谋利于人, 自有正谊在己. 《易》曰: 积善积恶, 殃庆各以其类至. 安得
谓不利乎?(徐春甫: 《古今医统·翼医通考·庸医速报》)

【주석】① 蚤(조): 早(조)와 같음.

是故非诚贾①不得食于贾②, 非诚工不得食于工, 非诚农不得食于农, 非信
士不得立于朝.(《管子·乘马》)

【주석】① 诚贾: 성실한 상인. ② 食于贾: 장사하는 것으로 생활하다.

故良农不为水旱不耕, 良贾不为折阅①不市, 士君子不为贫穷怠乎道.(《荀子·
修身》)

【주석】① 折阅: 본전에 밑지다.

布帛精粗不中数①, 幅广狭不中量, 不粥②于市.(《礼记·王制》)
【주석】① 数: 승루(升缕)의 도수(度数). 고대 80루가 1승이다. 조복(朝服)의 도수가 15승이다. 즉 폭이 2척 2촌이며, 폭에 1200루가 들어 있는 가는 면평직의 무명천이다. 상복(丧服)의 도수는 3승이다. 즉 폭이 2척 2촌이며 240루가 들어 있는 거친 천이다. ② 粥(yù域): 鬻(육)과 같음. 팔다.

诚, 五常①之本, 百行之源也.(《周敦颐集·通书·诚下》)
【주석】① 五常: 즉 인(仁), 의(义), 예(礼), 지(智), 신(信).

《史货殖传》曰: "贪贾三之, 廉贾五之①."夫贪贾所得宜多, 而反少, 廉贾所得宜少, 而反多, 何也? 廉贾知取予②, 贪贾知取而不知予也. 夫以予为取, 则其获利也大. 富商豪贾, 若恶③贩夫贩妇之分其利, 而靳靳自守④, 则亦无大利之获矣.(罗大经:《鹤林玉露·甲编·廉贾》)
【주석】① 이 구절의 뜻은 탐욕스런 상인은 이익을 적게 얻고 오히려 청렴한 상인이 이익을 많이 얻다. ② 廉贾知取予: 청렴한 상인은 고객으로부터 얻거나 고객에게 주는 것을 잘 알다. ③ 恶(wù务): 싫어하다. ④ 靳靳自守: 인색하다. 재물과 이익을 남에게 주는 것을 아까워하다.

2절. 예의(禮儀)

처세와 관련된 교제 규범은 중화민족이 장기간의 공동생활 속에서 점차 누적해 왔던 것이다. 중국의 고대에서 처세에 관한 수많은 예절에 대한 요구는 당시 사회적 요구에 부응하기 위해 종족 제도와 신분 관계 등으로부터 파생되어 나왔기 때문에 그것을 낳은 그 시대의 특성과 계급성을 띠고 있다. 항목을 선택할 때, 우리는 이미 현 시대에 완전히 부응하지 못하게 된 번잡하고 불필요한 예절, 그리고 명백히 착취계급을 위한 신분제도에 봉사했던 예의규범은 배제했으며, 오늘날에도 여전히 보편적이고 긍정적인 의의를 갖고 있는 인간을 대하는 예의를 선택하는데 역점을 두었다. 그 구체적인 내용은 주로 다음과 같다. 첫째, 타인을 대할 때 공경히 하고 열렬히 성실해야 한다. 모든 사람들에 대해 예의를 갖고 양보하고 존중해야 하는데 노인과 어른, 장애인에 대해서는 더욱 그러하다. 따라서 위선으로 남에게 환심을 사서는 안 되며, 또한 부귀를 가지고 남에게 거만해서도 안 된다. 또한 타인을 공경하는 것은 어떤 마을에 가면 그 마을의 풍속을 따를 수 있어야 하니, 타인이 좋아하는 것과 꺼리는 것을 존중하는 것이다. 둘째, 타인을 대할 때 온화하고 선량하며 너그러워야 한다. 자신에게 요구할 때에는 엄격하고, 타인을 대할 때에는 너그럽고, 자신보다 타인을 앞세우면서, 타인과 함께 선을 행하는 것이다. 셋째, 예의상 주고받는 것을 중시하기를 요구한다. 받기만 하고 주지 않는 것은 예절을 잃는다. 따라서 사람에게 은혜를 얻었다면 반드시 보답해야 하고, 덕으로 덕에 보답하며, 반듯함(공정公正)으로 원한을 갚아야 하는 것이다.

한 개인의 용모와 몸가짐은 수양의 정도와 문명의 정도의 표지이기 때문에 전통 도덕은 그것을 굉장히 중시하였다. 전통 도덕은 훌륭한 용모와 몸가짐을 지니고, 행동거지가 장중하며, 진퇴에 예의가 있고, 외모가 그럴 듯하고, 일을 맡아서 삼가고 공경하며, 외면과 실질이 고루 갖추고 있는 것이 개인의 위엄을 지키고 타인의 존경을 받을 수 있게 할 뿐만 아니라 덕을 발전시키고 자신의 능력을 수양하는 데에도 도움이 된다고 생각했다. 또한 그 덕목들은 개인의 도덕적 경지를 고양시키는 데에 보탬이 되며, 사회에 대해 긍정적 영향을 미치게 될 것이라고 생각했다. 이 때문에 전통 도덕은 사람의 용모·안색·보고 듣는 것·앉고 눕는 것·품행·음식·의관·접대하고 인사하는 것 등등에 대해 모두 상세한 규정을 진전시켰다. 간단히 말해서 전통에서의 용모와 몸가짐에 관한 규정은 다음과 같은 원칙의 지배를 받는다. 첫째, 개인의 외적인 용모와 몸가짐은 내적인 덕행을 근본으로 삼아야한다. 성실하고 공경하는 마음이 있어야 비로소 장중하고 공경스러우며 신중한 외모를 지니게 될 것이다. 충신(忠信)이 내면에 형성되고서 감동해야 비로소 외부에 대응할 수 있다. 그렇지 않다면 개인의 용모와 몸가짐의 수양은 바로 허위에 휩쓸리게 될 것이다. 둘째, 내면적인 소질은 외면적인 개인의 용모와 몸가짐의 꾸밈과 맞물려야 꼭 알맞게될 수 있다. 단순히 꾸밈없음만을 강조해 외면적인 용모와 몸가짐에관한 수양을 하지 않아서는 안 되며, 또한 용모와 몸가짐의 수양만을 강조하고 개인의 타고난 자질을 억누르거나 왜곡해서도 안 된다. 셋째, 개인의 용모와 몸가짐에 관련된 예의의 수양은 "중용(中庸)"을 원칙으로 삼아서 지나치지도 미흡하지도 않아야 한다. 이것이 바로 "너무 친근히 하면 서로를 업신여기게 되고, 너무 엄정히 하면 친해지지 않는다[狎甚則相簡也, 莊甚則不親]"는 말이다. 만약 용모와 몸가짐에관한 예의범절에 얽매이게 되면 삶의 즐거움과 인간 사이의 친밀한 융합을 상실하게 될 것인데, 전통 도덕의 근본 취지에 위배되는 것일 뿐이다. 그래서 옛 사람은 장중하고 공경하게 예의를 닦을 것을 강조하는 것과 동시에 음악과 함께 사람들과 잘 어울릴 것을 강조하였다. 이상의 세 가지 원칙은 오늘날에도 여전히 일정한 교훈적인 의미를 지니고 있다고 말해야 마땅하다.

말은 마음의 소리이다. 언사(言辭)의 중요성을 감안해 우리는 언사와 말투란 측면에서 전통 도덕의 예의(禮儀) 규정을 별도로 열거하여 용모와 몸가짐에 관한 예의(禮儀) 뒤에 덧붙여 놓는다. 이 부분 자료 중 일부는 일상생활 속에서의 말하는 방식에 관한 규정이고, 일부는 인간 사이의 교제 가운데의 말하는 방식에서의 기교를 설명한다. 이 두 부분의 내용은 사람의 언사와 교양을 향상시키고 인간관계를 조화롭게 하는 것을 목적으로 한다.

용모와 몸가짐 및 언사와 말투에 관한 전통적 예의 속에는 자신과 타인에 대한 높은 수준의 책임감 있는 정신이 함축되어 있어서 매우 계승할 만한 가치가 있다. 그러나 그 중에는 또한 명철보신(明哲保身)을 꾀하는 어떤 부정적 요소도 있는데, 이 점은 주의해야 한다.

文王之行①, 至今为法②. 可谓象③之. 有威仪也. 故君子在位可畏, 施舍可爱, 进退可度④, 周旋可则⑤, 容止可观⑥, 作事可法, 德行可象, 声气可乐⑦, 动作有文⑧, 言语有章⑨, 以临其下, 谓之有威仪也.(《左传 · 襄公三十一年》)
【주석】 ① 行: 즉 대책, 품행. ② 法: 규범, 모식. ③ 象: 모방하다. ④ 可度: 법률로 할 수 있음. ⑤ 周旋: 예를 취할 때 몸을 돌려 가는 동작. 可则: 준칙으로 할 수 있음. ⑥ 容止可观: 의용과 행동거지를 사람에게 관상할 수 있도록 하다. ⑦ 声气可乐: 목소리와 기질은 사람을 기쁘게 하다. ⑧ 动作有文: 행동거지의 수양이 잘 되어 있다. ⑨ 言语有章: 언어의 사리가 분명함.

孔子曰:"君子有九思①: 视思明②, 听思聪③, 色④思温, 貌思恭, 言思忠, 事思敬, 疑思问⑤, 忿思难⑥, 见得思义."(《论语 · 季氏》)

【주석】① 思: 생각하다. ② 视思明: 관찰할 때 이해하였는지 여부를 잘 생각함. ③ 听思聪: 들을 때 잘 들었는지 여부를 생각함. ④ 色: 즉 표정. ⑤ 疑思问: 의문이 있을 때 남에게 가르침을 어떻게 청하여야 하는 것을 생각함. ⑥ 忿思难: 화를 내기 전에 후환이 있는지 여부를 생각함.

君子所贵乎道者三: 动容貌①, 斯远暴慢②矣: 正颜色③, 斯近信④矣: 出辞气⑤, 斯远鄙倍⑥矣.(《论语·泰伯》)

【주석】① 动容貌: 자기의 용모를 엄숙하게 함. ② 暴慢: 거칠고 오만함. ③ 正颜色: 표정이 단정하고 점잖음. ④ 近信: 사람을 신임하게 함. ⑤ 出辞气: 말할 때는 언사와 성조를 생각함. ⑥ 鄙倍: 鄙, 거칠고 비속함. 倍(배), 背(배)와 같음. 합리적이 아니다.

君子敬而无失, 与人恭而有礼. 四海之内, 皆兄弟也——君子何患乎无兄弟也?(《论语·颜渊》)

万章①问曰:"敢问交际何心②也?"孟子曰:"恭也."曰:"'却之却之为不恭③', 何哉?"曰:"尊者赐之, 曰,'其所取之者义乎, 不义乎?'而后受之, 以是为不恭, 故弗却也."(《孟子·万章下》)

【주석】① 万章(만장): 맹자(孟子)의 학생. ② 何心: 어떠한 사상과 심리상태로 대하여야 하는가. ③ 却: 거절하다. 선물을 받지 않음. 이 구절의 뜻은 계속 남이 준 선물을 거절하면 공손하지 않는 것이다.

夫遇长不敬, 失礼也: 见贤不尊, 不仁也.(《庄子·渔父》)

体①恭敬而心忠信, 术礼义而情爱人②, 横行天下, 虽困四夷③, 人莫不贵④.(《荀子·修身》)

【주석】① 体: 몸소 체험하고 힘써 실천함. ② 情爱人: 사람을 진심으로 사랑함. ③ 四夷: 옛날에 사이(四夷)는 동이(东夷), 서융(西戎), 남만(南蛮), 북적(北狄)을 사이(四

夷)라고 통칭하여 부르다. 이것은 고대 통치자들이 화하족(华夏族) 이외의 각 소수 민족에 대한 멸칭임. ④ 人莫不贵: 그를 존중하지 않는 사람이 없음.

夫行①也者, 行礼②之谓也. 礼也者, 贵者敬焉, 老者孝焉, 长者弟③焉, 幼者慈焉, 贱者惠焉.(《荀子 · 大略》)
【주석】① 行: 덕행. ② 礼: 즉 예의. ③ 弟(제): 悌(제)와 같다. 존경하고 공손하다.

贫者不以货财为礼. 老者不以筋力①为礼.(《礼记 · 曲礼上》)
【주석】① 筋力: 육체노동.

太上贵德, 其次务施报①. 礼尚往来, 往而不来, 非礼也; 来而不往, 亦非礼也.(同上)
【주석】① 太上: 즉 상고시대 . 其次: 곧 후세(后世)를 가리킴. 이 두 구절의 뜻은 상고시대에 소박하고 착한 덕성을 존중하기 때문에 후세로 하여금 은혜를 보답하기에 전력함.

吊丧弗能赙①, 不问其所费; 问疾弗能遗②, 不问其所欲; 见人弗能馆③, 不问其所舍④. 赐人者不曰"来取", 与人者不问其所欲.(同上)
【주석】① 赙(fù付): 상례가 있는 집에 재물로 도와줌. ② 问疾: 병세를 알아보고 병자를 문안하다. 遗(wèi魏): 선물하다. 증정하다. ③ 馆: 손님을 만류하여 묵게 함. ④ 不问其所舍: 숙박한 주소를 알아보지 않다.

入竟而问禁①, 入国而问俗②, 入门而问讳③.(同上)
【주석】① 竟(경): 境(경)과 통함. 禁: 즉 금지령. ② 俗: 풍속. ③ 入门: 주인 문에 들어감. 讳: 기피하다.

毋侧听①, 毋嗷应②, 毋淫视③, 毋怠荒④. 游毋倨⑤, 立毋跛⑥, 坐毋箕⑦, 寝

毋伏⑧.(同上)

【주석】① 毋側听: 머리를 기울이고 듣지 말 것. ② 毋噭(jiào叫)应: 거칠고 큰 소리로 응답하지 말 것. ③ 毋淫视: 비스듬히 보지 말 것. ④ 毋怠荒: 게으르고 방종하지 말 것. ⑤ 游毋倨: 오만하게 걷지 말 것. ⑥ 立毋跛: 기울어지게 서지 말 것. ⑦ 坐毋箕: 앉을 때 키와 같이 다리를 벌리지 말 것. ⑧ 寝毋伏: 잠을 잘 때 침대위에 엎드려 자지 말 것.

恒言不称老①. 年长以倍, 则父事之②. 十年以长, 则兄事之.(同上)

【주석】① 恒: 평소 평시. 이 구절의 뜻은 평소 말할 때 오만방자하고 잘난 체하지 말 것. ② 则父事之: 아버지 대(父辈)와 같이 잘 모실 것.

凡与客入①者, 每门让于客.(同上)

【주석】① 入: 들어오다.

尊客之前不叱狗①, 让食不唾②.(同上)

【주석】① 尊客之前不叱狗: 손님 앞에서는 개를 꾸짖지 말아야 한다. 손님이 싫어하는 위압감을 주어 두려워할 수 있기 때문이다. ② 让食不唾: 손님은 주인이 친절하게 주는 음식물을 씹을 때 주인 앞에서 뱉을 수 없음.

衣服容貌者, 所以悦目也: 声言应对者, 所以悦耳也: 好恶去就①者, 所以悦心也. 故君子衣服中②而容貌恭, 则目悦矣: 言理应对逊③, 则耳悦矣: 好仁厚而恶浅薄, 就善人而远僻鄙④, 则心悦矣. 故曰:"行思可乐, 容止可观⑤." 此之谓也.(董仲舒:《春秋繁露·为人者天》)

【주석】① 去: 소원하다. 就: 가까이 하다. ② 衣服中: 복식(服饰)은 꼭 알맞고 예의에 맞음. ③ 逊: 겸손하다. ④ 僻鄙: 즉 사악하고 비열한 사람. ⑤ 인용문은 효경·성치장(《孝经·圣治章》)으로부터 나옴. 이 뜻은 사전에 이렇게 하면 남을 기쁘게 할 수 있는가 생각하여야 하며 용모와 거지는 남이 보아도 좋겠는가 여부를 생각하여야 함.

曾子曰: "狎^①甚则相简^②也, 庄甚则不亲. 是故君子之狎, 足以交欢^③: 庄, 足以成礼^④而已."(刘向:《说苑·谈丛》)

【주석】① 狎: 가깝다. 친밀하다. ② 简: 태만하다. ③ 交欢: 교제하여 같이 즐기다. ④ 成礼: 예절을 완전하게 함.

言出于己, 不可止于人; 行发于迩, 不可止于远. 夫言行者君子之枢机^①, 枢机之发, 荣辱之本也, 可不慎乎! 故蒯子羽^②曰:"言犹射也: 栝^③既离弦, 虽有所悔焉, 不可从而退已."(同上)

【주석】① 枢机: 급소와 관건적 문제를 비유함. ② 蒯子羽: 사람의 이름, 생애는 분명치 않음. ③ 栝(guā괄): 화살이 시위에 걸려 있는 곳.

口者关^①也, 舌者机^②也, 出言不当, 四马不能追也. 口者关也, 舌者兵也, 出言不当, 反自伤也.(同上)

【주석】① 关: 문의 빗장. ② 机: 쇠뇌의 화살을 통제하는 부품.

或问:"何如斯谓之人?"曰: "取四重^①, 去四轻^②, 则可谓之人."曰: "何为四重?" 曰:"重言, 重行, 重貌, 重好^③. 言重则有法, 行重则有德, 貌重则有威, 好重则有观^④." "敢问四轻?" 曰: "言轻则招忧, 行轻则招辜^⑤, 貌轻则招辱, 好轻则招淫."(扬雄:《法言·修身》)

【주석】① 重: 장중하다. ② 轻: 경망스럽다. ③ 好: 취미. ④ 观: 용모와 형상을 치장하는 뜻. 즉 나타나는 아름다운 형상. ⑤ 辜: 죄

夫法象^①立, 所以为君子. 法象者, 莫先乎正容貌, 慎威仪.(徐幹:《中论· 法象》)

【주석】① 法象: 곧 본보기에 맞은 풍채와 거지 또한 즉 이상적인 성인과 현인의 형상.

夫容貌者, 人之符表也. 符表正, 故情性治: 情性治, 故仁义存: 仁义存, 故
盛德著: 盛德著, 故可以为法象, 斯谓之君子矣.(同上)

君子必贵其言. 贵其言则尊其身, 尊其身则重其道, 重其道所以立其教. 言
费则身贱, 身贱则道轻, 道轻则教废. 故君子非其人则弗与之言, 若与之言,
必以其方.(徐幹:《中论·贵言》)

"敬"字工夫, 乃是圣门第一义, 彻头彻尾, 不可顷刻间断. …… 敬非是块然
兀坐[1], 耳无所闻, 目无所见, 心无所思, 而后谓之敬. 只是有所畏谨, 不敢
放纵. 如此则身心收敛, 如有所畏, 常常如此, 气象自别. …… 无事时敬在
里面, 有事时敬在事上. 有事无事, 吾之敬未尝间断也. 且如应接宾客, 敬
便在应接上: 宾客去后, 敬又在这里. 若厌苦宾客, 而为之心烦, 此却是自
挠乱, 非所谓敬也.(朱熹:《朱子语类》卷十二)

【주석】 ① 块然兀坐: 块然 멍청하고 무지하다. 兀坐: 혼자서 바르게 앉아 있다. 무
지하고 멍청하니 혼자서 바르게 앉은 모양.

(范益谦)[1]又曰: 一. 人附书信, 不可开拆沈滞[2]. 二. 与人并坐, 不可窥人
私书. 三. 凡入人家, 不可看人文字. 四. 凡借人物, 不可损坏不还. 五. 凡
吃饮食, 不可拣择去取. 六, 与人同处, 不可自择便利. 七, 见人富贵, 不可
叹羡诋毁. 凡此数事, 有犯之者, 足以见用意之不肖, 于存心修身大有所
害. 因书以自警.(朱熹, 刘清之:《小学·嘉言》)

【주석】 ① 范益谦(범익겸): 范祖禹(범조우)의 아들 范冲(범충). ② 沈滞: 시간을 뒤
로 미루다.

心术以光明笃实为第一, 容貌以正大老成为第一, 言语以简重[1]真切为第一.
(吕坤:《呻吟语·修身》)

【주석】 ① 简重: 간단명료하고 점잖음.

146

世有无知之人, 不能一概礼待乡曲, 而因人之富贵贫贱, 设为高下等级, 见
有资财有官职者, 则礼恭而心敬, 资财愈多, 官职愈高, 则恭敬加焉. 至视
贫者贱者, 则礼傲而心慢, 曾不少顾恤[1]. 殊不知彼之富贵, 非我之荣, 彼
之贫贱, 非我之辱, 何用高下分别如此.(袁采:《袁氏世范》卷二《处己》)
【주석】① 曾(zēng增): 뜻밖에. 少: 조금, 약간. 顾恤: 관심을 가지고 구제함.

凡饮食, 须要敛身离案, 毋令太迫. 从容举箸, 以次著于盘中, 毋致急剧, 将
肴蔬拨乱. 咀嚼, 毋使有声, 亦不得恣所嗜好, 贪求多食. 安放盌箸[1], 俱当
加意照顾, 毋使失误堕地.(屠羲时:《童子礼·饮食》)
【주석】① 盌(완): 碗(완)과 통함. 箸: 젓가락.

长者立, 幼勿坐, 长者坐, 命乃坐. 尊长前, 声要低, 低不闻[1], 却非宜. ……
问起对, 视勿移[2].(李毓秀:《弟子规》)
【주석】① 低不闻: 소리가 아주 낮아서 들을 수 없음. ② 视勿移: 눈길을 여기저기
두리번거리지 말 것.

或饮食, 或坐走, 长者先, 幼者后.(同上)
用人物, 须明求: 倘不问, 即为偷. 借人物, 及时还: 人借物, 有勿悭[1].(同上)
【주석】① 悭(qiān千): 인색하다.

凡取与, 贵分晓, 与宜多, 取宜少.(同上)

人不闲, 勿事搅, 人不安, 勿话扰.(同上)

덕행편

道

德

1장
천하를 가슴에 품고 국가와 인민을 사랑한다

이끄는 말

　중화민족은 심후한 애국주의의 전통을 가지고 있다. "천하가 근심하기에 앞서서 근심하고, 천하가 즐거운 다음에 즐거워한다[先天下之憂而憂, 后天下之樂而樂]", "천하의 흥망에는 필부에게도 책임이 있다[天下興亡, 匹夫有責]"는 등의 명언은 천하를 가슴에 품고 국가와 인민을 사랑하는 우리 민족의 정신을 집약적으로 구현하고 있다. 이 장에서 선별 수록한 자료는 "우국우민(憂國憂民)·국가를 위한 헌신·폭력에 맞서 외침에 저항함"이라는 세 가지 부분으로 나누어지는데, 애국주의 정신을 다양한 측면에서 구체적으로 표현한 것이다.

1절. 나라와 국민을 걱정한다(憂國憂民)

　우국(憂國)과 우민(憂民)은 애국주의의 중요한 표현이다. 이 하나의 절에서 선별한 몇 가지 자료인데, 이를테면 굴원(屈原)은 쫓겨났으면서도 오히려 "초나라를 걱정하고 마음으로 왕을 그리워하며", 한 마음으로 "군주의 평안과 나라의 흥성"을 바랐다. 또한 복식(卜式)은 국가의 위급함을 급박히 여겨 아낌없이 사재를 풀었고, 조충국(趙充國)은 국가를 지키기 위해 70세의 고령에 기꺼이 종군을 자청했고, 육유(陸游)는 통일을 염원하여 죽음을 앞두고 한 맺힌 유언을 남겨, 하나의 공동체 정신을 표현했으니, 즉 개인의 생명을 국가·민족의 장래 및 운명과 긴밀하게 하나로 연결시킴으로써 국가의 장래와 민족의 운명에 대해 비할 바 없는 관심을 기울였다. 그들의 우국·우민의 마음은 지금도 여전히 억만 인민이 국가 부흥과 민족 도약을 위하여 노력하고 분투하며, 적극 공헌하도록 격려하고 있다.

一. 赋《离骚》屈子沉江

屈原①者, 名平, 楚之同姓②也. 为楚怀王③左徒④. 博闻强志⑤, 明于治乱⑥, 娴⑦于辞令⑧. 入则与王图议国事, 以出号令; 出则接遇宾客, 应对诸侯. 王甚任⑨之.

上官大夫⑩与之同列, 争宠而心害其能. 怀王使屈原造为宪令, 屈平属草稿未定. 上官大夫见而欲夺之, 屈平不与, 因谗之曰: "王使屈平为令, 众莫不知, 每一令出, 平伐其功, 以为'非我莫能为'也." 王怒而疏屈平.

屈平疾王听之不聪也, 谗谄之蔽明也, 邪曲之害公也, 方正之不容也, 故忧愁幽思而作《离骚. 离骚者, 犹离忧也. ……

时秦昭王与楚婚, 欲与怀王会. 怀王欲行, 屈平曰: "秦虎狼之国, 不可信, 不如毋行." 怀王稚子子兰劝王行: "奈何绝秦欢!" 怀王卒行. 入武关, 秦伏兵绝其后, 因留怀王, 以求割地. 怀王怒, 不听. 亡走赵, 赵不内. 复之秦, 竟死于秦而归葬.

长子顷襄王立, 以其弟子兰为令尹. 楚人既咎子兰以劝怀王入秦而不反也. 屈平既嫉之, 虽放流, 眷顾楚国, 系心怀王, 不忘欲反, 冀幸君之一悟, 俗之一改也. 其存君兴国而欲反覆之, 一篇之中三致志焉. 然终无可奈何, 故不可以反, 卒以此见怀王之终不悟也. ……

令尹子兰闻之大怒, 卒使上官大夫短屈原于顷襄王, 顷襄王怒而迁之. 屈原至于江滨, 被发行吟泽畔. 颜色憔悴, 形容枯槁. 渔父见而问之曰: "子非三闾大夫欤? 何故而至此?" 屈原曰: "举世混浊而我独清, 众人皆醉而我独醒, 是以见放." 渔父曰: "夫圣人者, 不凝滞于物而能与世推移. 举世混浊, 何不随其流而扬其波? 众人皆醉, 何不铺其糟而啜其醨? 何故怀瑾握瑜而自令见放为?" 屈原曰: "吾闻之, 新沐者必弹冠, 新浴者必振衣, 人又谁能以身之察察, 受物之汶汶者乎! 宁赴常流而葬乎江鱼腹中耳, 又安能以皓皓之白而蒙世俗之温蠖乎!"

乃作《怀沙之赋》…… 于是怀石遂自沉汨罗以死.(《史记》卷八十四《屈原贾生列传》)

【주석】① 屈原: 고대의 걸출한 시인. 기원전 약 340년에서 278년간에 생존했다. 지조가 있고 정직하고 재능이 있는 신임을 받는 분이었는데, 근상(靳尚), 자란(子兰) 등 간사하고 비열한 인간들의 비방 중상에 의하여 거듭 강직당하여 나중에는 강에 뛰어들어 자살하였다. 그의 이소(离骚)는 우리나라 문학사에서 영원한 가치를 가지고 있으며, 그의 도덕과 인격도 길이길이 빛날 것이다. ② 楚之同姓: 굴(屈), 경(景), 소(昭) 삼성은 초(楚)나라의 왕족이었다. ③ 怀王: 기원전 328년에서 299년까지 왕위에 있었다. ④ 左徒: 정사에 참여하여 조서와 칙령을 작성하는 관명이다. ⑤ 博闻强志: 박학하고 견문이 넓으며 기억력이 강하다. 지(志)기(记)는 기억력을 가리킨다. ⑥ 明于治乱: 나라의 번영과 영락의 규칙을 알다. ⑦ 娴(xián贤): 충분히 알다. ⑧ 辞令: 의례적인 인사말. ⑨ 任: 신임. ⑩ 上官大夫: 초나라의 대신. 성은 상관이고 이름은 근상이다. 상관(上官)은 관직이라고 말하는 사람도 있다. 同列: 관직과 같다. 害其能: 그의 재능을 질투하다. 해(害), 환(患). 造为宪令: 법령을 작성하다. 属(zhǔ主): 문장을 짓다. 谗: 비방 중상하다. 伐: 자기를 자랑하다. 疾: 노하다. 악하다. 혹은 가슴아프다. 王听之不聪: 회왕(怀王)이 좋은 말과 나쁜 말을 잘 가르지 못하다. 谗谄之蔽明: 참언

과 아첨으로 그의 눈을 가리어 그로 하여금 좋은 것과 나쁜 것을 분간할 수 없다. 邪曲: 간사하고 이기적이며 정직하지 못하다. 方正之不容: 품행이 단정한 사람은 몸 둘 곳이 없다. 幽思: 깊은 생각에 잠기다. 《离骚》: 굴원 자신이 자기 일생을 서술한 장편 서사시이며 우리나라 최초의 장편시이다. 우리나라 시 역사상 중대한 영향과 가치를 가지고 있다. 秦昭王: 곧 소양왕 영직이다. 기원전 306에서 기원전 251까지 왕위에 있었다. 与楚婚: 초나라와 혼인관계를 맺다. 奈何绝秦欢: 어찌하여 진국과의 우정을 단절할 수 있겠나! 卒: 결국, 마침내. 武关: 오늘날의 섬서 상남현, 진나라의 남쪽 관문. 赵: 조나라는 오늘날의 하북성 한단 일대에 자리잡고 있었다. 内: 납(纳) 과 같다. 접수(받아들이다). 之: 가다. 도착하다. 頃襄王: 기원전 298년에서 기원전 263년까지 왕위에 있었다. 令尹: 초나라 최고 행정장관. 反: 돌아올 반(返)과 같다. 嫉之: 질투하다. 증오하다. 가슴아파하다. 지(之), 회왕이 진나라에 사망한 것을 가리킨다. 眷顾: 그리워하다. 염려하다. 系心: 염려하다. 冀幸: 희망. 而欲反覆之: 쇠퇴하는 국면을 돌려세우려고 한다. 三致志: 소원을 표현하다. 여러 번 소원을 표현하다. 短: 동사. 남의 약점을 들추다. 나쁜 말을 하다. 迁: 강직당하여 추방하다. 被: "披"와 같은 뜻이다. 三闾大夫: 초나라 왕족 소, 굴, 경 삼성(三姓)의 사무를 관할하는 관직. 见放: 추방당하다. 凝滞: 고집. 推移: 변화. 随其流而扬其波: 남의 장단에 춤을 추다. 남의 하는 대로 따라간다. 餔(bǔ补, 옛날 발음의 bū逋)其糟: 먹다 남은 남의 술찌끼를 먹다. 啜(chuò绰)其醨(lí离): 남이 흘러내린 술을 마신다. 啜, 마시다. 醨, 독하지 않은 술. 怀瑾握瑜: 아름다운 덕행을 지키고 있다는 것이다. 瑾, 瑜: 구술 같이 순결하고 아름다운 옥. 为: 의문문 끝 조사. 察察: 명백하고 고결하다. 汶汶(mén门): 수치, 혼탁. 赴: 뛰어들다. 常流: 오래 흐르다. 강물이 오래 흐르다. 温蠖(huò获): 오래된 더러운 것. 《怀沙》: 굴원의 자유시 《九章》 중의 일부. 일반적으로 이것을 굴원의 절명사(绝命词)로 인정한다. "怀沙" 돌을 안고 강물에 뛰어들다. 汨(mì密)罗: 멱라강. 호남성 동북쪽을 경유하여 동정호로 흘러 들어간다.

二. 汉卜式忧国解囊

卜式①, 河南人也. 以田畜为事. 有少弟, 弟壮, 式脱身出, 独取畜羊百余, 田宅财物尽与弟. 式入山牧, 十余年, 羊致千余头, 买田宅. 而弟尽破其产,式辄②复分与弟者数③矣.

时汉方事匈奴④, 式上书, 愿输家财半助边⑤. 上⑥使使问式: "欲为官乎?" 式曰: "自〔小〕牧羊, 不习仕宦, 不愿也."使者曰:"家岂有冤, 欲言事乎?" 式曰: "臣生与人亡所争, 邑人贫者贷之, 不善者教之, 所居, 人皆从式, 式何故见冤!" 使者曰: "苟, 子何欲⑦?" 式曰: "天子诛匈奴, 愚以为贤者宜死节, 有财者宜输之, 如此而匈奴可灭也." 使者以闻. 上以语丞相弘⑧. 弘曰: "此非人情. 不轨之臣不可以为化而乱法, 愿陛下勿许." 上不报, 数岁乃罢式. 式归, 复田牧.

岁余, 会浑邪⑨等降, 县官费众⑩, 仓府空, 贫民大徙, 皆卬给县官, 无以尽赡. 式复持钱二十万与河南太守, 以给徙民. 河南上富人助贫民者, 上识式姓名, 曰: "是固前欲输其家半财助边." 乃赐式外繇四百人, 式又尽复与官. 是时, 富豪皆争匿财, 唯式尤欲助费. 上于是以式终长者, 乃召拜式为中郎 …… 尊显以风百姓.(《汉书》卷五十八《卜式传》)

【주석】① 卜式: 서한 때 유명한 관리. 여러 번 자기 재물을 정부에 지원하여 무제(武帝)가 그를 중랑관으로 임명하였으며 그 후 관내후로 봉하였다. 나중에는 어사대부까지 승급하였다. ② 辄: 곧, 즉시. ③ 数: 여러 차례. ④ 方事匈奴: 흉노족과 사건이 있어 군대를 파견하다. ⑤ 助边: 국경지대를 지원하다. ⑥ 上: 한무제를 가리키다. ⑦ 苟, 子何欲: 만약 그렇다면 너는 무엇을 희망하는가? ⑧ 弘: 공손 홍. 한 무제 때 승상(丞相) 관직을 하였다. ⑨ 浑邪: 흉노 군주의 칭호. ⑩ 县官费众: 국가기관 재정지불이 너무 크다. 县官, 조정을 가리킨다. 卬(yǎng养)给(jǐ己): 공급. 남이 공급해 줄 것을 바라다. 无以尽赡: 모두 다 구제 또는 공급해 줄 수 없다. 外繇(yáo摇): 국경지대를 지키고 있는 병사.

三. 赵充国七十请战

赵充国①字翁孙, 陇西上邽②人也, 后徙金城令居③. 始为骑士, 以六郡④良家子善骑射补羽林⑤. 为人沉勇有大略, 少好将帅之节, 而学兵法, 通知四夷事. 武帝时, 以假司马⑥从贰师将军⑦击匈奴, 大为虏所围. 汉军乏食数日,死伤者多, 充国乃与壮士百余人溃围陷陈, 贰师引兵随之, 遂得解. 身被二十余创, 贰师奏状, 诏征充国诣行在所⑧. 武帝亲见视其创, 嗟叹之, 拜为中郎, 迁车骑将军长史⑨. …… 时充国年七十余, 上老之, 使御史大夫⑩丙吉问谁可将者, 充国对曰: "亡踰于老臣者矣."上遣问焉, 曰: 将军度羌虏何如, 当用几人?" 充国曰: "百闻不如一见. 兵难隃度, 臣愿驰至金城, 图上方略. 愿陛下以属老臣, 勿以为忧."上笑曰: "诺." …… 充国常以远斥侯为务, 行必为战备, 止必坚营壁, 尤能持重, 爱士卒, 先计而后战. 遂西至西部都尉府, 日飨军士, 士皆欲为用.(《汉书》卷六十九《赵充国传》)

【주석】① 赵充国: 서한시대 나라를 위하여 전심전력으로 국경을 보위하는 강직한 노장군. ② 陇西上邽: 오늘날의 감숙성 천수시 서남쪽 지대. ③ 金城: 오늘날의 감숙성 영정현 서북지대. 令居: 오늘날의 감숙성 영등현 서북지대. ④ 六郡: 한나라 시대 서북쪽 6개 군: 롱서, 천수, 안정, 북지, 상군, 서하를 가리킨다. ⑤ 羽林: 황제의 근위군. ⑥ 司马: 관직명, 한 나라시대 병영5부를 설치하였으며 매부마다 사마라고 하는 관직을 가진 한 사람이 있다. ⑦ 贰师将军: 이광리(李广利)를 가리킨다. ⑧ 行在所: 황제가 행차하여 다닐 때 숙박지. ⑨ 车骑将军长史: 관직명, 차기장군 막부(幕府)의 주요 관리. ⑩ 御史大夫: 관직명, 삼공중의 한사람, 감찰사업을 주관한다. 亡踰于老臣者矣: 노신(老臣) 나보다 더 적합한 사람이 없다. 망(亡)은 무(无)와 같다. 度(duó夺): 추측, 고려하다. 隃度: 원격 측정. 한나라 시대 장안 방언에 멀요(遥)를 유(隃)로 사용하였다. 属(zhǔ主): 촉(嘱)과 같다. 부탁하다. 持重: 침착하고 점잖다. 西部都尉府: 한나라 시대 국경지대에 도위라는 무관을 임명하여 군사와 정치를 장악한다. 서부 도위부는 금성군(金城郡)에 있다.

四. 陆游临终盼统一

十二月二十九日逝世①. 临终, 赋《示儿》: "死去原知万事空, 但悲不见九州②同. 王师③北定中原日, 家祭无忘告乃翁④!" 此诗乃一生政治抱负, 爱国思想之结晶. 数百年来, 为广大读者所传诵.(于北山:《陆游年谱》)

【주석】① 十二月二十九日: 기원 1210년 1월 26일이다. 음력으로 기사년 12월 29일. 이날 육유(陆游)가 서거하였다. 육유(1125~1210년)는 남송의 시인. 자 무관, 호 방옹.

원주 산음(현재 절강성) 출신. 출생 당시는 북송(北宋)이 멸망할 때였다. 소년시절에 가정으로부터 애국교양을 많이 받았다. 후에 군대에 투신하여 웅장하고 힘찬 시를 대대적으로 창작하였다. 나라의 통일을 갈망하는 강열한 애국열정을 표현하였다. 시 아(《示儿》)는 그 중 비교적 영향력을 가진 애국적인 시 중의 일부였다. ② 九州: 상서·우공(《尚书·禹贡》)에 기(冀), 연(兖), 청(青), 서(徐), 양(扬), 형(荆), 예(豫), 량(梁), 옹(雍)을 9주라고 하였다. 후에 이를 일반적으로 전국을 가리켰다. ③ 王师: 송나라의 정부군대. ④ 乃翁: 당신의 아버지.

2절. 국가를 위해 헌신한다(以身許國)

국가를 위한 헌신은 자신의 일체를 무조건적으로 조국을 위해 바치는 것으로, 애국주의 정신을 최고로 표현한 것이다. 제갈량(諸葛亮)은 죽을 때까지 국가를 위해 공경하고 삼가면서 몸과 마음을 다 바쳤다. 또한 악비(岳飛)는 지고한 충성으로 국가에 보답하며, 일생을 출정해 싸웠다. 그리고 등세창(鄧世昌)은 일본의 군함과 혈전을 벌이고 황해에서 순사하여 오래 전부터 인민에게 칭송되고 있다. 오늘날 우리는 더욱 이러한 전통을 계승하여 사회주의 조국에 보답을 다하며, 애국주의 정신을 새로운 높이로까지 고양시켜야 할 것이다.

一. 诸葛亮死而后已

诸葛亮①字孔明, 琅邪阳都人也. …… 亮早孤 …… 躬耕陇亩②, 好为《梁父吟》③. 身长八尺④, 每自比于管仲⑤, 乐毅⑥, 时人莫之许⑦也. …… 先主⑧遂诣亮, 凡三往, 乃见. …… 与亮情好日密. …… 先主外出, 亮常镇守成都, 足食足兵. …… 章武⑨三年春, 先主于永安⑩病笃, 召亮于成都, 属以后事, 谓亮曰:"君才十倍曹丕, 必能安国, 终定大事. 若嗣子可辅, 辅之: 如其

不才, 君可自取." 亮涕泣曰: "臣敢竭股肱之力, 效忠贞之节, 继之以死!" 先
主又为诏敕后主曰: "汝与丞相从事, 事之如父." 建兴元年, 封亮武乡侯, 开
府治事. 顷之, 又领益州牧. 政事无巨细, 咸决于亮. …… 遣使聘吴, 因结
和亲, 遂为与国. 三年春, 亮率众南征, 其秋悉平. 军资所出, 国以富饶, 乃
治戎讲武, 以俟大举. 五年, 率诸军北驻汉中, 临发, 上疏曰: "先帝创业未
半而中道崩殂, 今天下三分, 益州疲弊, 此诚危急存亡之秋也. 然侍卫之臣
不懈于内, 忠志之士忘身于外者, 盖追先帝之殊遇, 欲报之于陛下也. 诚宜
开张圣听, 以光先帝遗德, 恢弘志士之气, 不宜妄自菲薄, 引喻失义, 以塞
忠谏之路也. 宫中府中俱为一体, 陟罚臧否, 不宜异同. 若有作奸犯科及为
忠善者, 宜付有司论其刑赏, 以昭陛下平明之理, 不宜偏私, 使内外异法也.
…… 臣本布衣, 躬耕于南阳, 苟全性命于乱世, 不求闻达于诸侯. 先帝不
以臣卑鄙, 猥自枉屈, 三顾臣于草庐之中, 谘臣以当世之事, 由是感激, 遂
许先帝以驱驰. 后值倾覆, 受任于败军之际, 奉命于危难之间, 尔来二十有
一年矣. 先帝知臣谨慎, 故临崩寄臣以大事也. 受命以来, 夙夜忧叹, 恐托
付不效, 以伤先帝之明, 故五月渡泸, 深入不毛. 今南方已定, 兵甲已足, 当
奖率三军, 北定中原, 庶竭驽钝, 攘除奸凶, 兴复汉室, 还于旧都. 此臣所以
报先帝, 而忠陛下之职分也." …… 初, 亮自表后主曰: "成都有桑八百株,
薄田十五顷, 子弟衣食, 自有余饶. 至于臣在外任, 无别调度, 随身衣食, 悉
仰于官, 不别治生, 以长尺寸. 若臣死之日, 不使内有余帛, 外有赢财, 以负
陛下." 及卒, 如其所言.(《三国志》卷三十五《蜀书·诸葛亮传》)

【주석】① 诸葛亮(181~234년): 삼국시대 촉(蜀)나라 정치가, 군사가, 자 공명. 낭사
양도(현재 산동 기수현 남부) 출신. 유비(刘备)를 도와 손권(孙权)과 연합하여 조조
(曹操)를 공격하여 적벽(赤壁) 전투의 승리를 거두었다. 동시에 형주를 점령하고 촉
한 정권을 건립하였다. 유비 사망 후, 심혈을 들이여 유선(刘禅)을 도와 나라를 위하
여 죽을 때까지 온 힘을 다하였다. 정권을 장악했을 때 힘을 다하여 나라를 다스렸
다. ② 躬耕陇亩: 친히 논밭에 내려가서 일을 하였다. ③《梁父吟》: 옛 가요 명칭.
"父"는 "甫"로 쓰기도 하였다. ④ 八尺: 한나라 때 1척은 오늘날의 6촌 9분이며

8척은 현재의 약 5척 5촌이다. ⑤ 管仲: 이름은 이오, 춘추(春秋)시기 제(齐)나라 사람이고 제환공(齐桓公)을 도와 정권을 건립하였다. ⑥ 乐毅: 전국(战国)시기 중산국(中山國) 사람. 연소왕(燕昭王)을 도와 연(燕), 조(赵), 초(楚), 한(韩), 위(魏) 5개 연합국군을 인솔하여 제나라를 타파하고 연이어 70여 개 성을 빼앗았다. ⑦ 许: 동의, 동일시하다. ⑧ 先主: 촉나라의 유비(刘备)를 가리킨 것이다. ⑨ 章武: 촉한 소열제(昭烈帝) 유비의 연호 (221-223년). ⑩ 永安: 궁전 명칭, 오늘날의 사천성 봉절현 동쪽. 유비가 오(吴)나라를 칠 때 실패하여 이 궁전에 있었다. 属: 촉(嘱)과 같다. 당부하다. 嗣子: 유선(刘禅)을 가리킨 것이다. 제갈량(诸葛亮)의 말의 뜻은, 호삼성(胡三省)의 말에 의하면 진(晋)나라 순식(荀息)이 헌공에게 한 말을 이용한 것이다. 춘추시기 진헌공이 죽기 전에 자기 아들(奚齐)을 순식에게 부탁할 때 순식이 말하기를 모든 힘을 다하여 충성을 드리겠다고 하였다. 建兴: 촉한 유선의 연호(223-237년). 武乡侯: 오향은 낭사군의 현. 3국시 작위를 부여할 때 대부분은 작위를 받는 사람이 있는 군에 속해 있는 현을 준다. 비록 자기 나라의 범위 안에 있지 않아도 받을 수 있다. 제갈량은 낭사군 출신이므로 군내의 무향을 그에게 주었다. 开府治事: 관저를 건설하고 관청을 설치하여 군대와 국가대사를 처리하다. 한나라 시기 3공은 관저를 건설할 수 있다. 이곳에 제갈량의 승상 관저를 건설하였다. 益州: 한나라 때 오늘날의 천(川), 전(滇), 검(黔) 등 대부분 지역과 오늘날의 섬서성과 감숙성의 일부지역. 与国: 상호간 친선적인 나라. 三年: 건흥 3년(225년). 南征: 건흥 3년, 제갈량이 군대를 거느리고 먼 곳에 있는 남중 소수민족 공격하여 맹획(孟获)을 7번 사로잡았다. 그리하여 익주(益州), 영창(永昌), 월서 (越嶲) 등 군을 평정하였다. 疏: 즉 출사표(《出师表》) 혹은 전출사표(《前出师表》)라고도 한다. 崩殂: 고대 천자(황제)가 죽었을 때 붕이라고 부르고 조라고도 부른다. 殊遇: 특별한 총애. 开张圣听: 누구나 다 말할 수 있는 길을 널리 열어 주다. 성(圣), 고대 신하가 황제에 대하여 존경하여 쓰는 말. 引喻失义: 비유가 타당하지 않다. 유선이 범속하고 무능하기 때문에 제갈량이 분발하라고 권고하고 도덕이 있고 재능이 있는 군주가 되어야 한다고 말했다. 비유를 부당하게 해서는 안 된다. 宮中府中: 궁중은 내정을 말하는 것이고 궁전 안의 관리를 가리키는 것이다. 陟(zhì志)罚臧否(pǐ痞): 척벌은 상벌. 장부(臧否), 좋고 나쁨을 평가하다. 有司: 관리. 布衣: 서민백성. 南阳: 군 명칭. 오늘날의 하남성 남양시.

卑鄙: 비천하다는 뜻. 여기서는 자기가 겸손하여 하는 말. 猥自枉屈: 猥, 겸손하여 쓰는 말. 상대방이 몸을 낮추어 하는 말. 驱驰: 뛰어다니면서 목숨을 아끼지 않고 사력을 다하다. 寄臣以大事: 기(寄), 부탁. 대사, 아들을 부탁한 중요한 일. 夙夜: 아침 저녁. 五月渡泸: 건흥 3년 제갈량이 남정시 노수를 건너간 적이 있다. 노수, 금사강의 지류, 장기(瘴气)가 가득하다. 不毛: 초목이 자라지 않는 곳. 三军: 전체군대. 庶竭驽钝: 자기적은 능력을 다 바치겠다. 攘除奸凶: 간사하고 흉악한 놈을 없애다. 양(攘) 배제. 간흉(奸凶)간사하고 흉악한 놈, 조씨 정권을 가리킨 것이다. 调度: 세금을 징수하다. 治生: 산업경영. 卒: 서거.

二. 岳飞精忠报国

高宗①即位, 飞②上书数千言, 大略谓: "陛下已登大宝③, 社稷有主, 勤王④之师日集, 宜乘其⑤怠击之. 黄潜善, 汪伯彦辈不能承圣意, 奉车驾日益南⑥, 恐不足系中原之望. 愿陛下亲率六军北渡, 则将士作气, 中原可复." 书闻, 以越职夺官⑦. 诣⑧河北招讨使张所, 所问曰: "汝能敌几何?" 飞曰: "勇不足恃, 用兵在先定谋." …… 所瞿⑨然曰: "君殆非行伍中人." 待以国士. …… 使从王彦渡河. 至新乡, 金兵盛, 彦不敢进, 飞独引所部鏖战, 夺其纛⑩而舞, 诸军争奋, 遂拔新乡. 飞军食尽, 从彦乞粮, 彦不与, 飞乃引兵益北, 战于太行山, 擒金将托卜雅尔乌. 居数日, 复遇敌, 飞单骑持丈八铁枪, 刺杀哈芬大王, 敌众败走.

飞知彦不悦己, 复归宗泽, 为留守司统制. 泽卒, 杜充代之. 飞居职二年, 每战皆捷. 尝驻兵竹芦渡, 与敌相持, 乃选精锐三百, 伏前山下, 令各以薪刍交缚两束, 夜半, 爇四端而举之. 金人疑援兵至, 惊溃. ……

金人再攻常州, 飞四战皆捷. 尾袭于镇江东, 又捷. 战于清水亭, 又大捷. 横尸十五里. 乌珠趋建康, 飞设伏牛头山待之, 夜令百人黑衣混金营中扰之, 金兵惊, 自相攻击. 乌珠次龙湾, 飞以骑三百, 兵二千驰至新城, 大破之. 乌珠奔淮西, 遂复建康. ……

飞数见帝, 论恢复之略. 又手疏言: "金人所以立刘豫于河南, 盖欲以中国攻中国, 彼得休兵观衅耳. 愿陛下假臣日月, 便则提兵趋京, 洛, 据河阳, 陕府, 潼关 …… 然后分兵浚, 滑, 经略两河, 如此则刘豫成擒, 金人远遁, 社稷长久之计, 实在此举." 帝答曰: "有臣如此, 顾复何忧, 进止之机, 朕不中制." 又召至寝阁, 命之曰: "中兴之事, 一以委卿." ……

八年秋, 金人遣使许归河南地. 时飞适以召赴行在, 因言: "金人不可信, 和好不可恃, 相臣谋国不臧, 恐贻后世讥." 桧衔之. ……

明年, 金兵果南下攻拱, 亳, 刘锜告急, 帝命飞驰援, 且赐札曰: "设施之方, 一以委卿, 朕不遥度." 飞乃遣王贵, 牛皋, 董先, 杨再兴, 孟邦杰, 李宝等, 分布经略西京, 汝, 郑, 颍昌, 陈, 曹, 光, 蔡诸郡, 遣梁兴渡河, 纠合忠义, 以图河东, 北. 又复东援刘锜, 西援郭浩, 自以其军长驱以阚中原. 将发, 密奏曰: "今欲恢复, 必先正国本以安人心, 然后不常厥居, 以示无忘复仇之意." 帝得奏, 大褒其忠.

飞将李宝, 牛皋相继败金人于京西. 飞自攻金人于蔡州, 破之, 复其城. …… 留大军于颍昌, 而自以轻骑驻郾城, 兵势甚锐.

金将大惧, 与龙虎大王议, 以为诸将易与, 独飞不可当, 欲致其师并力一战. 飞闻之曰: "金人技穷矣." 乃出挑战, 且骂之. 乌珠怒, 合龙虎大王, 盖天大王与韩常之兵迫郾城. 飞遣子云领骑兵直贯其陈, 戒之曰: "不胜, 先斩汝!" 鏖战数十合, 敌尸布野. 初, 乌珠有劲军, 皆重铠, 贯以韦索, 三人为联, 号"拐子马", 官军不能当. 是役也, 以万五千骑来战. 飞戒步卒以麻札刀入陈, 勿仰视, 第砍马足. 拐子马相连, 一马仆, 二马不能行, 飞军奋击, 遂大破之. 金人大恸曰: "自海上起兵, 皆以此胜, 今已矣!" 因益兵而前. 飞时出视战地, 望见黄尘蔽天, 自以四十骑突战, 败之.

乌珠愤甚, 合师十二万, 次于临颍. 杨再兴以二百骑遇于小商桥, 骤与之战, 杀二千人. 再兴死焉, 获尸焚之, 得箭镞二升, 飞痛惜之. 张宪继至, 复战, 金兵夜去, 追奔十五里. 飞谓云曰: "贼屡败, 必还攻颍昌. 汝宜速援王贵." 既而乌珠果至, 贵将游奕, 云将背嵬战于城西. 云以骑兵八百挺前决战, 步军张两翼继之, 杀乌珠婿夏金吾, 副统军尼雅满索贝勒, 乌珠引去. 是时,梁兴亦会太行忠义, 两河豪杰败金人于垣曲, 又败之于沁水, 遂复怀, 卫州, 太行道绝, 金人益恐.

飞进军朱仙镇, 距汴京四十五里, 与乌珠对垒而陈, 遣骁将以背嵬骑五百奋击, 大破之, 乌珠遂还汴京. 飞檄陵台令行营诸陵. 先是, 飞遣梁兴等布德意, 招结两河豪杰, 山寨韦铨, 孙谋等敛兵固堡, 以待王师. 至是, 李通, 胡清, 李宝, 李兴, 张恩, 孙琪等举众来归. 金人动息, 山川险要, 一时尽得其实. 尽磁, 相, 开德, 泽, 潞, 晋, 绛, 汾, 隰之境, 皆期日兴兵, 与官军会. 所揭旗以"岳"为号, 父老百姓争挽车牵牛, 载糗粮以馈义军, 顶盆焚香迎候者, 充满道路. 自燕以南, 金人号令不行, 乌珠欲签军以抗飞, 河北无一人应者. 乃叹曰: "自我起北方以来, 未有如今日之挫衄." 金将乌凌阿思谋素号骁勇, 亦不能制其下, 但谕之曰: "毋轻动, 俟岳家军来即降." 金将王镇, 崔庆, 李觊, 崔虎, 华旺等皆率所部降飞, 以至禁卫龙虎大王之将奇彻, 千户高勇等, 皆密受飞旗牓, 自其国来降, 大将韩常欲以五万众内附. 飞大喜, 方指日渡河, 而秦桧欲画淮以北与金为和, 讽台臣请班师. 飞言: "金人锐气沮丧, 尽弃辎重, 疾走渡河, 豪杰向风, 士卒用命, 时不再来, 机难轻失." 桧知飞志锐不可回, 乃令张俊, 杨沂中等先归, 而后言飞孤军不可久留, 一日奉十二金字牌. 飞愤泣下, 东向再拜曰: "十年之力, 废于一旦!" ……

飞既归, 所得州县旋复入于金. …… 乌珠遗桧书曰: "汝朝夕以和请, 而飞方为河北图, 必杀飞始可和." 故桧力谋杀之. …… 岁暮, 狱不成, 桧手书小纸付狱, 即报飞死, 时年三十九. …… 狱之将上也, 韩世忠不平, 诣桧诘实, 桧曰: "飞子云与张宪书虽不明, 其事莫须有." 世忠曰: "莫须有三字, 何以服天下也!" 时洪皓在金, 蜡书驰奏, 言金人所叹服者惟飞耳, 及闻其死, 酌酒相贺.

飞事母至孝, 药饵必亲, 母卒, 水浆不入口者三日. 家无姬侍, 吴玠素服飞, 遗以名姝, 飞曰: "主上宵旰, 岂大将安乐时耶?" 却不受. 少豪饮, 帝戒之曰: "卿异时到河朔, 乃可饮." 遂绝不饮. 帝为飞营第, 飞辞曰: "敌未灭, 何以家为!" 或问天下何时太平, 飞曰: "文臣不爱钱, 武臣不惜死, 天下太平矣." 师每休舍, 课将士注坡跳壕, 皆重铠习之. 卒有取民麻一缕以束刍者, 斩以徇. 卒夜宿, 民开门愿纳, 无敢入者. 军号 "冻死不拆屋, 饿死不掳掠". 卒有疾, 躬为调药; 诸将远戍, 遣妻劳问其家; 死事者哭之而育其孤, 或以子婚其女. 凡有颁犒, 均给军吏, 秋毫不私. 善以少击众. 欲有所举, 尽召诸统制与谋, 谋定而后战, 故有胜无败. 猝遇敌不动, 故敌为之语曰: "撼山易, 撼岳家军难." 张浚尝问用兵, 曰: "仁, 智, 信, 勇, 严, 阙一不可." 调军食, 必蹙额曰: "东南民力耗矣." 荆湖平, 募民营田, 又为屯田, 岁省漕运之半. 张所死, 飞感旧恩, 鞠其子宗本, 奏以官. 好贤礼士, 览经史, 雅歌投壶, 恂恂如书生. 每辞官, 必曰: "将士效力, 飞何功之有?" 然忠愤激烈, 议论持正, 不挫于人, 卒以此得祸.(朱轼:《历代名臣传·岳飞》)

【주석】① 高宗: 남송 고종 조구(赵构), 1127년에 왕위를 이어받았다. ② 飞: 악비(岳飞, 1103~1142년), 자 붕거, 금나라에 항거하는 명장. 양주 탕음 사람.(오늘날의 하남성) 북송 말년에 군대에 입대, 후에 통제(统制) 직위까지 승급. 금올술(金兀术)이 남진할 때 그는 군대를 광덕선흥 일대에 이동하여 적과 싸워 건강(지방명)을 수복하였다. 소흥 4년(1134년) 금나라 군대를 타승하고 양양, 신양 등 6군을 되찾았다. 9년, 고종과 진회(秦桧)는 금나라와 담판하자고 주장하였다. 그러나 악비는 임금에게 글을 올려 반대하였다. 다음해 그는 대대적으로 금나라를 반격하여 낙양, 정주 등 지방을 수복하고 승리를 거두었다. 그러나 이때 조정에서는 금나라와 담판을 위하여 12차례 명령을 내려 철수하라고 하였다. 악비가 임안에 돌아오자 그의 병권을 박탈하고 추밀부사로 임명하였다. 얼마 후 무함당하여 감옥에 갇혔다. 11년 12월 29일(1142년 1월 27일) 그에게 죄명을 날조하여 죽였다. ③ 登大宝: 황제자리. ④ 勤王: 임금이 곤란에 처했을 때 병력으로 임금을 구원하다. ⑤ 其: 대명사. 이곳에서는 금나라 군대를 가리킨 것이다. ⑥ 奉车驾日益南: 조정이 남쪽으로 내려가다. ⑦ 以越职夺官: 그의 행동이 자기 권한 범위를 벗어났기 때문에 파직당하였다. 악비가 그때 병의랑(하급무관)직위였는데 직접 임금에게 글을 올려 수도를 남쪽으로 옮기는 것을 반대하였기 때문에 조정은 월권행위로 그를 파직시켰다. ⑧ 诣: 만나러 가다. ⑨ 矍(jué决)然: 당황하여 사방을 돌아보다. 놀래어 이상히 여기다. ⑩ 纛(dào到): 고대군대 또는 의장대의 깃발. 拔: 점령하다. 爇(ruò若) : 불을 붙이다. 불태우다. 乌珠

(?~1148년) : 올술(兀朮), 완안종필(完顔宗弼). 금나라 대장군. 여진족. 천외 7년
(1129년) 통솔자가 되어 장강을 건너 고종을 바다로 좇아버렸다. 금회종(金熙宗) 때
도원수가 되었다. 후에 평화조약을 파기하고 다시 전쟁을 일으켰으나 악비 등의 저
지를 받았다. 建康: 옛 지명. 오늘날의 남경. 次: 머물다. 주둔하다. 复: 되찾다. 恢复
之略: 적들한테 점령당한 토지를 되찾는 계획. 刘豫(1073-1146년): 남송 초기 금나라
가 키운 괴뢰, 자는 언유. 경주부성(현재 하북성에 속함) 출신. 진사(进土), 궁중에서
시어사직을 받았고 그 후 제남 부지사관직을 하였으나 건염 2년(1128년) 금나라에
투항하였다. 4년 금나라의 책봉에 의하여 "제제"(齐帝)가 되었다. 假臣日月: 假, 주
다. 日月: 시간. 저에게 시간을 좀 주세요라는 뜻. 经略: 관리하기 위하여 준비하다.
中制: 중앙에서 명령을 하달하여 제약하다. 行在: 행재소 고대 황제가 있는 곳. 여기
서는 임안을 말하는 것이다. 남송시기 임안을 행재라고 불렀다. 그것은 바로 옛 수
도 변량을 잊지 않는다는 뜻이다. 臧(zāng脏): 착하다. 桧: 진회(1090-1155년), 자 회
지. 남송 강녕(오늘날의 강소성) 출신. 진사. 어사중승(御史中丞) 관직담당. 정강(靖
康) 2년(1127년) 금나라에 체포당하여 금나라의 측근이 되었다. 비밀 명령을 받고
남송으로 돌아와 도망쳐왔다고 하였다. 소흥년 두 차례 걸쳐 재상이 되었다. 전후
집권 19년간 한세충(韩世忠), 악비(岳飞), 장준(张浚) 3대장군의 병권을 박탈하고 죄
명을 나로 하여 악비를 살해하였다. 이는 투항을 주장하고 금나라에 굴복한 중국
고대 최대의 매국역적이다. 역사적으로 미움을 받고 있다. 衔: 원망. 度: 제어하다.
阚(kàn看): 바라보다. 不常厥居: 안정을 실현하다. 郾(yǎn掩)城: 지명. 현재 하남성. 易
与: 쉽게 대처하다. 陈: 진(阵)과 통용. 第: 다만, 또. 恸(tòng痛): 애통하다. 통곡하다.
背嵬(wēi 违 guī归): 악비수하 장군. 贝勒: 여진 귀족 칭호. 飞橄陵台令行葺诸陵: 악
비의 회람을 지키는 묘지 관원, 그들에게 임금의 묘지를 보수하라고 명령하였다. 糗
(qiǔ): 쌀과 밀을 볶아서 익힌 것. 签军: 금나라 시기 전쟁이 있을 때마다 한족(汉)사
람들을 군대에 입대하라고 명령을 발표한다. 衄(nǜ): 손상, 격퇴. 画: "刬"과 통용하
다. 金字牌: 또한 금패(金牌)라고도 한다. 송나라 제도에는 명령을 전달할 때 3가지
로 가르고 있다. 사람이 걸어서 전달하는 것, 말 타고 전달하는 것, 급히 전달하는
것. 금자패 급전달은 나무패쪽에 적색을 칠하고 황색(금색)으로 글을 쓴다. 이 패쪽
이 눈부시게 빛나므로 보는 사람마다 길을 내주기 때문에 하루에 500리를 달리므

로 긴급한 일을 전달할 때 사용함. 遗(wèi畏): 드리다. 莫须有: 있지도 않을 것을 고의로 날조하다. 蜡书: 초로 만든 알속에 서신을 두고 비밀누설 또는 습기를 방지하기 위하여 초로 봉한다. 必亲: 남의 손을 빌리지 않고 친히 섬기다. 姝(shū殊) : 미녀. 宵旰(gàn): 날이 밝기 전에 옷을 입고 저녁에 가서야 음식을 먹는다. 국가일에 근면하다. 第: 주택. 注坡: 비탈진 곳에서 급히 달려 내려오다. 阙: 결(缺)과 같다. 蹙(cù促)额: 이맛살을 찡그리다. 우려함을 형용함. 屯田: 고대 정부가 병사 또한 평민에게 명령하여 땅을 개간하여 군대에 이용하는 토지를 말한다. 漕运: 본래의 뜻은 수로로 운수. 후에는 역대 징집하여온 식량을 수로 또는 지정한 장소로 수송하는 것을 의미함. 이 뜻에는 수송비용까지 포함. 鞠: 양육 또는 키우다. 雅歌: 품위가 높은 시나 노래로 화답하다. 投壶: 고대 연회에서 진행하는 예식. 놀이의 일종. 방법은 술을 담은 주전자의 주둥이를 목표로 하여 화살을 던진다. 주둥이에 들어간 수에 따라 승부를 결정한다. 패한 사람은 술을 마신다. 恂恂: 겸손하고 신중하다는 모양. 挫: 끊어지다. 굴복하다.

三. 邓世昌甲午殉难

世昌[①] …… 尝曰:"人谁不死, 但愿死得其所耳." 衽席波涛[②], 不避艰苦. 会朝鲜乱党复起[③], 其国都戒严. 李鸿章[④]驰奏, 有旨遣师速援朝鲜. 于是先遣直隶陆军提督叶志超[⑤], 太原总兵聂士成[⑥]率陆军四千, 乘轮赴东, 继派海军提督丁汝昌[⑦]统兵轮前往, 为陆军声援. 而日本藉保护商人为辞, 亦遣兵往朝鲜, 陆续麇至[⑧]. 乘我兵舰未集, 无端先行开炮. 我兵还炮击坏日舰不少. 日兵进犯牙山, 陆军聂士成御之, 奋勇冲击, 毙敌极多. 军无后继, 军火又不相接应, 日人迭次增兵来扑, 力不能支, 遂退保平壤. 叶志超畏怯奔溃. 八月十八日辰刻, 各兵舰起椗升旗, 列成人字形. 镇远, 定远两铁甲大舰为人字之首, 靖远, 来远, 怀远, 经远, 致远, 济远, 超勇, 扬威, 广甲, 广丙及水雷舰六号张人字之两翼. 丁汝昌庸懦怯怯, 无战志, 于战略复多牵制. 日舰发炮中定远之铁桥, 丁汝昌堕于舱面, 遂匿不复出. 我军见瞭楼帅旗为敌炮所摧, 各舰皆鸣炮施击. 日舰不及我舰之巨, 铁甲亦不及我之厚, 而其行军速率, 则远过我军. 初作一字排, 向我军猛扑, 转瞬易为太极阵, 裹人字阵于其中. 鏖战既久, 日舰攻入人字阵脚, 致远, 经远, 济远三舰皆被隔于阵外. 两军炮声不绝, 海波为沸, 烟焰障天, 眯目几不相见. ……世昌管驾致远一舰, 御敌最力. 两阵甫合, 他船在后, 世昌独向前猛驶, 冲锋直进, 开放船首船尾英厂十二吨之大炮, 并施放机器格林炮, 先后共百余出, 击中日舰甚多. 乃诸船或已为敌轰伤, 或畏避自相撞沉, 皆不能勇往协助. 日舰以致远独进无复后继, 遂以四舰环攻之. 世昌勇气弥厉, 不自挫馁. 而舰身迭受炮伤, 活炮台半已损坏, 锅炉气筒亦均伤损, 继又为日舰所撞, 同入波心. 世昌乃开足机器, 向日舰飞驶而去, 誓与俱亡. 行将及矣, 而舰舱入水已深, 遂沉于海. 自大副, 二副及水手, 炮手二百五十余人同殉焉. 方世昌堕水, 义仆刘相忠同堕, 以浮水木梃让与世昌, 拒弗纳. 复经他舰救出, 世昌谓:"事已至此, 义不独生."奋身仍投海而殁, 年四十!(汪兆镛:《碑传集三编·邓世昌传》)

【주석】① 世昌: 등세창(1849-1894년), 자 정경(正卿). 청나라 때 광동 번우 지방 출신. 복주선정학당(福州船政学校) 제1기 졸업생. 광서(光绪) 5년(1879년) 북양해군에 조동되어 임직, 13년 치원함(致远舰) 대대장직(管带) 담당. 다음해 총병(总兵)으로 진급. 해상전투 기술 정통하고 평시 훈련을 엄격히 한다. 광서(光绪) 20년 갑오 해상전투에서 치원함을 거느리고 용감히 적들과 싸워 장렬하게 희생하였다. ② 袵席波涛: 일 년 내내 바다에서 배를 집으로 삼다. 袵席: 취침용 돗자리. ③ 朝鲜乱党复起: 광서(光绪) 20년(1894년) 조선동학당 봉기. ④ 李鸿章(1823-1901년): 본명 장동, 자 소전, 노년시 자호 의수(仪叟), 청나라 때 안휘성(安徽省) 합비(合肥) 출신. 도광(道光) 연간에 진사(进士). 태평군과 념군 진압에 참여 총독(总督), 북양대신(北洋大臣), 무영전 대학사(武英殿大学士), 문화전 대학사(文学殿大学士)까지 진급. 외부와는 화합을 하고 내부에는 반드시 법규와 제도를 바꾸어야 한다고 주장하였다. 청나라를 대표하여 일련의 매국조약을 체결하였다. 저작으로서는 이문충공전집(《李文忠公全集》)이 있다. ⑤ 叶志超(？- 1901년): 자 서청. 청나라 때 안휘성 합비시 출신. 군인. 광서 15년(1889년) 발탁되어 하북성 제독(提督)이 되었다. 20년 조선동학당 봉기시 군대를 거느리고 조선 아산으로 갔다. 후에 허위보고를 하고 도망쳤기 때문에 파직

당하고 갇혔다. 26년 용서를 받아 출옥하였으나 1년만에 병들어 죽었다. ⑥ 聶士成(?-1900년): 자는 공정. 청나라 때 안휘성 합비 출신. 광서18년(1892년) 산서성 태원진(太原鎭) 총병(總兵) 직위에 임명됨. 20년 제독 엽지초(葉志超)를 따라 조선 아산(牙山)에 갔다. 요동전투에서 공을 세워 제독으로 승급. 팔국 연합군이 대고를 점령했을 때 지시에 따라 천진을 지켰다. 전투에서 용감히 싸워 전사하였다. 저작으로서는 동유기정(《东游纪程》), 동정일기(《东征日记》). ⑦ 丁汝昌(1836-1895년): 원명 선달, 자 우정, 호(号) 차장. 청나라 때 안휘성 노강 출신. 일찍이 태평군에 입대, 후에 청나라 군대에 편입. 승급하여 총병(总兵), 제독(提督) 관직까지 올랐다. 광서 14년(1888년), 북양함대 성립시 해군 제독으로 임명되었다. 중일 갑오 전쟁 시 북양함대를 거느리고 일본 함대와 격전. 다음해 후원이 없는 고립된 전투에서 항복하지 않고 유공도(刘公岛)에서 독약을 먹고 자살하였다. 이 구절에서 정여창에 대한 서술은 사실과 부합되지 않는 점이 있는 것 같다. ⑧ 麇(qún群)至: 떼를 지어 오다. 麇는 群과 같다.

3절. 외세의 폭력에 대해 저항하다(抗暴御侮)

근대 이후 중국은 여러 번 열강의 침략과 약탈, 그리고 억압을 당했는데, 중국 인민이 앞사람이 거꾸러지면 뒤를 이어가며 외세의 폭압에 저항했던 것은 중화민족의 애국주의 전통의 중요 내용을 이룬다. 이 하나의 절의 몇 가지 자료는 중화민족이 난폭하고 흉포한 세력을 두려워하지 않고 모욕당하는 것을 원치 않았음을 보여준다. 외래의 침략과 억압에 저항하였을 때 공동의 적에 함께 적개심을 불태우며 만민이 한 마음으로 단결했던 정신은 우리가 계승하고 선양해야 할 가치를 지닌다.

一. 林则徐虎门烧鸦片

十八年①, 鸿胪寺卿黄爵滋②请禁鸦片烟, 下中外大臣议. 则徐③请用重典, 言: "此祸不除, 十年之后, 不惟无可筹之饷, 且无可用之兵." 宣宗④深韪⑤之, 命入觐, 召对十九次. 授钦差大臣, 赴广东查办, 十九年春, 至. 总督邓廷桢⑥已严申禁令, 捕拿烟犯, 洋商查顿⑦先避回国. 则徐知水师提督关天培⑧忠勇可用, 令整兵严备. 檄谕英国领事义律⑨查缴烟土, 驱逐趸船⑩, 呈出烟土二万余箱, 亲莅虎门验收, 焚于海滨, 四十余日始尽. 请定洋商夹带鸦片罪名, 依化外有犯之例, 人即正法, 货物入官, 责具甘结. 他国皆听命, 独义律枝梧未从. 于是阅视沿海炮台, 以虎门为第一门户, 横档山, 武山为第二门户, 大小虎山为第三门户 …… 英国商船后至者不敢入. 义律请令赴澳门载货, 冀囤烟私贩, 严斥拒之, 潜泊尖沙嘴外洋.

会有英人殴毙华氏, 抗不交犯, 遂断其食物, 撤买办, 工人以困之. 七月, 义律藉索食为名, 以货船载兵犯九龙山炮台, 参将赖恩爵击走之. 疏闻, 帝喜悦, 报曰: "既有此举, 不再可示柔弱. 不患卿等孟浪, 但戒卿等畏葸." 御史步际桐言出结徒虚文, 则徐以彼国重然诺, 不肯出结, 愈不能不向索取, 持之益坚. 寻义律浼澳门洋酋转圜, 愿令载烟之船回国, 货船听官查验. 九月, 商船已具进口, 义律遣兵船阻之, 开炮来攻, 关天培率游击麦廷章奋击败之. 十月, 又犯虎门官涌, 官军分五路进攻, 六战皆捷. 诏停止贸易, 宣示罪状, 饬福建, 浙江, 江苏严防海口. 先已授则徐两江总督, 至是调补两广. 府尹曾望颜请罢各国通商, 禁渔船出洋. 则徐疏言: "自断英国贸易, 他国喜, 此盈彼绌, 正可以夷制夷. 如概与之绝, 转恐联为一气. 粤民以海为生, 概禁出洋, 其势不可终日." 时英船寄椗外洋, 以利诱民接济销烟. 二十年春, 令关天培密装炮械, 雇渔船置户出洋设伏, 候夜顺风纵火, 焚毁附夷匪船, 接济始断. 五月, 再焚夷船于磨刀洋. 谍知新来敌船扬帆北向, 疏请沿海各省戒严. 又言夷情诡谲, 若径赴天津求通贸易, 请优示怀柔, 依嘉庆年间成例, 将递词人由内地送粤.

六月, 英船至厦门, 为闽浙总督邓廷桢所拒. 其犯浙者陷定海, 掠宁波. 则徐上疏自请治罪, 密陈兵事不可中止, 略曰: "英夷所憾在粤而滋扰于浙, 虽变动出于意外, 其穷蹙实在意中. 惟其虚怀性成, 愈穷蹙时, 愈欲显其桀骜, 试其恫喝, 甚且别生秘计, 冀售其奸: 一切不得行, 仍必帖耳俯伏. 第恐议者以为内地船炮非外夷之敌, 与其旷日持久, 不如设法羁縻. 抑知夷情无厌, 得步进步, 威不能克, 患无已时. 他国纷纷效尤, 不可不虑." 因请戴罪赴浙, 随营自效. 七月, 义律至天津, 投书总督琦善, 言广东烧烟之衅, 起自则徐及邓廷桢二人, 索价不与, 又遭诟逐, 故越境呈诉. 琦善据以上闻, 上意始动.

时英船在粤窥伺, 复连败之莲花峰下及龙穴洲. 捷书未上, 九月, 诏曰: "鸦片流毒内地, 特遣林则徐会同邓廷桢查办, 原期肃清内地, 断绝来源, 随地随时, 妥为办理. 乃自查办以来, 内而奸民犯法不能净尽, 外而兴贩来源并未断绝, 沿海各省纷纷征调, 糜饷劳师, 皆林则徐等办理不善之所致." 下则徐等严议, 饬即来京, 以琦善代之. 寻议革职, 命仍回广东备查问差委. 琦善至, 义律要求赔偿烟价, 厦门, 福州开埠通商, 上怒, 复命备战. 二十一年春, 予则徐四品卿衔, 赴浙江镇海协防. 时琦善虽以擅与香港逮治, 和战仍无定局. 五月, 诏斥则徐在粤不能德威并用, 褫卿衔, 遣戍伊犁. 会河决开封, 中途奉命襄办塞决, 二十二年, 工竣, 仍赴戍, 而浙江, 江南师屡败. 是年秋, 和议遂成.(朱轼:《历代名臣传·林则徐》)

【주석】① 十八: 도광(道光) 18년(1838년). ② 黄爵滋(1793-1833년): 자는 덕성, 호(号)는 수재. 청강서이황(清江西宜黄) 출신. 도광 진사(进士). 도광 6년(1862년) 어사급사중(御史给事中)직 임금에게 권고하여 금연(아편)주장을 제출하였다. 발탁하여 대리사소경(大理寺少卿)직, 후에 조동되어 형부우시랑(刑部右侍郎)직. 저작으로 황소사구주소(《黄少司寇奏疏》), 선병서옥시곡(《仙屏书屋诗录》), 선병서옥문록(《仙屏书屋文录》). ③ 则徐: 임칙서(1780~1850년), 자 원무(元抚), 일자소목(一字少穆), 만년 호 사촌노인(竢村老人). 청나라 때 복건성 후관(오늘날의 복주) 출신. 가경(嘉庆)년 진사(进士); 역임 절강 항가호도(浙江杭嘉湖道)강소 안찰사(江苏按察使), 동하하도 총독(东河河道总督). 강소 순무(巡抚, 지방장관) 직에 있을 때 관리의 치적을

정돈하고 원한을 바로 잡고, 수리공사를 진행하며 구재를 함에 있어서 많은 성과를 거두었다. 금연(아편)을 주장하였다. 도광18년(1838년) 흠차대신(钦差大臣)으로 임명받고 광동에 가서 아편을 조사하고 금지하였다. 다음해 4월 하순 호문에서 대중 앞에서 아편을 불태워버렸다. 그리고 수군을 모집하여 영국군대의 무장도발 행위를 좌절시켰다. 또한 인원을 조직하여 서방 서적과 신문을 번역하여 사국지(《四国志》)를 편집하였다. 그는 서양의 선박과 포를 모방하여 만들 것을 주장하고 적의 장기를 이용하여 적을 타격하여 승리할 것을 주장함. 아편전쟁이 일어난 후 광동군대와 인민들에게 명령하여 엄밀히 진을 치고 기다렸기 때문에 영국군대가 광동에서 뜻대로 되지 못하였다. 얼마 후 모함을 당하여 파직당한 후 국경지대로 추방당했다. 25년(1845년) 여름부터 섬서성 순무(지방장관), 운남(云南) 귀주(贵州) 총독직 역임. 사망 후 문충 시호를 주었다. 저작으로 운좌산방문초(《云左山房文钞》), 운좌산방시초(《云左山房诗钞》), 임문충공정서(《林文忠公政书》), 임즉서집(《林则徐集》) 등이 있다. ④ 宣宗: 청 도광황제(清 道光帝) 애신각라·민녕(爱新觉罗·旻宁, 1782-1850년) 묘호(임금의 시호). ⑤ 韙(wěi伟): 옳다. 맞다. 긍정하다는 뜻. ⑥ 邓廷桢(1775- 1846년): 자 유주(维周), 호 해균(嶰筠). 청나라 때 강소 강녕(오늘날의 남경) 출신. 가경년 때 진사가 되었고 도광 15년(1835년) 양광(两广) 총독(总督)이 되었다. 19년 임즉서(林则徐)와 함께 아편을 조사하고 금지하였다. 아편을 몰수하고 군대를 거느리고 엄수하여 성과를 거두었다. 아편전쟁 실패 후 임칙서와 함께 파직당하였다. 국경지대인. 이리(伊犁) 지방으로 보냈다. 23년에 석방되어 돌아와 감숙(甘肃), 섬서(陕西) 순무(지방장관), 섬서 감숙 총독직 담당. 저작으로는 쌍연재시초(《双砚斋诗钞》). ⑦ 查顿(1784-1843년), 사전(渣甸)이라고도 한다. 영국 스코틀랜드 사람. 1802년 인도에 가서 장사하여 부자가 되었다. 2년후 광주에 와서 아편을 밀수하였다. 임칙서가 아편을 조사하고 금지할 때 바로 도광(道光) 18년(1838년)에 영국으로 도망쳐갔으며 중국 침략전쟁을 부추키였다. ⑧ 关天培(1781-1841년): 자는 중인(仲因), 호는 자포(滋圃). 청나라 때 강소 산양(오늘날의 회안)출신. 군인으로서 광동해군 제독으로 승급. 임즉서를 협조하여 아편을 조사 몰수하였으며 적극적으로 전쟁준비를 하였다. 도광 20년(1841년)에 호문포대를 굳게 지켜 영국 군대와 주야분투하였으나 드디어 지원을 받지 못해 400명 장병들과 함께 장열하게 전사하였다. 저작으로는 주해초집

(《籌海初集》)이 있다. ⑨ 义律(1801-1875년): 영국 사람. 도광 16년(1836년) 중국 주재 상무감독. 후에 금연 운동과 대항하여 뜻대로 되지 않아 영국의 외교대신을 추겨 중국에 대하여 침략전쟁을 이르키도록 하였으며 작전방안도 제공하였다. 다음해 부전권(副全权)대표로 임명받았다. 아편전쟁 폭발 후 영국함대를 거느리고 중국을 침범하였다. 아편전쟁 후 영국정부는 그는 북아메리카로 조동하였다. ⑩ 趸(dǔn趸): 잔교로 쓰는 배. 甘结: 스스로 서면 보증을 내다. 孟浪: 경솔하다. 여기서는 행동이 격하다는 뜻. 畏葸(xǐ喜): 두려워하다. 무서워하다. 浼(měi每): 애원하다. 转圜(huán环): 만회하다. 조정하다. 饬(chì斥): 敕와 같다. 명령, 경고를 주다. 椗(dìng定) "碇"자의 다르게 쓰는 글자. 배가 정박할 때 배를 안정시키기 위하여 물속에 던지는 돌, 닻과 같다. 여기서는 동사로 사용하므로 멎다는 뜻. 疍(dàn旦)户: 물 위에서 생활하는 주민을 과거에 단호(疍户)라고 부른다. 诡谲: 이상 야릇하다. 변화가 다단하다. 穷蹙(cù促): 어리둥절하다. 매우 촉박하다. 桀骜: 횡포하고 고집스럽다. 羁縻(jīmí机迷): 얽매다. 단속하다. 제약하다. 效尤: 모방하다. 琦善(약 1790-1854년): 청나라 말기 정황기(正黃旗) 사람. 대학사 관직. 아편전쟁 시 하북성 총독, 광주에서 영국군대와 담판할 것을 허락하였다. 그리고 임즉서를 무함하였다. 후에 임금이 직접 파견한 대신으로 광주에 가서 담판할 것을 적극적으로 주장하여 홍콩을 영국에게 넘겨주었다. 糜饷: 군인의 급료를 낭비하다. 逮治: 체포하여 징벌하다. 褫(chǐ齿) : 옷을 벗기다. 파직을 당하다는 뜻.

二. 三元里人民抗英

初十日①辰刻, 逆夷由三元里过牛栏冈抢劫, 予②闻锣声不绝, 即带水勇应之, 而八十余乡亦执旗继至. 不转眼间来会者众数万, 刀斧犁锄, 在手即成军器, 儿童妇女, 喊声亦助兵威. 斯时也, 重重叠叠, 遍野漫山, 已将夷兵困在垓心矣. 彼此发炮, 互有死伤, 而最先阵亡者, 则唯予之家人谭胜也(谭胜者, 顺德人, 死时, 年十八, 现在义勇祠供为首座). 时天色晴明, 忽而阴云四起, 午刻③迅雷烈风, 大雨如注, 日夜不息. 未刻后, 逆夷之鸟枪, 火炮, 俱被雨水湿透, 施放不响, 且夷兵俱穿皮底靴, 三元里四面皆田, 雨后泥泞土滑, 夷兵寸步难行, 水勇及乡民遂分头截杀. 予水勇砍得逆夷兵头首级一颗, 杀毙夷兵十二名, 乡民杀得夷兵二百余名, 而水勇乡民战死者共二十名. 盖是日夷兵之在四方台④下者, 无一脱生去. 时逆兵头义律, 马礼逊⑤, 尚带夷兵二十余名在台上, 水勇等争欲上台擒杀. 唯已三更, 予恐黑夜上台, 其枪炮由上击下, 必致民勇交伤, 且恐黑夜易至逃脱, 爰命水勇乡民屯在台下, 终夜严守, 将待天明而后捉生. 不意十一朝⑥, 有当事开城弹压者, 且斥予等多事也⑦, 而人心解体矣, 散矣, 义律, 马礼逊生矣, 和矣. …… 一日纵敌, 数世之患, 天乎! 人乎!(林福祥:《平海心筹·三元里打仗日记》, 见《三元里人民抗英斗争史料》)

【주석】① 初十日: 도광 21년 4월 초 10일(1841년 5월 30일). ② 予: 곧 본문필자 임복상. 予: 나. ③ 午刻: 옛날 시간을 계산할 때 하루를 12시진(时辰)으로 나누었는데 일 시진은 2시간에 해당됨. 오각(午刻)은 12시진 중의 하나인데 11시에서 13시를 가리키는 것이다. 미각(未刻)은 13시에서 15시. ④ 四方台: 그때 당시 영국군대가 차지하고 있는 포대. ⑤ 马礼逊(1782-1834년), 영국사람. 청나라 가경(嘉庆) 12년(1807년)에 광주에 왔고 후에 마카오로 이주하고 기독교 성경 번역사업을 하였으며 최초로 성경을 중국어로 번역한 역자다. 그는 또한 런던교회 창시자이다. 이는 아편전쟁이 일어나기 6년 전 광주에서 병으로 사망하였다. ⑥ 十一朝: 도광 21년 4월 11일 아침. ⑦ 有当事开城弹压者, 且斥予等多事也: 영국부전권대표 의율(义律)이 광동 관청에 위급함을 알려 구원을 청하자 혁산(奕山)은 급히 광주 부지사(知府) 여보순(余保纯) 등에게 명하여 성 밖으로 나가서 달래 촌민들을 쫓아버리고 영국 군대가 곤경에서 벗어나게 하였다.

三. 翠云娘"红灯"照民魂

翠云娘, 山左产①, 年十七八, 貌殊可人. …… 幼业卖解②, 随父流转江湖, 行踪遍南北. …… 曾至上海奏技③, 其父为人诬陷, 被拘入租界捕房. 女随往, 有所剖白④, 而捕房例, 严禁华人有所陈, 遂被囚, 不胜其苦. 罚锾⑤乃得释. 女愤然曰:"吾国官吏往往不免冤诬人, 吾每为之暴, 然尚容人辨诉也, 不意西人乃如此!"自此, 遂有仇外意.

172

光绪庚子⑥, 义和团⑦起, 女喜, 请于父, 往投之, 盖即团中所谓红灯照者. 女
得隶某大师兄麾下, 甚见信任, 赐以翠云娘名号, 书之旗帜而赐之. ……
寻⑧八国联军⑨长驱入京师⑩, 团众逃无踪, 女愤甚, 激励其部下, 人咸愿效死,
遂与联军巷战竟日, 洋兵死伤者多, 女部兵亦伤亡略尽, 乃耸身登屋逸去. 其
后, 团中领佐大半为洋人向导, 或为仆役, 且借洋兵之势, 劫夺抢杀, 无恶不
为. 女慨然曰: "吾误与若辈共事, 事胡能成? 然此耻不可不一湔也!"乃约会饮
于某处. 众素倾慕女, 是日到者众. 女宣言曰: "吾向谓若辈人也, 不意乃狗彘
之不若!"骅然出长剑, 骈戮之, 遂去, 不知所终.(徐珂,《清稗类钞·义侠类》)

【주석】① 山左产: 산동성에서 출생하였다. 山左: 산동. ② 卖解: 기예를 팔아 생활
하다. ③ 奏艺: 기예를 보여주다. ④ 剖白: 변명하다. ⑤ 鍰(huán桓): 고대의 중량단
위 일환은 6량에 해당함. 여기서는 일정한 수량의 금전. ⑥ 光绪庚子: 광서(光绪) 26
년, 1900년. ⑦ 义和团: 갑오 중일전쟁 후 민족의 위기가 날마다 위급해지자 하북성,
산동성 등지에서는 농민과 수공업자가 중심이 된 하층 민중들이 "扶清灭洋(청나라
를 도와주고 서양 오랑캐를 없애자)"라는 구호 밑에 자발적으로 폭발된 제국주의를
반대하는 애국운동이다. 이 운동은 후에 청나라 귀족 통치자들에게 이용당하여 제
국주의의 연합 진압으로 실패하였다. ⑧ 寻: 머지않아, 곧. ⑨ 八国联军: 1900년 영
국, 미국, 프랑스, 독일, 일본, 이탈리아, 러시아, 오스트리아 등 8개국으로 구성된
침략군은 의화단을 진압한다는 구실로 천진에 상륙하여 북경으로 침략해 들어와 미
친 듯이 날뛰며 불태우고 학살하며 강탈하였다. 그리고 청나라에 강요하여 주권을
상실한 치욕스러운 신축조약(《辛丑条约》)을 체결하였다. ⑩ 京师 : 곧 베이징. 湔
(jiān煎): 좌명을 씻다. 骅(huō豁)然 칼 또는 검이 물체를 부딪칠 때 나는 소리. 骈
(pián胼): 병(并), 또한.

2장

국가를 위해 공충(公忠)이 되어야 하고, 청렴결백해야 한다

이끄는 말

국가를 위한 공충(公忠)은 국가의 이익·공공의 이익을 개인의 이익 위에 두어, 공정하게 법을 집행하고 전반적인 국면을 고려하여, 사익을 쫓아 법을 어기는 것과 권력을 이용해 사익을 꾀하는 것에 반대하고 사사로운 정으로 공동의 이익을 해치지 않는 것이다. 이는 전통 도덕 중 뛰어난 일부이다. 따라서 염결(廉潔)하게 공익을 받들어 부정부패를 척결하고 뇌물을 거절하는 행위는 그에 관한 구체적인 표현이다. 이 장의 자료는 공정한 태도로 사사로움을 없애는 것과 부정부패를 척결하고 청렴을 제창하는 것, 두 부분으로 나뉘는데, 이 자료들은 우리에게 상당한 깨우침을 준다. 근본적으로 과거 사회의 통치자들이 진정으로 공정한 태도로 사사로움을 없앨 수는 없었다고 할지라도, 당시 몇몇 지식인들은 모두 이 점을 깨달았고, 아울러 몸소 체험하고 힘써 실천하였다. 따라서 그들의 언행은 진정 우리에게 본보기를 제공해 줄 수 있다.

1절. 공정한 태도로 사사로움을 없앤다(秉公去私)

예로부터 중국의 유망한 정치가라면 제창한 것이 관리가 되어 정치를 담당한다면, 공(公)을 확립해 사(私)를 없애야 한다는 것이었고, 공(公)이 되는지 아니면 사(私)가 되는지를 생각했다. 이런 "공과 사의 엇갈림[公私之交]"이 "국가 존망의 근본[存亡之本]"이었다[상앙(商鞅)의 말]. 공평무사함은 훌륭한 하나의 전통이 되었다. 이 절의 몇 가지 자료는 모두 무사(無私)의 정신을 드러낸 것으로, 석작(石碏)은 국가의 이익을 위해 대의멸친(大義滅親)하였고, 자문(子文)은 공정하게 법을 집행하되 친척과 친구라고 사사로이 하지 않았으며, 포공(包公)은 인정에 구애됨이나 사사로움이 없었고, 권세와 지위가 높은 사람을 두려워하지 않았다. 인상여(藺相如)가 개인적 감정을 가지고 염파(廉頗)와 우열을 다투지 않았던 점은 대국(大局)을 중시하고 사사로운 감정으로 공공의 이익을 해치지 않는 고상한 풍격(風格)을 나타낸다. 이러한 사건의 자취 안에서 표현되어 나오는 것은 대공무사(大公無私)의 정신이니 마땅히 제창하고 드높여야 할 것이다.

一. 卫石碏"大义灭亲"

卫庄公①娶于齐②东宫得臣③之妹, 曰庄姜, 美而无子, 卫人所为赋《硕人》④也. 又娶于陈⑤, 曰厉妫, 生孝伯, 早死. 其娣⑥戴妫, 生桓公, 庄姜以为己子. 公子⑦州吁, 嬖人⑧之子也. 有宠而好兵, 公弗禁. 庄姜恶之.
石碏⑨谏曰: "臣闻爱子, 教之以义方⑩, 弗纳于邪. 骄, 奢, 淫, 泆, 所自邪
也. 四者之来, 宠禄过也. 将立州吁, 乃定之矣; 若犹未也, 阶之为祸. 夫宠
而不骄, 骄而能降, 降而不憾, 憾而能眕者, 鲜矣. 且夫贱妨贵, 少陵长, 远
间亲, 新间旧, 小加大, 淫破义, 所谓六逆也; 君义, 臣行, 父慈, 子孝, 兄
爱, 弟敬, 所谓六顺也. 去顺效逆, 所以速祸也. 君人者, 将祸是务去, 而速
之, 无乃不可乎? " 弗听. 其子厚与州吁游, 禁之, 不可. 桓公立, 乃老.
四年春, 卫州吁弒桓公而立 ……
州吁未能和其民, 厚问定君于石子. 石子曰: "王觐为可." 曰: "何以得觐?"
曰: "陈桓公方有宠于王, 陈, 卫方睦, 若朝陈使请, 必可得也." 厚从州吁如
陈. 石碏使告于陈曰: "卫国褊小, 老夫耄矣, 无能为也. 此二人者, 实弒寡
君, 敢即图之." 陈人执之, 而请莅于卫. 九月, 卫人使右宰丑莅杀州吁于濮.
石碏使其宰獳羊肩莅杀石厚于陈. 君子曰: "石碏, 纯臣也. 恶州吁而厚与
焉.'大义灭亲', 其是之谓乎!"(《左传·隐公三年》,《隐公四年》)

【주석】① 卫庄公: 춘추(春秋)시기 위국(为国)의 제11대 군주, 기원전 757-734년까
지 군주로 있었다. 위(为): 원래는 주무왕(周武王) 동생인 강숙(康叔)의 봉국(封国)이
었다. 오늘날의 하남성 기현조가 일대. ② 齐: 제국. 오늘날의 산동성 치박 일대. ③
东宫得臣: 제장공(齐庄公) 태자가 회공이라는 대신을 자기에게 복종하도록 하였다.
고대 태자가 거주하고 있는 궁전을 동궁이라고 함. 그러므로 태자를 동궁이라고 함.
④《硕人》: 시경·위풍·석인(《诗经·卫风·硕人》) 이 시를 보면 장강(庄姜)이 예쁘기는
하지만 자식이 없어서 슬프다고 함. ⑤ 陈: 고대 진국(陈国), 전설에 의하면 우순(虞
舜) 이후 규성(嬀姓)을 가진 국가인데 오늘날의 하남성 회양(淮阳) 일대에 있었다.
⑥ 娣(dì弟): 언니를 따라 한 남편에게 시집간 여동생.(시동생의 아내를 이렇게 부르
기도 한다.) ⑦ 公子: 고대 제후(诸侯)의 아들에 대한 통칭 또는 제후 첩의 자식들을
서자라고 부르며 본처가 난 아들을 세자라고 부른다. 그 후 일반적으로 귀족의 자식
들을 공자라고 부른다. ⑧ 嬖(bì必)人: 총애를 받는 사람. 여기서는 위장공(卫庄公)의
총애를 받는 첩을 가리킨 것이다. ⑨ 石碏(què鹊): 춘추시기 위국의 현대부(贤大夫).
위장공을 위하여 사업을 한다. 기원전 약 740년 전후에 살아 있었다. ⑩ 义方: 인간

다운 바른길. 方, 길. 弗納于邪: 나쁜 길에 들어서지 말 것. 泆(yì佚): 방탕하다. 所自
邪也: 나쁜 길로 가는 원인의 기원. 将立州吁 : 만약 주우(州吁)를 태자로 내세우려
고 타산한다면. 장(将)은 여기에서 "若" 만약 이라는 뜻. 乃定之矣: 그렇다면 하루빨
리 결정해야 좋다. 내(乃)는 이곳에서 즉(則)이라는 뜻. 若犹未也: 만약 아직 결정하
지 안했다면. 阶之为祸: 그러면 곧 점차적으로 큰 재난을 초래할 것이다. 懚而能眕
(zhěn枕)者, 鲜矣: 마음속으로 원망하면서 자체로 억제할 수 있는 사람을 보기 드물
다. 眕는 억제. 陵: 凌과 같다. 침릉(侵凌). 침범하여 모욕하다. 间: 이간. 加: 이곳에서
침범하여 모욕하다는 뜻. 淫破义: 음란하여 도독과 의리를 파괴하다. 君义, 臣行: 군
주(君主)의 언행이 정당하고 합리적이라면 신하(臣下)는 명령대로 집행한다. 君人者:
임금이 도착하여 만민을 통솔하다. 将祸事务去: 응당히 힘써 재난을 없애다. 도치문
이다. 而速之: 오히려 재난을 초래하다. 无乃: 설마 어찌 아니겠는가. 游: 내왕하다.
可: 말과 같이 쓸데없다. 역할을 하지 못하다. 老: 이곳에서는 나이가 많아서 사직하
다. 정년퇴직하다. 四年: 노은공(鲁隐公) 4년, 기원전 719년. 弑: 고대 아들이 아버지
를 죽이든가 혹은 신하가 임금을 죽이는 것을 시라고 함. 问定君于石子: 석작(石碏)
에게 임금자리를 안정 할 수 있는 방법을 물어보다. 石子: 곧 석작(石碏). 춘추시기
위국의 대부(大夫). 子, 고대 남자에 대한 존칭. 王觐(jìn近)为可: 오직 주(周)나라의
임금을 참배해야만 합법적인 지위를 거둘 수 있으며 인민들로 부터 추대를 받을 수
있다. 觐: 고대 임금 뵙는 것을 근이라 함. 王: 주나라 임금. 为可: 그렇게 해야만
될 수 있다. 如: 가다(往). 使告: 사람을 보내어 알리다. 褊(biǎn扁): 옷이 좁은 것을
변(褊)이라고 함 여기서는 국토가 좁고 작다는 뜻. 髦(mào冒): 나이가 80-90 되는
노인을 모라고 함. 일반적으로 연로하신 분을 가리킴. 敢即图之: 주제넘게 이 기회를
이용하여 그를 처리할 것을 청구하다. 감(敢), 감히 겸손하여 하는 말. 请莅(lì立) :
위국 사람을 청하여 진국에 오셔서 처치하다. 莅: 왕림하다. 도래하다. 右宰丑: 우재
상(宰相) 관직에 있는 분이 추(丑)라고 함. 濮: 춘추시기 진복지방 오늘날의 안휘성
박주(亳) 경내. 宰: 집사. 君子: 좌전(《左传》)에 자주 군자(君子)라는 명의로 서술한
인물에 대하여 평론하다. 이곳에서 지적한 군자는 사실상 좌구명(左丘明) 자신이다.
纯臣: 충직하고 순결한 신하. 与: 참여, ~에 이어지다. ~에 미치다. 大义灭亲, 其是
之谓乎: 정의를 위함이라면 부모처자의 사사로운 정도 돌보지 않는다. 바로 이러한

정형을 말하는 것이다.

二. 子文执法不私亲

楚令尹^①子文^②之族有干法^③者, 廷理^④拘之, 闻其令尹之族也, 而释之. 子文召廷理而责之曰: "凡立廷理者, 将以司^⑤犯王令, 而察触国法也. 夫直士^⑥持法^⑦, 柔而不挠^⑧, 刚而不折. 今弃法而背令, 而释犯法者, 是为理不端^⑨, 怀心不公也. 岂吾营私之意也? 何廷理之驳^⑩于法也! 吾在上位以率士民, 士民或怨, 而吾不能免之于法. 今吾族犯法甚明, 而使廷理因缘吾心而释之, 是吾不公之心明著于国也: 执一国之柄而以私闻, 与吾生不以义, 不若吾死也." 遂致其族人于廷理, 曰: "不是刑也, 吾将死!" 廷理惧, 遂刑其族人. 成王闻之, 不及履而至于子文之室, 曰: "寡人幼少, 置理失其人, 以违夫子之意." 于是黜廷理而尊子文, 使及内政. 国人闻之, 曰: "若令尹之公也, 吾党何忧乎?" 乃相与作歌曰: "子文之族, 犯国法程. 廷理释之, 子文不听. 恤顾怨萌, 方正公平."(刘向:《说苑·至公》)

【주석】① 楚令尹: 초(楚)나라의 최고행정장관. ② 子文: 춘추 전시기 초성왕(楚成王)시대 유명한 현지사[令尹]. 이름은 두곡여토(斗谷於菟) (wūtú乌徒)라고 함. 그는 가산을 모두 털어 국난을 돌보는 정의로운 행동으로 인하여 역사상 이름을 날렸다. 동시에 법을 집행할 때 사심이 없으므로 후세의 사람들로부터 존경을 받았다. ③ 干法: 형법에 위반되다. 죄를 범하다. ④ 廷理: 춘추시기 초나라 형법을 주관하는 관리, 진한(秦汉) 이후의 정위(廷尉) 관직은 대리(大理) 관직과 같다. ⑤ 司: 주, 맡아보다. ⑥ 直士: 공정하고 사심 없는 사람. ⑦ 持法: 법을 집행하다. ⑧ 挠: 굽히다. ⑨ 为理不端: 형법을 주관하는 관리로서 공정한 도리를 주장하지 않는다. 단(端), 바르다. ⑩ 驳: 배반하다. 以率士民: 광범한 대중의 모범이 되다. 执一国之柄: 국가의 통치권을 장악하다. 柄, 권병 권력. 以私闻: 사심이 있으므로 세상에 이름나다. 与吾生不以义, 不若吾死也: 살아서 도의를 지키지 않으면 죽은 것만 못하다. 致: 송달하다. 야기하다. 不是刑也: 만약 그들을 형법에 따라 처분하지 않으면. 吾将死: 나는 곧 자살하다. 成王: 초나라 유명한 임금중의 하나. 기원전 671-626년까지 직위에 있었다. 이전에 진(晋)나라와 패권을 다투다가 성복(城濮)에서 실패하였다. 후에 자기

아들 목왕(穆王)의 강요에 의해 자살하였다. 不及履: 미처 신을 신지 못하였다. 夫子:
고대 남성 노인에 대한 존칭. 法程: 법령제도. 恤顾怨萌: 우려하여 원한이 싹트다.

三. 相如高义将相和

廉颇①者, 赵②之良将也. 赵惠文王③十六年, 廉颇为赵将伐齐④, 大破之, 取
阳晋⑤, 拜为上卿⑥, 以勇气闻于诸侯. 蔺相如⑦者, 赵人也, 为赵宦者令⑧缪
贤舍人⑨.

赵惠文王时, 得楚和氏璧⑩. 秦昭王闻之, 使人遗赵王书, 愿以十五城请易
璧 …… 遣相如奉璧西入秦. …… 相如度秦王特以诈详为予赵城, 实不可
得. …… 乃使其从者衣褐, 怀其璧, 从径道亡, 归璧于赵. …… 相如既归,
赵王以为贤大夫使不辱于诸侯, 拜相如为上大夫 …… 拜为上卿, 位在廉
颇之右. 廉颇曰: "我为赵将, 有攻城野战之大功, 而蔺相如徒以口舌为劳,
而位居我上, 且相如素贱人, 吾羞, 不忍为之下." 宣言曰: "我见相如, 必辱
之." 相如闻, 不肯与会. 相如每朝时, 常称病, 不欲与廉颇争列. 已而相如
出, 望见廉颇, 相如引车避匿. 于是舍人相与谏曰: "臣所以去亲戚而事君
者, 徒慕君之高义也. 今君与廉颇同列, 廉君宣恶言而君畏匿之, 恐惧殊甚,
且庸人尚羞之, 况于将相乎! 臣等不肖, 请辞去." 蔺相如固止之, 曰: "公之
视廉将军孰与秦王?" 曰: "不若也." 相如曰: "夫以秦王之威, 而相如廷叱之,
辱其群臣, 相如虽驽, 独畏廉将军哉? 顾吾念之, 强秦之所以不敢加兵于赵
者, 徒以吾两人在也. 今两虎共斗, 其势不俱生. 吾所以为此者, 以先国家
之急而后私仇也." 廉颇闻之, 肉袒负荆, 因宾客至蔺相如门谢罪. 曰: "鄙
贱之人, 不知将军宽之至此也!" 卒相与欢, 为刎颈之交.(《史记》卷八十一
《廉颇蔺相如列传》)

【주석】① 廉颇: 전국시기 조(赵)나라의 장군, 제(齐)나라, 진(秦)나라, 연(燕)나라를
타승하고 위(魏)나라를 꺾어놓아 공을 많이 세웠기 때문에 상경(上卿) 관직으로 승
급하였으며 그를 신평후(信平侯)로 봉하였다. 후에 신용을 받지 못하여 위나라에 망
명했다가 초(楚)나라에 갔으나 수춘(寿春)에서 객사하였다. ② 赵: 오늘날의 하북성

한단 지대에 있었다. ③ 赵惠文王: 무릉왕(武灵王)의 아들 기원전 297-264년까지 왕위에 있었다. ④ 齐: 오늘날의 산동성 치박(淄博)시 동부지대에 자리 잡고 있었다. ⑤ 阳晋: 오늘날의 산동성 운성(郓城)현 서쪽에 있었다. ⑥ 上卿: 전국(战国)시기 제후국(诸侯国)의 최고관직이다. ⑦ 蔺相如: 조나라 현대부(贤大夫). 원래의 물건 옥을 (完璧归赵) 주인에게 고스란히 돌려주었을 뿐만 아니라 염파(廉颇)와의 관계에서 의로운 행동으로 그를 설복했기 때문에 역사에 널리 알려져 있다. ⑧ 宦者令: 궁전 내의 시종하는 사람들을 장악하고 관할하는 관직. ⑨ 舍人: 전국시대 가까이 시중들어 주는 사람을 이렇게 부른다. 마치 오늘날의 비서와 유사한 사람들. ⑩ 和氏璧: 전해진 말에 의하면 초나라 유명한 손재주가 있는 사람 변화(卞和)가 조각한 옥. 秦昭王: 곧 진소양왕(秦昭襄王), 기원전 306-251년까지 왕위에 있었다. 그 당시 진나라가 매우 강대하기 때문에 조나라의 서쪽에 있는 중요한 적국이 되었다. 遺(wèi卫): 보내다. 度(duó夺): 추측, 예측. 详: 양(佯)과 같다. 가장하다. 衣褐: 보통 백성과 같은 질이 낮은 무명천으로 만든 소매나 바짓가랑이가 짧은 옷. 从径道亡: 외진 소로로 도망치다. 使: 명령에 따라 외교사절로 나가다. 上大夫: 대부 중 최고 관직. 右: 고대 사람들은 오른쪽을 숭상하기 때문에 오른쪽을 더 높이 본다. 자리가 염파의 오른쪽에 있으므로 염파보다 직위가 높다는 뜻이다. 徒: 단지, 오직. 不忍: 참을 수 없다. 宣言: 떠벌이다. 列: 순서, 지위 등급. 已而: 시간(시일)을 좀 지나서. 徒慕君之高义: 오직 당신의 숭고한 덕성을 흠모하여. 庸人: 평범한 사람. 보통사람. 不肖: 겸손할 말로 재능과 덕성이 미치지 못하다. 능력이 없다. 재능이 없다는 의미. 公之视廉将军孰与秦王: 여러분이 본 바에 의하면 염장군과 진왕 간에 누가 더 사납고 무서운가? 孰与: 어떻게, 어찌 ……와 같으랴. 廷叱之: 조정에서 큰 소리로 그를 꾸짖다. 여기서는 면지(渑池)회의 때 진왕은 세력을 믿고 조나라를 억누를 때 상여는 이치에 따라 조나라의 면목을 만회한 사실. 驽 원래의 뜻은 열등 말(马), 이곳에서는 어리석고 무능함을 비유함. 顾吾念之: 다만 나는 고려하여, 顾, 다만, 불과하다. 肉坦负荆: 웃옷을 벗고 어깨와 팔을 내놓고 가시나무를 등에 지고사죄를 표시하였다. 因宾客: 상여의 손님과 집사람을 통하여. 卒相与欢: 두 사람은 드디어 화해하였다. 刎颈之交: 생사고락을 같이하는 친구. 刎颈, 목을 자르다.

四. 包文正铁面无私

包拯①字希仁, 庐州合肥人也. 始举进士, 除大理评事, 出知建昌县. ……
除天章阁待制, 知谏院. 数论斥权倖②大臣, 请罢一切内除③曲恩④. 又列上
唐魏郑公⑤三疏, 愿置之坐右, 以为龟鉴⑥. 又上言天子当明听纳, 辨朋党,
惜人才, 不主先入之说, 凡七事: 请去刻薄, 抑侥倖, 正刑明禁, 戒兴作, 禁
妖妄. 朝廷多施行之. …… 复官, 徙江宁府, 召权知开封府, 迁右司郎中.
拯立朝刚毅, 贵戚宦官为之敛手⑦, 闻者皆惮之. 人以包拯笑比黄河清⑧,
童稚妇女, 亦知其名, 呼曰"包待制". 京师为之语曰: "关节⑨不到, 有阎罗
包老."旧制, 凡讼诉不得径造庭下. 拯开正门, 使得至前陈曲直, 吏不敢欺.
中官势族筑园榭, 侵惠民河, 以故河塞不通, 适京师大水, 拯乃悉毁去. 或
持地券⑩自言有伪增步数者, 皆审验劾奏之. …… 其在三司, 凡诸管库供
上物, 旧皆科率外郡, 积以困民. 拯特为置场和市, 民得无扰. 吏负钱帛多
缧系, 间辄逃去, 并械其妻子者, 类皆释之. …… 拯性峭直, 恶吏苛刻, 务
敦厚, 虽甚嫉恶, 而未尝不推以忠恕也. 与人不苟合, 不伪辞色悦人, 平居
无私书, 故人, 亲党皆绝之. 虽贵, 衣服, 器用, 饮食如布衣时. 尝曰:"后世
子孙仕宦, 有犯赃者, 不得放归本家, 死不得葬大茔中. 不从吾志, 非吾子
若孙也."(《宋史》卷三一六《包拯传》)

【주석】① 包拯(999-1062년): 자 희인(希仁). 북송 노주 합비(合肥)(오늘날의 안휘성)
출신. 천성년진사(天圣年进士), 감찰어사(监察御史), 천장각대제 (天章阁待制), 개봉
부지사(开封知府), 용도각직학사(龙图阁直学士), 추밀부사직을(枢密副使) 역임하였
다. 청렴 공정하고 엄격히 법을 집행하기 때문에 그 사람이 널리 알려졌다. 고대에
청렴한 관리의 전행적인 인물이 되고 있다. ② 权倖: 임금의 총애를 받고 중요한
권한을 장악하고 있다. 倖, "幸" 자의 다르게 쓰는 글자. ③ 内除: 황제가 직접 승급
시키다. 除, 관직을 주다. 이곳에서는 황제 자신의 뜻에 따라 관직을 올려준다. ④
曲恩: 개인적인 은혜. ⑤ 魏郑公: 곧 위징(魏徵, 580-643년), 당나라(唐代) 대신. 태종
(太宗) 때 간의대부(谏议大夫, 임금에게 간언을 드리는 관리), 비서감(秘书监), 시중
(侍中) 관직까지 하였으며 직접 그대로 간언을 드리므로 세상에 이름을 날리다. 정

국공(郑国公)으로 봉을 받았다. 죽은 후 문정(文贞)시호를 받았다. ⑥ 龟鉴: 거북이는 길흉을 예측할 수 있고 거울은 아름다움과 악한 것을 가를 수 있다. ⑦ 敛手: 손을 떼다. 감히 함부로 행동을 못하다. ⑧ 包拯笑比黄河清: 이 말의 뜻은 포증(包拯)의 웃는 얼굴을 보려면 황하 물이 맑아지는 것처럼 힘이 든다. ⑨ 关节: 뇌물을 주고 부탁드리다. ⑩ 地券: 땅 문서. 管库: 국고를 말한다. 科率: 징수. 科, 세금 징수. 缧(léi 雷)系: 가두다. 류(缧): 고대 죄인을 다룰 때 쓰는 포승. 峭直: 산세가 가파르다. 여기서는 성격이 엄격하다는 뜻. 茔(yíng营): 묘지. 大茔: 조상의 묘지. 非吾子若孙也: 나의 자손이 아니다. 若, 여기서는 접속사.

2절. 부정부패를 척결하고 청렴을 제창한다(反贪倡廉)

부정부패를 척결하고 청렴을 제창하는 것은 공(公)을 확립하고 사(私)를 없애는 중요한 한 측면이다. 이 절의 자료는 옛 사람의 언행을 반영한 것으로 정말 오늘날의 본보기가 될 만한 가치가 있다. 더욱이 그 중 자한(子罕)이 청렴을 보물로 여겼고, 양인(梁寅)이 "청렴[清]·신중함[慎]·근면[勤]"을 관직을 수행함에 세 글자의 부절로 삼았다는 일화는 오늘날에도 여전히 현실적 의의를 지니고 있다.

一. 宋子罕以廉为宝
宋①人有得玉者, 献诸②司城③子罕④, 子罕不受. 献玉者曰: "以示玉人⑤, 玉人以为宝, 故敢献之." 子罕曰: "我以不贪为宝, 尔以玉为宝; 若与⑥我者, 皆丧宝也, 不若人有其宝." 故宋国之长者⑦曰: "子罕非无宝也, 所宝者异也."(刘向:《新序·节士》)
【주석】① 宋: 춘추시기 송(宋国)나라, 오늘날의 하남성 상구(商丘)지대. 서저(西周) 초기 주공(周公)이 무경지란(武庚之乱)을 진압한 후 주왕(纣)의 서형(庶兄) 미자(微

子)를 이곳에 봉하여 은(殷)나라를 존속시켰다. 전국(战国) 초기 제(齐)나라가 멸망시켰다. ② 诸: 지우(之于) 두 자의 합음. ③ 司城: 송대의 관직명, 사공(司空)이라고함. 건축 및 차복(车服), 기계 제작을 주관함. ④ 子罕: 춘추 중기 송평공(宋平公) 시기의 현대부 악희(贤大夫乐喜)를 말함. 그가 사성(司城)직을 맡아보았기 때문에 사성자한(司城子罕)이라고 한다. 구제사업을 맡았을 때 곤란을 극복하고 자체로 문제를해결했기 때문에 진숙향(晋叔向)의 호평을 받았고 백성의 충복이라고 함. 한편으로는 그의 청렴하고 고귀한 품성을 반영함. ⑤ 以玉示人: 이 옥을 조각하는 사람에게보이다. ⑥ 与: 주다. ⑦ 长者: 고대 덕망이 있는 사람을 장자라고 함.

二. 杨震清廉诚"四知"

杨震①字伯起, 弘农华阴人也. …… 迁②荆州刺史, 东莱太守. 当之③郡, 道经昌邑④, 故所举荆州茂才⑤王密为昌邑令, 谒见, 至夜怀金十斤以遗震⑥. 震曰: "故人⑦知君, 君不知故人, 何也?" 密曰: "暮夜无知者." 震曰: "天知, 神知, 我知, 子知⑧. 何谓无知?" 密愧而出.(《后汉书》卷五十四《杨震传》)

【주석】① 杨震(?~124년), 동한시대 홍농화음(东汉弘农华阴: 현재 섬서성) 출신. 소년시절 열심히 공부를 하여 많은 경서를 읽었기 때문에 그 당시 관서공자(关西孔子)라고 불렀다. 청렴한 성격에 백성을 위하여 꾸준히 사업을 하였기 때문에 형주주장관(荆州刺史), 사도(司徒), 태위(太尉) 직을 역임했다. ② 迁: 전임. ③ 之: 가다. ④ 昌邑: 오늘날의 산동성 금향현. ⑤ 茂才: 곧 수재(秀才). 동한시대 광무제 유수(光武帝刘秀)의 이름과 중복되는 것을 피하기 위하여 수재를 무재로 바꾸었다. ⑥ 怀今十斤以遗震: 10근 동화폐를 가지고 양진에게 주었다. 금은 화폐를 가리킴. ⑦ 故人: 양진 자칭. ⑧ 子知: 당신이 알다. 子. 고대 남자에 대한 존칭.

三. 顾协耿介尚志操

协①少清介②, 有志操, 初为廷尉正③, 冬服单薄, 寺卿蔡法度欲解襦④与之, 惮其清严, 不敢发口, 谓人曰: "我愿解身上襦与顾郎, 顾郎难衣食⑤者." 竟不敢以遗⑥之. 及为舍人, 同官者皆润屋⑦, 协在省十六载, 器服饮食不改于常. 有门生始来事协, 知其廉洁, 不敢厚饷, 止送钱二千⑧. 协发怒, 杖二十, 因此事者绝于馈遗. 自丁艰忧⑨, 遂终身布衣蔬食.(《南史》卷六十二《顾协传》)

【주석】 ① 协: 고협(顾协). 남조(南朝) 때 송나라(宋国) 사람. 진나라(晋) 사공 고화(司空 顾和)의 후대, 심약(沈约)과 동시대 사람. ② 少清介: 소년시절부터 청렴하고 정직하였다. ③ 廷尉正: 당시 형벌을 집행하는 관직명. ④ 襦: 짧은 옷. ⑤ 难衣食: 입는 것과 먹는 것을 공급함에 있어서 곤란하다는 말. ⑥ 遗(wéi魏): 증정하다. ⑦ 润屋: 옥실이 화려하고 사치하다. ⑧ 钱二千: 곧 엽전 두 관(贯), 고대 천개 엽전을 관이라고 함. ⑨ 丁艰忧: 고대 부모가 돌아가신 것을 정간(丁艰) 또는 정우(丁忧)라고 함.

四. 裴侠清慎天下最

裴侠①字嵩和, 河东解人也. …… 除②河北郡守. 侠躬履俭素, 爱民如子, 所食唯菽麦盐菜而已. 吏民莫不怀之. 此郡旧制, 有渔猎夫三十人以供郡守. 侠曰: "以口腹役人, 吾所不为也." 乃悉罢之. 又有丁③三十人, 供郡守役使. 侠亦不以入私, 并收庸直④, 为官市马. 岁月既积, 马遂成群. 去职之日, 一无所取. 民歌之曰: "肥鲜不食, 丁庸不取, 裴公贞惠, 为世规矩." 侠尝与诸牧守俱谒太祖⑤, 太祖命侠别立, 谓诸牧守曰: "裴侠清慎奉公, 为天下之最, 今众中有如侠者, 可与之俱立." 众皆默然, 无敢应者. 太祖乃厚赐侠. 朝野叹服, 号为独立君.(《周书》卷三十五《裴侠传》)

【주석】 ① 裴侠: 북주(北周) 때 유명한 대신. 자 (嵩和). 하동해(오늘날의 산서성) 출신. 공무에 충실하고 독립적으로 일을 잘하여 하북성(河北省) 군수(郡守) 직까지 하였다. ② 除: 임명. ③ 丁: 성년 남자. ④ 庸直: 고용한 사람들의 보수. 庸은 佣과 같음. 直, 가격. ⑤ 太祖: 북주(北周)를 창건한 황제 우문각 (宇文觉)의 아버지 우문태(宇文泰).

五. 梁寅诫官三字符

太祖定四方, 征天下名儒修述礼乐①. 寅就②征, 年六十余矣. 时以礼, 律,

制度, 分为三局, 寅在礼局中, 讨论精审, 诸儒皆推服. 书成, 赐金币. 将授
官, 以老病辞, 还. 结庐石门山, 四方士多从学, 称为梁五经③, 又称石门先
生. 邻邑子初入官, 诣④寅请教. 寅曰: "清, 慎, 勤, 居官三字符也." 其人问
天德王道之要⑤, 寅微笑曰: "言忠信, 行笃敬, 天德也: 不伤财, 不害民, 王
道也." 其人退曰: "梁子所言, 平平耳." 后以不检败, 语人曰: "吾不敢再见
石门先生."(《明史》卷一七〇《梁寅传》)

【주석】① 修述礼乐: 예의 도덕 음악 법 규정을 정리 편찬하다. 명나라(明代) 초시
천하 태평하였기 때문에 유명한 학자들을 모집하여 예의와 음악 규정을 수정 서술
하여 그것을 법으로 규정하였다. ② 就: 추, 종. ③ 五经: 유가(儒家) 5부 전적의 합
칭. 그가 지적한 것은 전후 변화가 있다는 것. 명대(明代) 5경은 시《诗》, 서《书》,
예기《礼记》, 주역《周易》, 좌전《左传》. 梁五经: 그가 5경에 정통하다는 것을 비유
함. 학문이 순결하고 정당하다. ④ 诣: 가다. 도달하다. ⑤ 要: 정묘하고 긴요하다.

3장

세속에 휩쓸리지 않고 주체적으로 행동하며, 깨끗한 절개로 자신을 지킨다

이끄는 말

공자는 "삼군(三軍)에서 장수를 빼앗을 수는 있어도, 필부에게서 의지를 빼앗을 수는 없다[三軍可奪帥也, 匹夫不可奪志也]"(《논어(論語)》〈자한(子罕)〉)라고 했다. 맹자는 "부귀로 방탕하게 할 수 없고, 빈천으로 흔들 수 없으며, 위무로 굴복시킬 수 없는, 이런 사람을 대장부라고 한다[富貴不能淫, 貧賤不能移, 威武不能屈. 此之謂大丈夫]"(《맹자(孟子)》〈등문공하(滕文公下)〉)라고 했다. 전통 도덕의 정신 속에서는 독립적인 인격을 구축하고, 군세고 흔들림 없는 절개를 유지해야한다는 점을 매우 강조하였다. 이러한 정신이 중화민족의 독립적 성격과 당당한 정기(正氣)를 양성하였으며, 강대한 정신적 역량이 되었다. 이 장에서의 자료는 정의를 지켜 영합하지 않음과 꿋꿋하게 기개를 지켜냄이라는 두 측면에서 이러한 전통 정신을 반영하였다. 이 자료들이 사람들이 독립된 인격을 수립하고, 기개를 기르고 꿋꿋하게 지켜내는 대장부의 정신을 중시하도록 만들기를 희망한다.

1절. 정의를 지켜 영합하지 않는다(持正不阿)

정의를 지키고 영합하지 않는다는 것은 독립된 인격의 정신을 드러낸다. 이 절의 자료는 두 종류의 상황을 담고 있다. 하나는 죽음으로 지켜서라도 도(道)를 훌륭히 실천하고[守死善道], 오직 의로움을 따르는 것이다. 서예(鉏麑)는 불충(不忠)과 불의(不義)에 빠지지 않기 위해 홰나무에 부딪쳐 자살했으며, 동호(董狐)는 제(齊)나라 태사로 정의를 고수하면서 죽음을 무릅쓰고 있는 그대로 역사를 기록했다는 사실은 그들이 진리를 무엇보다도 높게 보았고, 진리를 가지고 거래하지 않았음을 나타낸다. 두 사람은 권세 있고 지위가 높은 사람에게 영합하지 않았던 것이다. 임연(任延)과 도연명(陶淵明) 등의 인물에 관련된 사건의 자취는 되는대로 행동하지 않고, 영합하지도 않으며, 권력자에 빌붙어 아부하지도 않는 그들의 독립적인 강직한 기개를 드러낸다.

一. 鉏麑持正違君命

晋灵公①不君② …… 宣子③骤谏④, 公患⑤之, 使鉏麑⑥贼⑦之. 晨往, 寝门辟⑧矣, 盛服将朝. 尚早, 坐而假寐⑨. 麑退, 叹而言曰: "不忘恭敬, 民之主也. 贼民之主, 不忠: 弃君之命, 不信: 有一于此, 不如死也." 触槐而死.(《左传·宣公二年》)

【주석】① 晋灵公: 춘추 때 진(晋)나라의 임금(夷皋), 진양공(晋襄公)의 아들, 기원전 620-607년까지 재위. ② 不君: 임금의 자리에 있으면서 임금의 도덕을 지키지 않다.

즉 주색에 빠져 방탕한 생활을 하다. ③ 宣子: 진나라 정경(晉正卿) 조순(趙盾)의 시호. 조쇠(趙衰)의 아들. 衰死: 조쇠가 죽은 후 국정을 장악하다. 공자는 그를 현명한 대부라고 불렀다. ④ 驟諫: 수차에 걸쳐 타이르다. 또한 급히 간언을 드리다. 간곡히 간언을 드리다. ⑤ 患: 악한 것을 미워하다. 귀찮다. ⑥ 鉏麑(chúní鉏尼): 진나라 힘 장수. ⑦ 賊: 암살하다. ⑧ 辟: 열다. ⑨ 假寐(mèi妹): 옷을 벗지 않고 자다.

二. 晉董狐書法不隱

晉靈公不君① ······ 趙穿②殺靈公于桃園③. 宣子④未出山而復⑤. 大史⑥書曰 "趙盾弑其君", 以示于朝. 宣子曰:"不然." 對曰: "子爲正卿⑦, 亡不越竟⑧, 反 不討賊⑨, 非子而誰?"宣子曰: "嗚呼!《詩》曰: '我之懷矣, 自詒伊戚⑩.' 其我 之謂矣." 孔子曰: "董狐, 古之良史也, 書法不隱. 趙宣子, 古之良大夫也, 爲 法受惡. 惜也, 越竟乃免."(《左傳·宣公二年》)

【주석】① 晉靈公不君: 진 영공이 임금 자리에 있으면서 임금의 도덕을 지키지 않다. ② 趙穿: 당시 집권하고 있는 진정경(晉正卿) 조순의 사촌형제. ③ 殺靈公于桃園: 도원에서 영공을 공격하여 살해하였다. 도원, 원림명칭. ④ 宣子: 조순의 시호. ⑤ 未出山而復: 영공이 잔인무도하여 선자가 수차에 걸쳐 간언하였으나 그의 간언을 귀담아 듣지 않고 오히려 선자를 해치려 하였다. 선자는 화를 피하려고 도망쳤으나 경내를 떠나지 않았다. 후에 조천(趙穿)이 영공을 죽였다는 소식을 듣고 조정으로 돌아와 다시 경(卿) 관직을 회복하였다. 山, 진나라 경내에 있는 온산. ⑥ 大史: 태사 (太史), 고대 역사를 기록하는 관리. 大, 太와 같다. 여기서는 곧 동호(董狐). ⑦ 子爲 正卿: 너는 조정의 정치를 장악한 정경(正卿)이다. ⑧ 亡不越竟: 도망갔으나 국경을 떠나지 않았다. 竟, 境과 같음. ⑨ 反不討賊: 조정에 돌아왔으나 임금을 살해한 사람 을 토벌하지 않다. 反, 返과 통함. ⑩ 出自《詩經·邶風·雄雉》. 此詩意: 이 시의 뜻 은 나의 회구의 정에 의하여 가슴아파하다. 其我之謂矣: 아마 나를 말한 것이다. 書 法不隱: 거리낌 없이 법에 의거하여 서술하다. 爲法受惡: 법률을 위하여 악명을 당하 다. 越竟乃免: 만약 국경을 도망쳐 나갔다면 임금을 살해했다는 죄명을 면할 수 있 었다.

三. 齐南史冒死执简

齐崔杼弑其君光[①]. …… 大史书曰: "崔杼弑其君." 崔子杀之. 其弟嗣[②]书,
而死者二人[③]. 其弟又书, 乃舍[④]之. 南史氏闻大史尽死[⑤], 执简以往[⑥]. 闻
既书矣, 乃还.(《左传·襄公二十五年》)

【주석】① 齐崔杼弑其君光: 제장공(齐庄公)이 무도하고 최저(崔杼)의 처와 간통하여
최저가 그를 죽였다. 광(光)은 장공의 이름. ② 嗣: 계승, 이어. ③ 二人: 태사(太史)의
동생도 이렇게 계속하여 서술하다. 그리하여 또 두 사람이 죽었다. ④ 舍: 내버려두
고 상관하지 않다. ⑤ 闻大史尽死: 남사(南史)는 태사 형제의 일에 대하여 모르기
때문에 다 죽었다고 하였다. ⑥ 执简以往: 그리하여 그는 여전히 "최저가 임금을
죽였다고" 책에 썼다. 간(简): 옛날 글을 적을 때 쓰는 긴 대쪽.

四. 任延为官不阿上

任延[①], 字长孙, 南阳宛人也. …… 拜武威[②]太守, 帝[③]亲见, 戒之曰: "善事
上官, 无失名誉." 延对曰: "臣闻'忠臣不私, 私臣不忠'. 履正奉公, 臣子之
节. 上下雷同[④], 非陛下之福. '善事上官', 臣不敢奉诏." 帝叹息曰: "卿言是
也!"(《后汉书》卷七十六《任延传》)

【주석】① 任延: 동한(东汉) 초기의 유명한 관리. 자 장손(长孙), 남양 완(오늘날의
하남성 남양) 출신. 무위(武威), 영천(颍川), 하내(河内) 태수(太守) 관직을 역임. ②
武威: 군명, 오늘날의 감숙성 무위(武威) 시내. ③ 帝: 동한 광무제 유수(东汉光武帝
刘秀). ④ 雷同: 주견 없이 남이 말하는 대로 따라 말하다. 하급이 상급에 대하여
아첨하여 표면상 일치한 현상.

五. 陶渊明不为五斗米折腰

陶潜[①]字元亮, 大司马侃之曾孙也. ……潜少怀高尚, 博学善属文, 颖脱不
羁[②], 任真[③]自得, 为乡邻之所贵. ……以亲老家贫, 起为州祭酒[④], 不堪吏
职, 少日自解归[⑤]. 州召主簿[⑥], 不就, 躬耕自资, 遂抱羸疾[⑦]. 复为镇军, 建
威参军[⑧], 谓亲朋曰: "聊欲弦歌, 以为三径之资可乎[⑨]?" 执事者[⑩]闻之, 以为

彭泽令. …素简贵, 不私事上官. 郡遣督邮至县, 吏白应束带见之. 潜叹曰: "吾不能为五斗米折腰, 拳拳事乡里小人邪!" 义熙二年, 解印去县, 乃赋《归去来.(《晋书》卷九十四《陶潜传》)

【주석】① 陶潜(372년 혹은 365-427년): 일명 연명(渊明). 동진(东晋)의 시인, 문학가. 자 원량(元亮), 대사마 도간(大司马 陶侃)의 증손자, 심양 시상(浔阳柴桑) 출신. 건위 참군(建威参军), 팽택령(彭泽令) 관직 역임. 도화원기《桃花源记》, 귀거래《归去来》 등 작품을 저작하였다. ② 颖脱不羁: 재능이 출중하고 성격은 대범하다. 영(颖): 총명하다. 탈(脱): 벗어나다. 기(羁): 말고삐. ③ 任真: 하는 대로 맡기다. ④ 祭酒: 학관 명. ⑤ 少日自解归: 며칠 안 되어 자동으로 사직하다. ⑥ 主簿: 관직명. 한(汉)나라 때 중앙 및 군현 관저에 이 관직이 있다. 문서를 처리하고 사무를 본다. 위(魏)나라와 진(秦)나라 이후 점차적으로 군대를 통솔하는 대신 막부 중 중요한 부하로 기밀한 일에 참여하고 관저의 사업을 총 책임진다. 당(唐)나라와 송(宋)나라 때 각 관청 및 주(州)현(县)에 여전히 이관직이 있기는 하지만 맡은 책임이 점차적으로 적어진다. ⑦ 抱羸疾: 류머티즘 유사한 병에 걸렸다. ⑧ 镇军, 建威参军: 진군장군 유유(刘裕)와 건위장군 유경선(刘敬宣)의 막료, 군대(参军)일에 참여 뜻. ⑨ 聊欲弦歌, 以为三径之资可乎: 잠시 관리가 되어 가족을 먹여 살려도 되는가? 聊(료): 잠시. 弦歌: 관리가 되다. 이 말의 출처는《论语·阳货》에 있다. 三径, 은거한 후 가지고 있는 전원. 가정. ⑩ 执事者: 사업을 보는 관리. 彭泽: 현 명칭. 오늘날의 강서성 팽택현. 素简贵: 줄곧 생활이 소박하고 사람으로서 자중하다. (素), 줄곧, 본래부터. 督邮: 군수의 보좌관, 전문적으로 자기에 속한 각현, 향 관리의 치적과 정무를 감찰한다. 束带: 옷의 띠를 잘 묶다. 존경을 표시한다. 义熙二年: 기원 406년. 의희(义熙) 진나라 안제(晋安帝) 연호(405-418년). 《归去来》: 도연명의 중요한 작품, 辞体, 옛날 시의 한 가지.

2절. 기개를 꿋꿋하게 지킨다(堅守氣節)

문천상(文天祥)은 일찍이 《정기가(正氣歌)》를 지어, 역사상의 선현

들이 꿋꿋이 기개를 지키며 표현했던 호연(浩然)한 정기(正氣)를 찬미
하였다. 본 절의 자료는 단지 이런 측면의 내용의 적은 일부이다. 그
러나 이러한 자료들 속에서 표현되어 나타나는 것은 실상 중화민족의
민족혼이다. 인격의 존엄과 민족의 존엄을 유지하고 지키기 위해, 빈
천함도 흔들지 못하고, 위무(威武)로 굴복시키지 못하며, 수많은 좌절
에도 꺾이지 않는 것, 이것이 중화민족이 여러 차례 고난을 겪으면서
도, 세계민족의 숲에서 우뚝 솟아있을 수 있는 가장 중요한 정신적 지
주인 것이다.

一. 宁饿死齐贫士不吃"嗟来食"

齐大饥①, 黔敖为食于路②, 以待饿者而食之. 有饿者蒙袂③接履④, 贸贸然⑤
来. 黔敖左奉⑥食, 右执饮曰: "嗟⑦! 来食!" 饿者扬其目而视之, 曰: "予唯不
食嗟来之食⑧, 以至于此也." 从而谢⑨焉. 终不食而死.(刘向:《新序·节士》)
【주석】① 齐大饥: 제(齐)나라가 기근이 들었다. 제, 오늘날의 산동성 동부지대. 수
도를 영구(营丘)에 두었다. 후에 임치(临淄)로 칭하였다(오늘날의 산동성 치박 동북
지대). ② 黔敖为食于路: 검오(黔敖)가 길가에 먹을 것을 준비하였다. ③ 蒙袂(mèi袂)
: 옷소매로 얼굴을 가리다. 袂, 옷소매. ④ 接履: 신을 질질 끌다. 接, 辑의 통가자이
다. ⑤ 贸贸然: 굶주림으로 인하여 눈이 어두운 모양. ⑥ 奉: 捧과 같다. 움켜쥐다.
⑦ 嗟: 큰소리로 부르다. 喂, 여보세요. ⑧ 嗟来之食: 모욕적인 희사. ⑨ 谢: 거절.

二. 楚易甲誓不附逆

楚太子建①以费无极②之谮③见逐④, 建有子曰胜, 在外⑤. 子西⑥召胜使治
白⑦, 号曰白公. 胜怨楚逐其父, 将弑惠王⑧及子西. 欲得易甲⑨, 陈士勒兵
以示易甲曰: "与⑩我, 无患不富贵: 不吾与, 则此是矣!" 易甲笑曰: "尝言吾
义矣, 吾子忘之乎? 立得天下, 不义, 吾不取也:威吾以兵, 不义, 吾不从也.
今子将弑子之君, 而使我从子, 非吾前义也. 子虽告我以利, 威我以兵, 吾

不忍为也. 子行子之威, 则吾亦得明吾义也. 逆子以兵, 争也; 应子以声, 鄙也. 吾闻: '士立义不争, 行死不鄙.'" 拱而待兵, 颜色不变也.(刘向:《新序·义勇》)

【주석】① 楚太子建: 초평왕(楚平王)의 태자 명칭 건(建). ② 费无极: 태자 건의 소부(少傅)(벼슬명칭). ③ 谮: 무함. 비우극(费无极)이 태자의 총애를 받지 못하여 자주 태자를 비방하다. ④ 见逐: 추방당하다. 내쫓기다. 초평왕은 비무극의 참언을 듣고 태자 건을 성부라는 외지에 보냈다.(오늘날의 안휘성 박현 동남지대). ⑤ 在外: 태자 건이 정(郑)나라로 갔을 때 정나라 사람이 그를 살해하였다. 자승(子胜)은 오(吴)나라로 가서 소대부(巢大夫)가 되었다. ⑥ 子西: 초평왕(平王)의 서제(庶弟)는 현지자(令尹)로 있었다. ⑦ 白: 초(楚)나라 변경지대에 있는 읍(邑). ⑧ 惠王: 소왕(昭王)서자(처의 자식), 초평왕의 서손자. ⑨ 易甲: 역사와 전기에는 없다. 그러나 "尝言吾义矣. 吾之忘之乎"라는 문장을 보면 초나라 대부가 바로 백공(白公)이라고 전한다. ⑩ 与: 가까이 하다. 의거하다. 则此是矣: 병력으로 공격하다. 逆: 향하다. 반항하다. 兵: 무기, 병기.

三. 杖汉节苏武牧羊

武①字子卿, 少以父任②, 兄弟并为郎③, 稍迁至栘中厩④监. 时汉连伐胡⑤, 数⑥通使相窥观, 匈奴留汉使郭吉, 路充国等, 前后十余辈. 匈奴使来, 汉亦留之以相当. 天汉⑦元年, 且鞮侯单于⑧初立, 恐汉袭之, 乃曰: "汉天子我丈人行⑨也." 尽归汉使路充国等. 武帝嘉其义, 乃遣武以中郎将⑩使持节送匈奴留在汉者, 因厚赂单于, 答其善意. 武与副中郎将张胜及假吏常惠等募士斥候百余人俱. 既至匈奴, 置币遗单于. 单于益骄, 非汉所望也. …… 单于使卫律召武受辞, 武谓惠等: "屈节辱命, 虽生, 何面目以归汉!" 引佩刀自刺. 卫律惊, 自抱持武, 驰召医. 凿地为坎, 置煴火, 覆武其上, 蹈其背以出血. 武气绝, 半日复息. 惠等哭, 舆归营. 单于壮其节, 朝夕遣人候问武, 而收系张胜. 武益愈, 单于使使晓武. 会论虞常, 欲因此时降武. …… 律知武终不可胁, 白单于. 单于愈益欲降之, 乃幽武置大窖中, 绝不饮食. 天雨雪, 武卧啮雪与旃毛并咽之, 数日不死, 匈奴以为神. 乃徙武北海上无人处, 使牧羝, 羝乳乃得归. 别其官属常惠等, 各置他所. 武既至海上, 廪食不至, 掘野鼠去草实而食之. 杖汉节牧羊, 卧起操持, 节旄尽落. …… 武留匈奴凡十九岁, 始以强壮出, 及还, 须发尽白.(《汉书》卷五十四《苏武传》)

【주석】① 武: 소무(苏武), 자 자경(子卿). 두릉(杜陵)(오늘날의 섬서성 서안동남) 출신. 한무제(汉武帝) 때 유명한 애국지사. ② 少以父任: 젊었을 때 아버지가 관직을 담당하였기 때문에 그도 관직을 제수하였다. ③ 郎: 관직명. 궁전을 수위하고 황제의 시종(侍从)을 주관하는 관리. ④ 栘(yí移)中厩: 마구간 명칭. ⑤ 胡: 우리나라 고대 서북쪽 민족의 통칭, 진한(秦汉)시대 흉노족을 가리킴. ⑥ 数(shuò朔): 여러 번, 수차. ⑦ 天汉: 한무제(汉武帝)의 연호. ⑧ 且鞮(jūdī居低)侯单于: 흉노 수령, 천한 원년(天汉元年)에 즉위하였다. ⑨ 丈人行: 아버지 대. 아버지 항열. ⑩ 中郎将: 관직명. 서한(西汉) 시대 때 황제의 호위병을 통솔하는 관리. 节: 신표, 고대 사신들이 신분을 표시하는 신표. 대개 참대로 만들었는데 위에 야크털로 장식하였다. 假使: 임시로 하급 관리로 임명하다. 斥候: 적정을 정찰하는 사람. 遗(wèi卫): 증정하다. 卫律: 사람 이름, 외교사절로 흉노(匈奴)에 갔다가 흉노에 투항 하였다. 熅(yùn晕)火: 불길이 없는 약한 불.(화염이 없는 불). 惠等哭, 舆归营: 상혜(常惠, 인명) 등 울면서 그를 천막에 받들어 들어갔다. 使使晓武: 사절을 파견하여 소무에게 투항하라고 권하였다. 晓: 가르쳐 알려주다. 绝不饮食: 식량공급을 단절하다. 啮(niè聂)雪与旃毛: 啮, 물다.旃, 담요. 北海: 오늘날의 바이칼호. 羝(dī低)乳乃得归: 羝, 숫양이 새끼를 날 때 소무를 놓아주겠다. 去(jǔ矩): 감추다. 杖汉节牧羊: 신표를 지탱하고 양을 방목하다. 节旄尽落: 신표 위에 장식한 것이 다 떨어졌다

四. 文天祥慷慨就义

…… 都城①降元, 天祥②以右丞相使军中请和, 与巴延抗论皋亭山③. 巴延怒, 拘之. 比至镇江, 天祥与其客④杜浒十二人夜亡入真州. ……

元张弘范⑤兵济⑥潮阳, 天祥方饭五坡岭, 弘范兵突至, 众不及战, 天祥仓皇出走, 千户王惟义执之. 天祥吞脑子⑦, 不死. ……刘子俊⑧被执, 自诡为天祥, 冀⑨可脱天祥, 及天祥至, 各争真伪, 元人遂烹⑩子俊而执天祥. 至潮阳,见弘范, 左右强之拜, 天祥不屈, 弘范释其缚, 以客礼见之. 天祥固请死, 弘范不许, 与俱入厓山, 使为书招张世杰. 天祥曰:"吾不能扞父母, 乃教人叛父母, 可乎?"强之, 天祥遂书所过零丁洋诗与之. 其末云:"人生自古谁无死, 留取丹心照汗青!"弘范笑而置之. 厓山破, 元军置酒大会, 弘范曰:"国亡, 丞相忠孝尽矣, 能以事宋者事元, 将不失为宰相也."天祥涕泣曰:"国亡不能救, 死有罪, 岂逃其死而二其心乎?"弘范义之, 遣使归之京师. 道经吉州, 不食八日, 犹生, 乃复食.

十月, 至京师, 馆人供帐甚盛, 天祥不寝处, 坐达旦. 丞相博啰见之于枢密院, 天祥不屈, 仰首言曰:"天下事有兴有废, 自古帝王将相, 灭亡诛戮, 何代无之, 天祥今日忠于宋氏, 以至于此, 愿早求死."博啰曰:"自古以来, 人臣有以宗社土地与人而复逃者乎?"天祥曰:"非也, 予前使于巴延军中, 被留不得归. 已而贼臣献国, 国亡矣, 吾职当死. 所不死者, 以度宗二子在浙东, 老母在广故也."博啰曰:"德祐非尔君耶? 弃嗣君而立二王, 忠乎?"天祥曰:"德祐吾君也, 不幸失国, 当此之时, 社稷为重, 君为轻, 吾别立君, 为宗庙社稷计也. 从怀, 愍而北者非忠, 从元帝为忠; 从徽, 钦而北者非忠, 从高宗为忠."博啰语塞, 徐曰:"汝立二王, 何济于事."天祥曰:"国家不幸丧亡, 吾立君以存社稷, 存一日则尽臣子一日之责. 人臣事君, 如子事父母, 父母有疾, 虽甚不可为, 岂有不下药之理? 尽吾心焉不可为, 则天命也. 今日天祥有死而已, 何必多言!"博啰怒, 囚之. 天祥于狱中作《正气歌》以见志. 未几, 元世祖召之于狱, 欲用之, 天祥固辞. 欲杀之, 天祥益不屈, 乃赦之. 天祥留燕三年, 坐卧一小楼, 足不履地. 时世祖求南人之才者, 王绩翁言无如天祥, 世祖即遣绩翁谕旨. 天祥曰:"国亡, 吾分一死耳. 傥缘宽假, 得以黄冠归故乡, 他日以方外备顾问可也. 若遽官之, 非直亡国之大夫不可与图存, 举其生平而尽弃之, 将安用我?"绩翁欲约宋官谢昌元等十人请释天祥为道士, 留梦炎不可, 曰:"天祥出, 复号召江南, 置吾十人于何地?"事遂已. 世祖知天祥终不屈也, 与宰相议释之, 有以天祥起兵江西事为言者, 不果释. 至元十九年, 有闽僧言土星犯帝座, 疑有变. 未几, 中山有狂人自称宋主, 有兵千人, 欲取文丞相. 世祖召天祥谓之曰: "汝何愿?" 天祥曰: "天祥受宋恩, 为宰相, 安事二姓? 愿赐一死足矣." 世祖犹未忍, 遽麾之退. 言者力赞从天祥之请, 从之. 俄有诏止之, 天祥死矣. 天祥临刑殊从容, 谓吏卒曰: "吾事毕矣." 南向拜而死, 年四十七. 其衣带中有赞曰: "孔曰成仁, 孟曰取义, 惟其义尽, 所以仁至. 读圣贤书, 所学何事, 而今而后, 庶几无愧." (朱轼:《历代名臣传·文天祥》)

【주석】① 都城: 남송(南宋) 수도 임안(临安)(오늘날의 절강성 항주). ② 天祥: 문천상 (1236-1283년), 남송의 대신. 자 이선(履善), 송서(宋瑞), 호 문산(文山). 길주길수(吉州吉水) 출신. 보우(宝祐) 4년(1256년) 진사(进士) 급제. 원(元)나라 군대가 임안을 점령한 후 남쪽에 있는 복건(福建), 광동(广东)으로 내려가서 원나라에 계속 항거하였다. 경염(景炎) 3년(1278년)에 체포되었다. 원나라 통치자들은 극력 그를 위협 유혹하였으나 천상은 지조가 굳세 굴하지 않아 곧 살해당하였다. ③ 与巴延抗论皋(gāo高)亭山: 문천상은 명령에 따라 원나라와 평화 담판을 하려 고정산(皋亭山)에 갔으나 원나라 통령(统领) 파연(巴延)과 논쟁이 발생하였다. 巴延: 원나라 군대의 통령, 皋亭山: 항주(杭州)시 동북쪽 여항(余杭)서남 접경지대. ④ 客: 막료. ⑤ 张弘范(1238-1280년), 원(元)나라 대장, 자 중주(仲畴). 탁주정흥(涿州定兴)(오늘날의 하북성) 출신. 원나라 15년 몽골 한군(蒙古 汉军) 도원수(都元帅)가 5파령(五坡岭)에서(오늘날의 광동성 풍북, 广东 海丰), 문천상을 사로잡았다. 다음해 애산(厓山)에서 장세걸(张世杰)이 통솔한 수군을 격파하였다. ⑥ 济: 구제. ⑦ 脑子: 일종의 약물, 독이 있다. ⑧ 刘子俊: 문천상의 부하. ⑨ 冀: 희망, 기도. ⑩ 烹: 고대 큰 솥에 사람을 삶아서 죽이는 악형. 厓(yá 牙yán岩)山: 광동(广东)성의 신회(新会)남. 张世杰: (? -1279년): 남송(南宋) 말기의 장령. 원나라 군대가 임안(临安)을 점령했을 때 그는 문천상(文天祥), 육수부(陆秀夫) 등 관리들과 함께 조시(赵昰)를 황제로 내세우고 복건(福建)성과 광주(广州)에서 원(元)나라 군대에 저항하였다. 경염(景炎) 3년(1278년) 조시가 죽었기 때문에 또다시 조병(赵昺)을 황제로 내세우고 본인은 추밀부사(枢密副使) 관직으로서 원나라 장령 장홍범(张弘范)과 결전을 하였으나 실패하여 포위를 뚫고 나가다가 태풍을 만나 배가 뒤집히여 물에 빠져 익사하였다. 零丁洋: 일명 령정양(伶丁洋), 오늘날의 광동성 주강 입구 앞. 文天祥《过零丁洋》诗为: 이 시의 뜻은 : 신세가 처량하다는 뜻 비록관

직에 있기는 하지만 고생스럽다는 것. 자기가 일부 경서(经书)에 대하여 정통하여 조정이 자기를 관직에 올려 놓았다. 여러해의 원나라를 항거하는 전쟁을 통하여 나라는 적들의 침략에 의하여 갈기갈기 찢기어 마치 바람에 날리는 버들가지처럼 산산이 흩어지고 있으며 인생의 경력은 마치 비 속에 시달리는 부평초와 같다. 공포에 떨려 황공(惶恐) 지대를 지나 철수할 때 외롭고 쓸쓸함을 탄식하다. 자고로 안 죽는 사람은 없다. 그러나 충성심을 남겨 역사에 길이 빛날 것이다.("辛苦遭逢起一经, 干戈寥落四周星. 山河破碎风飘絮, 身世浮沉雨打萍. 惶恐滩头说惶恐, 零丁洋里叹零丁. 人生自古谁无死, 留取丹心照汗青.")汗青. 역사책. 고대에 참대쪽에 글을 적었다. 참대쪽이 썩는 것을 방지하기 위하여 불에 말리다. 京师: 원나라의 수도 베이징(北京). 不寝处, 坐达旦: 잠을 자지 않고 새벽까지 앉아 있었다. 丞相: 원나라 승상. 枢密院: 관청명. 주로 군사, 변방 사업을 맡아 본다. 이 구절은 문천상이 덕우(德祐) 2년(1276년) 명령을 받고 평화 담판을 한 것을 슬며시 에둘러 풍자한 것이다. 职当为: 직책이 있으므로 하여 목숨을 바쳐 충성을 다하다. 度宗: 남송나라 말기(南宋末)황제 조기(赵禥). 此段话意为: 덕우황제는 당신의 임금이 아닌가? 당신은 정통(正统) 제왕(帝王)을 포기하고 다른 사람을 옹호한 것을 충성이라고 할 수 있는가? 德祐: 남송 공제(恭) 조현(赵㬎 ?~?)의 연호, 이곳에서는 공제를 가리킴. 嗣君: 정통적으로 즉위한 황제. 二王: 조현의 형제 조시와 조병을 가리킴. 공제가 금(金)나라에 항복한후 선후차로 임금자리에 오름. 서진(西晋) 말년 전조(前赵) 유요(刘曜)가 서진나라를 공격해 민제(愍帝)를 포로하여 평양(平阳)에 감, 원제(元帝) 사마예(司马睿)가 즉위하여 동진(东晋)이 되었다. 회, 서진 회제(西晋怀帝) 사마치(司马炽), 민(愍), 서진 민제(西晋愍帝) 사마업(司马邺). 원제(元帝), 동진 원제 사마예. 이 두 구절의 뜻은 휘(徽), 흠(钦) 두 임금(二宗)이 금나라에 생포당하자 조구(赵构)가 즉위하여 남송을 수립한 사실을 말함. 휘(徽), 북송 휘종 조길(北宋 徽宗赵佶). 흠(钦)북송 흠종 조환(北宋钦宗赵桓). 世祖: 원나라 세조(元世祖) 성길사한(成吉思汗) 홀필열(忽必烈). 燕: 원나라 수도 오늘날의 베이징(北京). 倘缘宽假: 만약 사면(赦)을 받을 수 있다면. 黄冠: 도사들이 머리를 틀어올리고 모자를 쓰기 때문에 황관은 도사들의 별칭으로 불렀다. 他日以方外备顾问可也: 금후 세상사람들과 관련이 없는 신분으로서 의견을 제공할 수 있다. 方外 : 속세 밖. 备顾问: 자문할 수 있다. 遽: 급히. 直: 오직, 다만. 置吾十人于何地: 우리 열 명의 처지는 어떻게 될까요?

五. 史可法舍身取义

史可法[1], 号道邻. 崇祯戊辰[2]进士, 官至南京兵部尚书, 弘光朝[3]为督师大学士. 乙酉[4]四月朔, 塘报[5]至扬, 闻北信急[6], 可法督师至泗 …… 寻奉旨着藩将黄得功, 刘良佐等渡江, 可法乃回守扬泗. 遂即日趋泗, 而泗州沿河一带防信总兵官李遇春, 王之纲等亦降, 可法将兵驰回维扬, 泣谕士民, 为死守计, 昼夜登陴[7]. 至十五日, 满兵环薄[8]城下, 豫王[9]遣降将李遇春等, 捧令旨至城下说可法降. 可法痛骂, 令总兵史得威答言, 数以负天朝厚恩, 并坚守不屈之意. 豫王又令乡约[10]捧令旨至濠边, 可法骂曰: "吾为朝廷首辅, 岂肯反面事人!" 遂缒健卒二人, 投令旨并乡约于水中, 降将李遇春等遁去. 豫王又以书来, 可法复书, 责以背约, 不屈如故. 十七日, 又接豫王书数次, 皆不启封, 置之火. 答语益厉. 满兵攻城亦益急. …… 可法知势不可为, 以得威素有忠义, 可托大事, 十八日谕令入内, 相持痛哭, 曰: "捐躯以报国家, 尔与我同有此心, 甚可嘉赖." 乃下拜得威, 托后事, 得威亦哭拜地下. 可法拜书遗表一通, 以上弘光帝. 手勒遗书五封, 一上太夫人, 一遗豫王, 一遗夫人, 一遗伯叔兄弟, 一遗得威, 嘱以谱入宗嗣, 继托后事. …… 及二十日, 豫王复持书来说, 可法防守愈紧. 二十五日攻愈急, 可法亲祷天, 以炮击之, 杀满兵数千. 豫王身督劲兵攻城, 西北角忽崩, 时矢石如雨, 城下尸骸山积, 清兵藉以登城, 蜂拥蚁集, 可法知大事已去, 乃与得威诀别, 持刀自刎. 参将张友福极抱持之, 血溅衣, 未绝. 复引颈令得威刃之, 威不忍加. 忽友福同数十人, 拥可法下城欲避. 可法大骂不止. 随拥至小东门, 满兵追急, 友福等死于乱箭, 可法问得威前驱谓谁, 得威以豫王答, 可法拊膺曰: "吾得骂贼死足矣." 遂大呼云: "史某在此!" 满兵惊愕, 遂为张鹰执赴南城楼上. 豫王相待如宾, 口呼先生, 曰: "前令人再三拜请, 俱蒙叱回, 今忠节已成, 先生为我收拾江南, 当不惜重任也." 可法怒曰: "吾为天朝大臣, 岂肯苟且偷生, 做万世罪人? 吾头可断, 身不可屈, 愿速死从先帝于地下." 词

色甚厉, 骂不绝口. 豫王乃曰: "吾书请数次, 皆为诟厉, 今城破被执, 又复
如此. 既为忠臣, 当杀之以全其名." 可法厉声曰: "城亡与亡, 我意已决, 即
碎尸万段, 甘之如饴, 但扬城百万生灵, 既属于尔, 当示以宽, 万不可杀."
遂慨然受命于南城楼上.(钱肃润:《甲申纪事·南忠纪》)

【주석】① 史可法(1602-1645년): 자 헌지(宪之), 호 도린(道邻). 하남성 상부(河南祥
符, 오늘날의 开封) 출신. 명나라 말기의 대신. 숭정년 진사(崇祯进士). 관직은 남경
병부상서(南京兵部尚书)까지 하였다. 1644년 이자성(李自成)이 명나라(明朝)를 멸망
시켰을 때 그는 남경에서 복왕(福王) 홍광제(弘光帝)를 떠받들어 자기는 동각대학사
(东阁大学士)로 정치에 참여하였다. 마사영(马士英)은 그가 국정에 참여하는 것을 싫
어하여 군대를 거느리고 양주(扬州)를 지키라고 하였다. 청나라 군대가 양주를 포위
하였을 때 그는 군대를 통솔하여 적과 간고 분투하였으나 최종 양주시가 함락되어
생포 당했으나 죽을지언정 굴하지 않고 정의를 위하여 희생하였다. 청나라 군대는
양주성을 함락한 후 십일 동안 도살하였다. 그리하여 역사상 "양주십일"이라고 부
른다. ② 崇祯戊辰: 1628년. 숭정은 명사종 주유검(明思宗 朱由检) 연호이다. 연대는
1628년에서 1644년까지. ③ 弘光朝: 숭정황제(崇祯皇帝)가 자살한 후 사가법 등은
남경(南京)에서 복왕 주유숭(福王 朱由崧)을 추대하여 홍광(弘光) 조정을 수립하였
으나 다음 해에 멸망하였다. ④ 乙酉: 기원 1645년. ⑤ 塘报: 긴급한 군사보고. ⑥
闻北信急: 북방의 정황이 위급하다는 것을 들었다. ⑦ 陴(pí皮): 낮은 성벽. ⑧ 薄:
임박하다. ⑨ 豫王: 청 예친왕 다탁(清 豫亲王 多铎). ⑩ 乡约: 정부의 지시를 받고
향에서 사무를 관리하는 사람. ⑪首辅: 수규(首揆) 명나라 때 수석 대학사에 대한
흔이 부르는 칭호. ⑫缒(zhui坠): 사람 또는 물건을 밧줄에 묶어 내려 보내다. ⑬背
约: 협약을 위반하다. 애당초 청병이 관내로 들어올 때 공개적으로 말하기를 명나라
를 도와 이자성을 소멸하겠다고 했으나 일이 끝난 후 거침없이 쳐들어와 중원 일대
를 점령하였다. 그리하여 사가법은 협약을 배반한 것으로 청군을 규탄하였다. ⑭遗
(wèi畏)表: 죽기 전에 황제에게 올린 상주서. ⑮入宗嗣: 본 족(族)에 들어가다. 史载:
역사 기록에 의하면 성이 함락되기 전에 사가법은 사득위(史得威)를 양아들로 정했
다. ⑯引: 펴다. ⑰拊膺: 가슴을 두드리다. ⑱诟厉: 욕설을 퍼붓다. ⑲甘之如饴(yí
移): 사탕처럼 달다. 진심으로 고생하는 것과 또는 죽는 것을 원하다.

4장

부지런히 일하고 용감하며, 질박하고 검약해야 한다

이끄는 말

부지런히 일하고 용감하며, 질박하고 검약하는 것은 중화민족의 중요한 전통적 미덕이다. 고대 중국의 수많은 신화·전설에서는 여와(女媧)는 하늘을 메웠고, 수인씨(燧人氏)는 나무를 마찰해 불을 얻었고, 신농(神農)은 온갖 풀을 맛보고 약초를 찾아냈으며, 대우(大禹)는 치수하였다는 등의 얘기는 선현들이 태고의 시기 동안 혹독한 조건 하에서 분투하고, 자연과 투쟁하여, 중화의 문화를 발전시켰던 역사를 반영한 것이다. 정위(精衛)가 바다를 메우고, 우공(愚公)이 산을 옮겼다는 등의 말은 중화민족의 "조각하기를 그치지 않고[鍥而不舍]", "수많은 좌절에도 꺾이지 않는[百折不撓]" 분투의 정신을 집약적으로 구현한 것이다. 이러한 점들이 바로 중화민족의 자립의 근본이다. "절검[儉]"은 "부지런함[僅]"과 짝하여 서로를 완성하는 미덕이다. 옛 사람들은 절용하여 국가를 부강하게 하고, 절검으로 덕을 함양할 수 있다는 도리를 매우 일찌감치 깨닫고, 검약을 제창하고 사치를 반대하였다. 근검(勤儉)은 우리의 소중한 유산으로, 우리는 이 유산을 계승해, 그것이 만대에 이르기까지 전해지도록 함으로써, 영원토록 빛나게 해야 할 것이다.

1절. 혹독한 조건 하에서도 분투한다(艱苦奮鬪)

이 절에서, 우리는 고대의 신화 및 전설에서 가장 대표성을 지니고 있는 세 가지를 선별해 수록했는데, 중화민족이 부지런히 일하면서도 용감하게 혹독한 조건 하에서 분투하였던 민족정신을 반영하기 때문이다. 중화민족은 바로 이런 정신에 의지해 모든 고난을 떨쳐내면서, 960만 제곱킬로미터의 국토를 개발했고, 찬란한 중화문명을 창조하였다. 오늘날 우리는 사회주의의 현대화된 강국을 건설하려면, 여전히 이런 정신에 의지해야 할 것이다.

一. 大禹帝劳身焦思平水土

禹①者, 黄帝之玄孙而帝颛顼②之孙也. …… 当帝尧之时, 鸿水③滔天, 浩浩怀山襄陵④, 下民其⑤忧. …… 尧崩⑥, 帝舜 …… 命禹: "女平水土⑦, 维是勉之⑧." 禹拜稽首⑨, 让于契⑩, 后稷, 皋陶. 舜曰: 女其往视尔事矣."

禹为人敏给克勤: 其德不违, 其仁可亲, 其言可信: 声为律, 身为度, 称以出, 亹亹穆穆, 为纲为纪.

禹乃遂与益, 后稷奉帝命, 命诸侯百姓兴人徒以傅土, 行山表木, 定高山大川. 禹伤先人父鲧功之不成受诛, 乃劳身焦思, 居外十三年, 过家门不敢

入. 薄衣食, 致孝于鬼神. 卑宮室, 致費于沟减. 陆行乘车, 水行乘船, 泥行
乘橇, 山行乘樺. 左准绳, 右规矩, 载四时, 以开九州, 通九道, 陂九泽, 度
九山. 令益予众庶稻, 可种卑湿. 命后稷予众庶难得之食. 食少, 调有余相
给, 以均诸侯. 禹乃行相地宜所有以贡, 及山川之便利. …… 众民乃定, 万
国为治.(《史记》卷二《夏本纪》)

【주석】① 禹: 고대 전설상의 5제(五帝) 중 한 명으로 하(夏)나라의 시조이다. 역사
기록에 의하면 하백(夏伯)으로 봉을 받았고 순(舜)의 신하로서 양적(오늘날의 하남
성 우주시)에 거주하고 있었다. 그가 치수공사에서 공을 세웠기 때문에 순제가 임
금자리를 그에게 넘겼다. 수도는 안읍(安邑, 오늘날의 산서성 하현)에 두었고 후에
남쪽을 순회할 때 회계(会稽, 오늘날의 절강성 소흥)에서 서거했다. ② 顓顼: 우(禹)
의 할아버지를 가리킴. 전설이 일치하지 않다. ③ 鸿水: 홍수. 鸿은 洪과 같다. 대단
히 크다는 뜻. ④ 怀山襄陵: 물결이 세차게 용솟음치면서 올라 산언덕을 잠기다. 怀
: 둘러싸다. 잠긴다는 뜻. 양(襄)은 오르다는 뜻. 룽(陵)은 고지, 구릉. ⑤ 其 : 조사,
뜻이 없음. 혹은 기(綦)와 같다. 극히라는 뜻. ⑥ 崩(붕): 고대 임금이 죽은 것을 붕이
라고 함. ⑦ 女平水土: 여(女)는 여(汝)과 같다. 너라는 뜻. 平水土: 치수를 말함. ⑧
维是勉之: 네가 노력하여 이 일을 잘 할 것을 희망하다. 유(维)는 유(唯)와 같다. ⑨
稽首: 엎드려 절하다. ⑩ 契: 상족(商族)의 선조. 后稷: 주족(周族)의 선조. 皋陶: 순
(舜)제의 신하, 형법을 주관하다. 视: 이곳에서는 정리하는 사업을 주관한다는 뜻.
敏给: 민첩하다. 총명하고 민감하며 일을 잘하다. 克勤: 근면하여 일을 잘하다. 其德
不违: 사람을 대하고 일을 처리할 때 도덕을 존경하고 귀중히 여기며 그를 위반하지
않다. 声为律: 말씨가 음악처럼 잘 어울려 듣기가 좋다. 身为度: 이신작칙하여 사람
들의 모범이 되다. 度: 법률규칙. 称以出: 언행을 심사숙고하고 표현하다. 신중하고
경솔하지 않다는 뜻. 称: 짐작하다. 亹亹穆穆: 작풍이 근면하고 정중하다. 为纲为纪:
그의 언행을 모범으로 삼을 수 있다. 益: 곧 백익(伯益), 전하는 말에 의하면, 동이족
(东夷族)의 수령. 우(禹)왕을 도와 치수를 했다. 후에 우왕이 그에게 임금 자리를 넘
겨주려고 했으나 그가 받지 않아서 계(启)에게 넘겨주었다. 兴人徒: 노동자들을 발동
하여 부역을 하다. 傅土: 시공하여 흙을 다룸. 行山表木: 산림을 순회하고 나무를 세
워 표식을 하다. 定高山大川: 높은 산과 큰 강하천의 위치를 측정하다. 鲧: 우(禹)왕

의 아버지. 순(舜)왕의 명령에 따라 치수하였으나 실패하여 살해당했다. 减: 滧과 통함, 수로. 橇: 흙배. 검은 소로 다니는 수송 도구. 欙: 등산 공구. 左准绳: 왼손에는 수평을 측정하는 노끈을 든다. 右规矩: 오른손은 콤파스와 평방척을 든다. 载四时: 4시를 측정하는 계기를 휴대하다. 九州: 고대 구주는 기(冀), 연(兖), 청(青), 서(徐), 양(扬), 형(荆), 예(豫), 양(梁), 옹(雍)이다. 전하는 말에 의하면 우(禹)왕이 개척함. 九道: 구주(九州)로 통하는 도로, 혹은 구주의 수로. 陂: 제방. 여기서는 동사로 씀. 제방을 구축하다. 九泽: 고대 구주의 진펄(소택지) 혹은 대륙(大陆), 뇌하(雷夏), 대야(大野), 팽려(彭蠡), 진택(震泽), 운몽(云梦), 형택(荣泽), 하택(菏泽)과 맹제(梦诸). 九山: 구주의 명산. 혹은 견산(汧山), 호구(壶口), 지주(砥柱), 태행(太行), 서경(西倾), 파총(嶓冢), 내방(内方), 기산(岐山)과 웅이(熊耳). 众庶: 일반 평민. 调有余相给: 여유있는 물자를 부족한 곳으로 조절하다. 相地宜所有以贡: 지역에 따라 생산된 것에 의거하여 공물세의 양을 정한다. 万国为治: 만국은 경내 각 민족을 가리킴. 치(治), 리(理), 사회질서가 정연하고 생활이 궤도에 오르다.

二. 化灵羽精卫填海

发鸠^①之山, 其上多柘木^②, 有鸟焉, 其状如乌, 文首^③, 白喙^④, 赤足, 名曰精卫, 其鸣自詨^⑤. 是炎帝^⑥之少女, 名曰女娃^⑦. 女娃游于东海, 溺而不返, 故为^⑧精卫^⑨. 常衔西山之木石, 以堙^⑩于东海.(《山海经》卷三《北山经》)

【주석】 ① : 고대 전설상의 산 이름, 일반적으로 오늘날의 산서성 정저현과 고평현 일대에 있는 것으로 전해지고 있음. ② 柘: 뽕나무과에 속한 식물 명칭. ③ 文首: 머리 위에 꽃무늬가 있다. ④ 喙: 새의 주둥아리. ⑤ 詨: 부르다. 외치다. ⑥ 炎帝: 전설에 의하면 화하족(华夏族) 조상의 한 명, 신농씨(神农氏). ⑦ 女娃: 여와는 신화 속의 여제(女帝), 여와씨가 아니다. 와(娃): 소녀에 대한 칭호 ⑧ 为: ……로 변하다. 달라지다. ⑨ 精卫: 신화 중에 있는 새의 이름. 여와가 동해에 빠져서 정위(精卫) 새가 되어 나무와 돌을 물어다 바다를 메우다. ⑩ 堙: 메우다.

三. 愚公移山感上帝

太行, 王屋二山^①, 方七百里, 高万仞^②, 本在冀州之南, 河阳之北^③. 北山愚公者, 年且④九十, 面山而居, 惩山北之塞⑤, 出入之迂⑥也, 聚室⑦而谋曰: "吾与汝毕力平险, 指通豫南, 达于汉阴⑧, 可乎?"杂然相许⑨. 其妻献疑⑩曰: "以君之力, 曾不能损魁父之丘, 如太行, 王屋何? 且焉置土石?" 杂曰: "投诸渤海之尾, 隐土之北." 遂率子孙荷担者三夫, 叩石垦壤, 箕畚运于渤海之尾. 邻人京城氏之孀妻, 有遗男, 始龀, 跳往助之. 寒暑易节, 始一反焉. 河曲智叟笑而止之, 曰: "甚矣, 汝之不惠! 以残年馀力, 曾不能毁山之一毛, 其如土石何?" 北山愚公长息曰: "汝心之固, 固不可彻, 曾不若孀妻弱子. 虽我之死, 有子存焉: 子又生孙, 孙又生子: 子又有子, 子又有孙. 子子孙孙, 无穷匮也, 而山不加增, 何苦而不平?" 河曲智叟亡以应. 操蛇之神闻之, 惧其不已也, 告之于帝. 帝感其诚, 命夸娥氏二子负二山, 一厝朔东, 一厝雍南. 自此, 冀之南, 汉之阴, 无陇断焉.(《列子》卷五《汤问》)

【주석】① 太行, 王屋二山: 태항산맥은 산서성, 하남성을 꿰뚫고 하북성과 인접하고 있다. 중국 북방의 중요한 산줄기의 하나이다. 이 태항산은 산서성 양성, 원곡과 하남성의 제원, 심양(沁阳)일대의 산을 말함. 왕옥산은 오늘날의 제원과 원곡 사이에 있다. ② 万仞: 인(仞)은 고대 길이를 표시하는 단위, 그러나 이에 대한 의견이 일치하지 않다. 대체로 8척을 1인으로 본다. 만인(万仞)이라는 것은 대단히 높다는 뜻을 형용한 것이다. ③ 冀州之南, 河阳之北: 기주, 고대 구주 중의 하나, 오늘날의 산서성, 섬서성 중간, 하남성 산서성 중간, 산동성 서북쪽, 하북성 동남부 지역을 포함. 또한 고대 주 명칭이기도 하다. 한나라 시대 설립함. 오늘날의 하북성 중남부 지방, 산동성 서쪽과 하남성 북쪽이 포함됨. 여기서는 후자를 가리킨 것 같다. 하양(河阳), 진지(晋地)는 오늘날의 하남성 맹현 경내에 있다. ④ 且: 장(将), 곧, 바로, 방금. ⑤ 惩山北之塞: 惩은 ~에 의하여 괴롭다. 塞는 막다. 차단하다. ⑥ 迂: 멀다. ⑦ 室: 가족. ⑧ 汉阴: 고대 수남산(水南山) 이북을 음이라고 했다. 그럼으로 한음(汉阴)은 한수 이남을 가리킨다. 汉水는 오늘날의 호북성 서북쪽부터 무한으로 흘러내리는 유명한 강. ⑨ 杂然相许: 연이어, 저마다 찬성한다고 표시했다. ⑩ 献疑: 의문을 제기하다. 魁父: 작은 구릉명칭. 오늘날의 하남성 진류현 경내에 있다. 如太行, 王屋何: 너는 태행, 왕옥 같은 큰 산을 어떻게 할 것인가? 焉置土石: 토석을 어떻게 처리해야 하는가, 처리할 곳이 없다. 渤海之尾: 발해의 서쪽에. 隐土: 회남자(《淮南子》)에 지

적한 데 의하면 오늘날의 산동성 덕주 일대. 叩石垦壤: 돌을 까고 흙을 파다. 箕畚: 참대 쪽으로 만든 광주리. 遺男: 아버지가 돌아가신 후 남은 남자아이. 始齓: 방금 이갈이하다. 어린 아이들은 칠팔 세가 되면 이갈이를 한다. 이를 친이라 함. 易节: 계절변화. 始一反焉: 그렇게 하여야 한번 왕복할 수 있다. 反는 返과 통하다. 河曲: 지명. 오늘날의 산서성 영제현 일대. 惠: 총명하다. 长息: 긴 한숨. 장탄식하다. 固不可彻: 극도로 완고하고 고집불통이다. 匮: 부족하다. 何苦而不平: 평탄하게 할 수 없다고 걱정할 필요가 있는가? 걱정하지 말고 평탄하게 할 수 있다는 말을 반문한 것이다. 亡以应: 대답할 말이 없다. 망(亡)은 무(无)와 통하다. 操蛇之神: 작자가 꾸며낸 가상적인 사신(蛇神). 惧其不已也: 사신은 우공이 계속 파게 되면 산이 점점 작아지기 때문에 자기 감출 곳이 없어서 두려워한다. 帝: 천제(天帝), 신화전설에 의하면 천하 만물을 지배하는 하늘에 있는 신(神). 夸娥氏: 힘이 센 신. 一厝朔东: 조(厝), 두다. 놓다. 朔: 고대 삭방(朔方)이라고 하는 곳은 오늘날의 영하 회족자치구 북부 영무(灵武) 일대. 雍: 고대 옹주는 오늘날의 섬서성, 감숙성, 청해성, 일대에 있었음. 冀: 고대 기주는 오늘날의 하북성 중부, 산서성 동부와 하남성 북부등 일대지역을 포함함. 无陇断: 구릉 산등성이가 가로막지 않다. 이것은 신화(神话) 우화이다. 여기에서 서술한 것은 실지 지리직 상황과 완전히 부합되는 것은 아니다.

2절. 질박하고 검약해야 한다(質朴儉約)

이 절에서는 절검의 미덕을 반영하는 몇 가지 자료를 선별해 수록하였다. 고대 중국에서 역사책에 기록될 수 있었던 다수는 공적인 직위를 가진 사람이었기 때문에, 검약(儉約)이 무엇보다 열심히 일하는 인민의 미덕임에도 불구하고 여기에 수록된 자료는 오히려 모두 훌륭한 신하와 지식인에 관한 것이다. 그러나 이런 자료들 가운데에서도 중화민족의 절검이라는 미덕의 일부를 드러낼 수 있다. 더군다나 부호와 고관들이 교만하고 사치스럽고 방종하고 태만함을 풍조로 하였다 할

지라도, 전체적으로 고찰하면 절검을 숭상하고 사치를 배격하는 것이 여전히 중화민족에게서 주도적 위치를 점하고 있는 가치 지향이라는 점을 알 수 있을 것이다. 이 미덕을 계승하고 선양하는 것은 분명 매우 커다란 현실적 의의를 지닌다.

一. 季文子以儉率民

季文子①相宣, 成②, 无衣帛之妾, 无食粟之马. 仲孙它③谏曰: "子为鲁上卿④, 相二君矣, 妾不衣帛, 马不食粟, 人其以子为爱⑤, 且不华国⑥乎!" 文子曰: "吾亦愿之. 然吾观国人, 其父兄之食粗而衣恶⑦者犹多矣, 吾是以不敢. 人之父兄食粗衣恶, 而我美妾与马, 无乃非相人者乎! 且吾闻以德荣为国华⑧, 不闻以妾与马." 文子以告孟献子⑨, 献子囚之七日. 自是, 子服⑩之妾衣不过七升之布, 马饩不过稂莠. 文子闻之, 曰: "过而能改者, 民之上也." 使为上大夫.(《国语·鲁语上》)

【주석】① 季文子: 춘추 때 노나라 사대부, 계손행부라고 부른다. 문(文), 선(宣), 성(成)세 임금을 모셨다. 양공(襄公) 5년(기원전 568년)에 사망했다. 수십 년 간 집권했다. 집권기간 그는 검약하고 예절이 바른 것으로 널리 알려지고 있다. 그러므로 역사상 그를 청렴한 충신이라고 함. ② 宣, 成: 춘추 중시기 노라의 두 임금 선공과 성공이다. ③ 仲孙它: 노공족(鲁公族) 중손씨 이름은 타(它). 중손은 곧 맹손이다. 계손, 숙손과 함께 삼환(三桓)이라고 부른다. ④ 为鲁上卿: 노나라의 최고 행정장관 관직을 담당함. ⑤ 爱: 인색하다. ⑥ 华国: 나라를 영예롭게 하다. ⑦ 恶: 불미스럽다. 초라하다. ⑧ 以德荣为国华: 덕과 영광이 현저하면 나라를 영예롭게 할 수 있다. ⑨ 孟献子: 중손타의 아버지 중손멸. ⑩ 子服: 중손타. 七升之布: 고대 천의 폭 넓이가 2척 2촌(二尺二寸)이고 날실 80줄기를 1승(一升)이라고 정했으며, 1승은 날실 560줄기이다. 그 천은 매우 거칠다. 饩: 사료. 稂莠: 가라지풀, 일반적으로 잡초를 가리킴.

二. 晏子辞赐乘弊车

晏子朝^①, 乘弊^②车, 驾驽马^③. 景公^④见之曰: "嘻, 夫子之禄寡耶? 何乘不佼^⑤之甚也?" 晏子对曰: "赖君之赐 …… 臣得煖^⑥衣饱食, 弊车驽马以奉其身, 于臣足矣." 晏子出, 公使梁丘据^⑦遗^⑧之辂车乘马^⑨, 三返不受. 公不说^⑩, 趣召晏子. 晏子至, 公曰: "夫子不受, 寡人亦不乘." 晏子对曰: "君使臣临百官之吏, 臣节其衣服饮食之养, 以先齐国之民: 然犹恐其侈靡而不顾其行也. 今辂车乘马, 君乘之上, 而臣亦乘之下, 民之无义, 侈其衣服饮食而不顾其行者, 臣无以禁之." 遂让不受.(《晏子春秋·内篇·杂下》)

【주석】① 晏子朝: 안자가 조회에 참가하여 제경공(齐景公)을 뵈웁다. 안자, 춘추 시 제경공의 현명한 승상이며 동시에 또한 탁월한 외교가이며 도덕가이다. 이는 충실, 정직, 청렴, 검약으로 인하여 후인들의 존경을 받다. 안자춘추(《晏子春秋》)책에는 그의 아름다운 언행을 기록하고 있다. ② 弊: 폐(敝)와 통하다, 낡고 오래되다. ③ 驽马: 빨리 뛰지 못하는 말. ④ 景公 : 제나라 경공(齐景公), 기원전 547년-490년까지 왕위에 있었다. 제(齐)나라는 본래 서주무왕 사태공(西周武王师太公) 망강상의 봉국이었다. 춘추 때부터 환공(桓公) 때까지 5대 강국의 하나였으나 춘추 말기에는 전씨(田氏)가 그를 대체했다. 오늘날의 산동성 치박시(淄博) 동쪽에 있다. 산동반도 동부일대를 둘러싸고 있다. ⑤ 佼: 훌륭하다. 화려하고 아름답다. ⑥ 煖: 난(暖)과 같다. ⑦ 梁丘据: 제나라 사대부(士大夫). ⑧ 遗: 증정하다. 선사하다. ⑨ 辂车乘马: 훌륭한 마차와 좋은 말. ⑩ 说: 열(悦)과 통하다. 趣: 독촉. 临百官之吏: 모든 관리를 관리하는 사업. 先: 선두에 서다. 모범이 되다.

三. 鲁敬姜立身勤劳

公父文伯^①退朝, 朝其母^②, 其母方绩^③. 文伯曰: "以歜^④之家, 而主^⑤犹绩, 惧干^⑥季孙^⑦之怒也, 其以歜为不能事主乎?" 其母叹曰: "鲁其亡乎^⑧! 使僮子^⑨备^⑩官而未之闻耶? 居, 吾语女. 昔圣王之处民也, 择瘠土而处之, 劳其民而用之, 故长王天下. 夫民劳则思, 思则善心生: 逸则淫, 淫则忘善, 忘善则恶心生. …… 今我, 寡也, 尔又在下位, 朝夕处事, 犹恐忘先人之业. 况

有怠惰, 其何以避辟? …… 余惧穆伯之绝嗣也." 仲尼闻之曰: "弟子志之, 季氏之妇不淫矣."(《国语·鲁语下》)

【주석】① 公父文伯: 춘추 말기 노국의 공족 사대부. ② 母: 곧 공부문백의 어머니 경강, 이는 검약하고 예의 도덕을 잘 지켜 세인들의 존경을 받다. ③ 绩: 삼을 꼬면서 천을 짜다. ④ 歜: 공부문백(公父文伯)의 이름. ⑤ 主: 고대 사대부 혹은 사대부의 처를 주라고 부름. ⑥ 扞; 간(干)자와 통하다. 저촉되다. ⑦ 季孙: 계강자(季康子)를 가리킴, 계환자(季桓子)의 아들, 이름은 비(肥)라고 함. 노나라의 정권을 주관하다. ⑧ 鲁其亡乎: 노나라는 멸망하려고 한다. 노, 노나라의 수도는 오늘날의 곡부(曲阜)의 있었다. ⑨ 僮子: 동자(童子), 어린이, 문백의 아들을 가리킴. ⑩ 备: 충당하다. 未之闻: 근면해야 한다는 말을 들어본 적이 없다. 居: 앉아라. 女: 여(汝)와 통하다. 너라는 뜻. 淫: 나쁜 습성에 빠지다. 이곳에서는 향락에 빠지다는 뜻. 避辟: 죄를 면하다. 辟: 법. 穆伯: 자기 남편 공손오를 가리킴. 绝嗣: 죽여 버리다, 계승할 사람이 없다. 志之: 기억하다.

四. 韩滉位尊重廉俭

滉①虽宰相子, 性节俭, 衣裘茵衽②, 十年一易. 甚暑不执扇, 居处陋薄, 取庇风雨. 门当列戟③, 以父时第门不忍坏, 乃不请④. 堂先无挟庑⑤, 弟洄稍增补之, 滉见即彻去, 曰: "先君容焉, 吾等奉之, 常恐失坠. 若擅圮⑥, 缮⑦之则已, 安敢改作以伤俭德?"居重位, 清絜疾恶, 不为家人资产. 自始仕至将相, 乘五马, 无不终枊下.(《新唐书》卷一二六《韩滉传》)

【주석】① 滉: 한황(韩滉), 출생 사망연대가 분명하지 않다. 자 태충(太冲), 경조 장안(京兆长安, 오늘날의 섬서성 서안) 사람. 아버지 한휴(韩休)는 당현종(唐玄宗) 때 재상까지 올랐으며 나중에는 정국공(郑国公) 작위를 받았다. ② 茵衽: 茵, 깔개, 요, 탄자의 총칭. 衽, 침대깔개. ③ 列戟: 문 앞에 미늘창을 배열하여 의장대를 갖추었다. 극(戟), 고대 적을 찌르고 걸 수 있는 자루가 긴 병기. 고대에 궁정 문 앞에 배열하다. 당나라 제도에는 삼품(三品) 이상의 관원은 자기 주택 문 앞에 극을 배열할 수 있다. 그리하여 지위가 높고 귀한 사람의 집을 극문(戟门)이라고 함. ④ 请: 신청. ⑤ 挟庑: 대문으로부터 정실(正室) 양쪽에 있는 행랑방. 庑, 정실 주위에 있는 행랑

방. ⑥ 圮: 훼손, 무너지다. ⑦ 缮: 수리하여 완전하게 하다

五. 张知白以俭德遗子孙

近故张文节公^①为宰相, 所居堂屋不蔽风雨, 服用饮膳, 与始为河阳书记^②无异. 其所亲^③或规之曰: "公月入俸禄几何? 而自奉俭薄如此? 外人不以公清俭为美, 反以为有公孙布衣之诈^④." 文节叹曰: "以吾今日之禄, 虽侯服王食^⑤, 何忧不足? 然而人情由俭入奢则易, 由奢入俭则难. 此禄安能常恃, 一旦失之, 家人皆习于奢, 不能顿俭, 必至失所, 曷若无失其常. 吾虽违世^⑥, 家人犹如今日乎?" 闻者服其远虑. 此皆以德业遗子孙者也, 所得顾不多乎^⑦! (司马光:《家范·祖》)

【주석】 ① 张文节公: 장지백(张知白, ？-1028년)이다, 자 용회. 송나라 때 창주 청지 사람. 단공(端拱)년 진사. 천성 3년(1025년) 재상(宰相)직에 올랐으며 죽은 후 문절 (文节)이란 시호(谥号)를 받았다. ② 书记: 고대 서신기록을 주관하는 관리. ③ 亲: 가까운 사람. ④ 公孙布衣之诈: 공손홍처럼 높은 관직에 있으면서 청렴하고 검약한 것으로 가장하여 명예를 추구하다. ⑤ 侯服王食: 후작(侯爵)과 왕의 기준으로 생활 하다. ⑥ 违世: 사망을 말함. ⑦ 顾不多乎: 그래 많지 않다는 말인가?

5장

근면하고 열성적으로 학문을 좋아하며,
스승을 존중하고 도리를 중시한다

이끄는 말

　고대에는 도덕과 교화를 국가를 다스림의 근본으로 여겼으니, 교육
에 대한 중시 역시 중국에서 두드러진 우수한 전통이 되었다. 그것은
두 가지 측면에서 두드러지게 나타난다. 첫째는 권학(勸學)으로, 천자
(天子)에서부터 서인(庶人)에 이르기까지 모두가 열심히 공부하고 자신
을 수양하는 것을 근본으로 삼았다. 게다가 과거를 통해 인재를 뽑는
제도 역시 사람들이 힘들게 공부하여 관리가 되도록 고무하였다. 둘째
는 존사(尊師)로, 하늘·땅·군주·부모·스승을 나란히 두고 논하며,
스승의 지위를 지극히 높은 정도로까지 격상시킨 것이다. 이로부터 학
문에 힘쓰도록 권하고, 스승을 존중하는 우수한 전통이 형성되었다. 고
대의 권학(勸學)에서, 그 목적과 내용은 물론 분명히 시대적 한계성을
가지고 있지만, 그 기본정신은 오히려 보편적 의의를 지니고 있다.

1절. 근면하고 끈기 있게 공부한다(勤學苦讀)

본 절에 수록된 자료는 고대인이 각고의 노력으로 학문을 탐구하던 정신을 반영했다. 소진(蘇秦)은 발분하여 허벅지를 찌르며 공부했고, 갈홍(葛洪)은 책을 빌려다 열심히 공부했고, 차윤(車胤)은 반딧불을 잡아 주머니에 넣어 그 빛으로 책을 읽었고, 광형(匡衡)은 벽을 뚫어 그 스며드는 불빛으로 책을 읽었으니, 가난하고 힘든 조건 하에서도, 온갖 어려움을 물리치고, 어려움을 견디며 학문에 뜻을 두고, 마지막에는 결국 걸출한 학자가 되었다. 이시진(李時珍)은 학문을 연마하기를 그치지 않고, 널리 약초를 채집하고 깊이 연구하여, 30년이 지나 하나의 책을 완성하였다. 그들은 다양한 분야에서 근학(勤學)의 정신을 나타냈다. 물론 그 중에 누군가는 공명(功名)과 재산 및 녹봉을 추구하고 조상을 빛내려는 사상을 갖기 마련이었겠지만, 그들의 앎을 추구하는 갈망과 각고의 정신은 여전히 우리에게 유익한 깨우침과 격려를 제공해 줄 수 있다.

一. 苏秦发愤刺股

苏秦始将连横①……说秦王②书十上而说不行. 黑貂之裘弊③, 黄金百镒④尽, 资用乏绝, 去秦而归. 嬴滕履跷⑤, 负书担橐⑥, 形容枯槁⑦, 面目犁⑧黑, 状有归⑨色. 归至家, 妻不下纴⑩, 嫂不为炊, 父母不与言. 苏秦喟叹曰: "妻不以我为夫, 嫂不以我为叔, 父母不以我为子, 是皆秦之罪也." 乃夜发书, 陈箧数十, 得太公《阴符》之谋, 伏而诵之, 简练以为揣摩. 读书欲睡, 引锥自刺其股, 血流至踵. …… 期年, 揣摩成, 曰: "此真可以说当世之君矣!" 于是乃摩燕乌集阙, 见说赵王于华屋之下, 抵掌而谈. 赵王大悦, 封为武安君, 受相印, 革车百乘, 绵绣千纯, 白璧百双, 黄金万溢, 以随其后, 约从散横, 以

抑强秦 …… 山东之国, 从风而服.(《战国策》卷三《苏秦始以连横说秦》)
【주석】① 苏秦始将连横: 소진(苏秦)이 초기에는 연횡(连横)정책을 실시했다. 연횡은 합종과 대립된다. 6개국을 유세하여 공동으로 진나라를 모시자는 정책이다. 소진은 전국(战国) 중시기 동주(东周) 낙양 사람, 장의(张仪)와 함께 종횡(纵横)가라고 칭함. 그는 초기에 연횡정책으로 진나라를 유세했으나 진나라는 접수하지 않았다. 그리하여 그는 또다시 합종의 계략으로 6개국을 유세하여 공동으로 진나라를 항거하게 되었으며 6개국의 재상인(印)을 지참함. 후에 그의 합종 계략은 장의의 연횡 계략에 의하여 실패하여 제나라에서 객사했다. ② 秦王: 진혜문왕, 효공(孝公)의 아들. 기원전 337-310년까지 왕위에 있었다. ③ 黑貂之裘弊: 흑초(黑貂)는 자초(紫貂)이며 담비이다. 담비모피로 옷을 만들면 가장 귀중한 옷이다. ④ 黄金百镒: 황금, 동을 가리킨 것이다. 일(镒), 고대 20량을 1일(镒)이라고 함. ⑤ 嬴縢履蹻: 각반을 하고 짚신을 신다. ⑥ 橐: 물건을 담는 주머니. ⑦ 槁: 마르다. ⑧ 犁: 검은색. ⑨ 归: 괴(愧)의 차용자(字). ⑩ 紝: 직기. 喟: 탄식 소리. 发: 열다. 陈箧: 참대로 만든 책 상자를 내놓다. 得太公《阴符》之谋: 태공의 병서(兵书) 음부경(阴符经)을 받았다. 태공(太公), 강태공 강상(姜尚) 또한 여상(吕尚)이라고 함. 음부는 곧 음부경, 전한 말에 따르면 강태공이 저작한 병법서적. 简练以为揣摩: 필요한 것을 선택하여 잘 익히고 연구하다. 期年: 한 해. 일 년. 摩: 접근하다. 阙: 요새 명칭. 赵王: 조숙후(赵肃侯)를 가리킴. 무령왕의 아버지. 조(赵), 전국시기 나라 이름, 오늘날의 하북성 남부지대에 있으며 서울은 오늘날의 하북성 한단(邯郸)시이다. 抵掌而谈: 가까이 말하여 배짱이 잘 맞다. 저장(抵掌)은 손뼉을 치다. 武安: 조나라의 읍. 오늘날의 하북성 무안현. 革车百乘: 혁차, 병차. 승(乘)은 수사. 고대 4마리의 말이 끄는 마차를 1승이라고 함. 千纯: 순(纯)은 둔(鈍)의 차용자. 비단 1토막을 둔이라고 함. 그러므로 1천 둔은 곧 1천 토막. 溢: 일(镒)과 통하다. 만일(万镒)은 양이 매우 많다는 뜻. 约从散横: 관동(关东)에 있는 여러 나라들과 연합할 것을 약속하여 진나라의 연횡계략을 파괴하다. 종(从)은 纵자와 통하다. 이것은 합종을 말함.

二. 匡稚圭凿壁偷光

匡衡①字稚圭, 勤学而无烛②. 邻舍有烛而不逮③, 衡乃穿壁引其光, 以书映光而读之. 邑人④大姓文不识, 家富多书, 衡乃与其佣作, 而不求偿. 主人怪, 问衡, 衡曰:"愿得主人书遍读⑤之." 主人感叹, 资给以书, 遂成大学. 衡能说《诗》, 时人为之语曰:"无说《诗》, 匡鼎来. 匡说《诗》, 解人颐." 鼎, 衡小名也. 时人畏服之如是, 闻者亦解颐⑥欢笑. 衡邑人有言《诗》者, 衡从之, 与语质疑⑦, 邑人挫服, 倒屣⑧而去. 衡追之, 曰:"先生留听, 更理前论." 邑人曰:"穷矣." 遂去不反.(葛洪:《西京杂记》卷二)

【주석】① 匡衡: 서한시대 경학가(经学家). 자 치규. 동해승(오늘날의 산동성 창산란 룽진) 사람. 문학에 능하고 시를 잘 읊다. 자주 고전을 인용하여 정치적 득실을 논하다. 서한 원제(元帝)시 승상 관직에 있었다. ② 无烛: 불빛이 없다. ③ 逮: 도착하다, 이르다. ④ 邑人: 본 고향 사람. ⑤ 遍读: 전부 다 읽다. ⑥ 解颐: 이(颐), 볼. 해이, 요란스럽게 웃다. 즐겁게 웃다. ⑦ 质疑: 의문스러운 것을 질문하다. ⑧ 屣: 신.

三. 葛稚川借书苦读

抱朴子者, 姓葛, 名洪, 字稚川, 丹阳句容人也.① …… 年十有三, 而慈父见背②, 夙③失庭训, 饥寒困瘁④ …… 又累遭兵火, 先人典籍荡尽. 农隙之暇, 无所读, 乃负笈⑤徒步行借, 又卒于一家, 少得全部之书. 益破功, 日伐薪卖之, 以给纸笔, 就营田园处, 以柴火写书. 坐此⑥之故, 不得早涉艺文. 常乏纸, 每所写, 反复有字, 人勘⑦能读也. …… 但贪广览, 于众书乃无不暗诵精持, 曾所披涉, 自正经诸史百家之言, 下至短杂文章, 近万卷.(葛洪:《抱朴子·自叙》)

【주석】① 葛洪: (약 281-341년) 동진 때 도교(道教) 이론가, 의학가, 화학가. 호는 포박자(抱朴子), 저작으로는 포박자(《抱朴子》), 신선전(《神仙传》) 등이 있다. 오늘날의 강소성 단양 구용 출신. ② 见背: 사망을 말함. ③ 夙: 일찍. 너무 일찍. ④ 瘁: 일에 지치다. 병에 시달리다. ⑤ 笈: 책 상자. ⑥ 坐此: 그러므로. ⑦ .甚少: 선과 같다. 적다.

四. 王育折蒲学书

王育字伯春, 京兆人也[1]. 少孤贫, 为人佣牧羊, 每过小学, 必歔欷[2]流涕. 时有暇[3], 即折蒲学书[4], 忘而失羊, 为羊主所责, 育将鬻[5]己以偿之. 同郡许子章, 敏达[6]之士也, 闻而嘉之, 代育偿羊, 给其衣食, 使与子同学, 遂博通经史.(《晋书》卷八十九《王育传》)

【주석】 ① 王育: 서진(西晋) 시기 유명한 장군. 경조(京兆), 오늘날의 섬서성 서안. ② 歔欷: 흐느껴 울다, 목메어 울다. ③ 暇: 한가하다. ④ 书: 쓰다. ⑤ 鬻: 팔다. ⑥ 敏达: 총명하고 사리에 통달하다.

五. 车武子囊萤勤学

车胤字武子, 南平人也.[1] …… 胤恭勤不倦, 博学多通. 家贫不常得油, 夏月则练囊[2]盛数十萤[3]火以照书, 以夜继日焉. 及长, 风姿美劭[4], 机悟敏速, 甚有乡曲之誉[5]. …… 时惟胤与吴隐之[6]以寒素[7]博学知名于世.

(《晋书》卷八十三《车胤传》)

【주석】 ① 车胤: 동진 효무제(孝武帝) 시기 학자, 중서시랑, 시중관직까지 했다. 남평(南平), 오늘날의 복건성에 속한다. ② 练囊: 견직천으로 만든 구럭. ③ 萤: 개똥벌레, 반디벌레. ④ 美劭: 아름답다. ⑤ 乡曲之誉: 한 고장의 아름다운 명예를 지니다. ⑥ 吴隐之: 동진의 유명한 관리, 공무에 청렴하고 결백한 것으로 유명하다. ⑦ 寒素, 가문의 지위가 낮다.

六, 修《本草》李时珍穷搜博采

李时珍[1], 字东璧, 蕲州[2]人, 好读医书. 医家《本草》自神农[3]所传, 止三百六十五种. 梁陶弘景[4]所增亦如之 …… 先后增补合一千五百五十八种, 时称大备. 然品类既烦, 名称多杂, 或一物而析为二三, 或二物而混为一品, 时珍病之. 乃穷搜博采, 芟烦补阙[5], 历三十年, 阅书八百余家, 稿三易而成书, 曰《本草纲目》.(《明史》卷二九九《李时珍传》)

【주석】 ① 李时珍(1518-1593년): 명나라 때 의약학가. 대대로 의사이지만 약학연구

를 더 중요시했다. 저작으로는 본초강목(《本草纲目》)이 있다. 이 저작은 16세기 이
전 중국의 약물학 경험을 총화하고, 고적의 착오를 수정했다. 여러 학파 본초(本草)
에 기록한 약물 1,518종을 수록하고 새로 374종을 수록하여 총 1,892종이 되었다.
이는 약물학 발전에 큰 기여를 했다. 그것은 우리나라의 귀중한 유산이다. ② 蕲州:
고대 주(州)의 관청 명칭. 명나라 시대 관할하는 지역은 오늘날의 호북성 기춘현에
해당함. ③ 神农: 전설상의 상고제왕(上古帝王), 백성들에게 농기구와 농사일을 가르
쳐 농업을 발전시키고 백가지 약초를 맛보고 약으로 쓰므로 모든 병을 치료하도록
했다. 전하는 데 따르면 본초(本草)는 바로 신농이 전한 것이라고 함. ④ 陶弘景
(456-536년): 남조(南朝)시대 도사(道士), 의약학가. 자 통명(通明). 단양 말릉(오늘날
의 강소성 남경) 사람. 이는 고대의 신농백초경(《神农百草经》)을 정리했으며, 그 당
시 사용한 새로운 약을 증가하여 본초경집주(《本草经集注》) 7권을 만들었다. 그 속
에는 약물 총 730종이 기재되어 있다. 원래 기재한 365종보다 배가 증가되었다. 처
음으로 옥석, 초목, 벌레, 짐승, 과실, 채소, 쌀 분류법을 창시했다. 본초학의 발전에
일정한 영향을 주었다. ⑤ 芟烦补阙: 중복된 것을 삭제하고 부족한 것은 보충하다.

2절. 스승을 존중하고 도를 중시한다(尊師重道)

이 절에서 발췌한 몇 가지 자료는 각기 특색을 가지고 있다. 이상
(李相)이 한 글자의 가르침 때문에 미천한 관리에게 절하고 스승으로
삼았던 것은 "세 사람이 길을 가면 반드시 나의 스승이 있다"(공자의
말)는 정신을 구현한 것이다. 석개(石介)가 스승을 섬기면서 예(禮)를
다한 것은 스승에 대한 존경을 나타낸 것이다. 양시(楊時)가 정이(程
頤)의 문 앞에서 눈이 한 척이 쌓이도록 정이의 명상이 끝날 때까지
기다렸던 것은 가르침을 구함에 있어서의 경건함을 나타낸 것이다. 동
시에 이 자료들은 일종의 공통적인 하나의 정신을 반영해 냈으니, 즉

지식에 대한 존중과 앎을 추구하는 공경과 정성, 절박함은 도(道)와 학문을 중시한 것이다. 이것이 스승을 존중하는 사상의 기초이다.

一. 李相敬拜"一字师"

大居守李相[①]读《春秋》, 误呼叔孙婼[②](敕略)[③]为婼(敕晷)[④]. 日读一卷, 有小吏侍侧, 常有不怿[⑤]之色. 公怪问曰: "尔常读此书耶?" 曰: "然." "胡为[⑥]闻我读至此而数色沮[⑦]耶?" 吏再拜言曰: "缘某师授, 误呼文字: 今闻相公呼婼(敕略)为婼(敕晷), 方悟耳." 公曰: "不然. 吾未之师也, 自检《释文》而读, 必误在我, 非在尔也."因以《释文》示之. 小吏因委曲言之. 公大惭愧, 命小吏受北面之礼[⑧], 号为"一字师".(王定保:《唐摭言》卷五《切磋》)

【주석】 ① 李相: 오대시기 복건성 수주 사람. 왕서(王绪)를 따라 거병한 적이 있다. 왕서가 살해당하자 이상은 그의 고아 건제(建齐)를 산 속에 감추고 자기 막내아들의 이름과 건제의 이름을 바꾸어 불렀다. 그리하여 막내아들이 살해당했다. ② 叔孙婼: 춘추시기 사람, 그에 대한 사실은 좌전·소공 7년(《左传·昭公七年 》)에 기재되어 있다. ③ 敕略: 이것은 반절이다. 한자의 두 자음을 반씩만 따서 하나의 음을 만들어 읽는 법. ④ 敕晷: 이것도 반절이다. ⑤ 不怿: 즐겁지 않다. 불쾌하다. ⑥ 胡为: 무엇 때문에. ⑦ 数色沮: 여러 번 기가 꺾이다. ⑧ 北面之礼: 고대 학생이 스승을 존경하여 드리는 인사. 스승이 남쪽을 향해 앉으면 학생들은 북쪽을 향하여 절을 한다.

二. 石守道师事孙泰山

"鲁多学者, 其尤贤而有道者石介[①]. 自介而下, 皆以弟子事之[②]. 孔给事道辅[③]闻先生[④]之风, 就见之. 介执杖履侍左右, 先生坐则立, 升降拜则扶之. 及其往谢也, 亦然. 鲁人素高此两人, 由是始识师弟子之礼, 莫不嗟叹之[⑤]." 呜呼, 观于徂徕事师之严, 虽不见先生之书, 不可以知先生之道之尊哉? (《宋元学案·泰山学案》按语)

【주석】 ① 石介(1005-1045년): 자 수도(守道). 연주 봉부(오늘날의 산동성 태안 동남) 사람. 세인들은 조래(徂徕) 선생이라고 함. 천성 때 진사. 태자중윤 관직까지 했다.

북송 시기 그를 학자 손복(孙复), 호원(胡瑗)과 같이 유학(儒学)을 제창하여 송나라
초기 그들을 3선생이라고 함. 조래집(《徂徕集》) 등을 저작했다. ② 之: 이곳에서는
손복(992-1057년)을 가리킨 것임. 손복의 자는 명복(明复). 진주평양(晋州平阳) 오늘
날의 산서성 임분 사람. 북송 초기 학자. 과거(科举)에 여러 차례 참가했으나 급제하
지 못해 태산에 은퇴하여 학문을 강의했다. 세인들은 태산 선생이라고 부름. 춘추존
왕발미(《春秋尊王发微》), 수양자집(《睢阳子集》) 등을 저작했다. ③ 孔给事道辅:
공도보(孔道辅). 급사(给事)는 관직. ④ 先生: 손복(孙复). ⑤ 이상은 구야수(欧阳修)
가 손복의 묘지에 쓴 비문이다.

三. 杨中立程门立雪

河南程颢与弟颐①讲孔, 孟绝学②于熙, 丰③之际, 河, 洛之士翕然④师之. 时
⑤调官不赴, 以师礼见颢于颖昌, 相得甚懽⑥. 其归也, 颢目送之日: "吾道南
矣⑦." 四年而颢死. 时闻之, 设位哭寝门, 而以书赴告同学者. 至是, 又见
程颐于洛, 时盖年四十矣. 一日见颐, 颐偶瞑坐, 时与游酢⑧侍立不去, 颐
既觉, 则门外雪深一尺矣.(《宋史》卷四二八《道学传》)

【주석】① 程颢: 정호(1032~1085년), 자 백순(伯淳), 명도선생이라고 함. 정이
(1033~1107년) 자 정숙(正叔), 이천 선생이라고 함. 낙양(오늘날의 하남성) 사람. 북
송의 유명한 학자. 두 사람은 주돈이(周敦颐)로부터 교육을 받아 이학(理学)의 창시
자가 되었다. 세인들은 그들을 이정(二程)이라고 함. 이(理)를 천지만물의 본체로 정
하고 다시 삼강오륜(三纲五常)에서 지켜야 할 도리와 도덕관념 합리성을 논증하고
후세에 와서 유학의 절대적인 권위를 수립했다. 그들의 저작을 후세 사람들이 합편
하여 이정(二程)전서라고 함. ② 孔, 孟绝学: 공자와 맹자의 유학을 말함. 역사학자들
이 이 학자의 관점에 근거하여 공맹도통(송나라와 명나라 이학가가 일컫는 유가 학
술 사상의 전수계통)은 한나라, 위나라 이후 석가모니와 노자(불교와 도교)사상이
융행으로 인하여 중단된 것으로 여겨 절학(绝学)이라고 부르며 이 학자들에 의하여
다시 도통을 이어나가게 되었다. ③ 熙, 丰: 희녕, 원풍은 송 신종(宋神宗)의 연호이
다. ④ 翕然 민의(民意)가 일치한 모양. ⑤ 时: 양시(杨时, 1053-1135년), 자 중립(中
立). 남검 장락(오늘날의 복건성) 사람. 북송 때 학자. 세칭 귀산 산생(龟山先生). 관

직은 용도각직학사(龙图阁直学士)까지 올랐다. 이정(二程)을 따라 배우고 유작(游酢), 여대임(吕大临), 사량좌(谢良佐)와 함께 정문(程门) 4대제자라고 칭함, 귀한문집(《龟山文集》)을 저술함. ⑥ 懽: 환(欢)의 이체자. ⑦ 吾道南矣: 나의 주장(학설)은 곧 남쪽으로 전해질 것이다. 양시가 남쪽 사람이기 때문에 정호가 이렇게 말했다. ⑧ 游酢(1053~1123년): 자 정부(定夫). 건주 건양(오늘날의 복건성) 사람. 북송 때 학자. 세칭 치산 선생(廌山先生), 이정(二程)을 따라 배웠고, 정문(程门) 4대제자 중 한 사람이다. 이설(易说), 중용의(《中庸义》), 논어잡해(《论语杂解》), 맹자잡해(《孟子杂解》), 치산집(《廌山集》)을 저술했다.

四. 段玉裁终身念师恩

玉裁①于周, 秦, 两汉书无所不读 …… 积数十年精力, 专说《说文》②, 著《说文解字注》三十卷 …… 初, 玉裁与念孙③俱师震④, 故戴氏有段, 王两家之学. 玉裁少震四岁, 谦, 专执弟子礼, 虽耄⑤, 或⑥称震, 必垂手拱立⑦, 朔望⑧必庄诵震手札一通. 卒后, 王念孙谓其弟子长洲⑨陈奂曰: "若膺死, 天下遂无读书人矣!"(《清史稿》卷四八一《儒林传二》)

【주석】① 玉裁: 단옥재(段玉裁, 1735~1815년), 자 약응(若膺), 호 무당(懋堂). 청나라 강소성 금단 사람. 건륭 때 거인(举人). 현지사 역임. 후에 질병으로 관직을 그만두고 집으로 돌아와 문을 닫고 30년간 독서하였다. 스승 대진(戴震)에 이어 경학에서부터 시작하여 소학(小学), 음운학에 정통했다. 설문해자주(《说文解字注》)를 저술했는데, 세인들은 그것을 설문단주(《说文段注》)라고 하는데 대단히 큰 가치를 가진다. ②《说文》: 한나라 때 허신(许慎)이 저술, 우리나라에서 고대 첫 자서(字书)이다. ③ 念孙: 왕념손(1744~1832년), 자 회조, 호 석구(石臞). 청나라 때 강소성 고우 사람. 소년시절에 대진(戴震)을 따라 배웠으며, 문자, 음운, 훈고학 측면에서 그의 진수를 전수했다. 건륭 연간에 진사에 급제하여 공부(工部)를 주관하는 관직을 맡았다. 후에 직예(直隶) 영정 하도(河道), 산동 운하도(运河道) 관직에 임직, 십여 년 동안 상당한 성과를 거두었지만 결국 영정강 홍수로 둑이 무너져 피해를 입자 파직당하고 집으로 돌아와 저술에 전념했다. 건가(乾嘉)학파의 대표적인 인물이다. ④ 震: 대진(戴震, 1724~1777년) :자는 동원(東原), 청나라 때 안휘성 휴녕(오늘날의 둔계)

사람. 학문이 연박하고 판결을 세밀히 잘한다. 송 명리학을 제시하여 "이치라는 것
으로 사람을 죽인다"라는 유명한 논단을 내놓았다. 학문을 탐구함에 있어 견해나
주장이 근거가 있어야 한다고 주장하며 빈말을 반대한다. 그의 도덕과 학문은 청나
라 시대 온 학술계에 영향을 주었다. 저술이 매우 많다. 후세 사람들이 대동원집
(《戴东原集》), 대씨유서(《戴氏遺书》)를 편집했다. ⑤ 耄: 나이가 팔구십 세에 이르
는 노인을 모(耄)라고 함. ⑥ 或: 대명사, 사람이 있다. ⑦ 拱立: 신체가 꼬불꼬불하
여 활 모양이 되다. ⑧ 朔望: 음력으로 매달 초하루를 삭이라고 하고 매달 십오일을
망이라고 함. ⑨ 长州: 오늘날의 강소성 소주 경내.

6장

자신을 수양해 스스로를 통제하며, 덕을 숭상하고 의로움을 중시한다

이끄는 말

사회도덕의 풍조와 도덕적 수준의 기초는 사회 구성원의 도덕적 자각과 도덕 수준에 달려 있다. 이 때문에 옛 사람들은 예로부터 사람들의 도덕적 자각을 향상시키는 것을 중시하였다. 이 장에서 선별된 자료는 이런 측면의 몇 가지 상황을 반영했다. "마음을 분발시켜 스스로 강해지는 것"과 "자율적으로 잘못을 고치는 것"이 도덕 수양을 진행하는 기본 태도이다. 또한 "진실되고 성실하게 약속을 지키는 것", "겸허하고 공손하여 예를 갖춰 양보하는 것", "이익을 보면 의로움을 생각하는 것"은 기본적인 도덕적 요구의 몇 가지 항목이다. 이런 자료들을 통해서, 이러한 도덕적 요구의 구체적인 구현을 파악할 수 있을 뿐만 아니라 옛 선인의 높은 자각적인 도덕 정신을 느낄 수 있게 될 것이다.

1절. 마음을 분발시켜 스스로 강해진다(勵志自强)

공자는 자신의 성장 과정을 스스로 말하면서, "나는 15살에 학문에 뜻을 두었다[吾十有五而志於學]"고 하여, 뜻을 세운 것을 출발점으로 삼았다. 그리고 옛 사람은 또한 "뜻이 있는 사람에게 일을 반드시 이루어진다[有志者, 事竟成]"(《후한서(後漢書)》〈경엄전(耿弇傳)〉)고 하여, 뜻을 세우는 것이 수양의 출발점이 되며, 사업을 성취하는 기초라는 점을 설명하였다. 뜻을 원대하게 품고, 이를 통해 자기를 격려하며 가난하고 힘든 조건 하에서도 분투하여 자강불식(自强不息)함으로써 이상을 실현하고 업적을 성취하는 것은 일종의 진취적인 삶의 태도이다. 여기서 선별해 수록한 몇 가지 자료는 이런 측면에서 우리에게 깨우침을 줄 것이다.

一. 图复国越句践卧薪尝胆

…… 吳王夫差^① …… 悉发精兵击越^②, 败之夫椒^③. 越王^④乃以余兵五千人保栖于会稽^⑤. …… 句践乃以美女宝器令种间^⑥献吴太宰嚭^⑦. 嚭受, 乃见大夫种于吴王. …… 卒赦越…… 吴既赦越, 越王句践反^⑧国, 乃苦身焦思, 置胆于坐^⑨, 坐卧即仰胆^⑩, 饮食亦尝胆也. 曰: "女忘会稽之耻邪?" 身自耕作, 夫人自织, 食不加肉, 衣不重采, 折节下贤人, 厚遇宾客, 振贫吊死, 与百姓同其劳. …… 举国政属大夫种, 而使范蠡与大夫柘稽行成, 为质于吴. 二岁而吴归蠡. 句践自会稽归七年, 拊循其士民, 欲用以报吴. 大夫逢同谏曰: "国新流亡, 今乃复殷给, 缮饰备利, 吴必惧, 惧则难必至. …… 为越计, 莫若结齐, 亲楚, 附晋, 以厚吴. 吴之志广, 必轻战. 是我连其权, 三国伐之, 越承其弊, 可克也." 句践曰: "善." …… 居三年, 句践召范蠡曰: "吴已杀子胥, 导谀者众, 可乎?" 对曰: "未可."

至明年春, 吴王北会诸侯于黄池, 吴国精兵从王, 惟独老弱与太子留守. 句践复问范蠡, 蠡曰: "可矣." 乃发习流二千人, 教士四万人, 君子六千人, 诸御千人, 伐吴. 吴师败. …… 越遂复栖吴王于姑苏之山. 吴王 …… 遂自杀.(《史记》卷四十一《越王句践世家》)

【주석】① 吴王 夫差: 오왕 합려(阖闾)의 아들, 합려의 왕위를 계승하여 오왕이 되었다. 원전 495~473년까지 왕위에 있었다. 오나라는 오늘날의 강소성 소주 일대에 있었다. ② 越: 오늘날의 절강성 소흥 일대에 있었다. 부차가 즉위한 다음해(기원전 494년) 월국을 공격했다. ③ 夫椒: 어떤 설에 의하면 오늘날의 강소성 태호(太湖) 중에 있었다고 함. ④ 越王: 구천(句践), 윤상(允常)의 아들, 기원전 496~465년까지 왕위에 있었다. 그가 와신상담(卧薪尝胆)하여 분발한 사실은 사람들로 하여금 감동하여 분발하게 했으나 그가 나라를 되찾은 후에 문종(文种)을 못살게 하여 죽이고 범려(范蠡)를 내쫓은 것은 잘못한 것이다. ⑤ 保栖于会稽: 자신을 보존하기 위하여 회계(会稽)에 주둔 하다. 회계는 곧 회계산이다. 오늘날의 절강성 소흥 동남쪽. ⑥ 种: 월국의 현숙한 대부 문종, 후에 구천의 억압에 의하여 자살했다. 间: 비공개적으로 몰래. ⑦ 太宰嚭: 곧 백비. 태재(太宰), 승상(丞相)에 해당함. ⑧ 反: 반(返)과 통함. ⑨ 坐: 좌(座)와 같다. ⑩ 仰胆: 좌석 앞에 걸어 놓은 쓸개(담당)를 바로 본다. 女: 여(汝)와 통한다. 구천이 자기를 가리키다. 不重采: 색조가 단일하다. 折节下贤人: 신분을 낮추고 틀을 차리지 않고 예절 있게 재능과 덕이 있는 분을 대하다. 遇: 대하다. 振: 진(赈)과 통하다. 구제. 举国政属大夫种: 국정을 전부 문종대부에게 위임하다. 거(举), 전체의 전부. 속(属)은 嘱과 같다. 위탁(위임), 인도하다. 范蠡: 월나라 현명한 대부, 구천이 월국에 돌아온 후 은거하여 상업을 경영했다. 세인들은 그를 도주공(陶朱公)이라고 불렀다. 柘稽: 월(越)나라 대부. 行成: 화해하다. 为质于吴: 인질로 오(吴)국에 있었다. 拊循: 위로하다. 위로하고 격려하다. 报吴: 오국에 복수하다. 逢同: 월(越) 대부. 殷给: 부유를 더 충족하게 하다. 缮饰备利: 장비를 손질하고 작전무기를 준비하다. 结齐, 亲楚, 附晋: 제국(齐国)과 교제하고 초국과 가까이 하고 진나라에 의지하다. 이때 부차가 북쪽으로 가서 제나라, 진나라와 중원(中原)지대에서 패권을 잡기 위하여 투쟁하려고 했으나 초나라와 원한이 매우 깊기 때문에 봉동(逢同)이란 사람이 이상과 같은 계책을 올렸다. 厚吴: 오나라에 좋게 대하여 그를 마비시키다. 吴之志广: 부차(夫差)의 야심이 매우 크다. 连其权: 삼국세력과 연계를 취하다. 承其

弊: 그들이 완전히 지친 틈을 이용하다. 克: 싸워 이기다. 子胥: 곧 오원(伍员), 수차례에 걸쳐 부차에게 간언을 드리여 월국을 방비하라고 했으나 부차가 듣지 않고 그에게 죽으라고 했다. 때는 부차 십이년(기원전 484년)이였다. 导谀: 아첨하다. 黄池: 오늘날의 하남성 봉구현 서남 지대. 发习流: 수영을 잘하는 사람을 징발하다. 혹은 훈련을 받은 죄인을 가리킴. 教士: 훈련을 받은 병사. 君子: 월왕의 근위 인원. 诸御: 재직에 있는 군관. 姑苏之山: 오늘날의 강소성 소주시 서남쪽.

二. 作佣耕陈胜怀大志

陈胜^①者, 阳城人也, 字涉. …… 陈涉少时, 尝与人佣耕^②, 辍^③耕之垄上, 怅恨久之, 曰: "苟^④富贵, 无相忘." 庸者^⑤笑而应曰: "若为庸^⑥耕, 何富贵也?" 陈涉太息^⑦曰: "嗟乎, 燕雀安知鸿鹄^⑧之志哉!"(《史记》卷四十八《陈涉世家》)

【주석】 ① 陈胜(? ~기원전 208년): 진나라 말기 농민봉기 때 수령. 자 섭(涉), 양성(오늘날의 하남성 등봉 동남) 사람. 기원전 209년 오광(吴广)과 함께 기(蕲)현 대택향에서 봉기하여 진현에서 장초(张楚)정권을 수립하고 그를 왕으로 추대했다. ② 佣耕: 고용하여 경작하다. ③ 辍: 정지하다. ④ 苟: 만약, 가설. ⑤ 庸者: 고용노동자 중에 있는 동업자. ⑥ 若: 너. 庸: 고용당하다, 노동력을 팔다. ⑦ 太息: 길게 탄식하다. 장탄식하다. ⑧ 鸿鹄 : 고니, 백조. 고니가 높이 날아다니기 때문에 종종 뜻이 원대한 사람에 비유한다.

三. 遭困厄司马迁发愤著《史记》

迁^①生龙门, 耕牧河山之阳. 年十岁则诵古文^②. 二十而南游江淮 …… 遭李陵之祸^③, 幽于累绁^④. …… 故人益州刺史任安予迁书, 责以古贤臣之义^⑤. 迁报之曰: 少卿足下: …… 夫人情莫不贪生恶死, 念亲戚, 顾妻子, 至激于义理者不然, 乃有不得已也. 今仆不幸, 蚤失二亲, 无兄弟之亲, 独身孤立, 少卿视仆于妻子何如哉? 且勇者不必死节, 怯夫慕义, 何处不勉焉! 仆虽怯懦^⑥欲苟活, 亦颇识去就之分矣, 何至自湛溺累绁之辱哉! 且夫臧获^⑦婢妾犹能引决, 况若仆之不得已乎! 所以隐忍苟活, 函粪土之中而不辞者, 恨私心有所不尽, 鄙没世而文采不表于后也. 古者富贵而名摩灭, 不可胜记, 唯倜傥⑧非常之人称焉. 盖西伯拘而演《周易》; 仲尼厄而作《春秋》; 屈原放逐, 乃赋《离骚》; 左丘失明, 厥有《国语》; 孙子膑脚, 《兵法》修列; 不韦迁蜀, 世传《吕览》; 韩非囚秦, 《说难》, 《孤愤》. 《诗》三百篇, 大氐贤圣发愤之所为作也⑨. 此人皆意有所郁结, 不得通其道, 故述往事, 思来者⑩. …… 仆窃不逊, 近自托于无能之辞, 网罗天下放失旧闻, 考之行事, 稽其成败兴坏之理, 凡百三十篇, 亦欲以究天人之际, 通古今之变, 成一家之言. 草创未就, 适会此祸, 惜其不成, 是以就极刑而无愠色. 仆诚已著此书, 藏之名山, 传之其人通邑大都, 则仆偿前辱之责, 虽万被戮, 岂有悔哉! …… 迁既死后, 其书稍出. …… 司马迁据《左氏》, 《国语》, 采《世本》, 《战国策》, 述《楚汉春秋》, 接其后事, 迄于天汉. 其言秦汉, 详矣. …… 迁有良史之材, 服其善序事理, 辨而不华, 质而不俚, 其文直, 其事核, 不虚美, 不隐恶, 故谓之实录.(《汉书》卷六十二《司马迁传》)

【주석】① 迁: 사마천(司马迁, 기원전 145~87년), 자 자장(子长). 태사공(太史公) 사마담(司马谈)의 아들. 한나라 때 위대한 역사가, 문학가, 사상가이다. 용문(龙门, 오늘날의 섬서성 한성 동북 50리)에서 출생했다. ② 古文: 선진(先秦) 고문자로 쓴 고서(古书). ③ 遭李陵之祸: 이릉(李陵)은 한나라 명장 이광의 손자, 천한 2년(기원전 99년)에 그는 오천 명의 보병을 인솔하여 흉노(匈奴)와 싸우다가 패하여 투항했다. 사마천은 이릉이 항복한 원인에 대하여 변호를 했는데, 한무제는 그가 이사(貳师) 이광리를 비방 중상한 것으로 생각하고 사마천에게 궁형(宫刑)을 내렸다(그의 생식기를 베어버렸다). ④ 累絏: 죄인을 묶는 새끼, 감옥을 의미함. ⑤ 이 두 구절은 사마천의 옛 친구 익주자사(益州刺史) 임안이 그에게 편지를 보내 고대 현명한 신하의 표준으로 그를 요구했다. 익주, 주 명칭, 대부분은 오늘날의 사천성내에 있다. 자사(刺史), 관직명, 주의 장관이다. 임안(任安), 자 소경(少卿), 하남성 형양(荥阳) 사람, 한무제 시기 익주자사로 있었음. ⑥ 奭(연): 부드럽고 연하다. ⑦ 臧获: 원래의 뜻은 전쟁에서 실패하여 포로로 된 사람을 노예로 쓰는 것을 의미했지만 후에는 노비를 가리킴. ⑧ 倜傥: 탁월하다. 소탈하다. 활달하다. 대범하다. ⑨ 이 팔구절의 뜻은 주

문왕(周文王)이 유리(羑里)에 구금당했을 때 주역(《周易》)을 연역했고, 공자가 어려울 때 춘추(《春秋》)를 저작했으며, 굴원이 추방당했을 때 이소(《离骚》)를 썼다. 좌구명(左丘明)은 소경이 되었을 때 국어(《国语》)를 썼고, 손자(孙子)는 빈형(膑刑)을 받았을 때 병법(《兵法》)을 썼으며, 여불위(吕不韦)가 추방당했을 때 여람(《吕览》)을 써서 후세에 전했다. 한비(韩非)가 진국에서 감옥에 갇혔을 때 설난(《说难》), (《孤愤》)을 썼다. 시(《诗》) 삼백 편은 대다수가 성인(圣人)과 현인(贤人)들이 자기들의 화가 치밀어 번민했다는 것을 토로한 작품들이다. 이상은 역사상의 인물들이 곤궁에 빠져 고통을 겪었을 때 자기의 감개함을 불후의 작품으로 토로한 것이다. ⑩ 思来者: 미래의 사람들로 하여금 자기의 포부를 보도록 하다. 究天人之际, 通古今之变, 成一家之言: 자연과 사회적 관계를 잘 연구하고 고금(古今)의 변화를 통달하여 자아일가(自我一家)의 학설을 형성하다. 草创: 초안을 잡다. 초고. 愠: 노기를 품다. 원한. 传之其人, 通邑大都: 통도대읍(通都大邑)중에 있는 서로뜻이 같고 신념이 일치한 분들에게 전하다. 其人: 그의 책을 전할 수 있는 사람. 天汉: 한무제의 여덟 번째 연호, 기원전 100년에서 기원전 97년까지. 辩而不华, 质而不俚: 화려하지 않고 명백하게 구분하며 소박하되 천하지 않다.

四. 励壮志马文渊"马革裹尸"

马援①字文渊, 扶风茂陵人也. …… 初, 援军还, 将至, 故人多迎劳②之. 平陵人孟冀③, 名④有计谋, 于坐贺援. 援谓之曰: "吾望子有善言, 反同众人邪? 昔伏波将军路博德开置七郡⑤, 裁封数百户⑥: 今我微劳, 猥飨大县⑦, 功薄赏厚, 何以能长久乎? 先生奚用相济⑧?" 冀曰: "愚不及." 援曰: "方今匈奴, 乌桓尚扰北边, 欲自请击之. 男儿要当死于边野, 以马革裹尸还葬耳, 何能卧床上在儿女子手中邪⑨?" 冀曰: "谅⑩为烈士, 当如此矣."(《后汉书》卷二十四《马援传》)

【주석】 ① 马援(기원전 14~기원후 49년), 동한(东汉) 초시 부풍 무릉(오늘날의 섬서성 흥평동북) 사람. 복파(伏波)장군 관직에 있었고 신식후(新息侯)의 봉을 받았다. 그 후 무릉오계만(蛮)(옛날 중국의 남쪽 민족)을 진격할 때 병으로 사망했다. 동한의 유명한 군사가일 뿐만 아니라 또한 청렴하고 정직한 일대 유명한 대신이다. ② 迎劳:

마중 나가 위로하다. ③ 孟冀: 마원의 옛 친구. ④ 名: 명성, 평판. 이곳에서는 동사로 쓰다. 명성이 있다는 뜻. ⑤ 开置七郡: 7개 군을 창설하다. ⑥ 裁封數百户: 방금 그에게 몇백 호를 봉했다. 재(裁)는 재(才)와 같다. ⑦ 猥饗大县: 큰 현을 봉으로 받아서 면목이 없다. ⑧ 奚用相济: 무엇으로 도와드릴까요? 奚用, 무엇으로 相济, 도와드리다. ⑨ 此三句意为: 남자로서는 응당히 국경을 지켜야 하며 국경의 들판에서 희생되어 말가죽으로 시체를 싸가지고 돌아와서 묻히되 어찌하여 침대에 누워 여자 때문에 죽겠는가? 要当: 응당히. 儿女子: 젊은 여자. ⑩ 谅: 신용이 있다. 확실하다.

2절. 스스로를 통제하여 잘못을 고친다(自律改過)

사람이라면 잘못이 없을 수 없으며, 어떻게 잘못에 대처하는지가 중요한 문제이다 공자는 "잘못이 있으면 고치기를 꺼리지 말라[過則勿憚改]"(《논어(論語)》〈학이(學而)〉), "잘못하고도 고치지 않는 것, 이것을 잘못이라고 한다[過而不改, 是謂過矣]"(〈위령공(衛靈公)〉)라고 했다. 잘못은 근심할 만한 것이 아니고, 스스로 깨닫고 바르게 고치려는 것이 중요함을 설명한 것이다. 이는 실제적이고 적극적인 태도이다. 구체적으로 말해서, 이런 태도는 네 가지 측면으로 나타난다. 첫째는 자기 잘못에 대한 지적을 기꺼이 받아들이는 것이고, 둘째는 잘못을 알고 스스로 경계하는 것이고, 셋째 잘못을 고치고 되풀이하지 않는 것이며, 넷째 잘못을 인정하고 스스로 책임지는 것이다. 이 절에서 선별해 수록한 자료는 우리가 어떻게 착오와 과실에 대응해야 하는지 깨닫는 데 도움을 줄 수 있다.

一. 左雄闻过谢周举

初, 尚书令①左雄②荐冀州刺史周举③为尚书: 既而雄为司隶校尉④, 举故冀州刺史冯直任将帅. 直尝坐臧⑤受罪, 举以此劾奏⑥雄. 雄曰: "诏书使我选武猛, 不使我选清高." 举曰: "诏书使君选武猛, 不使君选贪污也!" 雄曰: "进⑦君, 适所以自伐⑧也." 举曰: "昔赵宣子⑨任韩厥为司马, 厥以军法戮宣子仆⑩, 宣子谓诸大夫曰: '可贺我矣! 吾选厥也任其事.' 今君不以举之不才误升诸朝, 不敢阿君以为君羞: 不寤君之意与宣子殊也." 雄悦, 谢曰: "吾尝事冯直之父, 又与直善: 今宣光以此奏吾, 是吾之过也!" 天下益以此贤之. (《资治通鉴》卷五十二《汉纪四十四》)

【주석】① 尚书令: 관직명. 동한시대 정무(政务)(정치적 사무)는 상서에 귀속되다. 상서령은 모든 정무를 맡아보는 영도자이다. 현재의 총리와 같다. ② 左雄(？~138년): 동한 시기 정치가. 남군 날양(오늘날의 하남성 진평현 남쪽) 사람. 상서령. 정직하고 대담하다. 권세 있는 불법자들을 사정없이 검거하다. ③ 周举: (？~149년): 동한 시기 여남 여양(오늘날의 하남성 상수 서부 지방) 사람, 자 선광. 박식하고 견문이 넓으므로 유학자들로부터 존경을 받는다. 그렇기 때문에 수도에서 오경종횡 주선광(五经纵横周宣光)이란 명예를 지니고 있다. ④ 司隶校尉: 한(汉)나라 시기 관직, 수도와 수도권 내에 있는 각군의 모든 관리들을 조사하는 사업을 맡은 관리, 자사(刺史) 관직에 해당함(주장관). ⑤ 臧: 장(赃)과 통하다. ⑥ 劾奏: 죄상을 적발하고 황제에게 아뢰다. ⑦ 进: 추천하다. 알선하다. ⑧ 自伐: 자기가 자기를 해하다. ⑨ 赵宣子: 조순, 춘추시기 진나라에서 집권하다. 진영공(晋灵公)에게 한궐(韩厥)을 사마(司马, 중국고대의 관명)로 추천했다. 그 후 진(秦)과 진(晋) 양국이 하곡(河曲)에서 싸울 때 하루는 조선자의 전용마차가 전투대열에 지장을 주어 한궐이 군법에 의하여 마차몰이 꾼을 죽였다. 이때 조선자는 한궐이 엄격히 군법을 집행한 데 대하여 칭찬했다. 사마, 춘추시기 군정(军政)을 장악한 장관. ⑩ 仆: 마차 몰이꾼. 羞: 치욕. 不寤: 생각조차 하지 못하다. 谢: 사죄하다. 宣光: 주거자(周举字).

二. 周处改过除"三害"

周处①字子隐, 义兴阳羡人也. 父鲂, 吴鄱阳②太守. 处少孤, 未弱冠③, 膂力绝人④, 好驰骋田猎, 不脩细行⑤, 纵情肆欲, 州曲⑥患之. 处自知为人所恶⑦, 乃慨然有改励之志, 谓父老⑧曰: "今时和⑨岁丰, 何苦而不乐耶?" 父老叹曰: "三害未除, 何乐之有!" 处曰: "何谓也?" 答曰: "南山白额猛兽, 长桥下蛟, 并子⑩为三矣." 处曰: "若此为患, 吾能除之." 父老曰: "子若除之, 则一郡之大庆, 非徒去害而已." 处乃入山射杀猛兽, 因投水搏蛟, 蛟或沉或浮, 行数十里, 而处与之俱, 经三日三夜, 人谓死, 皆相庆贺. 处果杀蛟而反, 闻乡里相庆, 始知人患己之甚, 乃入吴寻二陆. 时机不在, 见云, 具以情告, 曰: "欲自修而年已蹉跎, 恐将无及." 云曰: "古人贵朝闻夕改, 君前涂尚可, 且患志之不立, 何忧名之不彰!" 处遂励志好学, 有文思, 志存义烈, 言必忠信克己. 期年, 州府交辟. 仕吴为东观左丞. 孙皓末, 为无难督. …… 入洛, 稍迁新平太守, 抚和戎狄, 叛羌归附, 雍土美之.(《晋书》卷五十八《周处传》)

【주석】① 周处(？~297년): 자 자은. 서진(西晋) 의흥 양선 (오늘날의 강소 이흥 남부) 사람. ② 鄱阳: 군 명칭. 오늘날의 강소성 파양현. ③ 弱冠: 20세 전후. 고대 사람들은 20세가 되면 성인이 된다는 의식으로 관(冠)을 씌움. ④ 膂力绝人: 체력이 대단하여 일반 사람들을 초월하다. ⑤ 不脩细行: 사소한 것에 구애받지 않다. ⑥ 州曲: 아내, 한 고향 사람. ⑦ 恶: 싫어하다. ⑧ 父老: 고대 한 지방에서 공공사업을 관리하는 명망이 있는 노인. ⑨ 时和: 날씨가 매우 좋다. ⑩ 并子: 너와 함께. 反: 반(返)과 통하다. 二陆: 육리(陆机), 육운(陆云) 형제를 가리킴, 삼국시기 오나라 대신 육손(陆逊), 육항(陆抗)의 후대, 모두가 다 유명한 문학가이다. 前涂: 전도. 期年: 일 주년. 州府交辟: 주군(州郡)간 서로 그를 청하여 임직시키다. 东观左丞: 동관은 궁중 서적을 수장하는 곳이다. 좌승(左丞)은 장관의 조수이다. 孙皓: 삼국시기 오나라의 마지막 황제. 无难: 지명. 新平: 군명. 오늘날의 산서성 빈현. 雍: 관서(尖西) 고대 옹주 지방.

三. 李沆闻短无忤色

李沆①秉钧②, 日有狂生扣马献书, 历诋其短. 李逊谢曰: "俟归家, 当得详览." 狂生遂发讪怒③, 随公马后, 肆言④曰: "居大位不能济天下, 又不能引退, 久妨贤路, 宁不愧于心乎?" 公但于马上蹴踏⑤再三, 曰: "屡求退, 以主

上未赐允."终无忤色.(李元纲: 《厚德录》)

【주석】① 李沆: 자 태초. 송나라 비향 사람. 송태종(宋太宗) 태평흥국(太平兴国)년 진사 급제했고 송진종(宋真宗) 함평 초부터 누차 평장정사(平章政) 직에서 사업을 했기 때문에 그때 사람들은 그를 성상(圣相)이라고 불렀다. 평장정사 이관직은 송나라 때 재상(宰相)직에 해당함. 그는 성격이 정직하고 몸가짐이 공손할 뿐만 아니라 큰 국면을 잘 식별하며 높은 직위에 있으면서도 일을 처리함에 있어서 세심하고 신중하며 명예를 요구하지 않는다. 죽은 후 문정(文靖) 시호를 받았다. ② 秉钧: 국정을 집권하다. 이곳에서는 이항의 재상 관직을 가리킴. ③ 訕忿: 이곳에서는 언행이 경박한 자가 이항으로부터 냉대를 받아 불만과 화를 내는 것을 말함. 訕, 얼굴이 창피해하다. 수줍어하다. ④ 肆言: 방자한 언행. 肆, 구속을 받지 않다. 방임하다. ⑤ 踧踖: 공손하고 안절부절하다.

3절. 진실되고 성실하게 약속을 지킨다(誠信守約)

"사람이면서 신용이 없다면 합당한지 모르겠다(人而無信, 不知其可)"(《논어(論語)》〈위정(爲政)〉) 진실 되고 성실하게 약속을 지키는 것은 어떠한 사회라도 불가결한 도덕적 요구이다. 이 절의 네 가지 자료는 옛 사람이 각종 상황 하에서 변함없이 신뢰를 시킨 감동적인 사건의 흔적으로, 옛 사람이 "믿음"에 관한 높은 자각을 엿볼 수 있다.

一. 季子挂剑报徐君

吴使季札聘于鲁① …… 使齐② …… 适晋③ …… 季札之初使, 北过徐④君. 徐君好季札剑, 口弗敢言. 季札心知之, 为使上国⑤, 未献. 还至徐, 徐君已死, 于是乃解其宝剑, 系之徐君冢树而去. 从者曰:"徐君已死, 尚谁予乎⑥?" 季子曰: "不然. 始吾心已许之, 岂以死倍⑦吾心哉!"(《史记》卷三十一《吴

太伯世家》)

【주석】① 吳使季札聘于鲁: 오국은 계찰(季札)을 외교사절로 파견하여 노(鲁)국을 방문하도록 했다. 오(吳), 춘추시기 오국(吳国), 오늘날의 강소성 소주 일대. 노국(鲁国), 오늘날의 산동성 곡부 일대. 계찰, 오군(君) 수몽(寿梦)의 막내아들. 수몽이 왕위를 계찰에게 넘겨주려고 했으나 그는 사양하고 받지 않아 제후들이 현명하다고 했다. ② 齐: 제(齐)나라는 현재 산동성 치박(淄博)시 동쪽. ③ 晋: 진나라는 오늘날의 산서성 곡옥, 후마 일대. ④ 徐: 서나라는 주나라 초기 서융이 건국했다. 오늘날의 강소성 사홍현 일대. 후에 오나라 왕 합려(阖闾)가 서나라를 멸망시켰다. ⑤ 上国: 고대 오(吳)국, 초(楚)국 등 주변 국가들은 중원(中原) 여러 나라들에 대한 존칭. ⑥ 尚谁予乎: 상여수호(尚予谁乎)와 같다, 또 누구에게 증정할까요? ⑦ 倍: 배(背)와 통하다, 어기다. 위반하다.

二. 范式交友重信义

范式①字巨卿, 山阳金乡人也, 一名汜. 少游太学②, 为诸生③, 与汝南张劭为友. 劭字元伯. 二人并告归乡里. 式谓元伯曰: "后二年当还, 将过拜尊亲④, 见孺子焉." 乃共剋⑤期日. 后期方至, 元伯具以白母, 请设馔以候之⑥. 母曰: "二年之别, 千里结言, 尔何相信之审邪⑦?" 对曰: "巨卿信士, 必不乖违⑧." 母曰: "若然, 当为尔酝酒⑨." 至其日, 巨卿果到, 升堂拜饮, 尽欢而别.

(《后汉书》卷八十一《范式传》)

【주석】① 范式: 동한 시기 정의의 투사. 자 거경(巨卿). 산양금향(오늘날의 산동성 금향현 서북쪽) 사람. 형주(荆州)자사(주장관), 노강(泸江)태수(太守) 관직을 했다. ② 太学: 조정에서 설립한 국학(国学). ③ 诸生: 고대 입학을 했으나 벼슬을 하지 못한 보통 학생을 제생이라고 함. ④ 尊亲: 조상 및 부모를 말함. ⑤ 剋: 제한하다. 약속하다. ⑥ 设馔以候之: 술과 식사를 준비하여 그를 영접하다. ⑦ 尔何相信之审邪: 너는 어찌하여 정말이라고 믿었는가? ⑧ 乖违: 배신하다. 약속을 어기다. ⑨ 若然, 当为尔酝酒: 만약 그렇다면 나는 너를 위하여 술을 양조하겠다.

三. 卓公行千里如期

卓恕①, 字公行, 上虞人. 恕为人笃信, 言不宿诺②: 与人期约, 虽遭暴风疾雨, 雷电冰雪, 无不必至. 尝从建业③还家, 辞太傅诸葛恪④. 恪问: "何当复来?" 恕对曰: "某日当复亲觐⑤." 至是日, 恪欲为主人, 停不饮食, 以须⑥恕. 至时, 宾客会者皆以为会稽⑦, 建业相去千余里, 道阻江湖, 风波难必⑧, 岂得如期? 须臾, 恕至, 一座尽惊.(《太平御览》卷四三〇《人事部七一》)

【주석】① 卓恕: 삼국시기 오나라의 명망이 높은 인사. 자는 공행(公行). 상우(오늘날의 절강성에 속함) 사람. 성실하고 신용이 있음으로 하여 유명하다. ② 言不宿诺: 말한 대로 꼭 진행하며 윤허한 일에 대하여 안 된다고 한 적이 없다. 宿, 하루 밤을 넘기다. 시간을 넘기다. ③ 建业: 오늘날의 남경시. ④ 诸葛恪: 삼국시기 오나라 말기의 태부(太傅), 삼공중의 하나(대신). 제갈근의 장남. ⑤ 觐: 신하가 입조(入朝)하여 임금을 알현하다. ⑥ 须: 대기하다. 기다리다. ⑦ 会稽: 오늘날의 절강성 소흥시. ⑧ 难必: 단언하기가 매우 어렵다.

四. 刘廷式不弃盲妻

朝士①刘廷式, 本田家②. 邻舍公有一女, 约与廷式为婚. 后契阔③数年, 廷式读书登科, 归乡闾, 访邻翁. 邻翁已死, 女因病双瞽④, 家极困饿. 廷式使人申前好⑤, 而女子之家辞以疾, 仍以佣耕不敢姻士大夫. 廷式坚不可, 与翁有约, 岂可以翁死子疾而背之, 卒与成婚. 闺门极雍睦⑥, 其妻相携而后能行, 凡生数子. 廷式尝坐小谴⑦, 监司⑧欲逐之, 嘉其有美行, 遂为之阔略⑨. 而后廷式管勾⑩江州太平宫而妻死, 哭之极哀. 苏子瞻爱其义, 为文以美之. (李元纲:《厚德录》)

【주석】① 朝士: 조정의 일반 관리. ② 本田家: 본래 농부였다. ③ 契阔: 이별하다. ④ 瞽: 소경. ⑤ 申前好: 전에 약정한 혼사를 말하다. ⑥ 闺门极雍睦: 가정이 화목하다. 규문(闺门), 고대 내실의 문. 이곳에서는 가정을 가리킴. 옹목(雍睦), 화목하고 친근함을 형용함. ⑦ 坐小谴: 작은 죄 혹은 착오를 범하다. ⑧ 监司: 지방에 속한 관리를 감찰하는 관리. 송나라 때 전운사(转运使) 관직을 설치하고 여러 지방을 감찰하

다. 이러한 관리를 감사라고 함. ⑨ 阔略: 너그러이 용서하다. ⑩ 管勾: 취급하다. 관리하다. 苏子瞻: 북송시기 유명한 문인 소식(苏轼)의 아들.

4절. 겸허하고 공손하여 예를 갖춰 양보한다(謙恭禮讓)

겸허하고 공손함[謙恭]은 적극적인 삶의 태도의 하나다. 그것은 집단과 타인의 지혜·능력·공헌에 대한 긍정하고 자기에게 흡족해하는 법이 없는 포함한다. 예를 갖춰 양보함[禮讓]은 겸허하고 공손함의 외적인 표현이다. 이 절에 수록한 자료는 자리에 대한 양보, 공로에 대한 양보, 스스로를 낮추고 현인을 공경하는 것인데, 각 측면에서 겸허하고 공손하여 예를 갖춰 양보하는 미덕을 나타냈다. 이런 미덕은 인간관계의 조화·집단의 단결 및 사업의 성공을 가져왔다. 오늘날의 시장경제 조건 하에서는 경쟁의식을 제창하지만, 경쟁의식을 겸허하고 공손하여 예를 갖춰 양보하는 미덕과 대립시킬 것이 아니라, 마땅히 양자를 사회주의의 도덕적 기초 위에서 통일시켜야 할 것이다.

一. 范文子循礼让功

晋师归①, 范文子②后入. 武子③曰:"无为吾望尔也乎④?" 对曰: "师有功, 国人喜以逆⑤之, 先入, 必属耳目⑥焉, 是代帅受名⑦也, 故不敢." 武子曰:"吾知免⑧矣." 郤伯⑨见, 公⑩曰: "子之力也夫!" 对曰:"君之训也, 二三子之力也, 臣何力之有焉?" 范叔见, 劳之如郤伯, 对曰:"庚所命也, 克之制也, 燮何力之有焉?" 栾伯见, 公亦如之. 对曰:"燮之诏也, 士用命也, 书何力之有焉?"(《左传·成公二年》)

【주석】 ① 晋师归: 진나라 군대가 안(鞍)지방 전투에서 승리하여 개선했다. 안지방

전투는 춘추 중기 진나라와 제나라 간에 진행한 유명한 전역이었다. 제나라가 대패하여 제경공(顷公)은 겨우 살아났다. 안(鞍)은 오늘날의 산동성 제남(济南)시. ② 范子文: 사섭(土燮), 무자사회(武子土会)의 아들, 상군좌(上军佐) 관직. ③ 武子: 범무자사회(范武子土会), 사섭의 아버지, 진헌공(晋献公) 사마사위(司马土鴑)의 손자, 진나라와 초나라 간 필(邲) 지방의 전투에서 유일한 불패의 상장군(上将军). ④ 无为吾望尔也乎: 네가 돌아오기를 간절히 바라는 나의 심정을 의식하지 못했는가? 위(为)는 이곳에서 위(谓)와 같다. 이(尔), 니(你)는 사섭을 가리킨 것이다. ⑤ 逆: 영접하다. ⑥ 必属耳目: 필연코 사람들의 이목을 나에게 집중하게 될 것이다. 속(属)은 촉(瞩)과 통하다. 주목하다는 뜻. ⑦ 代帅受名: 총사령관을 대신하여 영예를 받다. ⑧ 免: 형벌과 살륙을 면하다. ⑨ 卻伯: 총사령관 극극(卻克). ⑩ 公: 진경공(晋景公). 子之力也夫: 이것은 너의 공로요. 子, 고대 남자에 대한 존칭. 也夫, 어미감탄사, 오늘날의 아(啊)와 같다, 君之训也: 이것은 임금님이 잘 가르쳤기 때문입니다. 二三子: 여러 고급 무관을 가리킴. 范叔: 문자사섭을 말하다. 이것은 범문자 사섭의 덕을 입었기 때문에 이렇게 부르다. 劳: 위로하고 격려하다. 庚所命也: 이것은 순경이 타당하게 지휘했기 때문이다. 克, 극극(卻克). 克之制也: 그것은 총사령관의 영도방법이 적절했기 때문이다. 卻克, 극극. 欒伯: 란서(栾书), 때는 하장군이었다. 燮之诏也: 이것은 사섭이 지시했기 때문이다. 이때 란서는 비록 하장군이었지만 상장군의 명령에 따라 행동했기 때문에 이렇게 말한다. 土用命也: 이것은 병사들이 명령에 복종했기 때문이다.

二. 吴公子季札让位

自太伯①作吴② …… 至寿梦③十九世. …… 寿梦有子四人, 长曰诸樊, 次曰馀祭, 次曰馀眛, 次曰季札. 季札贤, 而寿梦欲立之, 季札让不可, 于是乃立长子诸樊, 摄行事当国④. …… 诸樊卒. 有命⑤授弟馀祭⑥, 欲传以次, 必致国于季札⑦而止, 以称先王寿梦之意, 且嘉季札之义, 兄弟皆欲致国, 令以渐至焉. 季札封于延陵⑧, 故号曰延陵季子.(《史记》卷三十一《吴太伯世家》)

【주석】① 太伯: 서주태왕(西周太王)의 장남. 태(太), 태(泰)로도 쓰인다. 태백은 곧 고공단부(古公亶父), 서주나라 건국의 시조, 그는 왕위를 막내아들 계역(季历)에게

넘겨주고 계역의 아들 문왕이 임금 자리를 이어 받도록 하기 위하여 일부터 오(吳) 지방에 피하여 갔다. 그리하여 오나라의 시조로 되었다. ② 作吳: 오(吳)국을 창건하다. 作, 시작하다. 창립하다. 오(吳)는 오늘날의 강소성 소주일대, 춘추5패(五霸) 중의 하나, 후에 월(越)나라가 그를 멸망시켰다. ③ 寿梦: 기원전 585~561년까지 임금 자리에 있었다. ④ 摂行事当国: 제번(诸樊)이 임금의 일을 대신하여 하도록 하다. 국정을 관리하다. 제번은 기원전 560~548년까지 왕위에 있었다. 섭(摂), 대리하다. ⑤ 有命: 제번의 유언을 말하다. ⑥ 授弟餘祭: 임금 자리를 동생 여제(餘祭)에게 넘겨주다. 여제는 기원전 547~531년까지 왕위에 있었다. ⑦ 必致国于季札: 반드시 왕위를 계찰에게 넘겨주어야 한다. ⑧ 延陵: 오늘날의 강소성 상주시(常州市).

三. 冯道根为将不争功

道根①性谨厚, 木讷②少言, 为将能检御部曲③, 所过村陌, 将士不敢虏掠. 每所征伐, 终不言功, 诸将谨哗争竞, 道根默然而已. 其部曲或怨非之, 道根喻曰: "明主④自鉴功之多少, 吾将何事?"高祖⑤尝指道根示尚书令⑥沈约⑦曰: "此人口不论勋." 约曰: "此陛下之大树将军⑧也." 处州郡, 和理清静, 为部下所怀. 在朝廷, 虽贵显而性俭约, 所居宅不营墙屋, 无器服侍卫, 入室则萧然⑨如素士⑩之贫贱者. 当时服其清退, 高祖亦雅重之. 微时不学, 既贵, 粗读书, 自谓少文, 常慕周勃之器重.(《梁书》卷十八《冯道根传》)

【주석】① 道根: 풍도근(冯道根), 남조(南朝)시기 양(梁)나라 대장군. 자 거기(巨基), 광평찬(广平酇, 오늘날의 호북성 광화 서북지방) 사람. 신무장군(信武将军), 여음(汝阴)태수 관직까지 했다. ② 木讷: 소박하지만 말재주가 능숙하지 못하다. ③ 部曲: 위진남북조(魏晋南北朝) 때 지방 악질부호 혹은 장령 등 개인이 가지고 있는 군대를 부곡이라고 함. ④ 明主: 현명한 군주. ⑤ 高祖: 남조시기 양나라 창립자 소연(萧衍, 464~549년). ⑥ 尚书令: 관직명, 상주문, 문서를 주관하는 관리. 상서령 관직은 시대에 따라 역할이 다르다. ⑦ 沈约: 남조시기 양나라 문학가. 송서(宋书) 등을 저술했다. ⑧ 大树将军: 동한 명장 풍이(冯异). 후한서·풍이전(《后汉书·冯异传》)의 기록에 의하면, 한나라 장군들이 나란히 앉아서 공로를 논의할 때마다 오직 풍이 장군만은 혼자 큰 나무 밑에 앉아 있었기 때문에 큰 나무장군이라고 함. ⑨ 萧然: 적적

하고 랭랭한 모양. ⑩ 素士: 가난한 선비. 周勃:(？~기원전 169년) 한나라 초기 대신. 패현(오늘날의 강소성) 사람. 진나라 말기에 유방(刘邦)을 따라 의거하여 공을 세웠기 때문에 장군이 되었으며 강후(绛侯) 봉을 받았다. 한나라 초기 유방을 따라 한왕 한신(韩信) 등의 반란을 진압했다. 유방은 그가 비록 너그럽고 학식이 높지 못하지만 유씨의 조정을 안정시킬 수 있는 사람은 필연코 주발일 것이라고 인정했다. 유망이 죽은 후 여후(吕后)가 조정의 정권을 장악하고 여씨를 많이 임용했으나 대신들은 감히 말하지 못했다. 주발은 노장(老将)으로서 여씨들을 죽이고 유씨 왕조를 안정시켰다.

四. 顾炎武谦逊敬贤

顾炎武① …… 广交贤豪长者, 虚怀商榷, 不自满假②. 作《广师篇》云: 学究天人③, 确乎不拔④, 吾不如王寅旭: 读书为己, 探赜洞微⑤, 吾不如杨雪臣: 独精《礼》三⑥, 卓然经师, 吾不如张稷若: 萧然物外⑦, 自得天机, 吾不如傅青主: 坚苦力学, 无师而成, 吾不如李中孚: 险阻备尝, 与时屈伸, 吾不如路安卿: 博闻强记, 群书之府⑧, 吾不如吴志伊: 文章尔雅⑨, 宅心⑩和厚, 吾不如朱锡鬯: 好学不倦, 笃于朋友, 吾不如王山史: 精心六书, 信而好古, 吾不如张力臣. 至于达而在位, 其可称述者, 亦多有之, 然非布衣之所得议也.(《清史稿》卷四八一《儒林传二》)

【주석】 ① 顾炎武(1613~1682년): 초기 이름은 강(绛), 자 영인(宁人), 호 정림(亭林). 청나라 때 소주곤산(오늘날의 강소성) 사람. 명나라 말기 제생의 문하였다. 소년시절부터 문인들이 모이는 복사(复社)에 참가하여 나라를 다스리는 학문에 주의를 돌렸다. 청나라 순치(顺治) 2년(1645년), 청나라 군대가 남경(南京)을 점령했을 때 소주에서 청나라를 반대하는 활동에 참가했으며, 실패한 후 고향을 떠나 북쪽 지방을 떠돌아 다녔다. 청 강희(康熙) 때 조서를 내려 박식한 학자들을 모집하였다. 대신이 그를 추천하여 명나라 역사를 편찬하도록 했으나 그는 동의하지 않았다. 그 후 섬서성 화음지방에서 여생을 보냈다. ② 不自满假: 자만하지 않고 뽐내지도 않다. 가(假), 크다. ③ 学究天人: 자연과 사람과의 관계를 탐구하다. ④ 确乎不拔: 확고부동한 신념. ⑤ 探赜洞微: 심오한 비결을 탐구하고, 깊고 미묘한 것을 탐구하다. ⑥《礼》三:

삼예(三礼), 유가(儒家)의 삼편 예서(礼书), 곧 주례(周礼), 의례(仪礼)와 예기(礼记).
⑦ 蕭然物外: 소(萧), 적적한 모양. 이곳에서는 청렴하고 고상하다는 뜻. 속세의 티끌
에 물들지 않다. ⑧ 群书之府: 부(府), 창고(库), 각종기구를 보존하는 장소. 이곳에서
는 많은 책을 보존하는 서고(书库), 지식이 해박함을 지적함. ⑨ 尔雅: 형용사, 장중
하며 고상하고 우아하다. ⑩ 宅心: 어떤 마음을 먹고 결심하다. 六书: 6종의 한자를
만드는 체제, 즉 상형(象形), 형성(形声), 회의(会意), 전주(转注), 가차(假借)와 지사
(指事)를 말한 것이다. 达而在位: 벼슬길이 막힘없이 잘 통하여 관직에 있는 사람.

5절. 눈앞의 이익을 보면 먼저 의리를 생각한다(見利思義)

이익을 보면 의로움을 생각하는 것은 중국의 전통 도덕이 집단과 개
인의 관계를 다루는 한 가지 기본적 행위 준칙이다. 본 절에 선별되어
수록된 자료는 이 준칙이 나타내는 것을 실천했던 옛 사람의 뛰어난
도덕적 특성을 반영했다. 이익을 보면 의로움을 생각한다는 말은 "이
익"을 일반적으로 반대하는 것이 아니라, "이익"을 앞에 두고, 그것을
선택함이 "의로움"에 부합하는지 아닌지를 먼저 고려하는 것이다. 공
자는 "의로운 다음에야 취한다면, 다른 사람들이 그 취한 것을 싫어하
지 않는다[義然後取, 人不厭其取也]"(《논어(論語)》 〈헌문(憲問)〉)고
하였고, 속담에서도 "군자는 재물을 좋아하지만, 취할 때는 도리에 따
른다[君子愛財, 取之有道]"고 했다. 만약 도의(道義)에 부합하지 않는
다면, 이익을 버리고 의로움을 따라야 하는 것이다. 물론 각 시대마다
"의로움[義]"은 다른 내용을 지니고 있고, 그 시대성·계급성을 지니고
있으므로, 우리는 고대 신분제 사회가 요구했던 "의로움"을 계승할 수
는 없다. 따라서 우리는 오늘날 사회주의적인 "의로움"을 말해야 할 것

이다. 그러나 "이익을 보면 의로움을 생각하라"는 말은 일종의 행위 준칙으로서, 여전히 반드시 견지해야 할 것이다.

一. 雷义获金付县曹

雷义①字仲公, 豫章鄱阳人也. 初为郡功曹②, (皆)〔尝〕③擢举善人, 不伐其功. 义尝济人死罪, 罪者后以金二斤谢之, 义不受, 金主伺义不在, 默投金于承尘④上. 后葺⑤理屋宇, 乃得之, 金主已死, 无所复还, 义乃以付县曹⑥. (《后汉书》卷八十一《雷义传》)

【주석】① 雷义: 동한 때 정의의 투사. 자 중공(仲公), 여장 파양(오늘날의 강서성 파양) 사람. ② 功曹: 관직명. 한나라 시기 군수 밑에 공조사(功曹史)라는 관리가 있는데 약칭 공조라고 함. 주군(州郡)의 관리가 시찰하거나 공노를 기록할 때 보좌하는 관리. ③ 尝: 일찍이, 이전에. ④ 承尘: 천장판. ⑤ 葺: 수리, 수식. ⑥ 县曹: 관청.

二. 裴度辞赠还失物

…… (裴度)因退游香山佛寺, 徘徊廊庑①之下. 忽有一素衣妇人, 致一缇襲②于僧伽③和尚栏楯④之上, 祈祝良久, 复取笅⑤掷之, 叩头瞻拜而去. 少顷, 度⑥方见其所致, 意彼遗忘, 既不可追, 然料其必再至, 因为收取. 踌躇至暮, 妇人竟不至, 度不得已, 携之归所止. 诘旦⑦, 复携就彼. 时寺门始辟, 俄睹向者素衣疾趋而至, 逡巡抚膺⑧惋叹, 若有非横⑨. 度从而讯之. 妇人曰: "新妇⑩阿父无罪被系, 昨告人, 假得玉带二, 犀带一, 直千余缗, 以赂津要. 不幸遗失于此. 今老父不测之祸无以逃矣!" 度怃然, 复细诘其物色, 因而授之. 妇人拜泣, 请留其一. 度不顾而去.(王定保:《唐摭言》卷四《节操》)

【주석】① 廊庑: 정방(正房) 주변의 행랑방. ② 缇襲: 연한 적색 보자기. ③ 僧伽: 불교에서 집을 떠나 도를 닦는 사람에 대한 호칭. ④ 栏楯: 난간. ⑤ 笅: 대바줄, 여기서는 대나무가지를 말함. ⑥ 度: 배도(裴度), 당나라 대신, 당헌종(宪宗)때 재성 관직에 있었다. ⑦ 诘旦: 힐(诘), 익(翌)과 같다. 힐단, 다음날 아침. ⑧ 逡巡抚膺: 왔다 갔다 하면서 가슴을 어루만짐. ⑨ 非横: 불행하고 가슴 아픈 일. ⑩ 新妇: 부인들

의 겸양어. 直: 치(値)와 통하다, 가치. 緡: 돈을 꿰매는 노끈. 꿰어 있는 돈, 1천문의
동전을 가리킴. 津要: 권력을 가진 사람, 중요한 사람. 怃然 비통해하는 것을 동정하
는 모양.

三. 林积还珠不取酬

林积, 南剑人. 少时入京师, 至蔡州, 息旅邸. 既卧, 觉床笫间有物逆其背,
揭席视之, 见一布囊, 其中有锦囊, 又其中则锦囊实以北珠①数百颗. 明日,
询主人曰: "前夕何人宿此?" 主人以告: "乃巨商也." 林语之曰: "此吾故人,
脱②复至, 幸令来上庠③相访." 又揭④其名于室曰: "某年某月日剑南林积假
馆⑤." 遂行. 商人至京师, 取珠欲货, 则无有, 急沿故道处处物色⑥之. 至蔡
邸, 见其榜, 即还访林于上庠. 林具以告曰: "元⑦珠俱在, 然不可但取, 可投
牒府中, 当悉以归." 商如其教, 林诣府尽以珠授商, 府尹使中分之, 商曰:
"固所愿." 林不受, 曰: "使积欲之, 前日已为己有矣." 秋毫无所取.(李元纲:
《厚德录》)

【주석】① 北珠: 일명 동주(东珠), 송화강(松花江) 하류 및 지류에서 생산되는 진주,
알이 크고 윤이 난다, 그 지방 사람들이 물물교환 하는 물품의 일종. ② 脱: 만약.
③ 上庠: 원래는 서주(西周)의 대학을 가리킨 것인데 이곳에서는 관청에서 설립한
학교. ④ 揭: 게(楬)와 통하다. 표식하다. ⑤ 假馆: 기숙하다. 임시로 거주하다. ⑥
物色: 탐문하여 구하다, 찾다. ⑦ 元: 원(原)과 통하다.

四. 许仲平义不苟取

许衡①字仲平, 怀之河内②人也. …… 尝暑中过河阳, 渴甚, 道有梨, 众争取
啖③之, 衡独危坐④树下自若⑤. 或问之⑥, 曰: "非其有而取之, 不可也." 人
曰: "世乱, 此无主." 曰: "梨无主, 吾心独无主乎?"(《元史》卷一五八《许衡传》)

【주석】① 许衡(1209~1281년): 자 중평(仲平), 호 노재(鲁斋). 원하내(오늘날의 하남
성 심양) 사람. 원나라 시조가 즉위한 후, 유병충(刘秉忠) 등과 함께 임금과 신하가
만나는 의식 및 관제(官制)를 정하고 국가 설립규모를 계획했다. 국학을 주관하고

국학에 유가(儒家)의 육예: 역(易), 서전(书), 시전(诗), 춘추(春秋), 예기(礼记), 악(乐)을 기본 내용으로 했다. 집현대학사 겸 국가 제사를 맡아보는 관직을 역임했다. ②
怀之河内: 회주의 하내. 회, 회주, 고대 행정구획 명칭, 오늘날의 하남성. 하내, 고대 현 명칭, 오늘날의 하남성 심양현. ③ 啖: 먹다. ④ 危坐: 옷깃을 바로 하고 단정하게 앉다. ⑤ 自若: 태연하다. 마음이 흔들리지 않다. ⑥ 或问之: 어떤 사람이 묻다. 或 사람이 있다, 어떤 사람.

7장

가정의 화목, 효도와 자애, 우애와 공경

이끄는 말

　가정은 사회의 세포로 가정 관계의 화목과 안정을 유지하는 것은 전체 사회를 안정시키는데 매우 중요한 의의를 지닌다. 그런 까닭에 옛사람들은 "제가(齊家)"를 매우 중시했다. 가정관계에서의 조화와 안정이라는 하나의 중요한 측면을 지키려면, 바로 합리적 도덕규범을 구축함으로써 가정의 구성원들이 모두 자각적으로 준수할 수 있도록 해야한다. 이 장에서 선별해 수록한 자료는, 가정 윤리를 준수해 가정의화목을 지켰던 몇 가지 상황을 반영했다. 마땅히 주의해야 할 점은,오늘날 가정 관계는 고대의 종법 신분제 하에서의 가정 관계와는 이미굉장히 달라졌고, 가정 윤리의 내용 역시 그에 따라서 변화해야 한다는 것이다. 그러나 고대의 전통 안에서도, 여전히 본보기로 삼을 만한점이 있으니, 우리는 자세히 분석하고 취사(取捨)해야 한다.

1절. 부모는 자애롭고 자식은 효도해야 한다(父慈子孝)

본 절에서 선별한 자료가 반영하는 것은 부모와 자식의 관계란 측면에서의 덕행이다. 전통적 도덕은 부모는 자애롭고 자식은 효도하라고 말한다. 부모의 자애는 곧 부모세대가 자식세대에 대해 관심을 품고 보살피고 사랑하고 보호하는 것으로, 그것은 주로 부모가 자녀의 성장에 대해 관심을 갖고 기대하며 양육하고 교육하는 것이다. 이 부분의 내용은 '가정교육[家教]'이란 절속에 집어넣었으므로, 여기서는 다시 중복하지 않는다. 자식의 효도는 곧 자녀세대가 부모세대에 대해 공경하고 순종하는 것으로 가장 기본적인 요구란 부모를 봉양할 뿐만 아니라 부모를 공경하고 사랑하며 존경하는 것이다. 봉건 종법사회 내에서 전통적인 효도는 자녀들이 부모와 어른들에게 절대적으로 복종할 것을 제창했는데, 봉건 사회가 수립한 효행의 전범인 "24효" 안에서도 수많은 우매함과 잔인함이 포함되어 있다. 이러한 것들은 시대정신과 괴리된 요소로, 반드시 단호하게 부정해야 한다. 그렇지만, 효는 동시에 부모·자식 간의 혈연 및 혈육 간의 정에 뿌리박고 있고, 가정의 화목과 안정을 유지하기 위한 필요에서 나온 것이기도 하다. 이런 점에서 볼 때의 '효(孝)'라는 덕행 속에는 또한 그 보편적 의의를 지닌 내용이 있다. 따라서 마땅히 비판과 분석에 기초하여, 중화민족의 이 전통적 미덕을 계승해야 한다.

一. 缇萦女上书救父

太仓公者, 齐太仓长①, 临菑人也, 姓淳于氏, 名意. 少而喜医方术. ……
文帝四年②中, 人上书言意③, 以刑罪当传④西之长安. 意有五女, 随而泣.
意怒, 骂曰: "生子不生男, 缓急无可使者⑤!" 于是少女缇萦⑥伤父之言, 乃随父西. 上书曰: "妾⑦父为吏, 齐中称其廉平, 今坐法当刑⑧. 妾切痛死者不可复生而刑者不可复续, 虽欲改过自新, 其道莫由⑨, 终不可得. 妾愿入身为官婢⑩, 以赎父刑罪, 使得改行自新也."书闻, 上悲其意, 此岁中亦除肉刑法.(《史记》卷一〇五《扁鹊仓公列传》)

【주석】① 太仓长: 또는 태창령(太仓令)이라고 부르다. 창고를 주관하는 관리. ② 文帝四年: 기원전 176년. 문제(文帝), 한(汉)나라 유항(刘恒). ③ 人上书言义: 조정에 순우의(淳于意)를 기소하는 사람이 있었다. ④ 传: 전차(传车), 그 당시 공용 교통차. 이곳에서는 전송한다는 뜻. ⑤ 缓急无可使者: 긴급한 시각에 쓸모 있는 것이 하나도 없다. ⑥ 缇萦: 순우의의 막내딸. ⑦ 妾: 이곳에서는 여자들이 자기를 겸손하게 말할 때 첩(妾)자를 사용함. ⑧ 坐法当刑: 법에 의하면 마땅히 육형을 시행해야 한다. ⑨ 其道莫由: 갈 길이 없다. ⑩ 官婢: 관청의 노비. 上: 황제, 한무제(汉武帝)를 가리킴. 此岁中亦除肉刑法: 이 해에 한무제는 경(黥, 얼굴에 입묵하는 형벌), 의(鼻, 코를 베는 형벌) 및 좌우 발가락을 베는 형벌을 폐지했다.

二. 魏木兰代父戍边

魏木兰①, 西汉时亳州②人也. 汉文帝③尝屯兵于完④, 以防匈奴⑤. 兰因随父弧来完, 遂为完人. 年二十. 父本小校⑥. 调防令下, 父适以病不能从军. 官方催促甚迫. 兰请于父, 易装顶名以行. 戍边十二年, 无有知其为女子者. 有功不受赏, 但求归见父母, 并赋戍边诗以自明, 人称孝女. 其诗曰:"昨夜见军帖, 可汗⑦大点兵, 军书十二卷, 卷卷有爷⑧名. 阿爷无大儿, 木兰无长兄. 愿即备鞍马, 从军替爷征. 旦辞爷娘去, 暮宿黄河边: 旦辞黄河去, 暮宿黑山头. 不闻父娘唤女声, 但闻胡骑声啾啾. 尖山度若飞, 寒光照铁衣, 将军百战死, 壮士十年归. 归来见天子, 天子坐明堂⑨, 策动十二转⑩, 赏赐百千镪. 可汗问所欲, 木兰不用尚书郎, 愿驰千里足, 送儿还故乡. 爷娘闻女来, 出郭相扶将: 阿妹闻姊来, 当户理红妆: 小弟闻姐来, 磨刀向猪羊. 开我东阁门, 坐我西间床. 脱我战时袍, 著我旧时裳. 当窗理云鬓, 挂镜贴花黄. 出门看伙伴, 伙伴皆惊忙: 同行十二年, 不知木兰是女郎. 雄兔脚扑朔,

雌兔眼迷离, 双兔傍地走, 安能辨我是雄雌." 乔装代征, 抗敌报国, 且能日
久不露色相, 洵奇女子矣.(述古老人:《百孝图说》二十三)

【주석】① 魏木兰: 일명 화목란(花木兰), 서한(西汉) 때 유명한 여성 영웅. ② 亳州:
지명. 북위(北魏)에서 이후에 설치함, 오늘날의 안휘성 박현, 하남성 녹읍 일대. 한나
라 때 없었으나 후에 사람들이 추억하여 서술함. ③ 汉文帝: 서한(西汉)나라 문제유
항(文帝刘恒). ④ 完: 고대 지명, 오늘날의 하북성 완현. ⑤ 匈奴: 북방 유목민족. 진
(秦)나라 초기 음산(阴山) 남북 지역에 있었으나 자주 남침했다. 묵특선우(冒顿单于)
가 즉위한 후 세력이 날이 감에 따라 점차적으로 더 강화되어 수차에 걸쳐 진나라
와 한()나라의 국경을 침범했다. ⑥ 小校 : 하급 군관. ⑦ 可汗: 고대 선비(鲜卑), 회
흘(回纥), 돌궐(突厥) 등 민족 최고 통치자의 칭호. ⑧ 爷: 아버지, 부친. ⑨ 明堂 :
옛날, 임금이 전례(典礼)를 진행하고 정교(政教)를 베풀던 전당(殿堂) 장소. ⑩ 十二
转: 십이도(十二道)와 같다. 이곳에서는 공을 수차에 걸쳐 많이 세웠다는 뜻이다. 镪:
돈꿰미. 돈이라는 뜻. 尚书郎: 상서는 성에 속한 관리, 초임 시 낭중이라고 하지만
일 년을 지나면 상서랑, 삼 년을 지나면 시랑이라고 함. 花黄: 고대 여성들의 얼굴
장식품. 扑朔: 도약하는 모양. 뛰어다니는 모양. 迷离: 명백하지 않는 모양. 《古诗
源》卷十四载有乐府歌辞"木兰诗", 고시원 14권 악부(乐府)기사에 "목란시"가 기재
되어 있지만 시의 구절은 이와 다르다. 乔装: 화장하다, 대개 변장하다는 뜻. 洵: 정
말, 확실히, 사실이다.

三. 司马芝临危护母

司马芝①字子华, 河内温人也. 少为书生, 避乱荆州, 于鲁阳山遇贼, 同行
者皆弃老弱走, 芝独坐守老母. 贼至, 以刃临芝②, 芝叩头曰: "母老, 唯在诸
君③!" 贼曰: "此孝子也, 杀之不义." 遂得免害, 以鹿车推载母. 居南方十余
年, 躬耕守节.(《三国志》卷十二《魏书·司马芝传》)

【주석】① 司马芝: 삼국시기 위나라의 유명한 대신(大臣). 자 자화, 하내 온현(오늘
날의 하남성 온현 서쪽) 사람. 간(菅) 현장. 하남지사(尹), 대사농(大司能) 등 관직을
지냈다. ② 以刃临芝: 칼로써 사마지를 핍박하다. ③ 母老, 唯在诸君: 나의 어머니가
나이가 많기 때문에 나의 죽음은 여러분들의 결정에 달려 있다.

四. 陆绩怀橘以孝母

陆绩①字公纪, 吴郡吴人也. ……绩年六岁, 于九江见袁术②. 术出橘, 绩怀三枚, 去, 拜辞堕地③, 术谓曰: "陆郎作宾客而怀橘乎?" 绩跪答曰: "欲归遗母④." 术大奇之.(《三国志》卷五十七《吴书·陆绩传》)

【주석】① 陆绩(187~219년): 삼국시기 오나라의 유명한 관리. 자 공기(公纪), 오군 오현(오늘날의 강소성) 사람. 욱림(郁林) 태수(太守)를 지냈다. 천문, 연월일, 절기 등에 정통하여 혼천도(《浑天图》)를 만들고 주역(《周易》)을 해석했으며, 태현경주(《太玄经注》)를 편찬했다. ② 袁术(?~199년): 동한 여남 여양(汝南汝阳) 사람. 오늘날의 하남성 상수 서북지대. 자 공로(公路), 원소(袁绍)의 사촌형제. 동탁(董卓)이 권력을 독점했기 때문에 그는 남양에 가서 지반을 차지하고 있었으나 후에 조조(曹操)와 원소(袁绍)의 공격을 받아 나머지 군대를 거느리고 양주에 할거했다. ③ 拜辞堕地: 그가 원술(袁术)과 작별할 때 귤이 땅에 떨어졌다. ④ 欲归遗母: 그것을 어머니에게 드리고 싶다.

五. 李密陈情报祖母

戏①同县后进②有李密③者, 字令伯.《华阳国志》曰: 密祖父光, 朱提太守. 父早亡. 母何氏, 更适④人. 密见养⑤于祖母. 治《春秋左氏传》⑥, 博览多所通涉⑦, 机警辩捷. 事祖母以孝闻, 其侍疾则泣涕侧息, 日夜不解带, 膳饮汤药, 必自口尝. 本郡礼命⑧不应 …… 蜀平后, 征西将军邓艾闻其名, 请为主簿, 及书招, 欲与相见, 皆不往. 以祖母年老, 心在色养⑨. 晋武帝⑩立太子, 征为太子洗马, 诏书累下, 郡县逼遣, 于是密上书曰: "臣以险衅, 夙遭闵凶, 生孩六月, 慈父见背, 行年四岁, 舅夺母志. 祖母刘, 愍臣孤弱, 躬见抚养. …… 臣欲奉诏奔驰 …… 但以刘日薄西山, 气息奄奄, 人命危浅, 朝不虑夕. 臣无祖母, 无以至今日, 祖母无臣, 亦无以终余年, 母孙二人, 更相为命, 是以区区不敢废远. 臣今年四十有四, 祖母刘今年九十有六, 是臣尽节于陛下之日长, 报养刘之日短也. 乌鸟私情, 愿乞终养. ……" 武帝览表曰: "密不空有名也." 嘉其诚款, 赐奴婢二人, 下郡县供养其祖母奉膳.

245

及祖母卒, 服终, 从尚书郎为河内温县令, 政化严明.(《三国志》卷四十五 《蜀书·杨戏传》注)

【주석】① 戏: 양희(杨戏), 삼국시기 촉나라 유명한 관리, 제갈량(诸葛亮)의 신임을 받았다. 제갈량이 죽은 후 건영태수(建宁太守)를 지냈다. ② 后进: 후배. ③ 李密 (224~287년) : 서진(西晋) 건위 무양(오늘날의 사천성 팽산 동부) 사람. 자 영백(令 伯), 일명 건(虔). ④ 更适: 개가하다. 다시 시집가다. ⑤ 见养: 부양받다. ⑥《春秋左 氏传》: 좌전(《左传》). 유가(儒家) 경전 중 하나. ⑦ 通涉: 통달하다는 뜻. 다 알다. ⑧ 礼命: 예식규정에 따라 문무백관의 직위가 변동되거나 승급할 때 하달하는 문서. 이곳에서는 군청에 직무를 위임하는 문서. ⑨ 色养: 부모님들에게 효성을 드리다. 부모님에게 순종하다. 이곳에서는 조모님에게 효성을 드리다. ⑩ 晋武帝: 서진(西晋) 무제 사마염(司马炎). 洗马: 관직명, 동궁에 속한 관직, 동궁(东宫)은 옛날 태자가 거 주하는 곳. 태자가 행차할 때 앞에서 인도하다. 险衅: 험악한 처지에 부딪치다. 흔 (衅), 부딪치다, 당하다. 闵凶: 근신으로 괴로워하는 일. 见背: 부모 또는 손윗사람이 죽은 것을 가리킴. 舅夺母志: 어머니가 절개를 지켜 고아를 부양하는 것을 외삼촌이 다른 사람에게 다시 시집갈 것을 강요하다. 지(志), 이곳에서는 절개를 지켜 고아를 부양한다는 뜻. 愍: 불쌍히 여기다, 동정하다. 废远: 점잖지 않게 원행하다. 폐(废), 게으르다, 해이하다. 점잖지 못하다. 乌鸟私情: 조모가 양육한 정을 보답하다. 고대 사람들은 자주 양이 꿇어앉아 젖을 먹고 까마귀 새끼가 늙은 어미에게 먹이를 먹이 는 것을 비유해서 사람들은 부모에게 효도해야 한다는 것을 가리킴. 服终: 조모의 상사를 마치다. 尚书郎: 관직명. 동한(东汉) 때 효성스럽고 청렴한 사람 중 재능 있 는 분이야말로 상서대(尚书台)에 들어가 황제 가까이에서 정무를 처리할 수 있으며 초임 시 낭중이라고 부르며 일 년 후에 상서랑이라고 함. 삼 년이면 시랑이라고 칭 함. 河内温县: 오늘날의 하남성 초작(焦作)시 남부지방.

2절. 부부는 서로 사랑하고 존경해야 한다(夫妻愛敬)

부부관계는 가정의 기초를 구성하며, 부부의 화목은 가정의 화목의 핵심이다. 고대사회에서 부부관계의 근본적 원칙은 "남편은 아내의 모범이 되어야 한다[夫爲妻綱]"는 것으로, 이는 현대사회의 가정관계와 상충하는 찌꺼기이다. 그러나 기나긴 역사 속에서 옛 선인이 부부관계를 다루었던 것 중에서도 어느 정도 긍정적이며 오늘날도 여전히 본보기로 계승할 만한 내용이 적지 않다. 이 절에서 선별한 것은 이런 측면을 지닌 몇 가지 자료일 뿐이다.

一. 宋弘不易糟糠妻

宋弘[1]字仲子, 京兆长安[2]人也. …… 光武即位, 征拜太中大夫. 建武二年, 代王梁为大司空, 封枸邑[3]侯. 所得租奉[4]分赠九族, 家无资产, 以清行致称. …… 时帝姊湖阳公主新寡, 帝与共论朝臣, 微观其意. 主曰: "宋公威容德器, 群臣莫及." 帝曰: "方且[5]图之." 后弘被引见, 帝令主坐屏风后, 因谓弘曰: "谚言贵易交, 富易妻, 人情乎?" 弘曰: "臣闻贫贱之知不可忘, 糟糠之妻[6]不下堂[7]." 帝顾谓主曰: "事不谐[8]矣."(《后汉书》卷二十六《宋弘传》)

【주석】① 宋弘(송홍): 동한 초기 유명한 관리, 청렴하고 덕망이 높기로 유명하다. ② 长安: 한(汉)나라 때 현 명칭, 정부의 소재지는 오늘날의 섬서성 장안현이다. ③ 枸邑: 한나라 시기 현 명칭, 정부의 소재지는 오늘날의 섬서성 순읍현에 있다. ④ 奉: 봉(俸)과 통하다. ⑤ 方且: 장차 ~하려 하다. ⑥ 糟糠之妻: 고생을 같이 한 아내. 조강(糟糠), 술지게미와 쌀겨 등으로 요기하다. ⑦ 不下堂: 정방(正房)을 떠나지 않다. 아내를 저버리지 않다. ⑧ 事不谐: 일이 안되다. 성사하지 못하다. 해(谐), 합(合), 성(成).

二. 梁鸿孟光相敬如宾

梁鸿[1]字伯鸾, 扶风平陵人也. …… 后受业太学, 家贫而尚节介[2], 博览无不通, 而不为章句[3]. …… 势家慕其高节, 多欲女之[4], 鸿并绝不娶. 同县孟氏有女, 状肥丑而黑, 力举石臼, 择对不嫁, 至年三十. 父母问其故. 女曰: "欲得贤如梁伯鸾者."鸿闻而娉之. 女求作布衣, 麻屦, 织作筐缉绩之具.

及嫁, 始以裝飾入门. 七日而鸿不答. 妻乃跪床下请曰:"窃闻夫子高义, 简
斥⑤数妇, 妾亦偃蹇⑥数夫矣. 今而见择⑦, 敢不请罪. "鸿曰:"吾欲裘褐⑧之
人, 可与俱隐深山者尓. 今乃衣绮缟⑨, 傅粉墨, 岂鸿所愿哉?"妻曰:"以观
夫子之志耳. 妾自有隐居之服."乃更为椎髻⑩, 著布衣, 操作而前. 鸿大喜
曰:"此真梁鸿妻也. 能奉我矣!"字之曰德曜,〔名〕孟光. 居有顷, 妻曰:
"常闻夫子欲隐居避患, 今何为默默? 无乃欲低头就之乎?"鸿曰:"诺." 乃共
入霸陵山中, 以耕织为业, 咏《诗》,《书》, 弹琴以自娱. …… 遂至吴, 依大
家皋伯通, 居庑下, 为人赁春. 每归, 妻为具食, 不敢于鸿前仰视, 举案齐
眉. 伯通察而异之, 曰:"彼佣能使其妻敬之如此, 非凡人也."乃方舍之于家.
(《后汉书》卷八十三《梁鸿传》)

【주석】① 梁鸿: 동한 때 문학가. 출생과 사망 연월일이 분명하지 않다. 자 백란(伯
鸾), 부풍 평릉(오늘날의 섬서성 함양시 서북 지방) 사람. 가정이 가난하지만 박학하
다. 처 맹광(孟光)과 함께 패릉 산속에 은거하여 경작과 직조로 생활했으며 부부간
서로 깍듯이 존경했기 때문에 미담으로 전해지고 있다. ② 家贫而尚节介: 비록 가정
이 가난하지만 도덕을 숭상했다. ③ 不为章句: 장구지학을 종사하지 않았다. 장구는
본래 경학의 용어인데 그의 뜻은 장구에 대한 주해(注解)로 경학의 구성으로 되고
있다. 이곳에서는 경학을 대신하여 가리킨 것이다. ④ 多欲女之: 많은 사람들이 자
기의 딸을 그에게 시집을 보내려고 했다. ⑤ 简斥: 오만하게 거부했다. ⑥ 偃蹇: 거
만하다. 오만하다. 이곳에서는 동사로 사용함. ⑦ 见择: 마음에 들다. ⑧ 裘褐: 열등
한 옷. 이곳에서는 동사로 사용함. ⑨ 绮缟: 호려한 견직 옷과 용품. ⑩ 椎髻: 방망이
형식의 머리단장. 孟光: 양홍 처의 본명. 덕요(德曜)는 양홍이 자기 처에게 지어준
자(字)이다. 霸陵山: 산의 이름, 오늘날의 섬서성 서안시 교외에 있다. 패릉은 무제
(武帝)의 릉이다. 大家: 큰 부자집. 庑下: 복도 밑에서. 举案齐眉: 음식을 담은 쟁반을
눈썹 높이까지 들었다. 안(案)은 고대 음식을 담는 다리가 있는 쟁반. 方舍之于家:
그리하여 양홍 부부가 자기 집에 있는 것을 허락하다.

三. 乐羊妻勉夫励志

河南①乐羊子之妻者, 不知何氏之女也. 羊子尝行路, 得遗金一饼②, 还以

与妻. 妻曰: "妾闻志士不饮盗泉之水③, 廉者不受嗟来之食④, 况拾遗求利, 以污其行乎!" 羊子大慙, 乃捐⑤金于野, 而远寻师学. 一年来归, 妻跪问其故. 羊子曰: "久行怀思, 无它异也." 妻乃引刀趋机而言曰: "此织生自蚕茧, 成于机杼, 一丝⑥而累, 以至于寸, 累寸不已, 遂成丈匹. 今若断斯织也, 则捐失成功, 稽废⑦时月. 夫子积学, 当日知其所亡⑧, 以就懿德. 若中道而归, 何异断斯织乎?" 羊子感其言, 复还终业, 遂七年不反⑨. 妻常躬勤养姑, 又远馈羊子⑩.(《后汉书》卷八十四《乐羊子妻传》)

【주석】① 河南: 하남부윤(府尹)을 가리킴. 경기(京畿) 부근을 관할함. 오늘날의 낙양시(洛阳市) 일대. ② 饼: 둥글 넙적한 모양의 물건을 이르는 수사, 1병(饼)은 한 귀퉁이. ③ 盗泉之水: 도천(盗泉)은 오늘날의 산동성 사수현(泗水县), 도천지수는 정당하지 않은 수단으로 획득한 재물(财物)을 비유한 것이다. ④ 嗟来之食: 어느 해 제나라에 대흉작이 닥쳐왔다. 검오(黔敖)라는 사람이 일부러 길가에 음식을 차려놓고 기아에 시달리는 사람들에게 공급했다. 배곯는 한 사람이 그 옆을 지날 때 검오가 음식을 먹으라고 소리쳤다. 이때 그 사람은 크게 노하여 하는 말이: "나는 바로 모욕적인 베풂을 받으려 하지 않기 때문에 이 몰골이 되었다" 했다. 후에 그 사람이 굶어죽었다. 후세 사람들은 "차래지식(嗟来之食)"을 모욕적인 베풂으로 비유했다. ⑤ 捐: 포기하다. 내버리다. ⑥ 丝(관): 가는 명주실을 베틀에 넣다. ⑦ 稽废: 낭비하다. 허비하다. ⑧ 亡: 무(无)와 통하다. ⑨ 反: 반(返)과 통하다. 이곳에서 집으로 간다는 뜻. ⑩ 妻常躬勤养姑, 又远馈羊子: 아내가 매일 친히 노동에 참가하여 시어머니를 봉양하는 한편 먼 곳에 있는 양자(羊子)에게 물품을 자주 보낸다. 고(姑), 시어머니.

3절. 형은 우애로워야 하고 아우는 공경해야 한다(兄友弟恭)

형우제공(兄友弟恭: 형은 우애롭고 아우는 공경한다)은 전통 가정도덕의 또 하나 중요한 내용으로, 그것은 형제간의 깊은 정과 장유의 질서를 구현하였다. 동기간의 인정과 의리 표현은 형제 상호간의 사랑과 부조가 되고, 형제간 장유의 질서는 공손하게 어른을 공경하는 것에서 드러난다. 이 절에서 선택한 두 가지 자료는 이 두 측면으로 나누어 표현하였다.

一. 薛孟尝分家让弟

薛包[1]好学有行[2], 弟求分财异居, 包不能止, 乃中分其财. 奴婢取老弱者, 曰: "我共事久矣." 田园取其荒者, 曰: "吾少所理, 意所恋也."[3] 器物取朽损[4]者, 曰: "素所服, 身口所安也[5]." (方昕:《增广世范诗事》)

【주석】① 薛包: 동한 여남 사람, 자 맹상(孟尝). 부모님들에게 효성을 드리고 형제들 간에 우애롭게 지냈으므로 한(汉)나라 안제(安帝)로부터 칭찬을 받았다. ② 行: 품행, 몸가짐. ③ 吾少所理, 意所恋也: 이 논밭은 내가 어린 시절에 경작하고 다스렸기 때문에 그에 대하여 그리워하다. ④ 朽损: 썩어서 파괴되다. ⑤ 素所服, 身口所安也: 이 기구들은 내가 평소에 사용하면서 익숙해졌기 때문에 사용할 때 온몸이 다 편안하다.

二. 李恭敬侍姊疾

勣[1]……姊尝病, 已为仆射[2], 亲为之煮粥, 风回, 爇[3]其须鬓. 姊曰: "仆妾幸多, 何自苦如是!" 曰: "非为无人使令也, 顾[4]姊老, 亦老, 虽欲久为姊煮粥, 其可得乎!" (《资治通鉴》卷二〇一《唐纪十七》)

【주석】① 勣: 이적(李勣, 594~669년), 본래 성은 서(徐)씨였다. 이름은 세적(世勣), 자 무공(懋功). 조주 이호(오늘날의 산동성 하택) 사람. 수(隋)나라 말기에 의거하여 이세민(李世民)을 따라 전투에 참가하여 공을 많이 세웠기 때문에 영국공(英国公)의 봉을 받고 병주(并州)를 16년간 지켰으며 고종(高宗)때 사공(司空) 관직까지 올랐다. ② 仆射: 관직명. 상서성(尚书省) 장관, 중서령(中书令), 시중(侍中)과 함께 재상(宰相)이라고 함. ③ 爇: 태우다. 타다. 연소하다. ④ 顾: 생각하다.

4절. 가정교육을 중시해야 한다(注重家教)

자녀의 교육을 중시하는 것은 중국 가정도덕의 중요한 부분이다. 이 절에서 선별하여 수록한 3가지 자료는 가정교육을 중시한 정신을 서로 다른 각도에서 반영하였다. 그 중 두 가지는 특별히 주의할 만하다. 첫째 자녀에 대한 사랑은 그들에게 편안한 생활을 마련해 주는 것으로 표현하지 않고, 주로 자녀에 대한 교육, 양육으로 표현한다. 둘째 자신의 행동으로 몸소 가르치는 것을 조심하고, 자신의 말 한마디, 행동 하나가 자녀에게 미치는 영향을 조심하였다. 이 두 가지는 오늘날에도 모두 중요한 현실적 의의를 가진다.

一. 曾子舆杀猪教子

曾子①之妻②之市, 其子随之而泣. 其母曰 "女③还, 顾反④为汝杀彘⑤." 妻适⑥市来, 曾子欲捕彘杀之. 妻止之曰: "特与婴儿戏耳." 曾子曰: "婴儿非与戏也. 婴儿非有知也, 待父母而学者也, 听父母之教. 今子⑦欺之, 是教子欺也. 母欺子, 子而不信其母, 非以成教也⑧." 遂烹彘也.(《韩非子·外储说左上》)

【주석】① 曾子: 공자의 유명한 제자 증참(曾参), 자 자여(子舆), 노무성(오늘날의 산동성 비현) 사람. 기원전 505~435년에 생존했으며 효자로 유명하다. ② 之: 가다. ③ 女: 여는 여(汝)와 같다. 너, 자네, 당신. ④ 顾仅: 고(顾), 머지않아, 곧. 반(反)은 반(返)과 통한다. ⑤ 彘: 돼지. ⑥ 适: 가다. 향하여. ⑦ 子: 상대방을 가리키다. 너, 자네, 당신. ⑧ 非以成教也: 이렇게 하면 자식을 잘 교양할 수 없다.

二. 赵左师说太后教子之方

赵太后①新用事, 秦②急攻之. 赵氏求救于齐③. 齐曰: "必以长安君④为质, 兵乃出." 太后不肯, 大臣强谏. 太后明谓左右:"有复言令长安君为质者, 老妇必唾其面!"

左师触龙⑤言愿见太后. 太后盛气而胥⑥之. 入而徐趋, 至而自谢. …… 太后之色少解⑦. 左师公曰: "老臣贱息⑧舒祺最少, 不肖, 而臣衰, 窃爱怜之, 愿令得补黑衣⑨之数, 以卫王宫, 没死⑩以闻."太后曰: "敬诺. 年几何矣?" 对曰: "十五岁矣. 虽少, 愿及未填沟壑而托之." 太后曰: "丈夫亦爱怜其少子乎?" 对曰: "甚于妇人." 太后笑曰: "妇人异甚." 对曰: "老臣窃以为媪之爱燕后贤于长安君." 曰: "君过矣, 不若长安君之甚." 左师公曰: "父母之爱子, 则为之计深远. 媪之送燕后也, 持其踵为之泣, 念悲其远也, 亦哀之矣. 已行, 非弗思也, 祭祀必祝之, 祝曰: '必勿使反!' 岂非计久长, 有子孙相继为王也哉?" 太后曰: "然." 左师公曰: "今三世以前, 至于赵之为赵, 赵主之子孙侯者, 其继有在者乎?" 曰: "无有." 曰: "微独赵, 诸侯有在者乎?" 曰: "老妇不闻也." "此其近者祸及身, 远者及其子孙. 岂人主之子孙则必不善哉? 位尊而无功, 奉厚而无劳, 而挟重器多也. 今媪尊长安君之位, 而封之以膏腴之地, 多予之重器, 而不及今令有功于国. 一旦山陵崩, 长安君何以自托于赵? 老臣以媪为长安君计短也, 故以为其爱不若燕后." 太后曰: "诺. 恣君之所使之." 于是, 为长安君约车百乘, 质于齐, 齐兵乃出.

子义闻之曰: "人主之子也, 骨肉之亲也, 犹不能恃无功之尊, 无劳之奉, 而守金玉之重也, 而况人臣乎?"(《战国策》卷二十一《赵太后新用事》)

【주석】① 赵太后: 전국(战国) 초기 조무령왕자(赵武灵王子)의 아들 혜문왕(惠文王)의 왕후(王后) 위후(威后). 조나라는 오늘날의 하북성 한단(邯郸) 일대에 있었다. 혜문왕이 죽은 후 효성왕(孝成王)을 임금 자리에 올려놓았으나 너무 어리기 때문에 태후(太后) 위후(威后)가 정치를 주관했다. ② 秦 진나라는 오늘날의 섬서성 중부지방에 있었다. 그때 세력이 대단히 강대했다. ③ 齐: 제나라는 오늘날의 산동성 치박 일대에 있었다. ④ 长安君: 조태후의 작은 아들. 장안군은 봉호(封号). 장안은 오늘날의 하북성 요양현. ⑤ 左帅触龙: 관직은 좌사(左帅)이고 이름은 촉룡(触龙). (용(龙)자 아래에 언(言)자를 이어 쓰면 섭(聋)자이다. ⑥ 胥: 수(须)자와 같다. 기다리다. ⑦ 色少解: 노기가 좀 완화되었다. ⑧ 息: 아들을 가리킴. ⑨ 黑衣: 호위병의 별호, 그 당시 궁중에 있는 호위병들은 검은 옷을 입었기 때문에 이렇게 부른다. ⑩ 没死:

사기·조세가(《史记·赵世家》)에는 매사(眛死)로 되어 있다. 즉 죽음을 무릅쓰다. 겸손하고 신중함을 표시함. 塡沟壑: 죽음을 가리킴, 스스로 겸손하게 말할 때 이렇게 말함. 媪: 노년 여성에 대한 존칭. 燕后: 태후의 딸이 연(燕)왕에게 시집을 갔을 때 이렇게 부름. 贤: 이기다. 승리하다. 必勿使反: 반(反)은 반(返)과 통한다. 고대 제후(诸侯)들이 딸을 시집보내고 그 딸이 폐기 당했거나 혹은 나라가 망하지 않는 한 모국(母国)에 돌아오지 못한다. 그리하여 이와 같은 축원이 있다. 赵之为赵: 조나라가 전국(战国) 초년에 나라를 건립했다는 것을 가리킴. 微独: 비단 ~뿐만 아니라 ~와 같다. 重器 : 제후들의 특권과 지위를 상징하는 귀중한 물건, 예를 들면 시계, 세발솥 등. 膏腴: 토지가 비옥하다. 山陵崩: 태후가 죽은 것을 완곡하게 하는 말. 恣君之所使之: 당신의 의견에 따라 그를 파견합시다. 恣, 하자는 대로 ~하다. 约: 소집하다. 준비하다. 子义: 조나라 덕행이 바른 사람.

三. 孟轲母择邻断机杼

邹①孟轲②之母也, 号孟母. 其舍近墓. 孟子之少也, 嬉游为墓间之事③, 踊跃筑埋. 孟母曰: "此非吾所以居处子④也!" 乃去. 舍市傍⑤, 其嬉戏为贾人炫卖⑥之事. 孟母又曰: "此非吾所以居处子也." 复徙. 舍学宫⑦之傍, 其嬉游乃设俎豆⑧, 揖让进退⑨. 孟母曰: "真可以居吾子矣!" 遂居之. 及孟子长, 学"六艺⑩", 卒成大儒之名. …… 孟子之少也, 既学而归, 孟母方绩, 问曰: "学何所至矣?" 孟子曰: "自若也." 孟母以刀断其织. 孟子惧而问其故, 孟母曰: "子之废学, 若吾断斯织也! ……" 孟子惧, 旦夕勤学不息: 师事子思, 遂成天下之名儒. 君子谓孟母知为人母之道矣.(刘向:《列女传·母仪》)

【주석】① 邹: 고대 추(邹)국, 오늘날의 산동성 추현. ② 孟轲: 유학의 중요한 창시자 중의 한 사람, 중국 고대 걸출한 사상가이다. 노공족 맹씨(鲁公族孟氏)의 후대, 기원전 372년~289년간 생존. 자사(子思)의 제자에게 교육을 받았다. 제(齐)나라, 양(梁)나라를 다니면서 유세(游说)했으며, 공자(孔子)의 학설을 계승하여 인의(仁义) 도덕을 선전하는 동시에 어진 정책을 제창하고 성감정설 주장, 절개 숭상. 수양 중시 등을 내놓았다. 이와 같은 것은 중국 고대 도덕전통의 형성과 발전에 커다란 영향을 가져다주었다. 맹자(《孟子》)란 책이 세상에 전해지고 있는데, 이것은 유가의 중요

한 경전으로 되고 있다. ③ 墓间之事: 장례와 관련된 일. ④ 此非吾所以居处子: 이곳은 내가 아들이 거주하라는 곳이 아니다. ⑤ 舍市傍: 시장 옆에 거주하다. 사, 거주. 방(傍)은 방(旁)과 통하다. ⑥ 炫卖: 거리에 다니면서 팔다. ⑦ 学宫: 학교. ⑧ 俎豆: 고대 연회나 제사를 지낼 때 뼈가 달린 삶은 고기를 놓는 상과 삶은 고기를 담는 그릇. ⑨ 揖让进退: 문명한 예절과 의식 ⑩ 六艺: 고대 예(礼), 악(乐), 사(射), 어(御), 서(书), 수(数)를 육예라고 함. 이것은 유가의 제자들이 반드시 배워야 하는 과목이다. 유가의 육경(六经)은 시(《诗》), 서(《书》), 역(《易》), 예(《礼》), 악(《乐》), 춘추(《春秋》)이다. 후세 사람들은 이것도 육예라고 함. 绩: 일반적으로 방직이라고 함. 적의 본의는 삼을 삼아 실을 뽑다. 学何所至: 어디까지 배웠는가? 지식이 늘어났는가 하는 뜻이다. 自若也: 모든 것이 평소와 같다. 예전 그대로다. 예전과 같다. 斯织: 이 천의 폭. 师事子思: 자사(子思), 공자의 손자, 기원전 483~402년에 생존. 이름은 급(伋), 이 사람도 유가의 중요한 학자이다. 이 말을 글자상으로만 볼 때 자사를 스승으로 따라 배웠다는 뜻인데, 사실상 자사가 죽을 때 맹자는 아직 출생하지 못했다. 그렇기 때문에 자사의 제자를 따라 배웠다고 하여야 함, 직접 자사를 따라 배운 것이 아니다. 君子: 본래의 뜻은 재능과 덕성이 있는 사람을 가리킴, 이곳에서는 일반적으로 세인을 가리킴. 为人母之道: 어머니로서 자식들을 어떤 방법으로 교양해야 하는 도리.

8장

무리를 즐겁게 하고 조화를 귀하게 여기며,
덕으로써 향리를 화목하게 한다

이끄는 말

중국 문화는 집단의 중요성을 강조한다. 사람이 금수와 구별되는 이
유는 사람은 "군(群)"을 이루며 사회를 조성할 수 있기 때문이라 여겼
고, 이 때문에 무리를 즐겁게 하고 조화를 귀하게 여길 것[樂群貴和]을
제창하여 친구·향리·다른 사람과 자신과의 관계를 우호적으로 처리
하도록 조심하여, 사회와 조화를 이루고 결속할 것을 추구하였다. 이
장은 덕으로 교우함[以德交友], 자신에게는 엄하게 하고 타인에게는 너
그럽게 함[嚴己寬人], 윗사람을 공경하고 아랫사람을 사랑함[敬老愛幼],
위험에 빠지거나 곤란한 사람을 도와줌[扶危濟困] 등 네 가지 측면의
자료를 선별하여 수록하였다. 그 중 일반적인 도덕 원칙은 이미 반영
하였고 또 구체적인 어느 한 방면의 덕행도 나타냈는데, 그 안을 관통
하는 기본 정신은 도의(道義)로 서로 대우하고 서로 사랑하며 서로 돕

는 것이다. 그 가운데서 중국이라는 예의의 국가의 한 면모를 볼 수
있다.

1절. 덕으로서 교우한다(以德交友)

붕우(朋友)는 고대 오륜(五倫)의 하나이고, 교우(交友)의 도는 고대
도덕 전통 가운데 중요한 부분이다. 옛 사람은 친구를 사귐에 도의(道
義)를 준칙으로 삼았고 우정은 도의를 따랐다. 뜻을 같이하고 서로 알
아주는 것을 "지기(知己)", "지음(知音)"으로 삼았고, 공동의 이상을 위
해서는 사심 없이 친구를 도와서 심지어는 생명까지도 희생하였다. 도
의를 저버리고 서로 갈라져 일단 도의와 서로 배치한다고 인정하면 관
계를 끊고 절교하였다. 이와 같은 것은 교우하는 과정에서, 도덕적으
로는 공동 이상을 사업적으로는 공동 목표 추구의 정신을 중시한 것이
다. 오늘날에도 본보기가 되어 계도하는 효과가 없지 않다.

一. 千古一朋鮑叔牙

管仲① ······ 少时常与鲍叔牙②游③, 鲍叔知其贤. 管仲贫困, 常欺鲍叔, 鲍
叔终善遇④之, 不以为言. 已而⑤鲍叔事齐公子小白⑥, 管仲事公子纠⑦. 及
小白立, 为桓公, 公子纠死, 管仲囚⑧焉. 鲍叔遂进管仲. 管仲既用, 任政于
齐, 齐桓公以霸, 九合诸侯⑨, 一匡⑩天下, 管仲之谋也.
管仲曰: "吾始困时, 尝与鲍叔贾, 分财利多自与, 鲍叔不以我为贪, 知我贫
也. 吾尝为鲍叔谋事而更穷困, 鲍叔不以我为愚, 知时有利不利也. 吾尝三
仕三见逐于君, 鲍叔不以我为不肖, 知我不遭时也. 吾尝三战三走, 鲍叔不
以我为怯, 知我有老母也. 公子纠败, 召忽死之, 吾幽囚受辱, 鲍叔不以我

为无耻, 知我不羞小节而耻功名不显于天下也. 生我者父母, 知我者鲍子也."
鲍叔既进管仲, 以身下之. 子孙世禄于齐, 有封邑者十余世, 常为名大夫. 天
下不多管仲之贤而多鲍叔能知人也.(《史记》卷六十二《管晏列传》)

【주석】① 管仲, ?~기원전 645년: 중국 고대의 걸출한 정치가이며 사상가임. 제환
공(齐桓公)을 도와 패권을 잡았다. 시호가 경(敬)이므로 그를 관경중(管敬仲)이라고
함. ② 鲍叔牙: 춘추시기 제나라의 현명한 사대부(士大夫), 관중(管仲)을 제환공에게
재상(宰相)으로 추천함으로써 후세 사람들로부터 칭찬을 받았으며 미담으로 전해지
고 있다. ③ 游: 교제하다. ④ 遇: 대하다. ⑤ 已而: 머지않아. 곧. ⑥ 齐公子小白:
제양공(齐襄公)의 동생, 이름은 소백, 후에 임금 자리에 오른 제환공. ⑦ 公子纠: 양
공의 동생. ⑧ 管仲囚: 양공이 무도하여 살해당하고 그의 자제들은 도망쳤다. 관중
은 그중 규(纠)라는 자제를 보호하여 노(鲁)나라로 도망쳤고, 포숙(鲍叔)은 소백을
보호하여 거(莒)나라로 도망쳤다. 후에 규와 소백은 왕위를 놓고 다투었으나 소백이
먼저 왕위에 올라 제환공이 되었다. 노나라가 규를 살해했기 때문에 관중은 감옥에
갇힐 것을 청했다. ⑨ 九合诸侯: 여러 번 제후들을 만나 맹약을 맺고 호령(号令)했
다. 九, 여러 번, 수차, 많다는 뜻이고 실지로 아홉 차례라는 뜻은 아니다. ⑩ 匡:
바로 잡다. 贾: 장사하다. 与: 가지다. 주다. 仕: 관리가 되다. 见逐: 추방당하다. 不肖:
현량하지 않다. 덕과 재능이 없다. 召忽死之: 소흘은 제나라의 사대부. 관중과 함께
규를 위하여 일했다. 노나라가 규를 살해했기 때문에 소흘은 자살했다. 子: 고대 남
자에 대한 존칭. 以身下之: 자기가 낮은 지위에 처하여도 기꺼이 받아들이다. 多: 찬
양하다.

二. 二贤死义存赵孤

灵公①立十四年②, 益骄. 赵盾③骤谏④, 灵公弗听. …… 欲杀盾. 盾素仁爱
人, 尝所食桑下饿人反扞救盾, 盾以得亡⑤. 未出境, 而赵穿⑥弑灵公 ……
晋景公⑦时而赵盾卒, 谥⑧为宣孟⑨, 子朔嗣. ……
晋景公之三年, 大夫屠岸贾⑩欲诛赵氏. …… 屠岸贾者, 始有宠于灵公, 及
至于景公而贾为司寇, 将作难, 乃治灵公之贼以致赵盾 …… 韩厥曰: "……
是非先君之意而今妄诛. 妄诛谓之乱." …… 屠岸贾不听. 韩厥告赵朔趣

亡. 朔不肯, 曰:"子必不绝赵祀, 朔死不恨." 韩厥许诺, 称疾不出. 贾不请而擅与诸将攻赵氏于下宫, 杀赵朔 …… 灭其族.

赵朔妻成公姊, 有遗腹, 走公宫匿. 赵朔客曰公孙杵臼, 杵臼谓朔友人程婴曰:"胡不死?" 程婴曰:"朔之妇有遗腹, 若幸而男, 吾奉之: 即女也, 吾徐死耳." 居无何, 而朔妇免身, 生男. 屠岸贾闻之, 索于宫中. 夫人置儿绔中, 祝曰:"赵宗灭乎, 若号: 即不灭, 若无声." 及索, 儿竟无声. 已脱, 程婴谓公孙杵臼曰:"今一索不得, 后必且复索之, 奈何?" 公孙杵臼曰:"立孤与死孰难?" 程婴曰:"死易, 立孤难耳." 公孙杵臼曰:"赵氏先君遇子厚, 子强为其难者, 吾为其易者, 请先死." 乃二人谋取他人婴儿负之, 衣以文葆, 匿山中. 程婴出, 谬谓诸将军曰:"婴不肖, 不能立赵孤. 谁能与我千金, 吾告赵氏孤处." 诸将皆喜, 许之, 发师随程婴攻公孙杵臼. 杵臼谬曰:"小人哉程婴! 昔下宫之难不能死, 与我谋匿赵氏孤儿, 今又卖我. 纵不能立, 而忍卖之乎!" 抱儿呼曰:"天乎天乎! 赵氏孤儿何罪? 请活之, 独杀杵臼可也." 诸将不许, 遂杀杵臼与孤儿. 诸将以为赵氏孤儿良已死, 皆喜. 然赵氏真孤乃反在, 程婴卒与俱匿山中.

居十五年 …… 景公问韩厥, 厥知赵孤在 …… 具以实告. 于是景公乃与韩厥谋立赵孤儿, 召而匿之宫中. 诸将入问疾, 景公因韩厥之众以胁诸将而见赵孤. 赵孤名曰武. …… 于是召赵武, 程婴遍拜诸将, 遂反与程婴, 赵武攻屠岸贾, 灭其族. 复与赵武田邑如故.

及赵武冠, 为成人, 程婴乃辞诸大夫, 谓赵武曰:"昔下宫之难, 皆能死. 我非不能死, 我思立赵氏之后. 今赵武既立, 为成人, 复故位, 我将下报赵宣孟与公孙杵臼." 赵武啼泣顿首固请, 曰:"武愿苦筋骨以报子至死, 而子忍去我死乎!" 程婴曰:"不可. 彼以我为能成事, 故先我死: 今我不报, 是以我事为不成." 遂自杀. 赵武服齐衰三年, 为之祭邑, 春秋祠之, 世世勿绝. (《史记》卷四十三《赵世家》)

【주석】① 灵公: 춘추 전시기 진(晋)나라의 왕, 기원전 620~607년까지 왕위에 있었다. ② 立十四年: 즉위 후 14년, 기원전 607년. ③ 赵盾: 진공족(晋公族) 사대부, 조쇠

(赵衰)의 아들, 이때 진나라 정권을 주관했다. ④ 驟谏: 취, 수차, 여러 번. 간, 충언으로 권고하다. ⑤ 此三句意为: 조순은 평소에 사람을 대함에 있어서 너그럽고 후하며 어질고 자애롭다. 그는 굶주림으로 인하여 뽕나무 밑에 쓸어진 사람에게 음식물을 준 적이 있다. 이 사람은 돌아서서 조순을 엄호하여 주었다. 그러므로 조순이 도망칠 수 있었다. 한(扦), 한(捍)의 이체자, 보호, 엄호. ⑥ 赵穿: 조순의 족제(赵盾族弟), 한 고조부를 모시는 동생. ⑦ 景公: 영공(灵公)이 죽자 성공(成公)을 왕으로 내세웠으나 7년 후(기원전 599년)에 경공(景公)을 왕으로 모셨다. ⑧ 谥: 고대 왕 또는 제후가 죽은 후 생전의 덕행에 따라 정한 칭호. ⑨ 宣孟: 혹은 시호가 않은 맹(孟)자, 선자(宣子)로 여기다. ⑩ 屠岸贾: 복성(复姓) 도안(屠岸), 이름은 가(贾). 司寇: 형벌과 치안을 주관하는 장관. 致: ~에 이어지다. ~에 잇닿다. 韩厥: 진(晋)나라 어진 사대부, 즉 한헌자(韩献子), 육경(六卿) 중의 한 사람. 경(卿), 고위 관직의 명칭. 趣亡: 급히 도망치다. 급히, 속히. 必: 과연, 진실로. 祀: 제사, 이곳에서는 자손을 가리킴. 下宫: 후궁(왕비 또는 궁중 여관들이 있는 곳). 成公: 경공의 아버지. 遗腹: 유복자, 남편이 죽기 전에 임신하고 출생하지 않은 아이. 胡不死: 왜 죽음으로 보답하지 않았는가? 호(胡), 무엇 때문에. 奉: 봉양. 即女也, 吾徐死耳: 만약 낳은 아이가 딸이라면 나는 천천히 죽음으로 보답할 기회를 찾을 것이다. 즉, 만약 ~이라면, 만일. 서(徐), 천천히, 느리다. 居无何: 오래지 않다. 免身: 해산하다. 아이를 낳다. 면(免)은 만(娩)과 통하다. 绔: 고(绔)는 고(袴)와 같다. 바지. 若号: 약(若)은 제2인칭 너. 호(号), 큰 소리로 외치다. 목놓아 울다. 即: 만약, 만일. 立孤: 고아를 부양하여 사나이 대장부가 되도록 ~하다. 遇子厚: 너를 잘 대해주다. 请先死: 나를 먼저 죽게 해주세요. 乃: 그리하여. 부(负): 안다. 衣以文葆: 의(衣), 이곳에서는 동사다. 천과(穿裹), 옷을 입고 싸매다. 문보(文葆), 화려한 어린아이 옷. 보(葆)는 보(褓)와 통하다, 같다는 뜻. 不肖: 선량하지 않다. 발전성이 없다. 与我千金: 여(与), 나에게 천금을 주다, 고대 동(铜) 한 근(斤)을 일 금(金)이라고 함, 이곳에서 가리킨 천금은 일반적으로 높은 가격을 말함. 良: 확실하다. 居十五年: 십오 년을 지나다. 즉 경공(景公) 십구 년(기원전 581년). 冠: 고대 남자들은 20십 세가 되면 성인식을 거행한다. 즉 머리를 묶고 모자를 쓴다. 下报: 저승에 가서 보답하겠다. 즉 자기가 죽음으로 보답하겠다고 약속한 말을 집행할 것을 결심하다. 顿首固请: 엎드려 절하면서 그가 죽지 않을 것을 간청하다.

成事: 고아를 즉위(即位)하도록 할 중대한 과업을 가리킴. 齐衰: 고대 다섯 가지 상복(丧服)의 일종, 다만 거상 다음으로 중요한 상사(丧事) 때 이와 같은 상복을 입다, 옷의 아래 가장자리를 가지런히 꿰맸기 때문에 이렇게 부른다. 쇠(衰)는 최(縗)와 같다. 조무(赵武)가 정영(程婴)의 은덕을 갚기 위하여 어머니에 대하여 진행하는 상례를 진행했다. 그는 정영을 위하여 삼년간 상복을 입었다.

三. 荀巨伯冒死护病友

荀巨伯①远看友人疾②, 值胡贼③攻郡. 友人语巨伯曰: "吾今死矣, 子可去④!" 巨伯曰: "远来相视, 子令吾去, 败义以求生⑤, 岂荀巨伯所行邪?" 贼既至, 谓巨伯曰: "大军至, 一郡尽空: 汝何男子, 而敢独止⑥?" 巨伯曰: "友人有疾, 不忍委之⑦, 宁⑧以我身代友人命." 贼相谓曰:"我辈无义之人, 而入有义之国." 遂班军⑨而还, 一郡并获全.(刘义庆:《世说新语·德行》)

【주석】 ① 荀巨伯: 동한(东汉) 환제(桓帝) 때 정의의 투사. ② 远看友人疾: 먼 곳에 가서 앓는 친구를 병문안하다. ③ 胡贼: 고대 한족(汉族)사람들이 북방에 있는 흉노족 사람들에 대한 멸칭, 멸시하여 부를 때 쓰는 칭호 ④ 吾今死矣, 子可去: 나는 지금 살 수 없으니까 당신은 빨리 가세요. ⑤ 败义以求生: 신의(信义)를 저버리고 살아가다. ⑥ 汝何男子, 而敢独止: 너는 어떠한 사람이기에 감히 혼자 이곳에 남아 있는가. ⑦ 不忍委之: 차마 그를 버릴 수 없었다. ⑧ 宁: 차라리 ~하더라도 ~망정. ⑨ 班军 : 개선하다. 군대가 귀환하다.

四. 关羽封金千里奔刘备

关羽①字云长, 本字长生, 河东解人也. 亡命奔涿郡. 先主于乡里合徒众, 而羽与张飞为之御侮. 先主为平原相②, 以羽, 飞为别部司马③, 分统部曲④. 先主与二人寝则同床, 恩若兄弟. 而稠人广坐, 侍立终日, 随先主周旋, 不避艰险. …… 建安五年⑤, 曹公东征, 先主奔袁绍. 曹公禽羽以归, 拜为偏将军⑥, 礼之甚厚. 绍遣大将(军)颜良攻东郡⑦太守刘延于白马⑧, 曹公使张辽及羽为先锋击之. 羽望见良麾盖⑨, 策⑩马刺良于万众之中, 斩其首还, 绍诸将莫能当者, 遂解白马围. 曹公即表封羽为汉寿亭侯. 初, 曹公壮羽为人, 而察其心神无久留之意, 谓张辽曰:"卿试以情问之." 既而辽以问羽, 羽叹曰:"吾极知曹公待我厚, 然吾受刘将军厚恩, 誓以共死, 不可背之. 吾终不留, 吾要当立效以报曹公乃去." 辽以羽言报曹公, 曹公义之. 及羽杀颜良, 曹公知其必去, 重加赏赐. 羽尽封其所赐, 拜书告辞, 而奔先主于袁军.

(《三国志》卷三十六《蜀书·关羽传》)

【주석】① 关羽(관우, ?~220년): 삼국시기 촉나라 대장군. 자 운장(云长), 하동 해현(오늘날의 산서성 임의 서남 지대) 사람. 동한(东汉) 말기에 유비(刘备)를 따라 군대를 일으켰으며, 또한 유비와 깊고 두터운 정을 맺었다. 건안(建安) 5년(200년) 유비는 조조(曹操)와 싸워 실패했으며 관우가 조조한데 포로로 잡혔다. 그는 조조로부터 지극한 대우를 받았다. 그러나 관우는 비록 조조의 진영에 있지만 마음은 한(汉)나라에 있었다. 다시 말하여 몸은 적진에 있어도 마음은 자기편에 있었다. 그는 조조가 주는 봉(封)을 거절하고 처지가 매우 곤란한 유비를 찾아갔다. 관우는 유비가 촉한(蜀汉) 정권을 수립하는 과정에서 큰 공로를 세웠다. ② 平原相: 평원국(平原国)의 최고 행정 장관. ③ 别部司马: 동한시기 대장군이 통솔하는 오부(五部) 이외의 별영(别营)에 별부사마라는 관직이 있었다. ④ 部曲: 본래는 고대 군대의 양급(两级) 기층 편제인데 후에 변화하여 개인 무장의 명칭으로 되었다. ⑤ 建安五年: 기원 200년. 건안, 한헌제 유협(汉献帝刘协)의 연호. ⑥ 拜为偏将军: 편장군(偏将军)의 관직을 수여하다. 편장군, 관직명. ⑦ 东郡: 소재지는 복양(濮阳), 오늘날의 하남성 복양시 서남지대. ⑧ 白马: 현 명칭, 소재지는 오늘날의 하남성 활현 동부지대. ⑨ 麾盖: 전쟁터에서 사령관이 있는 곳. 휘(麾)는 고대 대장군이 군사를 지휘할 때 사용하는 깃발, 개(盖)는 군용차의 산형(伞形) 윗뚜껑. ⑩ 策: 채찍으로 때리다. 亭侯: 향(乡), 정(亭)에서 녹봉을 받는 제후, 한나라 제도에서 후작(侯爵) 중 가장 낮은 지위. 要当: 반드시 ……할 것이다. 义之: 그가 도의(道义)를 지킬 것이라고 생각하다. 의(义), 도의 , 동사로 사용함, 拜书: 공손히 편지를 쓰다.

2절. 자신에게는 엄하게 하고 타인에게는 너그러워야 한다(嚴己寬人)

자신을 단속하는 데는 엄격히 하고 타인을 대할 때는 너그럽게 하는 것은, 중국 낙군귀화(樂群貴和)의 전통 미덕 중 중요한 부분이다. 자신을 단속하는 데 엄하게 하는 것은 도의를 힘써 행하고 너그러운 마음을 가지고 좋은 정서를 가지는 일종의 인격적인 특징이다. 이러한 도덕적 인격이 있으면 자연히 다른 사람을 감동시키고 따르게 할 수 있고, 사회의 바른 기풍을 부지하고 집단의 화합을 촉진시킬 수 있다. 타인에게 너그럽게 하는 것은 관대하고 두터움으로 타인을 대우하는 것이다. 옛사람들은 집단과 자신과의 관계를 처리할 때 "너그러움으로 아랫사람을 대하고 서(恕)로 다른 사람을 대해야(寬以接下, 恕以待人)" 할 것을 줄곧 제창하였다. 그 구체적인 내용은 지난날의 잘못을 따지지 않고[不念舊惡], 옛날의 악감정을 털어버리고[不計前嫌], 지나치게 처벌하지 않고[不爲已甚], 다른 사람에게 가혹하게 요구하지 않는 것[不苛求於人]으로 표현된다. 이 절에서 선별하여 수록한 자료는 이러한 전통 미덕을 구현하였고, 오늘날 우리들이 인간관계를 처리할 때 여전히 계도하고 귀감이 되는 의의를 가지고 있다.

一. 晋李离过杀请死

李离①者, 晋文公之理②也. 过听③杀人, 自拘当死. 文公曰: "官有贵贱, 罚有轻重. 下吏有过, 非子④之罪也." 李离曰: "臣居官为长, 不与吏让位; 受禄为多, 不与下分利. 今过听杀人, 傅其罪下吏⑤, 非所闻也." 辞不受令. 文公曰: "子则自以为有罪, 寡人亦有罪邪?" 李离曰: "理有法, 失刑⑥则刑, 失死⑦则死. 公以臣能听微决疑, 故使为理. 今过听杀人, 罪当死." 遂不受令, 伏剑而死.(《史记》卷一一九《循吏列传》)

【주석】 ① 李离: 춘추시기 진(晋)나라의 법관, 남의 말을 듣고 살인했기 때문에 검(剑)으로 자살했다. ② 晋文公之理: 진문공의 재판관. 진문공, 춘추시기 진국의 왕, 5패(五霸) 중의 한 명. 이(理), 감옥에서 형벌을 주관하는 관리. ③ 过听: 진실이 아닌 말을 잘 못 듣다. ④ 子: 당신. ⑤ 傅其罪下吏: 죄과를 하급관리에게 추가하다. 부(傅)는 부(附)와 통하다. ⑥ 失刑: 형벌을 오판하다. ⑦ 失死: 오판하여 죽게 하다.

二. 陆伯言有长者风

会稽太守淳于式表逊①枉取民人, 愁扰所在. 逊后诣都②, 言次③, 称式佳吏, 权④曰:"式白⑤君而君荐之, 何也?" 逊对曰: "式意欲养民, 是以白逊. 若逊复毁式以乱圣听⑥, 不可长也⑦." 权曰:"此诚长者⑧之事, 顾⑨人不能为耳."(《三国志》卷五十八《吴书·陆逊传》)

【주석】 ① 逊: 육손, 자 백언(伯言), 삼국시기 오나라 손책의 사위, 젊고 유망하다. 수차에 걸쳐 공을 세웠기 때문에 승상(丞相)직까지 했다. ② 逊后诣都: 육손이 후에 수도(오늘날의 남경)에 와 사업을 개시했다. ③ 言次: 말하는 과정에. ④ 权: 삼국시기 오나라 왕 손권(孙权). ⑤ 白: 보고하다. 상고하다. ⑥ 毁式以乱圣听: 순우식(淳于式)을 비방 중상하여 왕이 듣는 것을 혼란시키다. ⑦ 不可长也: 이와 같은 작풍을 조장시켜서는 안 된다. ⑧ 长者: 고대 어진 덕성을 가진 사람을 장자라고 부른다. 육손은 흉금이 넓고 자기를 반대하는 사람들을 좋게 대해주기 때문에 손권이 그를 장자로 여기다. ⑨ 顾: 오직, 다만.

三. 吕蒙正不记人过

吕文穆公蒙正①, 不记人过. 初参政事, 入朝堂, 有朝士于帘内指之曰:"此子亦参政耶?" 文穆佯为不闻②而过. 同列令诘③其官位姓名, 文穆遽④止之. 朝罢, 同列犹不能平, 悔不穷问. 文穆曰:"若一知其姓名, 则终身不复能忘, 固不如弗知也." 时人服其量.(潘永因:《宋稗类钞·雅量二》)

【주석】 ① 蒙正: 여몽정(946~1011년), 자 성공(圣功). 북송 낙양 사람. 태평흥국년 때 진사(进士). 태종(太宗), 진종(真宗) 때 재상(宰相)을 역임했다. 요(辽)나라에 대하

여 타협할 것을 주장했다. 인품은 너그럽고 도량이 넓었으므로 사람들로부터 기대
를 받고 자기는 옳은 길로 간다고 자청했다. 함평(咸平) 중기 태자태사(太子太師)직
을 받았다. 죽은 후 문목(文穆)이란 시호를 받았다. ② 佯为不闻: 못들은 척하다.
③ 诘 : 캐묻다. ④遽: 서두르다. 조급해하다.

3절. 윗사람을 공경하고 아랫사람을 사랑한다(尊老愛幼)

윗사람을 공경하고 아랫사람을 사랑하는 것은 일종의 전통 미덕으
로, 항상 중국 민족이 고도로 중시한 것이다. 초기 유가가 추구한 대동
사회(大同社會)의 이상에서는 "노인에게는 수명을 다하게 해주고, 젊
은이에게는 일할 수 있도록 해주고, 어린이에게는 자랄 수 있게 해야
하고, 홀아비 · 과부 · 고아 · 자식 없는 사람 · 몹쓸 병에 걸린 사람은
모두 부양받을 수 있게 한다[使老有所終, 壯有所用, 幼有所長, 矜, 寡,
孤, 獨, 廢, 疾者皆有所養](『예기禮記 · 예운禮運』)"는 것을 중요한 내
용으로 삼았다. 맹자(孟子)는 "우리 노인을 노인으로 섬겨서 다른 사람
의 노인에게로 미치고, 우리 아이를 아이로 대하여 다른 사람의 아이
에게로 미친다[老吾老以及人之老, 幼吾幼以及人之幼]"라는 것을 인정
(仁政)의 기본 내용과 요구 사항으로 삼았다. 여기에 포함된 하나의
중요한 합리적 사상은, 바로 윗사람을 공경하고 아랫사람을 사랑한다
는 한 사회의 공공의 도덕을 실행하는 것은, 한 사회의 전반적인 도덕
상황과 사회질서의 화해 · 안정에까지 관계된다는 것이다. 오늘날 우
리는 또한 반드시 고도의 사회 안정과 발전에 의거하여 윗사람을 공경
하고 아랫사람을 사랑한다는 전통미덕의 중요성과 현실 의의의 계승
과 발전을 다루어야 한다.

一. 郗鉴吐饭育小儿

郗公^①值永嘉^②丧乱, 在乡里甚穷馁. 乡人以公名德, 传^③共饴^④之. 公常携兄子迈^⑤及外生^⑥周翼二小儿往食. 乡人曰: "各自饥困, 以君之贤, 欲共济君耳. 恐不能兼有所存." 公于是独往食, 辄含饭著两颊边, 还吐与二儿. 后并得存, 同过江. 郗公亡, 翼为剡县^⑦, 解职归, 席苫^⑧于公灵床^⑨头, 心丧^⑩终三年.(刘义庆:《世说新语·德行》)

【주석】① 郗公: 치감(269~339년), 자 도휘(道徽), 동진(东晋) 고평금향(오늘날의 산동성 금향) 사람. 젊었을 때 명성이 높다. 원제(元帝) 때 용양(龙骧) 장군이 되었으며 영제(明帝) 때 성서령(尚书令)이 되었다. ② 永嘉: 진(晋) 회제(怀帝)의 연호. 이때 천하가 큰 동란에 처했으며 기근에 처했다. ③ 传: 교대로, 돌아가면서. ④ 饴: 사(饲)와 통용하다. 사람에게 먹으라고 주다. ⑤ 迈: 치매(郗迈), 자 사원(思远), 누차 소부(少府), 중호군(中护军)직을 담당했다. ⑥ 外生: 생질, 잠편 누이의 아들. ⑦ 翼为剡县: 주익(周翼)은 섬(剡)현 현령(县令). 섬현, 오늘날의 절강성 승현(嵊县). ⑧ 席苫: 석, 갈대와 가늘게 쪼갠 대오리로 엮은 깔개. 점(苫), 물로 엮어 만든 덮개. 석점(席苫), 이곳에서는 동사로 씀, 자는 것을 표시함. ⑨ 灵床: 일반적으로 시체를 안치하는 침대, 또는 사람이 죽은 후에 형식상으로 설치한 칠성판. 여기서는 후자를 가리킴. ⑩ 心丧: 상복을 입지 않고 마음속으로 애도(哀悼)하다. 예(礼)의에 따라 생질이 외삼촌을 위한 상사는 시마 상복을 삼 개월 입어야 한다. 왜냐하면 치감이 주익을 양육하고 생명을 구해 준 은혜가 있으므로 주익이 그를 삼 년간 마음속으로 슬퍼하다.

二. 严世期敬老抚幼

严世期^①, 会稽山阴人也. 好施慕善, 出自天然. 同里张迈三人, 妻各产子, 时岁饥俭, 虑不相存^②, 欲弃而不举^③, 世期闻之, 驰往拯救, 分食解衣, 以赡其乏, 三子并得成长. 同县俞阳妻庄年九十, 庄女兰七十, 并各老病, 单孤无所依, 世期衣饴之^④二十余年, 死并殡葬. 宗亲严弘, 乡人潘伯等十五人, 荒年并饿死, 露骸不收^⑤, 世期买棺器殡埋, 存育孩幼.(《宋书》卷九十一《孝义传》)

【주석】① 严世期: 남조(南朝) 송나라 회계산음(오늘날의 절강성 소흥산음) 사람, 남을 즐겨 도와주었다. 또 노인을 존경하고 어린이를 사랑했기 때문에 당시 사람들로부터 존경을 받았다. ② 虑不相存: 다 살 수 없다고 고려하다. ③ 不举: 거(举), 생육(生育), 부양. 불거(不举), 여기서는 부양하지 않는다는 것을 가리킴. ④ 衣饴之: 옷과 음식을 공급하다. ⑤ 露骸不收: 시체가 노천에 있어도 거두는 사람이 없다.

4절. 위험에 빠지거나 곤란한 사람을 도와준다(扶危濟困)

부위제곤(扶危濟困, 위험에 빠지거나 곤란한 사람을 도와줌)은 중화민족이 단체와 자신의 관계를 처리하는 분야에서 전통 미덕의 하나이다. 사람이 세상을 사는 데는 항상 순조로울 수만은 없고 대체로 위험과 재앙을 면하기 어렵다. 다른 사람의 위난에 전혀 관심을 가지지 않고 심지어 타인의 불행을 즐기기까지 하여 기회를 틈타 자신의 사욕을 채우면 항상 사람들에게 멸시받는다. 그러나 주머니를 열어 서로 돕고 눈 오는 날 숯을 보내듯 급할 때 도움을 주며 남을 돕는 것을 즐겁게 여기는 것은 사람들이 언제나 칭송하는 미덕이다. 이 절에서 선별하여 수록한 사례는 다른 분야에서 이러한 미덕이 훌륭하다는 것을 보여준다.

一. 富弼济民不顾身

富郑公①为枢密副使, 坐石守道诗②. 自河北宣谕使还, 道除知郓州③, 徙青州. 谗者不已, 人皆为公危惧. 会河北大饥, 流民转徙东下者六七十万人. 公皆招纳之, 劝民出粟, 自为区画④, 散处境内. 屋庐饮食医药, 纤悉无不备. 从者如归市. 有劝公非所以处疑弭谤⑤, 祸且不测. 公傲然弗顾曰: "吾岂以一身易此六七十万人之命哉!" 卒行之愈力. 明年河北二麦⑥大熟, 始皆襁负而归, 则公所全活也. 于是虽谗公者亦莫不畏服, 知不可挠, 而疑亦

266

因是浸释⑦.(潘永因:《宋稗类钞·吏治十五》)

【주석】① 富郑公: 부필(富弼, 1004~1083년), 자 언국(彦国). 낙양(오늘날의 하남성) 사람. 북송 경력(庆历) 3년(1043년)에 추밀부사(枢密副使) 역임 지화(至和) 2년(1055년)에 승상(丞相) 관직에 올랐다. 정국공(郑国公)의 봉을 받았다. ② 坐石守道诗: 석개(石介)가 쓴 시에 연루되다. 석수도(石守道) 석개. 석개는 북송 때 학자. 태자중윤(太子中允) 관직까지 했다. 사람을 대함에 있어 정직하며 그의 시는 대다수가 악정을 폭로했으며 당시 집권자를 지적했다. ③ 除知郓州: 운주(郓州)의 주지사로 임명하였다. 제(除), 벼슬자리에 부임하다. 지(知), 주지사. ④ 区画: 구획하다, 계획하다. ⑤ 处疑弭谤: 의심과 비방을 없애다. 처(处), 지(止). 미(弭), 없애다. ⑥ 二麦: 보리와 밀을 가리킴. ⑦ 浸释: 점점 없애다.

二. 查道倾囊救弱女

查道①初赴举②, 贫, 不能上道, 亲族裒③钱三万遣之. 道出滑州, 过父友吕翁家, 翁丧, 无以葬, 母兄将鬻④其女以办丧事. 道倾褚⑤中钱, 悉与之, 又与嫁其女.(李元纲:《厚德录》)

【주석】① 查道: 송나라 사람, 자 잠연(湛然). 단공(端拱) 때 진사 급제, 용도각대제(龙图阁待制) 관직까지 올랐다. 왕의 고문역을 담당하는 관직. ② 赴举: 과거에 참가하다. 부(赴), 가다. 향하여 가다. ③ 裒: 모이다. ④ 鬻: 팔다. ⑤ 褚: 낭, 주머니.

三. 郑成仙自矢修桥

郑成仙, 歙①之杨冲人. 以织箕为业, 质坚而价不二, 近村数十里争购之. 箕敝, 皆卧春②以待. 少壮时, 尝值风雨过坤沙前碉, 小桥木腐, 蹶而危者再③. 忽仰天自矢④, 曰:"吾有生之日, 当积箕为石以缮⑤此桥." 闻者皆笑之. 自是, 得钱稍易银, 即贮之于小瓦罐⑥, 闷土锉下⑦, 其妇与子皆不识也. 锉少溢⑧, 或为邻人所贷, 或闷处偶泄, 伺者窃去. 凡三散而三蓄, 志愈坚, 家人藜藿⑨不给, 弗恤⑩也. 久之, 艺售而贫窭如故, 人窃疑之.

康熙丁未, 郑年七十余. 一日, 忽呼诸邻叟至室, 曰:"吾足跰而背伛, 夙愿

267

不酬, 桥与身俱逝矣. 吾初愿尚不止此." 倾罐而出, 灿若繁星, 合计之, 得金二镒, 即日鸠工采石. 其妇与子皆敝衣椎髻, 环立瞪目, 作悔恨声. 曩之笑者忽敛容惊愕曰: "叟果至是耶?" 遂相与诹吉经始, 稚者负锸, 壮者肩石, 挥汗趋役, 穷日不休. 未匝月工毕举, 奠危以宁, 其道如砥 ……(徐珂:《清稗类钞·义侠类》)

【주석】 ① 歙: 주(州) 이름, 오늘날의 안휘성 흡(歙)현. ② 卧舂: 쌀 찧는 것을 중지시키고 새로운 키로 쌀을 까부를 것을 기다리다. 와(卧), 쉬다, 휴식하다. 용(舂), 절굿공이로 절구통에 있는 쌀을 찧어 껍질을 없다.③ 蹶而危者再: 여러 번 디뎠지만 하마터면 다리 밑에 떨어질 뻔했다. 디디다, 밟다. ④ 自矢: 자신이 맹세하다. 시(矢)는 서(誓)와 통용하다. 맹세를 가리킴. ⑤ 缮: 완전하게 수리하다, 수선하다. ⑥ 瓦: 토기로 만든 술그릇. ⑦ 閟土锉下: 토기가마 밑에 감추다. 비(閟), 가리다. 막다. 토좌(土锉): 토기가마. ⑧ 溢: 가득하다. ⑨ 藜藿: 일반적으로 열등한 식사를 가리킴. 여(藜), 식물명, 회채(灰菜)라고 부른다. 곽(藿), 콩잎. ⑩ 弗恤: 돌봐주지 않다. 구제하지 않다. 贫窭: 가난하다. 康熙丁未: 청나라 강희 6년(1667년). 足跰而背伛: 발바닥에 굳은살이 박이고 등이 굽었다. 견(跰), 오랫동안 다니면 발바닥에 굳은살이 생기다. 구(伛), 곱사등이. 夙愿: 숙원. 镒: 고대 도량(度量)단위, 20량(两) 혹은 24냥을 1일(镒)이라고 함. 鸠工: 노동자를 모집하다. 구(鸠), 모이다. 모집하다. 椎髻: 방망이 형으로 된 머리단장. 曩: 이전, 과거. 敛容: 웃는 얼굴을 거두다. 诹吉: 좋은 날을 선택하다. 经始: 건설을 시작하다. 锸: 삽, 흙을 팔 때 사용하는 도구. 未匝月: 1달이 채 안 되다. 砥: 숫돌.

四. 许季觉义救饥民

顺治时, 海宁①频岁②饥馑, 流离载道, 邑人许季觉慨然忧之, 致书当路③, 议甚剀切④, 当路韪⑤其言. 邑故多巨族, 籍记⑥其姓名, 下注某出粟若干, 榜于通衢, 以片纸责取, 巨族素信之, 无有难者, 凡得粟数万石. 又籍记饥民村里年貌并户口多寡, 按日至城隍庙, 按籍以次而给, 人人得所欲以去. 饥民于季觉过时, 必扶老携幼, 罗列道旁, 手执长香, 跪而言曰: "许公活我."(徐珂:《清稗类钞·义侠类》)

【주석】 ① 海宁: 현의 명칭. 현재 절강성 해녕현. ② 频岁: 다년간 연속. ③ 当路: 중요 관직을 담당하여 권력을 장악하다. 그때 당시 관청을 가리킴. ④ 剀切: 절실히, 일의 도리를 정통으로 찌르다. ⑤ 韪: 그렇다. 옳다. 이곳에서는 동사로 사용, 찬성하다는 뜻. ⑥ 籍记: 등록하다.

五. 李台春治病不问值

李台春, 字怀川, 邵阳人. 世精医理, 中无城府①, 与人药, 不问其值②. 穷民日填户③, 无倦容. 途远莫继者, 即甚酒其时日, 增减予以方药, 无不验. 与人交, 倾诚无所忌讳. 赴人之急, 不计利害. 至于缓急④, 阿堵⑤无所计. 尤极孝友, 延师⑥训其仲弟藻春, 饩于庠⑦. 悉以父产让之诸弟, 而弟凡有所须⑧, 尚取给⑨焉. 岁给棺木⑩若干. 贤士大夫乐与之深交, 中丞张舆载以从. 寿八十余卒, 以乐施鲜积, 遗其子以贫云.(《古今图书集成医部全录·医术名流列传》)

【주석】 ① 中无城府: 흉금이 솔직하고 감추는 것이 없다. ② 不问其值: 가격을 따지지 않다. ③ 日填户: 매일 방 안에 사람이 가득하다. ④ 缓急: 긴급하다. 완(缓)자는 실제로 의미가 없다. ⑤ 阿堵: 돈(钱). 서설신어·규잠(《世说新语·规箴》)의 기록에 의하면 왕이보(王夷甫)란 사람은 성품이 고상하고 점잖은 분이므로 그의 처가 탐내는 것을 미워하기 때문에 돈 소리를 한 적이 없다. 그는 하녀를 불러 돈을 치우라고 했다. 그 후 돈을 아도라고 불렀다. ⑥ 延师: 스승을 초대하다. ⑦ 饩于庠: 음식물을 학교에 보내 그것을 스승의 수당으로 했다. 회(饩), 곡물, 여기서는 동사로 사용함, 식량을 증정하다. 상(庠), 옛날의 학교 ⑧ 须: 수(需)와 통용하다. ⑨ 尚取给: 또 대춘네 집에서 물건을 가져가려 하다. ⑩ 岁给棺木: 해마다 가난한 가정에서 사람이 죽었을 때 관을 희사한다. 中丞张兴载以从: 장중승(张中丞)이 차에 이대춘을 태우고 같이 유람한다. 乐施鲜积: 가난한 사람들에게 돈과 재물로 도와주는 것을 좋아하기 때문에 저축이 매우 적다. 遗其子以贫云: 아들에게 남겨준 것은 오직 청빈(清贫)밖에 없다.

교육수양편

道

德

덕교(德敎)와 수신(修身)

이끄는 말

중국 전통 윤리학은, 특히 유가 윤리 사상은 덕교(德敎)와 수신(修身)[3]을 매우 중요하게 여겼다. 유가는 학교는 사람을 길러내는 곳이며 학교 교육은 더욱 덕육(德育)을 앞자리에 두어야 한다고 여겼다. 동시에 또한 자신의 도덕 수양("修身")이 제가(齊家), 치국(治國), 평천하(平天下)의 근본이 되고 모든 것이 "수신"에서부터 시작해야 한다고 여겼으며, 이 때문에 "천자에서부터 서인에 이르기까지, 모두 수신을 근본으로 삼는다[自天子以至于庶人, 壹是皆以修身为本]"라는 중요한 사상을 제시하였다. 국가의 관리가 되면 더욱 솔선수범하여 모범이 되는 역할을 해야 했다. 먼저 "자기를 바르게 하고[正己]" 난 뒤에야 비로소

---

3) 덕교 : 덕으로써 사람을 착한 길로 이끄는 가르침, 수신 : 마음과 행실을 바르게 닦아 수양함.

"다른 사람을 바르게 할[正人]" 수 있고 사람들로 하여금 충심으로 기쁘게 탄복하게 한다. 따라서 도덕교화와 자신의 도덕수양 제창을 통해, 완전하게 사회 풍조를 순화하게 하여 "낡은 풍속을 고치는[移風易俗]" 작용을 일으켰다.

중국 역사상 덕교를 중시하고 수신을 중시한 이러한 좋은 전통은 오늘날 중국의 독특한 사회주의 시장경제 체제를 건설하는 과정에서 여전히 계승하여 발전시켜야 한다.

도덕이 만능은 아니지만 도덕은 한 사회의 입장에서 보면 또한 없어서는 안 된다. 사람의 고상한 도덕 품격과 사회의 훌륭한 도덕 기풍은 사회의 발전과 진보에 있어 특수한 추진 작용을 일으킬 수 있다. 그러나 사람의 도덕 품격을 제고하고 사회의 훌륭한 기풍을 형성하는 것은 개인의 도덕 교육과 도덕 수양에서부터 중점을 두어 시작해야 한다. 여기에 착안하면 중국 역사상 덕교를 중시하고 수신을 중시한 훌륭한 전통은 오늘날 우리에게 중요한 귀감이 되는 가치를 가지고 있다.

물론 오늘날 우리는 덕을 통한 교화를 우선으로 하며[德教爲先], 자기 수양을 근본으로 하는[修身爲本] 중국 고대 사상을 비판적으로 계승하면서도, 결코 어떤 광범위한 도덕주의로 다루어서도 안 되며, 도덕교화가 사회의 모든 문제를 해결할 수 있다고 여겨서도 안 된다. 중국 역사에서 사상가들은 일찍이 국가와 사회를 다스리는 일은 "덕치(德治)"에 의지해야지 "법제(法制)"에 의지해서는 안 된다는 문제를 광범위하게 논쟁한 적이 있다. 지금 와서 보면 비록 유가가 추숭한 "덕치사상"은 매우 합리적이지만, 극단으로 향하여 덕치를 중시하고 법제를 가벼이 여긴 것이 상당한 편파성을 가진다는 것을 의심할 수 없다. "덕치"와 "법제" 그 자체는 한쪽을 소홀히 해서는 안 된다. 오늘날 우리는 한편으로는 유가 "덕치"사상 가운데 좋은 면을 강력하게 발전시켜야 하고 다른 한편으로는 또한 "법제"를 경시한 유가의 편파성을 비판해야 하며, 덕교와 법제를 가지고 하나의 공동의 사업을 건설해야 한다.

1절. 덕교를 우선으로 한다(德敎爲先)

덕교(德敎)를 우선으로 하는 것은, 첫째는 사회정치사상의 영역에서 언급하여, 도덕교화와 법령·형법의 관계에서 덕교가 우선이 되고 위주가 된다는 원칙을 견지해야 한다. 둘째는 학교 교육의 측면에서 언급하여, 덕육(德育)과 문화 지식 교육의 관계에서 덕육이 첫머리를 차지한다는 원칙을 견지해야 한다.

역사적으로 유가는, 정치의 근본은 민심을 얻는 것에 있고 민심을 얻는 것은 도덕 교화에 있으며, 이 때문에 선정(善政, 좋은 법령과 형법)은 선교(善敎)만 못하고 도덕교화가 정치의 근본이 된다고 여겼다. ("교육은 정치의 근본이 된다[敎爲政本]") 동시에 또한 도덕교화는 인성이 선을 향하여 완성되도록 하는 중요한 조치라고 여겼다. 역사적으로 인성이 본래 선하다든가, 본래 악하다든가, 아니면 인성은 선과 악이 섞여 있다고 주장한 사상가들을 막론하고, 모두 도덕교화를 통해 현실의 선한 본성을 완성해야 하며, 덕교로써 사람을 인(仁)하고 선하게 해야 한다고 주장하였다.

학교에서의 교육에 대해 말하자면, 유가는 어떻게 사람을 기를 것인가, 어떻게 성인과 현인이 될 것인가를 학교 교육의 근본 종지로 삼을 것을 고수하였고, 이 때문에 더욱 덕교를 중요시하였으며, 덕육을 모든 교육의 첫머리로 삼았다.

子曰: "道①之以政, 齐②之以刑, 民免③而无耻: 道之以德, 齐之以礼, 有耻且格④."(《论语·为政》)
【주석】① 道: 도는 도(导)와 같다. 인도하다는 뜻. ② 齐: 바로잡다. 질서정연하게 하다. ③ 免: 피하다. 면하다. 이곳에서는 범죄를 피한다는 뜻. ④ 格: 오다, 여기서는 인심이 누구에게 귀순할 것인가를 가리킴.

子适①卫, 冉有②仆③. 子曰: "庶④矣哉!" 冉有曰: "既庶矣, 又何加焉?" 曰: "富之." 曰: "既富矣, 又何加焉?" 曰: "教之."(《论语·子路》)
【주석】① 适: 가다, 이르다. ② 冉有: 공자의 제자, 성은 염(冉), 이름은 구(求), 자는 자유(子有). ③ 仆: 차를 몰다. ④ 庶: 인구가 많다.

子曰: "不教而杀谓之虐, 不戒视成谓之暴, 慢令致期谓之贼."(《论语·尧曰》)

子以四教: 文①, 行②, 忠, 信.(《论语·述而》)
【주석】① 文: 문화지식. ② 行: 도덕 행위.

人之有道也, 饱食暖衣逸①居而无教, 则近于禽兽.(《孟子·滕文公上》)
【주석】① 逸: 편안하다.

孟子曰: "仁言不如仁声①之入人②深也, 善政不如善教之得民也. 善政, 民畏之: 善教, 民爱之. 善政得民财, 善教得民心."(《孟子·尽心上》)
【주석】① 仁声: 어진 음악소리를 표현하다. ② 入人: 사람을 감화하다.
礼者, 人道之极也. 然而不法①礼, 不足②礼, 谓之无方③之民: 法礼,足礼, 谓之有方之士. 礼之中焉④能思索, 谓之能虑: 礼之中焉能勿易, 谓之能固. 能虑, 能固, 加好之者焉, 斯圣人矣. 故天者, 高之极也: 地者, 下之极也: 无穷者, 广之极也: 圣人者, 道之极也. 故学者, 固学为圣人也, 非特学为无方之民也.(《荀子·礼论》)

【주석】① 法: 본받다. 따라하다. ② 足: 중시하다. ③ 方: 길, 도의, 도리. ④ 焉: ~이다. 바로 ~이다. 비로소.

不富无以养民情, 不教无以理①民性. 故家五亩宅百亩田, 务其业而勿夺其时②, 所以富之也. 立大学, 设庠序, 修六礼③, 明十教④, 所以道⑤之也. (《荀子·大略》)

【주석】① 理: 다스리다. 관리하다. ② 时: 농사 철. ③ 六礼: 고대 관(冠), 혼(婚), 상(丧), 제(祭), 향음주(乡饮酒), 만나다(相见)를 육례라고 부른다. ④ 十教: 십의(十義), 유가(儒家)가 선전하는 열 가지 논리 도덕. 즉 부자(父慈), 자효(子孝), 형량(兄良), 제제(弟悌), 부의(夫义), 부청(妇听), 장혜(长惠), 유순(幼顺), 군인(君仁), 신충(臣忠). ⑤ 道: 도(导)와 같다, 가르치다.

发虑宪①, 求善良, 足以謏闻②, 不足以动众: 就贤体远③, 足以动众, 未足以化民: 君子如欲化民成俗, 其必由学乎? 玉不琢, 不成器: 人不学, 不知道. 是故古之王者建国君民, 教学为先.《兑命》曰"忿终始典④于学", 其此之谓乎? 虽有嘉肴, 弗食不知其旨⑤也: 虽有至道, 弗学不知其善也. 是故学然后知不足, 教然后知困. 知不足, 然后能自反也: 知困, 然后能自强也. 故曰 "教学相长也."(《礼记·学记》)

【주석】① 虑: 고려하다. 헌(宪): 민첩하다. ② 謏(xiǎo晓)闻: 약간 명성이 있다. ③ 就贤: 스스로 가서 현명한 사람에게 접근하다. 체원(体远): 먼 곳에 있는 이로운 것과 해로운 것을 동정하면서 잘 알다. ④ 典: 항상 주의를 돌리다. ⑤ 旨: 향기롭고 달다.

教者, 政之本也. 道者, 教之本也. 有道, 然后教也. 有教, 然后政治①也. (贾谊:《新书·大政下》)

【주석】① 治: 치는 난(乱)과 대립된다. 정치가 맑고 깨끗하며 안정되어 있다는 것을 특별히 지적함.

是以先王为天下设教, 因人所有, 以之为训: 道①人之情, 以之为真. 是故内本六法②, 外体六行③, 以与《诗》,《书》,《易》,《春秋》,《礼》,《乐》六者之术, 以为大义, 谓之六艺④. 令人缘⑤之以自修, 修成则得六行矣.(贾谊:《新书·六术》)

【주석】① 道: 도(导)와 같다. ② 六法: 도(道), 덕(德), 성(性), 신(神), 명(明), 명(命) 육리(六理)를 기초로 하여 형성된 6종의 소질이다. ③ 六行: 6종의 착한 행동. 가의(贾谊)는 사람에게 있어서 인의(仁义), 예(礼), 지(智), 신(信), 행(行)이 조화하여 낙(乐)이 생기고 낙(乐)이 생김으로써 6행이 이루어졌다. 체(体): 실행하다. ④ 六艺: 유가(儒家)의 6부(六部) 경전(经典), 즉 위의 문장에서 지적한 소위 시(诗), 서(书), 예(礼), 역(易), 낙(乐), 춘추(春秋)이다. ⑤ 缘: 의거하다.

昔者周成王幼, 在襁褓之中, 召公为太保①, 周公为太傅②, 太公为太师③. 保, 保其身体: 傅, 傅④之德义: 师, 道⑤之教训: 三公之职也. 于是为置三少⑥, 皆上大夫也, 曰少保, 少傅, 少师, 是与太子燕⑦者也. 故孩提有识. 三公, 三少固明孝仁礼义, 以道习之, 逐去邪人, 不使见恶行. 于是皆选天下之端士⑧, 孝悌博闻有道术者, 以卫翼之, 使与太子居处出入. 故太子初生而见正事, 闻正言, 行正道, 左右前后皆正人也. 习与正人居之, 不能无正也, 犹生长于齐⑨之不能不齐言也: 习与不正人居之, 不能无不正也, 犹生长于楚⑩之不能不楚言也. 故择其所嗜, 必先受业, 乃得偿之: 择其所乐, 必先有习, 乃得为之.(贾谊:《新书·保傅》)

【주석】① 昭公: 주문왕(周文王)의 서자(庶子, 이름은 석(奭). 그가 봉으로 받은 지방은 소(召) 지방이므로 소공이라고 부른다. 어질고 바른 정치를 실시하다. 태보(太保): 고대 삼공(三公) 중의 한 사람. ② 周公: 주 무왕(周武王)의 친동생, 성은 희(姬), 이름은 단(旦), 일명 주공단(周公旦). 태부(太傅): 고대 3공 중의 한 사람. ③ 太公: 가상

(姜尚)을 가리킴. 태사(太师): 고대 3공 중의 한 사람. ④ 傅: 교육. ⑤ 道: 도(导)와 같음. ⑥ 三少: 삼공(三公)의 부직, 일명 삼고(三狐). 그의 직위는 공보다 낮고 경보다 높다. 즉 소보(少保), 소부(少傅), 소사(少师)이다. ⑦ 燕: 즐겁게 놀다. ⑧ 端士: 정직한 인사. ⑨ 齐: 제나라의 옛 고장. ⑩ 楚: 초나라의 옛 고장.

召公戒①成王曰: "今王初服厥命②. 于戏③! 若生子④, 罔不在厥初生⑤. 生子, 谓十五子⑥. 初生意⑦于善, 终以善; 初生意于恶, 终以恶."《诗》曰: "彼姝⑧者子, 何以与⑨之?" 传⑩言: "譬犹练丝, 染之蓝则青, 染之丹则赤." 十五之子, 其犹丝也. 其有所渐化为善, 恶, 犹蓝, 丹之染练丝, 使之为青, 赤也. 青, 赤一成, 真色无异. 是故杨子哭岐道, 墨子哭练丝也. 盖伤离本, 不可复变也. 人之性, 善可变为恶, 恶可变为善, 犹此类也. 蓬生麻间, 不扶自直; 白纱入缁, 不练自黑. 彼蓬之性不直, 纱之质不黑, 麻扶缁染, 使之直黑. 夫人之性犹蓬纱也, 在所渐, 染而善, 恶变矣.(王充:《论衡·率性》)

【주석】① 戒: 훈계하다. 경고를 주다. ② 初服厥命: 천명(天命)을 받기 시작했다. 즉 왕위를 계승하기 시작했다. 복(服)은 담당하다는 뜻. 여기서는 받아들인다는 뜻. ③ 於戏(wūhū污乎): "아아" 하는 소리, 감탄사. ④ 若生子: 갓난아이 같다. ⑤ 罔不在厥初生: 모든 일은 시작할 때부터 기초를 닦아 놓았다. 망(罔): 无, 없다. 상서·소고(《尚书·召誥》)를 참고한다. ⑥ 아래의 문장과 대비해 볼 때 "십오지자"(十五之子)로 되어야 한다. "오"(五)자 아래 "지"(之)자를 넣어야 "십오지자"(十五之子)가 된다. 이것은 바로 15세의 남자이다. 자(子)는 고대 성년 남자에 대한 미칭(美称)이다. ⑦ 意: 포부를 가지다. ⑧ 姝(shū梳): 좋다. 아름답다. ⑨ 与: 도와주다. ⑩ 传: 경서(經書)의 저작을 해석하다. 여기서는 시경(詩經)의 주석을 가리킴. 练丝: 백색의 실. 真色无异: 천연색과 다름이 없다. 是故杨子哭岐道: 양자(杨子), 양주(杨朱), 전국(战国) 시기 위나라(魏国) 사람. 기도(岐道), 갈림길. 순자·왕패(《荀子·王霸》)의 기록에 의하면, 양주가 갈림길에서 말하기를" 만약 반걸음만 잘못 나가면 잘못된 길로 들어서게 된다. 그렇게 나아가면 옳은 길과 천리 차이가 생긴다." 그리하여 그는 상심하여 울었다. 墨子哭练丝: 묵자(墨子)는 묵적(墨翟)이다. 묵가학파의 창시자. 묵자·소염(《墨子·所染》)의 기록에 의하면 묵자가 실에 물들이는 사람을 보고 감탄하면서 "어떤 색으로

염색을 하면 그 색이 된다. 그렇기 때문에 염색을 할 때 꼭 조심해야 하오"라고 했다. 그는 사람의 품행도 이와 같다고 인정했다. 盖伤离本: 올바른 길과 본색을 잃을까봐 염려하다. 蓬: 일종의 쉽게 쓰러지는 초본식물. 缁(zī资): 검은색. 练: 물들다.

孔门弟子七十之徒①, 皆任卿相之用, 被服②圣教, 文才雕琢, 知能十倍③, 教训之功而渐渍④之力也. 未入孔子之门时, 闾巷⑤常庸无奇. 其尤甚不率⑥者, 唯子路⑦也. 世称子路无恒⑧之庸人, 未入孔门时, 戴鸡佩豚⑨, 勇猛无礼. 闻诵读之声, 摇鸡奋⑩豚, 扬唇吻之音, 聒圣贤之耳, 恶至甚矣. 孔子引而教之, 渐渍磨砺, 阖导牖进, 猛气消损, 骄节屈折, 卒能政事, 序在四科. 斯盖变性使恶为善之明效也.(同上)

【주석】① 七十之徒: 여기서는 공자(孔子)의 마음에 드는 72제자를 가리킴. ② 被服: 입다. 받다. ③ 知能十倍: 지혜와 재능은 일반 사람의 십 배를 초과하다. 지(知)는 지(智)와 같다. ④ 渐渍: 점차 물들다. 차츰 감화되다. ⑤ 闾(lú驴)巷: 골목, 항간, 여기서는 원의를 확대하여 거처와 행동을 가리킴. ⑥ 率: 순종하다. 온순하다. ⑦ 子路: 중유(仲由), 자 자로(子路), 공자의 마음에 드는 제자. ⑧ 无恒: 확고부동한 포부가 없다. ⑨ 戴鸡佩豚(tún屯): 수탉 모양의 모자를 쓰고 수퇘지 꼬리 모양의 모조품을 차다. 이 두 가지는 용맹스럽고 위세를 상징했기에 자로가 달고 있었다. ⑩ 奋: 진동하다. 떨다. 털다. ⑪扬唇吻之音: 입술을 삐죽 내밀고 이상한 소리를 내다. ⑫聒(guō郭): 소란한 소리. ⑬阖(kāi开): 열다. 깨우쳐 주다. 계발하다. 유(牖, yǒu有): 유(诱)와 통용되며, 유도(誘導)한다는 뜻. ⑭序: 넣다. 사과(四科): 공자는 마음에 드는 제자들을 장점에 따라 사대 부류로 나누었다, 즉 덕행(德行), 정사(政事), 언어(言语), 문학(文学), 이것을 사과(四科)라고 부른다. 자로는 정사과(政事科)에 들어 있다. 效: 증명하다.

虎至猛也, 可威而服: 鹿至粗也, 可教而使: 木至劲也, 可柔而屈: 石至坚也, 可消而用: 况人含五常之性, 有善可因, 有恶可攻者乎? 人之所重, 莫重乎身. 贵教之道行, 士有仗节成义死而不顾者矣.(傅玄:《傅子·贵教》)

天下之人心, 其始亦非有异于圣人也, 特其间于有我之私, 隔于物欲之蔽, 大者以小, 通者以塞, 人各有心, 至有视其父子兄弟如仇雠^①者. 圣人有忧之, 是以推其天地万物一体之仁以教天下, 使之皆有以克其私, 去其蔽, 以复其心体之同然. 其教之大端, 则尧, 舜, 禹之相授受, 所谓"道心惟微, 惟精惟一, 允执厥中^②".(王守仁:《王阳明全集》卷二《传习录中》)

【주석】① 仇雠: 원수, 적. ② 이 말은 상서·대우모(《尚书·大禹谟》)에 기록되어 있다. 원작은 "인심유위, 도심유미, 유정유일, 윤집궐중"(人心惟危, 道心惟微, 惟精惟一, 允执厥中). 본의는 인심이 본분을 안 지키면 도심도 분명히 알기 어렵다. 오직 한 뜻으로 심혈을 기울어야 꼭 들어맞다. 왕수인(王守仁)의 "도심유미, 유정유일"에 대한 새로운 해석을 근거로 하여 "성인지도, 도심자족"(圣人之道, 吾心知足)을 자기의 관점으로 삼았다.

甘泉子曰: 古之教学者, 居业^①必有常教, 示法必有警教. 常教莫如伦理, 警教莫如兵刑. 兵刑者, 圣人所以禁暴乱, 示劝惩, 感人心以纳于教化伦理之极也. 是故昔者明王之立学也, 既教之以伦理矣, 尤必读法于斯, 听讼于斯, 献馘^②于斯, 多方警戒, 以动其心. 是故观讼狱者, 则是非之心昭昭而不可欺矣: 观杀罚则恻隐之心, 羞恶之心油然肃然而生矣: 论功赏则辞让之心蔼然^③而生矣. 故曰: "感人心以纳于教化彝伦^④之极也."(湛若水:《湛甘泉先生文集》卷十八《重修梧州府苍梧学记》)

【주석】① 居业: 덕업(德業)을 견지하다. ② 献馘(guó국): 옛날에 적과 싸울 때 적의 왼쪽 귀를 자르고 돌아와 공로에 따라 상을 받는다. ③ 蔼然: 유연(油然)과 같다. 생각이 저절로 일어나다. ④ 彝(yí宜)伦: 여기서는 윤리를 가리킴.

教以言相感, 化以神相感. 有教而无化, 无以格顽^①: 有化而无教, 无以格愚. 圣人在上, 以《诗》,《书》教民, 以礼乐化民: 圣人在下, 以无体之礼, 无声之乐化民. 善气迎人, 人不得而敖^②之: 静气迎人, 人不得而聒^③之: 正气迎人, 人不得而干^④之: 其德盛者化自神, 其气足以动物也. 积学未至而

暴之遽⑤, 积诚未至而教之强⑥, 学之通弊矣. 故言立不如默成, 强入不如
积感.(《魏源集·默觚下·治篇十三》)

【주석】① 格顽: 우매하고 완고한 사람들로 하여금 올바른 길로 나아가도록 하다.
격(格), 정(正). ② 敖: 오(傲)와 같다. ③ 聒 (guō郭)소리가 소란하다. ④ 干: 방해하
다. ⑤ 暴之遽: 급히 나타내다. 급히 과시하다. ⑥ 积诚未至而教之强: 시기가 아직
성숙하지 못했을 때 어리석은 사람들에게 강제로 교육을 가르치다.

2절. 수신을 근본으로 한다(修身爲本)

　수신위본(修身爲本)이 말하는 것은, 제가, 치국, 평천하가 모두 수신
을 근본으로 삼아서 자신의 도덕 수양에서 시작해야 실현할 수 있다는
것이다. 《예기(禮記)·대학(大學)》에서 "뜻이 성실해진 이후에야 마
음이 바르게 되고, 마음이 바르게 된 이후에야 몸이 닦여지고, 몸이
닦인 이후에야 집이 가지런해지고, 집이 가지런해진 이후에야 나라가
다스려지고, 나라가 다스려진 이후에야 천하가 화평해진다. 천자에서
부터 서인에 이르기까지 모두 수신을 근본으로 삼는다[意誠而后心正,
心正而后身修, 身修而后家齊, 家齊而后國治, 國治然后天下平. 自天子
以至於庶人, 壹是皆以修身爲本]"라고 한 것은 이 사상을 집중적으로
표현하였다.

　중국의 고대 사상가들이 매우 중시한 "수신위본" 사상은 국가를 관
리하는 관료, 특히 최고 지도재[國君]는 반드시 먼저 자기의 사상과 행
동을 바로잡은[正己] 이후에야 다른 사람을 잘 관리할 수 있음[正人]을
강조하였다. 이를 "다른 사람을 바로잡기 위해서는 반드시 자기를 바
로잡는 것을 먼저 해야 한다[正人必先正己]"라고 한다.

수신을 근본으로 삼아 몸소 모범을 보이고, 먼저 자신에게 엄격하게 요구하는 것에서 시작한 뒤에야 치국과 평천하를 실현하여 모든 사회·국가의 도덕 수준을 향상시킨다는 목적을 달성할 수 있다. 이러한 사상은 지금까지도 여전히 올바르다.

子曰: "德之不修①, 学之不讲, 闻义不能徙②, 不善不能改, 是吾忧也." (《论语·述而》)

【주석】① 修: 수양. ② 徙: 옮기다. 이사하다. 여기서는 의리에 근접하다는 뜻.

颜渊问仁. 子曰: "克己复礼①为仁, 一日克己复礼, 天下归仁②焉. 为仁由己, 而由人乎哉?"(《论语·颜渊》)

【주석】① 克己复礼: 자신의 사심과 잡념을 극복하고 행동과 사상이 예(礼)의 규범에 맞도록 하다. ② 归仁: 어진 덕을 그에게 돌아가도록 하다. 그리하여 모두 그를 인(仁)이라고 칭함.

子路问君子. 子曰: "修己以敬." 曰: "如斯而已乎?" 曰:"修己以安人." 曰: "如斯而已乎?" 曰: "修己以安百姓. 修己以安百姓, 尧舜其犹病诸①!" (《论语·宪问》)

【주석】① 病: 여기서는 그렇게 하기가 어렵다는 것을 가리킴. 제(诸): "지호"(之乎)의 합음.

孟子曰:"有天爵①者, 有人爵②者. 仁义忠信, 乐善不倦, 此天爵也. 公卿大夫, 此人爵也. 古之人修其天爵, 而人爵从之."(《孟子·告子上》)

【주석】① 天爵: 도덕이 고상하기 때문에 사람들로부터 존경을 받는다는 것을 가리킴. ② 人爵: 통치자가 제정한 작위(爵位).

君子之守^①, 修其身而天下平.(《孟子 · 尽心下》)

【주석】① 守: 결백하고 정직한 품성.

争之则失, 让之则至, 遵道^①则积, 夸诞则虚. 故君子务修其内而让之于外,
务积德于身而处之以遵道, 如是则贵名^②起如日月, 天下应之如雷霆.
(《荀子 · 儒效》)

【주석】① 遵道: 도덕 원칙에 따른다. ② 贵名: 좋은 명성(名声).

必先修正其在我者, 然后徐^①责^②其在人者.(《荀子 · 富国》)

【주석】① 徐: 느리다. ② 责: 요구, 독촉.

请问为国^①. 曰: 闻修身, 未尝闻为国也. 君者仪^②也, 民者景^③也, 仪正而景
正: 君者槃^④也, 民者水也, 槃圆而水圆. 君射则臣决^⑤. 楚庄王^⑥好细腰, 故
朝有饿人. 故曰: 闻修身, 未尝闻为国也.(《荀子 · 君道》)

【주석】① 为国: 나라를 다스리다. ② 仪: 고대에 해의 그림자를 측정하여 시간 또
는 계절을 확정하는 기계. ③ 景: 영(影)과 같다. ④ 槃: 반(盤)과 같다. 나무쟁반.
⑤ 射: 활로 화살을 쏘다. 결(决): 화살을 쏘는 사람이 엄지손가락에 낀 반지, 손가락
을 보호하며 화살을 쏜 후에 활줄이 튀어 상하지 않도록 하는 기구. 일반적으로 반
지라고함. ⑥ 楚庄王(?~기원전 591년): 춘추시기 초(楚)나라 왕, 오패(五霸) 중의
한 사람.

扁善之度^①, 以治气养生, 则身后彭祖^②: 以修身自强, 则名配尧, 禹.
(《荀子 · 修身》)

【주석】① 扁善之度: 변(扁)은 편(遍)과 같다. 도(度): 법률, 행위 준칙. 변선지도란
보편적으로 선도(善道)에 부합되는 행위의 준칙을 가리킴. ② 彭祖: 고대 전설에 전
하는 장수(长寿)의 한 사람, 전하는 말에 의하면 팔백 년을 살았다고 함. 신후팽조란
팽조의 수명(寿命)을 초과하고 팽조가 죽은 다음에 죽었다는 것을 가리킴.

大学之道, 在明明德①, 在亲民, 在止于至善. 知止而后有定②, 定而后能静,
静而后能安, 安而后能虑, 虑而后能得. 物有本末, 事有终始, 知所先后, 则
近道矣. 古之欲明明德于天下者, 先治其国. 欲治其国者, 先齐其家. 欲齐
其家者, 先修其身. 欲修其身者, 先正其心. 欲正其心者, 先诚其意③. 欲诚
其意者, 先致其知④. 致知在格物⑤. 物格而后知至, 知至而后意诚, 意诚而
后心正, 心正而后身修, 身修而后家齐, 家齐而后国治, 国治而后天下平. 自
天子以至于庶人, 壹是⑥皆以修身为本. (《礼记·大学》)

【주석】 ① 明明德: 첫 "명"자는 동사이다, 더욱 발전시킨다는 뜻. 명덕: 광명한 도덕
과 덕성을 가리킴. ② 知止而后有定: 지지(知止), 알고 있다면 응당 그 지경에 멈추
어야 한다. 여기서는 선(善)의 극치를 지적함. 선의 극치에 도달하여야 의지가 정해
지고 혼란하지 않다. ③ 诚其意: 그의 마음을 성실하고 속임이 없도록 하여야 한다.
주희(朱熹)가 말하기를 마음은 착해야 하며 자기를 속이지 않도록 해야 한다. (四书
章句集注·中庸章句). ④ 致其知: 지식을 구하다. ⑤ 格物: 사물의 도리를 따지다. ⑥
壹是: 모두 다, 전부.

所谓齐其家在修其身者, 人之其所亲爱而辟①焉, 之其所贱恶而辟焉, 之其
所畏敬而辟焉, 之其所哀矜②而辟焉, 之其所敖惰③而辟焉. 故好而知其恶,
恶而知其美者, 天下鲜矣. 故谚有之曰: "人莫知其子之恶, 莫知其苗之硕④."
此谓身不修不可以齐其家. (同上)

【주석】 ① 人之其所亲爱而辟: 사람들은 자기가 사랑하는 사람에 대하여 인식적인
면에 있어서 편면성을 가지고 있다. 벽(辟): 기울다. ② 哀矜: 불쌍히 여기다. ③ 敖
惰: 오만하다. ④ 사람들은 자기 자손들이 잘 자라지 않는다고 하는데 자기도 모르
는 사이에 매우 크고 건장하게 자란다. 악하기 때문에 그 아름다움을 모른다는 뜻
(恶而不知其美). 석(硕): 크다.

修身以为弓, 矫思以为矢①, 立义以为的②, 奠而后发③, 发必中矣.
(扬雄:《法言·修身》)

【주석】① "修身以为弓"二句: 실력을 키우면서 때를 기다리다. ② 的: 과녁의 중심, 목표를 의미함. ③ 奠而后发: 때를 기다리다. 전(奠)은 정(定)과 통용하다.

2장
입지(立志)

이끄는 말

입지(立志)는 도덕 영역 안에서, 한 개인이 추구하는 도덕 경지에 대한 자신감 및 성현(聖賢)이 되고자 하는 지향을 배양하는 것을 가리킨다. 중국 고대 사상가들은 모두 "지(志)"를 매우 중시하였고, 입지를 수양의 첫걸음으로 삼았다.

공자·맹자와 이후 대다수의 고대 사상가들이 말한 "지"는 그 내용으로 말하자면, 주로 도(道)에 뜻을 두고, 인의(仁義)에 뜻을 두고, 성현이 되는 것에 뜻을 두는 것이다. 바꿔 말하면, 모두 자신의 도덕 인격의 배양과 관계된 측면을 지향하는 것을 가리킨다. 그들은 도덕 인격의 추구는 없어서는 안 되며 사람으로 하여금 참된 사람이 되게 하는 것이지만, 명리(名利), 권세 등은 몸 외의 것으로 있어도 되고 없어도 되는 것으로 여겼다. 이 때문에 사람은 자신이 빈천한 곳에 거처한다고 해서 바로 인의의 도를 추구하는 것을 버려서는 안 된다. 지志가 향하는 곳은 도덕 인격을 확립하는 곳이며 외재적 조건과는 어떠한 관계도 없기 때문에, 마음으로 참여할 것만을 요구할 뿐이다. 이 때문에 그것은 사람의 자주성을 엄격하게 요구한다. 높은 수준에서 이는 성선론(性善論)과 함께 연결된다. 유가의 성선론 전통은 사람마다 모두 선천적인 도덕 능력을 갖추고 있고, 사람마다 모두 성현이 될 수 있고 요순이 될 수 있다고 여긴다. 이는 사람의 자신감과 자강(自强)의 성격을 배양하는 데 도움이 되며, 따라서 도덕 지향을 확립하는 데에도 도움이 된다. 사람은 모두 선할 수 있는 가능성과 능력을 갖추었다는 측면에서 보자면, 유가의 성선론은 상당히 긍정적인 의미를 가진다는 것에는 의심의 여지가 없다. 다만 근본적으로 말하면, 성선론은 일종의 도덕 선험론이며 과학적이지 않다. 사람의 본성은 선과 악을 말할 수 없으며, 선하고 악한 품성은 모두 후천적으로 형성된다. 이런 의미로써 본다면, 개인은 더욱 뜻을 세워 교육을 받아야 고상한 도덕 인격이 길러지기를 기약할 수 있다.

1절. 지학(志學, 학문에 뜻을 둠)

지학(志學)은 학습에 뜻을 둔다는 의미이다. 지학에 대하며 말하자면, 첫째 뜻이 독실해야 하는데, 곧 배움을 구하고자 하는 의지가 확고부동하고 도중에 그만두어서는 안 된다. 둘째 뜻이 커야 하는데, 뜻이 작으면 자만하기 쉽고 앞으로 나아가기를 바라지 않지만 뜻이 크면 배움에 끝이 없다. 뜻이 독실하고 뜻이 커야 배움이 완성될 수 있다. 학습은 쉬운 일이 아니며, 상당한 지식을 숙달하기 위해서는 각고의 노력이 필요하며, 자신의 도덕적 각성을 제고하기 위해서는 더욱 게으름 부리지 않고 노력하는 것이 필요하다. 중국 고대 사상가들이 보기에 지학은 바로 사람들이 뜻을 독실하게 하고 진보하게 하여 어려움을 두려워하지 않게 하므로, 학습의 목적을 달성하게 하는 출발점이다. 중국 고대 사상가, 특히 유가는 사람의 도덕 진보를 매우 중시하였으므로, 지학의 가장 중요한 목적은 바로 성현의 도덕 품격을 학습하는 데 뜻을 두는 것이었다.

子曰: "吾十有五①而志于学."(《论语 · 为政》)
【주석】① 十有五: 유(有)는 우(又)와 통용하다. 십우오(十又五) 십오세.

子夏曰: "博学而笃志, 切问①而近思②, 仁在其中矣."(《论语 · 子张》)
【주석】① 切问: 학습을 할 때 자기와 밀접히 상관되는 문제를 묻다. ② 近思: 학습할 때 자기와 밀접히 상관되는 문제를 사고(思考)하다.

孟子曰: "羿①之教人射, 必志②于彀③, 学者④亦必志于彀. 大匠⑤诲人, 必以规矩⑥, 学者亦必以规矩."(《孟子 · 告子上》)
【주석】① 羿: 고대 전설 중에 있는 화살을 잘 쏘는 사람. ② 志: 추구하다. 최대한의 가능을 다하다. ③ 彀: 활을 최대한으로 당기다. 활을 힘껏 당겨야 화살이 강하게 나간다. 이것이 바로 활을 쏘는 방법이다. ④ 学者: 그를 따라 배우는 사람. ⑤ 大匠: 고급 목공(木工)을 가리킴. ⑥ 规矩: 규(规)는 콤파스, 이것으로 원형을 그리다. 구(矩)는 고대 사각형을 그릴 때 사용하는 공구.

人而不学, 虽无忧, 如禽何!(扬雄:《法言 · 学行》)

学者, 所以求为君子也.(同上)

夫君子之行, 静以修身, 俭以养德, 非澹泊无以明志, 非宁静无以致远. 夫学须静也, 才须学也. 非学无以广才, 非志无以成学. 淫慢则不能励精[1], 险躁[2]则不能治性. 年与时驰, 意与日去[3], 遂成枯落[4], 多不接世[5], 悲守穷庐, 将复何及!(《诸葛亮集》卷一《诫子书》)

【주석】 ① 淫慢: 지나치게 게으르다. 여정(励精): 정신을 가다듬어 분발하다. ② 险躁: 이상야릇하고 초조해하다. 험(险): 이상하다. ③ 年与时驰, 意与日去: 연령, 의지는 세월이 흘러감에 따라 점점 감소되다. ④ 枯落: 이곳에서는 노쇠해지는 것을 가리키다. ⑤ 不接世: 인간 세상과 접촉하지 않다. 파생된 뜻은 적극적으로 하는 일이 없다.

志学然后可与适道[1], 强礼然后可与立[2], 不惑然后可与权[3].
(《张载集 · 正蒙 · 中正》)

【주석】 ① 이 구절의 뜻은 포부를 가지고 배워야 도(道)를 추구한다고 할 수 있다. 여(与): 허가하다. 적도(适道): 도를 향하여 가다. ② 이 구절의 뜻은 예(礼)를 위하여 노력을 하여야 성과를 이루어진 것으로 인정하다. 입(立): 성과를 이루다. 이 말의 출처는 바로 논어·계씨(《论语·季氏》)에서 나왔다. 예를 배우지 않으면 성과가 없다. ③ 이 구절의 뜻은 40세 이상의 사람이야말로 원칙에 부합되는 임기응변술을 장악하도록 허락하다. 불혹(不惑): 40세. 공자는 자기가 40세가 되어서 미혹되지 않았다고 했다. 논어·위정(《论语·为政》). 40세 이후에는 도(道)의 원칙이 확고하고 다른 이단사설(异端邪说)에 의혹되지 않기 때문에 임기응변 술을 장악하도록 허락하다. 우(又): 또한 이상의 세 구절은 논어 자한(《论语子罕》)에 게재되어 있다." 공자 왈: 가여공학, 미가여적도: 가여적도, 미가여립: 가여립, 미가여권."(孔子曰: 可与共学, 未可与适道 ; 可与适道. 未可与立 ; 可与立. 未可与权.) 이 말을 인용할 때 논어 (《论语》)의 본래 의미와 차이가 있다.

人若志趣不远, 心不在焉, 虽学无成.(《张载集 · 经学理窟 · 义理》)

学者大不宜志小气轻. 志小则易足, 易足则无由进: 气轻则虚而为盈, 约而为泰①, 亡而为有, 以未知为已知, 未学为已学. 人之有耻于就问, 便谓我好胜②于人, 只是病在不知求是为心, 故学者当无我.(《张载集·经学理窟·学大原下》)

【주석】① 约而为泰: 빈궁함을 넉넉한 것으로 잘 여기다. ② 好胜: 초과하다.

有志于学者, 都更不论气之美恶, 只看志如何."匹夫不可夺志也"①, 惟患学者不能坚勇.(《张载集·张子语录中》)

【주석】① 이 말은 논어·자한(《论语·子罕》)에서 나왔다.

问: "人之学, 有觉其难而有退志, 则如之何?" 曰: "有两般: 有思虑苦而志气倦怠者, 有惮其难而止者. 向①尝为之说: 今人之学, 如登山麓, 方其易处, 莫不阔步, 及到难处便止, 人情是如此. 山高难登, 是有定形, 实难登也: 圣人之道, 不可形象, 非实难然也, 人弗为耳. 颜子言 '仰之弥高, 钻之弥坚, 此非是言圣人高远实不可及, 坚固实不可入也, 此只是譬喻, 却无事, 大意却是在瞻之在前, 忽焉在后② 上." 又问: "人少有得而遂安者, 如何?" 曰: "此实无所得也. 譬如以管窥天, 乍见星斗灿烂, 便谓有所见, 喜不自胜, 此终无所得. 若有大志者, 不以管见③为得也."(《二程集·河南程氏遗书》卷十八)

【주석】① 向: 과거. ② 공자의 제자 안연(颜渊)은 공자의 학설: "앙지미고, 찬지미견. 첨지재전, 홀언재후" 논어·자한(仰之弥高, 钻之弥坚, 瞻之在前, 忽焉在后.《论语·子罕》)에 기재되어 있는 구절의 뜻은: 공자의 하설은 비록 심오하지만 열심히 배우고 체험해 보면 여전히 장악할 수 있다. 안자(颜子): 안회(颜回), 자 자연(子渊), 춘추시기 노(鲁)국 사람, 공자의 제자. ③ 管见: 견해가 좁다는 것을 비유함.

学必激昂自进, 不至于成德, 不敢安也.(《二程集·河南程氏粹言》卷一)
今之朋友, 固有乐闻圣贤之学, 而终不能去世俗之陋者, 无他, 只是志不立尔. 学者大要立志, 才学, 便要做圣人是也.(朱熹:《朱子语类》卷八)

问: "为学工夫, 以何为先?" 曰: "亦不过如前所说, 专在人自立志. 既知这道理, 办得坚固心, 一味向前, 何患不进! 只患立志不坚, 只恁听人言语, 看人文字, 终是无得于己."(朱熹:《朱子语类》卷一一六)

为学虽有阶渐①, 然合下②立志, 亦须略见义理大概规模. 于自己方寸③间, 若有个惕然愧惧, 奋然勇决之志, 然后可以加之讨论玩索之功, 存养省察之力, 而期于有得. 夫子所谓"志学", 所谓"发愤", 政④为此也. 若但悠悠泛泛, 无个发端下手处, 而便谓可以如此乎做将去, 则恐所谓"庄敬", "持养", "必有事焉"⑤者, 亦且若存若亡, 徒劳把捉⑥, 而无精明的确亲切至到之效也.(朱熹:《朱子文集大全》卷五十五《答陈超宗一》)

【주석】① 阶渐: 점차 전진 발전하는 계단(층층대). ② 合下: 즉각, ③ 方寸: 내심, 마음을 가리킴. ④ 政: 정(政)은 정(正)과 같다. ⑤ 장경(庄敬), 지양(持养), 필유사언(必有事焉)은 모두다 유가의 내심 수양을 가리킴. 예기·표기(《礼记·表记》)에는 "군자장경일강"(君子庄敬日强)이라고 기재되어 있다. 이 말은: 군자(君子)는 위엄 있고 시종일관 신중하며 일상생활을 엄숙한 태도로 대하므로 날이 감에 따라 강해지다. 지(持): 뜻을 견지하다. 양(养): 기력을 기르다. 맹자(孟子)는 기가 인체 내에 가득 차 있으며 뜻은 또한 기의 통솔자로 생각한다. 군자가 그 뜻을 견지하면 체내의 기도 반란이 일어나지 않기 때문에 내심수양의 목적을 달성한다. 맹자는 착한 마음을 축적하여 생기는 공명정대하고 어엿한 기개를 잘 기르며 그는 이와 같은 호연지기(浩然之气)는 오직 착한 마음을 축적하는 과정에서 자연히 생겨나기 때문에 극력 추구해서는 안 된다고 생각했다. ⑥ 把捉: 열심히 장악하다.

学者须先立志, 志既立, 却要遇明师.(《陆九渊集》卷三十四《语录上》)

人之初, 性本善. 性相近, 习相远. 苟不教, 性乃迁. 教之道, 贵以专.
(王应麟:《三字经》)

养不教, 父之过. 教不严, 师之惰. 子不学, 非所宜. 幼不学, 老何为? 玉不琢, 不成器. 人不学, 不知义.(同上)

犬守夜, 鸡司晨, 苟不学, 曷为人? 蚕吐丝, 蜂酿蜜, 人不学, 不如物.(同上)

为学之要, 存乎立志, 持志之道, 存乎敬义. 立敬立本, 精义致知, 交养互发, 内外无违. 沉潜玩索, 践履不已, 日新又新, 圣贤可跂(程端蒙:《性理字训·学力》)

诚以学不立志, 如植木无根, 生意①将无从发端矣. 自古及今, 有志而无成者则有之, 未有无志而能有成者也.(王守仁:《王阳明全集》卷二十七《寄张世文》)

【주석】① 生意: 생기(生机).

"夫子志学矣, 何以谓之生知①?" 曰: "夫子非言生知也. 自志学以至不踰矩, 有进步无回步, 盖其志也, 便是圣人生知之志②. 自孩提知能③, 遂知达之天下, 故不御. 贤辈惟于志上着落, 是造圣根基."(湛若水:《湛甘泉先生文集》卷二十三《天关语通录》)

【주석】① 生知: 논어·계씨(《论语·季氏》): "공자가 말하기를 : 태어나자 아는 사람은 총명한 사람이다." ② "盖其志也"二句: 이상의 두 구절에 공자가 지적한 "태어나자 아는 사람은 총명한 사람이요 하는 "상야"(上也) 중의 "상야"는 "태어나자 아는 사람"을 총명한 사람이라는 것을 고집한 것이 아니다. ③ 知能: 선천적인 지능과 능력.

学者始而用功, 必须主敬存诚, 以持其志, 而后有进: 久而纯熟, 动静①与道为一, 则诚敬不待养而自存, 志亦不待于持而自定矣.(《王廷相集·雅述》上篇)

【주석】① 动静: 온갖 행동.

人之为学, 不可自小, 又不可自大. 得百里之地而君之, 皆足以朝诸侯, 有天下, 不敢自小也. 附之以韩, 魏之家, 如其自视欿然①, 则过人远矣, 不敢自大也. 予将以斯道觉斯民也, 思天下之民, 匹夫匹妇有不被尧舜之泽者, 若己推而内之沟中, 则可谓不自小矣. 自耕稼陶渔以至为帝, 无非取于人者, 则可谓不自大矣. 故自小, 小也, 自大, 亦小也.(顾炎武:《日知录·自视欿然》)

【주석】① 欿(kǎn 侃)然: 감(欿), 자만하지 않다.

2절. 지도(志道, 도에 뜻을 둠)

유가는, 일반인이라도 모두 뜻을 세워야 하며, 뜻을 세우는 방향은 좋은 옷, 좋은 음식에 있지 않으며 "도(道)"를 얻는 것에 있다고 여겼다. 도는 사람이 되기 위한 도이며 곧 유가에서 말하는 인의(仁義)의 도이다. 고대 유가의 관점에서 보면, 도는 인생의 의의를 구현하며 그 가치는 물질생활에서 좋은 옷, 좋은 음식이 주는 만족보다 높고, 공명과 관록보다 높고, 심지어 자신의 생명보다 높다. 공자는 "선비가 도에 뜻을 두고서, 나쁜 옷과 나쁜 음식을 부끄러워하면 함께 도를 논의하기에 부족하다[士志於道, 而恥惡衣惡食者, 未足與議也.]"라고 하였고, 또 "아침에 도를 들으면, 저녁에 죽어도 괜찮다[朝聞道, 夕死可矣.]"라고 하였다. 이런 말들은 이 점을 충분하게 설명하였다.

도에 뜻을 두고 인의에 뜻을 두는 것은 사회에 대해 사람들이 요구하는 것으로, 사람들은 빈부, 귀천, 장유를 막론하고 모두 이와 같아야 한다. 유가는 노력하여 도에 힘쓴다면 모두 성현이 될 수 있고 훌륭한 도덕을 지닌 인물이 될 수 있다고 여겼다.

오늘날 우리는 사회주의의 새로운 인물을 길러내야 하는데, 가장 먼저 사람들이 고상한 도덕 이상을 수립하도록 인도해야 한다. 지도(志道)에 관한 옛사람들의 사상은 본보기로 삼을 만하다. 물론 오늘날 지도의 내용은 옛사람들과는 차이가 있지만, 옛사람들이 공명과 관록의 좁은 시야를 넘어서도록 사람들을 교육하고 입덕(立德)을 첫째로 삼고 고상한 도덕 경지를 추구한 것은 제창하고 발전시킬 가치가 있다.

子曰: "朝闻道, 夕死可矣."(《论语 · 里仁》)

子曰: "士志于道, 而耻恶衣恶食①者, 未足与议也."(同上)
【주석】① 恶衣恶食: 거칠고 나쁜 옷과 음식.

子曰: "苟①志于仁矣, 无恶②也."(同上)
【주석】① 苟: 진실하다. 확실히, 정말로. ② 无恶: 나쁜 일을 하지 않다.

子曰: "志于道, 据于德, 依于仁, 游于艺."(《论语 · 述而》)

王子垫①问曰: "士何事?" 孟子曰: "尚志." 曰: "何谓尚志?" 曰: "仁义而已矣. 杀一无罪, 非仁也: 非其有而取之, 非义也. 居恶在? 仁是也. 路恶在? 义是也. 居仁由义, 大人②之事备矣."(《孟子 · 尽心上》)
【주석】① 王子垫: 제(齐)나라 왕의 아들. 이름은 점(垫). ② 大人: 도덕이 있는 사람을 가리킴.

古之人目短于自见, 故以镜观面: 智短于自知, 故以道正己①. 故镜无见疵

之罪, 道无明过之怨. 目失镜则无以正须眉: 身失道则无以知迷惑.(《韩非子·观行》)

【주석】① 以道正己: 도(道)를 거울로 삼아 자기의 결함을 시정하다.

有志者, 事竟①成.(《后汉书》卷十九《耿弇传》)

【주석】① 竟: 드디어.

志当存高远.(《诸葛亮集》卷一《诫外生书》)

志仁则可大, 依仁则可久.(《胡宏集·知言·好恶》)

书不记, 熟读可记. 义不精, 细思可精. 唯有志不立, 直是无著力处. 只如而今, 贪利禄而不贪道义, 要作贵人而不要作好人, 皆是志不立之病. 直须反复思量, 究见①病痛起处, 勇猛奋跃, 不复作此等人. 一跃跃出, 见得圣贤所说千言万语, 都无一事不是实语, 方始立得此志. 就此积累工夫, 迤逦②向上去, 大有事在③.(朱熹:《朱子文集大全》卷七十四《沧州精舍又谕学者》)

【주석】① 究见: 찾다. ② 迤逦: 곡절을 극복하고 꾸준히 노력해 나아가다. ③ 大有事在: 전도가 매우 유망하다.

无志则不能学, 不学则不知道. 故所以致道者在乎学, 所以为学者在乎志.(《陆九渊集》卷二十一《论语说》)

人之所喻由其所习, 所习由其所志. 志乎义, 则所习者必在于义, 所习在义, 斯喻于义矣. 志乎利, 则所习者必在于利, 所习在利, 斯喻于利矣. 故学者之志不可不辨也.(《陆九渊集》卷二十三《白鹿洞书院论语讲义》)

非其所志而责其习, 不可也: 非其所习而责其喻, 不可也.(同上)

人惟患无志, 有志无有不成者. …… 若果有志, 且须分别势利, 道义两途. (《陆九渊集》卷三十五《语录下》)

志者, 心之所之. 之犹向也, 谓心之正面全向那里去. 如志于道, 是心全向于道: 志于学, 是心全向于学. 一直去求讨要, 必得这个物事, 便是志.(陈淳:《北溪字义·志》)

匹夫之志, 未必皆出于正, 而犹不可夺: 况君子之志于道, 孰得而夺之哉! (《薛瑄全集·读书录》卷一)

乌乎, 人所得光阴能几, 生不知爱惜, 漫浪虚掷, 卒之与物无异. 造物①所赋于人, 岂徒具形骸②, 喘息天地间, 与虫蚁并活而已耶? 浮屠氏③虽异学, 亦必以到彼岸为标准. 学者以圣人为师, 其道何如? 彼文章, 功业, 气节, 世未尝乏人, 在人立志大小. 岁月固不待人也.(《陈献章集》卷一《漫笔示李世卿湛民泽》)

【주석】① 造物: 자연, 천지를 가리킴, ② 形骸: 몸통, 신체. ③ 浮屠氏: 부처(佛).

诸生为学必先立志, 如作室者, 先曰其基址乃可. 志者, 志于道也, 立之是敬. 匹夫不可夺志, 若其可夺, 岂谓之志? 自始至终皆是此一字.(湛若水:《湛甘泉先生文集》卷六《大科训规·大科书堂训》)

有志于道者, 必透得富贵, 功名两关, 然后可得而入. 不然, 则身在此, 道在彼, 重藩密障以间乎其中, 其相去日益远矣. 夫为其事必有其功, 有其实其名自附. 圣贤非无功名, 但其所为, 皆理之当然而不容已者, 非有所为而为之也. 至于富贵, 不以其道得之且不处, 矧①从而求之乎! 苟此心日逐逐于利名, 而亟②谈道德以为观听之美, 殆难免乎谢上蔡③"鹦鹉"之讥矣.(罗钦顺:

《困知记》卷上)
【주석】① 矧: 하물며, 더구나. ② 亟: 여러 번, 거듭. ③ 谢上蔡: 이정(二程)의 제자 사량좌(谢良佐).

向未尝学道, 今日始学道, 则今日便是圣贤路上人. 果能一日立志, 奋修于孝弟忠信, 事事无愧, 则虽目不视丁, 家无担石^①, 欲不谓之贤者而不可得矣.(《陈确集·别集》卷二《近言集》)
【주석】① 担石: 100근 정도의(50kg) 식량. 집에 백 근 정도의 식량도 없다. 가난하다는 것을 비유함.

读书人正好学道, 不读书人益不可不学道, 不然, 则鲜^①有能保其身者. 贫士正好学道, 富人益不可不学道, 不然, 则鲜有能保其富者.(同上)
【주석】① 鲜: 적다.

3장

위학(爲學, 학문을 닦음, 배움)

이끄는 말

도덕 수양에 대하여 말하자면, 위학(爲學)은 없어서는 안 되는 절차이다. 유가 전통 중에는 비록 성인은 나면서부터 안다[生而知之]는 관념이 줄곧 있어서 성인은 학습을 거칠 필요 없이도 천지자연의 각종 지식을 갖추었다고 여겼지만, 다만 공자 이후로는 어떤 유자도 스스로를 나면서부터 안다고 주장하지 않았다. 게다가 공자는 자신은 나면서부터 아는 사람이 아니라고 특별히 강조했는데, 그의 지식은 모두 고생을 참아가며 공부한 끝에 얻어진 것들이다. 이 때문에 나면서부터 아는 것은, 마치 성인에게 하는 아첨하는 말과 같고, 일반인은 그것과는 인연이 없다. 바꿔 말하면 천자에서 서인에 이르기까지 학습을 통해 지식을 얻은 사람만이 덕성을 향상시킬 수 있다.

전반적으로 봤을 때, 위학의 각 부분의 내용은 선진(先秦), 한(漢)나라 초기에 이미 제시되었다. 예를 들어 공자는 호학(好學), 박학(博學), 위기(爲己) 등을 제창하여 배움과 사유를 서로 결합할 것을 요구했고, 순자는 《순자》〈권학(勸學)〉을 지어 앞서 말한 공자의 주장에서 한 걸음 더 나아가 발전시켰다. 《예기禮記》 안의 〈중용(中庸)〉은 위학의 내용에 대해 더 개괄적이고 총괄적인 설명을 하였다. 《중용》은 "널리 배우며, 자세히 물으며, 신중히 생각하며, 밝게 분변하며, 독실하게 행하여야 한다[博學之, 審問之, 愼思之, 明辨之, 篤行之]"라는 사상을 제시하여 후세에 중대한 영향을 미쳤다.

1절. 호학(好學)

호학(好學)은 첫째 열심히 해야 한다. 군자는 "먹음에 배부름을 구하지 않고 거처함에 편안함을 구하지 않으니[食无求饱 居无求安]" 다만 열심히 공부하는 것을 절대 망각해서는 안 된다. 즉 학습은 밥을 먹고 잠을 자는 것보다 더 중요하여, 잠을 자고 밥을 먹는 것을 잊어버릴 정도로 부지런히 공부를 한다. 둘째는 많이 물어야 한다. 알지 못하고 이해하지 못하는 문제를 만났을 때는 겸허하게 다른 사람에게 가르침을 청해야 하고, 심지어 자기보다 못한 사람이거나 자신보다 아랫사람이라도 가르침을 청하여 "아랫사람에게 묻는 것을 부끄러워하지 않는다[不恥下問]" 이렇게 해야 진정으로 배움이 지식에 도달하고 자신의 지식의 폭을 확장하여 지식을 날로 새롭게 한다는 목표에 도달할 수 있다. 셋째는 "시습(時習)"이다. 새로운 지식을 공부한 뒤에도 여전히 늘 복습을 하여 이미 얻은 지식을 견고하게 해야 한다.

子曰: "学而时习^①之, 不亦说^②乎?"(《论语 · 学而》)

【주석】① 习: 복습, 연습. ② 说: 열(悦)과 통용하다.

子曰: "君子食无求饱, 居无求安, 敏于事^①而慎于言, 就有道而正焉^②, 可谓好学也已."(同上)

【주석】① 敏于事: 일을 민첩하게 하다. 빠르다. ② 就有道而正焉: 도(道)가 있는 사람을 청하여 가르쳐 시정하다. 취(就): 접근하다. 언(焉): 대명사, 위의 일과 말을 기리킴.

子曰: "三人行^①, 必有我师焉: 择其善者而从之, 其不善者而改之^②."
(《论语 · 述而》)

【주석】① 行: 걸어가다. ② 其不善者而改之: 남의 선(善)하지 못한 것을 보고, 지나간 일을 잘 반성하여 만약 자기도 그런 일이 있다면 시정하다.

哀公^①问: "弟子孰^②为好学?" 孔子对曰: "有颜回者好学, 不迁怒^③, 不贰过^④. 不幸短命死矣, 今也则亡^⑤, 未闻好学者也."(《论语 · 雍也》)

【주석】① 哀公: 춘추시기 노(鲁)국의 왕. ② 孰: 누구. ③ 不迁怒: 남에게 성내지 않다. 남에게 분풀이를 하지 않다. 천(迁): 이동하다. ④ 不贰过: 같은 잘못을 다시 범하지 않다. ⑤ 亡: 무(无)와 통용하다.

子曰: "默而识^①之, 学而不厌, 诲^②人不倦, 何有于我哉^③."(《论语 · 述而》)

【주석】① 识: 기억해 두다. ② 诲: 가르치다. ③ 何有于我哉: 나에게 있어서는 쉽게 할 수 있는 거요! 하유(何有): 힘들지 않다.

子曰: "我非生而知之者, 好古, 敏^①以求之者也."(同上)

【주석】① 敏: 근면하다.

子曰: "笃信①好学, 守死善道②. 危邦不入, 乱邦不居. 天下有道则见, 无道则隐."(《论语·泰伯》)

【주석】① 笃信: 도(道)를 깊게 믿는 것을 가리킴. ② 守死善道: 직무에 충실하고 도(道)를 즐기다. 사(死)는 시(尸)통용하다, 주지(主持): 원의로 부터 파생하여 직무를 의미 함. 선(善): 호, 좋다.

子曰: "吾尝终日不食, 终夜不寝, 以思, 无益, 不如学也."(《论语·卫灵公》)

子曰: "由①也! 女闻六言六蔽②矣乎?" 对曰: "未也." "居③! 吾语女. 好仁不好学, 其蔽也愚④: 好知不好学, 其蔽也荡⑤: 好信不好学, 其蔽也贼⑥: 好直不好学, 其蔽也绞⑦: 好勇不好学, 其蔽也乱: 好刚不好学, 其蔽也狂."(《论语·阳货》)

【주석】① 由: 공자의 제자 중유(仲由), 자 자로(子路). ② 六言六蔽: 여섯 개 글자와 육종의 폐단. ③ 居: 앉다. ④ 其蔽也愚: 쉽게 기만당하는 것을 가리킴. ⑤ 其蔽也荡: 지식이 평범하다. 참된 지식이 부족하다. ⑥ 其蔽也贼: 편면적으로 신의(信义)를 추구했기 때문에 나쁜 사람들한테 이용당하여 다른 사람들에게 손해를 주다. ⑦ 其蔽也绞: 하는 말이 과격하다.

孔子曰: "圣则吾不能, 我学不厌而教不倦也." 子贡曰: "学不厌, 智也: 教不倦, 仁也. 仁且智, 夫子既圣矣."(《孟子·公孙丑上》)

君子曰: "学不可以已. 青, 取之于蓝而青于蓝①: 冰, 水为之而寒于水. 木直中绳, 輮②以为轮, 其曲中规, 虽有槁暴③, 不复挺者, 輮使之然也. 故木受绳则直, 金就砺④则利, 君子博学而日参省乎己⑤, 则知明而行无过矣." (《荀子·劝学》)

【주석】① 青取之于蓝而青于蓝: 쪽에서 나온 푸른 물감이 쪽보다 더 푸르다. 제자가 스승보다 더 낫다는 뜻, 고대 님(蓝)색 풀에서 청색 안료를 뽑아내기 때문에 이와

같은 말이 생겼다. ② 輮: 물체를 굽히다. ③ 暴: 폭(曝)과 같다, 햇볕에 말리다. ④ 砺: 숫돌, ⑤ 日参省乎己: 배운 것으로 매일 자기의 행위를 검증하고 반성하다. 참 (参): 검사하다.

不知则问, 不能则学, 虽能必让, 然后为德.(《荀子·非十二子》)

故教也者, 义之大者也: 学也者, 知之盛者也. 义之大者, 莫大于利人, 利人 莫大于教. 知之盛者, 莫大于成身①, 成身莫大于学.(《吕氏春秋·尊师》)
【주석】① 成身: 자기를 군자(君子)가 되도록 하다.

博学之, 审①问之, 慎思之, 明辨之, 笃②行之. 有弗学, 学之, 弗能弗措也③: 有弗问, 问之, 弗知弗措也: 有弗思, 思之, 弗得弗措也: 有弗辨, 辨之, 弗 明弗措也: 有弗行, 行之, 弗笃弗措也. 人一能之, 己百之, 人十能, 之己千 之④. 果能此道矣, 虽愚必明, 虽柔必强.(《礼记·中庸》)
【주석】① 审: 상세하다, 빈틈없다, 신중하다. 중요한 고리의 문제를 선택하여 물어 보다. ② 笃: 한결같다. 성실하다. ③ 배우지 못한 것이 있으면 배워야 하며, 장악하 지 못했을 때는 학습을 포기하지 않는다. 조(措): 내버리다, 포기하다. 이하(以下) 문, 사, 변, 행 네 구절 문장의 형식은 이와 같다. ④ "人一能之, 己百之" 네 구절의 뜻은 남들이 노력을 들려 한 일을 자기는 백 배의 노력으로 해야 하며, 남들이 십 배의 노력으로 할 수 있는 일은 자기는 천 배의 노력으로 할 것이다.

或曰: 人羡久生, 持以学也. 可谓好学已乎? 曰: 未之好学. 学不羡①.(扬雄: 《法言·学行》)
【주석】① 이 문장의 주요 내용은 다음과 같다. 어떤 사람이 학습을 하기 위하여 오래 살 것을 희망한다고 말했다. 그렇다고 하여 학습하기 쉽다고 말할 수 있었요? 회답: 이것은 배우기 좋아하는 것이 아닙니다. 학습에 몰두하는 사람은 다른 생각을 하지 않는다.

学以治之^①, 思以精之, 朋友以磨^②之, 名誉以崇^③之, 不倦以终之, 可谓好学也已矣.(同上)

【주석】① 学以治之: 본래의 뜻은 학습을 통하여 학문을 취득하거나 학문을 깊이 연구한다는 뜻인데, 근대 왕영보(汪荣宝)란 사람은 배우는 것은 처음부터 시작해야 한다고 간주했다. ② 磨: 서로 연구 토론하여 다듬다. ③ 崇: 표창하다. 격려하다.

曰: "大人之学也, 为道: 小人之学也, 为利. 子为道乎? 为利乎?" 或曰: "耕不获, 猎不飨^①, 耕猎乎?" 曰: "耕道而得道, 猎德而得德, 是获飨已, 吾不睹参, 辰^②之相比^③也." 是以君子贵迁善^④. 迁善者, 圣人之徒^⑤与! 百川学海^⑥, 而至于海: 丘陵学山, 不至于山, 是故恶夫画也^⑦.(同上)

【주석】① 飨: 사냥해서 잡은 것을 비치다. ② 参辰: 두 개 별(星) 명칭. 삼(参)은 서쪽에 있고 진(辰)은 동쪽에 있다. 서쪽별이 나오면 동쪽별이 사라지고, 동쪽별이 나오면 서쪽별이 사라진다. 바로 이렇기 때문에 영원히 만나보지 못한다. ③ 比: 친근하다. ④ 迁善: 잘못을 고치고 신속히 착한 것을 따르다. ⑤ 徒: 도당, 같은 패의 사람. ⑥ 百川学海: 모든 하천은 바다가 될 것을 희망한다. 학(学): 모방하다, 어떤 사물이 될 것을 추구하다. ⑦ 是故恶夫画也: 모든 하천은 이동할 수 있기 때문에 바다로 흘러 갈 수 있다. 구릉은 이동할 수 없기 때문에 산에 다다르지 못한다. 양웅(杨雄)은 이와 같은 것을 비유하여 군자로서 귀중한 것은 잘못을 시정하고 착한 것을 따라야 한다는 도리를 말한 것이다. 화(画): 정지하다.

孔子病, 商瞿卜期日中^①. 孔子曰: "取书来, 比至日中^②何事乎?"圣人之好学也, 且死不休, 念在经书, 不以临死之故, 弃忘道艺, 其为百世之圣, 师法祖修^③, 盖不虚矣!(王充:《论衡·别通》)

【주석】① 商瞿卜期日中: 상구(商瞿)가 점을 치고 얻은 결과는 정오(낮 12시 전후)에 공자가 죽는다고 했다. 상구는 공자의 제자, 자 자목(子木). ② 比至日中: 정오전 그 기간을 가리킴. ③ 师法祖修: 공자를 스승으로 여기고 그를 본받다. 공자를 법규로 여기고 그의 학설을 따라 배우다. 조(祖): 법칙, 법규.

自古明王圣帝, 犹须勤学, 况凡庶乎! 此事遍于经史, 吾亦不能郑重①, 聊举近世切要, 以启寤②汝耳. 士大夫子弟, 数岁已上, 莫不被教, 多者或至《礼》,《传》, 少者不失《诗》,《论》. 及至冠③婚, 体性稍定: 因此天机, 倍须训诱. 有志尚者, 遂能磨砺, 以就素业: 无履立④者, 自兹堕慢, 便为凡人. 人生在世, 会当有业: 农民则计量耕稼, 商贾则讨论货贿, 工巧则致精器用, 伎艺则沈思法术, 武夫则惯习弓马, 文士则讲议经书. 多见士大夫耻涉农商, 差务工伎⑤, 射则不能穿札⑥, 笔则才记姓名, 饱食醉酒, 忽忽无事, 以此销日, 以此终年. 或因家世余绪, 得一阶半级, 便自为足, 全忘修学: 及有吉凶大事, 议论得失, 蒙然张口, 如坐云雾: 公私宴集, 谈古赋诗, 塞默低头, 欠伸⑦而已. 有识旁观, 代其入地⑧. 何惜数年勤学, 长受一生愧辱哉! (颜之推:《颜氏家训·勉学》)

【주석】① 郑重: 빈번하다. 일일이 설명한다는 뜻. ② 启寤: 깨우쳐주다. ③ 冠: 고대 남자가 20세가 되면 성인식을 진행한다. 이때 머리를 꽁지고 모자를 쓴다. ④ 履立: 지조를 지키고 공을 세우다. ⑤ 差务工伎: 수공업을 열등한 직업으로 간주하다. ⑥ 札: 갑옷 위에 달린 철편. ⑦ 欠伸: 고달플 때 하품하고 기지개를 켰다. ⑧ 入地: 몹시 부끄러워 몸 둘 바를 모르다.

老喜学者尤可爱. 人少壮则自当勉, 至于老矣, 志力须倦, 又虑学之不能及, 又年数之不多. 不曰"朝闻道夕死可矣"乎? 学不多, 年数之不足, 不犹愈①于终不闻乎?(《二程集·河南程氏遗书》卷十)

【주석】① 愈: 보다 낫다. 초과하다.

君子之学必日新, 日新者日进也. 不日新者必日退, 未有不进而不退者. (《二程集·河南程氏遗书》卷二十五)

同是物也, 人能学则贵异于万物矣: 同是人也, 能学则异于常人矣: 同是学人也, 博学则胜于陋学矣: 同是博学, 通于宙合①则胜于一方矣: 通于百业②则胜于一隅矣. 通天人之故③, 极阴阳之变④, 则胜于循常蹈故, 拘文牵义

者矣. 故人所以异于人者, 在勉强学问而已.(康有为:《长兴学记》)

【주석】① 宙合: 천지(天地)사방. ② 百业: 각종 업종. ③ 通天人之故: 우주와 사람 간의 교감을 통달하다. ④ 极阴阳之变: 천지간 음양(阴阳) 변화의 도리를 다하다.

2절. 박학(博學)

박학(博學)의 의미는 서로 관련된 각종 지식을 광범위하게 공부하는 것이다. 옛사람들이 보기에 박학의 직접적인 효과는 사람의 시야를 넓게 하므로 따라서 학문이 얕고 견문이 좁을 근심을 면할 수 있다. 박학은 인간의 사고를 깊이 있고 세밀하게 할 수 있게 하므로 따라서 복잡하고 어지러운 현상 가운데서 몇 가지 규율을 총괄해 낼 수 있다. 이는 또한 옛사람들이 박학함으로 도리어 요약한다고 항상 말하였던 것이다.

子夏曰: "博学而笃志, 切问而近思, 仁在其中矣."(《论语 · 子张》)

孟子曰: "博学而详说之, 将以反说约也①."(《孟子 · 离娄下》)
【주석】① 反说约: 반대로 그의 요령을 설명할 수 있다. 约: 요(要), 요령.

君子博学而日参省乎己①, 则知②明而行无过矣. (《荀子 · 劝学》)
【주석】① 参省乎己: 자기의 언행을 반성하여 검사하다. ② 知: 지(智)와 같다.

多闻则守之以约, 多见则守之以卓①. 寡闻则无约也, 寡见则无卓也.(扬雄:《法言 · 吾子》)
【주석】① 卓: 고상하다. 고결하다.

夫德不优者, 不能怀远①: 才不大者, 不能博见. 故多闻博识, 无顽鄙之訾②: 深知道术, 无浅闇之毁③也.(王充:《论衡·别通》)

【주석】① 怀远: 먼 곳에 있는 사람을 위로하여 자기의 통치에 스스로 복종하도록 하다. ② 訾: 지적하다. ③ 毁: 비방하다. 여기서는 비평하다는 뜻.

博学: 谓天地万物之理, 修己治人之方, 皆所当学. 然亦各有次序, 当以其大而急者为先, 不可杂而无统①也.(朱熹:《朱子语类》卷八)

【주석】① 统: 모두 다 귀속시키다.

博学, 是于古今, 常变, 因革①, 治乱, 幽明, 上下之道无不究极也, 非不论其是非邪正, 兼收而博取之. 故古人之学谓之该②博, 后人之学不过博杂而已. (《王廷相集·雅述》上篇)

【주석】① 因革 : 답습과 혁신. ② 该: 해박하다. 전면적이다.

周公①之法, 春秋教以礼乐, 冬夏教以诗书. 岂可全不读书! 但古人是读之以为学, 如读《琴谱》以学琴, 读《礼经》以学礼. 博学之, 是学六府②, 六德, 六行, 六艺③之事也. 只以多读书为博学, 是第一义已误, 又何暇计问, 思, 辨, 行也④?(《颜元集·存学编》卷一)

【주석】① 周公: 주문왕(周文王)의 아들, 무왕(武王)을 협조하여 상(商)나라를 멸망시켰다. 그 후 노(鲁)에 봉(封)을 받았다. 유가 학자들의 마음속의 성인. 주나라 때 예악(礼乐) 제도는 모두 주공이 제정한 것으로 전해지고 있다. ② 六府: 육부는 수(水), 화(火), 금(金), 목(木), 토(土), 곡(谷)이다. 고대 사람들은 이 여섯 가지를 화물과 재물이 모인 것으로 생각한다. 그리하여 육부라고 부른다. 여기서는 일반적으로 경제와 관련된 일을 가리키다. ③ 六德, 六行, 六艺: 육덕은 지(知), 인(仁), 성(圣), 의(义), 충(忠), 화(和)를 가리키고, 육행은 효(孝), 우(友), 목(睦), 연(姻), 임(任), 휼(恤)이다. 육예는 예(礼), 악(乐), 사(射), 어(御), 서(书), 수(数)를 가리키다. 주예대사도(《周礼大司徒》)의 기록에 의하면 이상의 삼자는 모두가 다 고대 대사도(주나라 시기 고

육을 맡아 본 벼슬)가 대중을 가리키는 내용이다. 이곳에서는 일반적으로 각종 도덕 행위와 잡예(杂艺)를 가리키므로 "육부"와 실천적인 의의를 가진다. ④ 《中庸》说: 광범히 다 방면 적으로 학습하다, 상세하도 철저하게 물어보다. 심중히 고려하다. 명백하게 변별하다. 착실히 실행하다.(博学之, 审问之, 慎思之, 明辨之, 笃行之.)안원계(颜元系)가 이 문장에서 자기가 실천을 중요시 여긴 견해를 발휘한 것이다.

不阅四方上下, 则不知何者为中: 不鉴古今中外, 则不知何者为宜: 不穷飞潜①动植, 鬼神物怪, 则不知人道: 不遍考诸子各教, 是非得失, 则不知圣教. 盖物多连贯而成者, 不博极群书, 不能明一义: 不为普通学, 不能事专门. 但泛滥而当知归, 勿流荡而至忘反耳.(康有为: 《孟子微》 卷六)
【주석】 ① 飞潜: 하늘에서 날아다니는 새와 물속에서 다니는 어류(鱼类)를 가리킴.

3절. 위기(爲己, 자신을 위함)

학자는 마땅히 위기(爲己)를 해야 한다는 말은 공자에서 제창되었다. 맹자 이후부터 역대 유자들이 여러 번 자세히 설명하였다. 《논어(論語)》 〈헌문(憲問)〉에 기록된 "옛날의 학자들은 자신을 위한 학문을 하였으나 지금의 학자들은 다른 사람들에게 잘 보이기 위한 학문을 한다[古之學者爲己, 今之學者爲人.]"는 공자의 말에서 위기와 위인(爲人)이 서로 대립하는 것을 볼 수 있다. 여기서 우리가 특별히 주의해야 할 것은 옛사람들이 사용한 "위기"와 "위인" 두 말의 의미를 오늘날의 용법으로 오해해서는 안 된다는 것이다. 《논어》에서 "위기"의 의미는 도덕적으로 자신을 제고하기 위한 것이고, "위인"의 의미는 지식을 자랑하여 다른 사람에게 과시하지 자신의 인격 배양을 중시하지 않는 것이다. 후대의 학자들은 이 뜻을 받아들여 더 발전시켰다. 맹자가 말한 "자득(自得)", 순자가 말한 "미기신(美其身)", 안지추(顔之推)가 말한 "수신(修身)" 등과 같은 말은 모두 《논어》의 "위기"의 의미를 발전시킨 것이다.

子曰: "古之学者为己^①, 今之学者为人^②".(《论语·宪问》)

【주석】① 为己: 자기 수준을 높이기 위하여. ② 为人: 자기를 사람들 앞에서 자랑하기 위하여.

孟子曰: "君子深造之以道, 欲其自得之也. 自得之则居之安^①, 居之安则资之深^②, 资之深则取之左右逢其原^③, 故君子欲其自得之也."(《孟子·离娄下》)

【주석】① 居之安: 편안하게 지키다. 튼튼하게 장악하다는 뜻. 거(居): 지키다. ② 资之深: 깊이 축적하다. 자(资): 저축하다. 축적하다. ③ 左右逢其原: 자기 주변에 원천이 많다, 아무리 써도 없어지지 않는다. 무진장하다는 뜻을 가리킴. 원(原)은 원(源)과 같다.

古之学者为己, 今之学者为人. 君子之学也, 以美其身: 小人之学也, 以为禽犊^①.(《荀子·劝学》)

【주석】^①禽犊: 선물하다. 비열한 인간의 행위이므로 사람의 육체와 정신에 무익하며 오직 남의 환심을 사기 위한 것이다.

古之学者为己, 以补不足也: 今之学者为人, 但能说之也. 古之学者为人, 行道以利世也: 今之学者为己, 修身以求进也. 夫学者犹种树也, 春玩其华, 秋登^①其实: 讲论文章, 春华也: 修身利行, 秋实也.(颜之推:《颜氏家训·勉学》)

【주석】① 登: 올려 바치다. 획득하다는 뜻.

"古之学者为己", 其终至于成物①. 今之学者为物②, 其终至于丧己.(《二程集·河南程氏遗书》卷二十五)

【주석】① 成物: 객관 세계에 대한 영향이 있다는 뜻. ② 为物: 사람 됨됨이.

古之学者求天知, 今之学者求人知: 古之仕者行己①, 今之仕者求利焉. (《胡宏集·知言·纷华》)

【주석】① 行己: 자기의 포부를 실현하다.

古人学问只是为己而已. 圣贤教人, 具有伦理. 学问是人合理会底事①. 学者须是切己, 方有所得. 今人知为学者, 听人说一席好话, 亦解开悟: 到切己工夫, 却全不曾做, 所以悠悠岁月, 无可理会②. 若使切己下工, 圣贤言语虽散在诸书, 自有个通贯道理.(朱熹:《朱子语类》卷一一六)

【주석】① 人合理会底事: 모든 사람이 생각해 낼 수 있는 일. 합(合): 같다. 함께. 이회(理会): 생각이 나다. 저(底): 적(的). ② 无可理会: 아무 일도 하지 않다. 하나도 얻은 것이 없다. 여기서는 방법으로 해석함으로 일을 한다는 뜻.

4장

존양(存養)

이끄는 말

존양(存養)[4]이라는 말은 맹자의 "마음을 보존하고 본성을 기른다[存其心, 養其性]"라는 논조에서 처음으로 출연하였으며, 송대 이후 특히 성리학자들이 일반적으로 사용한 "존양"은 유가와 관계가 있는 심성 수양의 논의를 개괄한다. 존양은 때로는 함양(涵養)이라 칭해지기도 한다. 존양 사상의 역사적 발전에서 보자면, 선진 시대 사상가들이 비록 존양의 여러 방법을 제시하였지만 존양과 관련 있는 논의는 선진 시기 사상 체계 안에서 중요한 지위를 차지하지 않았으며 사회적으로도 비교적 통일된 존양 이론을 형성하지 못하였다. 한대에서 수당 시기에는 유가 사상은 사회에서 정통의 지위를 이미 확정지었지만, 상당히 오랜 역사의 시기 동안 존양의 문제는 많이 논의되지 못하였고 사회는 비교

---

4) 존양 : 사람이 타고난 선량한 품성을 도야함.

적 많이 외재적인 "예(禮)"에 의존하여 조절하였다. 송대 이후 상황은 근본적으로 변화하였다. 성리학은 사람들이 마음을 "이(理)"에 대응시켜 체인하는 것을 통해 도덕 자각의 사상을 제고할 것을 요구하였고, 사회 안에서 점점 주도적 지위를 차지하였으며, 사상가의 저작·어록에는 상세하고 꼼꼼하게 연구된 존양과 관련된 방법들이 넘쳐나도록 많아졌다. 그들은 맹자의 존양에 관한 이론을 계승하고 발전시켰으며 맹자에 의해 제시된 사상 자료를 기초로 하여 도덕 존양의 공부에 대해 다방면의 탐구와 실천을 구체적으로 진행하였다.

본 장에서 선별하여 수록한 자료는 내용상으로는 도덕 수양의 방법뿐만 아니라 인간의 정신이 어떻게 훌륭한 경지에 도달하는가라는 내용을 포함한다. 예를 들어 선진 시기에 제시된 "양기(養氣)" 및 송대 이후 많이 논의된 "지경(持敬)"·"주경(主敬)" 등의 경우에는 정신적 심리적 충만감과 안정적인 수양 방법을 획득하려는 많은 목적이 포함되어 있다. 송대 이후의 사상 발전에서는 다시 사람의 완전한 도덕·정신·심리적 수양을 "기질 변화"로 귀결시켜, "기질"로써 사람의 생리(生理)·심리(心理)·문화(文化) 전체적인 소질을 지칭하였고 존양을 통해 사람의 기질을 개선할 것을 강조하였다.

또한 지적해야 할 것은 유가와 관련된 "존심(存心)"·"구방심(求放心)" 등의 관념은 사람이 선험적으로 본래 가지고 있는 선량한 마음을 미리 설정하며, 이는 일종의 선험적 도덕 학설이다. 오늘날 우리는 유가의 수양 방법을 흡수하되 결코 그들의 선험론적인 심성론에 동의해서는 안 된다.

1절. 양기(養氣)

양기(養氣)5)라는 이론은 맹자의 "부동심(不動心)"에 대한 토론에서 처음 나온다. 여기서의 "기(氣)"는 실제로는 일종의 생리(生理)-심리 상태-를 가리킨다. "호연지기(浩然之氣)"와 "부동심"이라는 것은 모두 도덕의식과 정서를 풍부하게 한 정신 경지를 가리킨다. 맹자는 사람은 반드시 양기를 잘해야 이런 상태를 체득할 수 있다고 여겼고, 이 때문에 "나는 나의 호연지기를 잘 기른다[我善養吾浩然之氣]"라는 말을 제시하였다. 양기의 가장 근본적인 방법은 자신의 도덕의식을 끊임없이 배양하고 축적하고("의리를 축적하여 생겨난다[集義所生]") 이러한 도덕의식 상태를 보존하여 머물러 있는 것("뜻을 유지함[持志]")이다.

송나라 이후 유학자들은 맹자의 양기 이론을 한걸음 더 발전시켜 기질과 기질 변화의 문제를 제기하였다. 그들은 맹자가 제시한 "지(志)"와 "기(氣)"의 관계 문제의 사유를 발전시켜 "기"에 대한 "지"의 주도적인 작용과 "지지(持志)"의 중요성을 강조하였다. "지"라는 것은 주로 도덕이성을 가리키며, 이것과 상대되는 "기"라는 것은 기질로, 주로 사람의 품성·생리욕구·정감 등을 가리킨다. 많은 송명 유학자들은 기질을 선하기도 하고 악하기도 한 것으로 여겼고 악을 생산하는 근원으로 여겼는데, 이 때문에 그들은 이 문제를 기질 변화의 문제로 제시하였다. 기질 변화라는 것은 또한 기질 가운데의 악함을 극복하여 선으로 완전히 돌아가게 하는 것이다. 그리고 이를 행하기 위한 방법이 "지지(持志)"이며, 지(志, 도덕 이성, 혹 天理라고 한다)로써 기질을 제어하여("지로 기를 제어하는 것을 다스림이라 한다[志御气则治]") 기질로

---

5) 양기: 충만한 기운, 호연지기.

하여금 완전히 도덕 이성에 부합하게 만드는 것이다. "기질 변화" 이론
은 도덕 이성으로 정욕을 제어하기 위해 제창하여 말한 것이고, 합리
적 사유의 요소가 있어 오늘날에 이르러 여전히 귀감이 되는 내용이
있다. 다만 기질에 선과 악이 있다고 말하는 것은 악을 만들어 내는
근원이라고 말하는 것이며 또한 객관적인 실제에 부합하지 않는다. 반
드시 지적해야 하는 것은 기질 자체는 선악이라고 말할 것이 없으며
선악 관념은 전적으로 후천적으로 만들어졌다는 것이다.

"敢问夫子恶乎长①?" 曰: "我知言, 我善养吾浩然之气②." "敢问何谓浩然之
气?" 曰: "难言也. 其为气也, 至大至刚, 以直养③而无害, 则塞于天地之间.
其为气也, 配义与道: 无是, 馁④也. 是集义所生者, 非义袭而取之⑤也. 行
有不慊⑥于心, 则馁矣."(《孟子·公孙丑上》)
【주석】① 恶乎长: 무엇에 능숙한가. 악(恶): 무엇. ② 浩然之气: 공명정대하고 강직
한 기개. 호연(浩然): 성대히 유행한 모양. ③ 直养: 떳떳한 이유로 배양하다. ④ 馁:
굶주리고 지치다. 여기서는 기가 죽다는 뜻. 결핍하여 무력하다. 원기가 없다. ⑤
非义袭而取之: 일시적인 정의로운 행동으로서 얻을 수 없다. ⑥ 慊: 만족하다. 흡족
하다.

孟子曰: "牛山①之木尝美矣, 以其郊于大国②也, 斧斤伐之, 可以为美乎?
是其日夜之所息③, 雨露之所润, 非无萌蘖④之生焉, 牛羊又从而牧之, 是以
若彼濯濯⑤也. 人见其濯濯也, 以为未尝有材焉, 此岂山之性也哉? 虽存乎
人者, 岂无仁义之心哉? 其所以放其良心⑥者, 亦犹斧斤之于木也, 旦旦而
伐之, 可以为美乎? 其日夜之所息, 平旦之气⑦, 其好恶与人相近也者几希⑧,
则其旦昼之所为, 有梏亡之矣⑨. 梏之反复, 则夜气不足以存. 夜气不足以
存, 则其违禽兽不远矣. 人见其禽兽也, 而以为未尝有才焉者, 是岂人之情
也哉? 故苟得其养, 无物不长: 苟失其养, 无物不消. 孔子曰: '操则存, 舍则

亡, 出入无时, 莫知其乡.' 惟心之谓与⑩?"(《孟子‧告子上》)

【주석】① 牛山: 전국(战国)시기 제나라 수도 임치(临淄)성밖, 오늘날의 산동성 치박시(淄博市). ② 郊于大国: 교(郊): 동사, 교외에 위치하다. 제나라의 교외에 자리잡고 있다. ③ 息: 살다. 서식하다, 번성하여 많이 퍼지다. ④ 非无: 없는 것이 아니다. 맹얼(萌蘖): 맹: 싹이 트다. 얼(蘖): 나무를 찍은 후 또다시 생겨나온 싹을 가리킴. ⑤ 濯濯: 민둥민둥하다. ⑥ 放其良心: 방(放): 방일하다. 제멋대로 거리낌 없이 놀다. 도망치도록 내버려두다. 양심(良心): 사람의 고유한 착한 마음. ⑦ 平旦之气: 평단(平旦): 동틀 무렵. 평단지기: 맑고 깨끗하며 시원한 정신상태. 남과 접촉을 안 했기 때문에 남의 영향을 받지 않는 맑고 깨끗한 정신상태, 사람이 고유한 착한 마음을 비유함. 평단지기는 다음 문장에서 "야기"(夜气)라고 부름. ⑧ 几希: 많지 않다. ⑨ 有牿亡之矣: 혼란시켜서 없어졌다. 유(有)는 우(友)와 통한다. 곡(牿)은 곡(梏)과 통용하다. 방해하다. ⑩ 自"其日夜之所息"至此, 한 사람의 행동이 이렇다고 가정한다면, 사람이 양심을 저버린 나쁜 결과를 설명할 수 있다.

为学大益, 在自求变化气质. 不尔皆为人之弊, 卒无所发明, 不得见圣人之奥. 故学者先须变化气质, 变化气质与虚心相表里.(《张载集‧经学理窟‧义理》)

一动气则动志, 一动志则动气, 为养气者而言也. 若成德者, 志已坚定, 则气不能动志.(《二程集‧河南程氏遗书》卷一)

志可克气, 气胜则愦乱矣. 今之人以恐惧而胜气①者多矣, 而以义理胜气者鲜也.(《二程集‧河南程氏遗书》卷十一)

【주석】① 以恐惧而胜气: 자기 기질이 결정한 욕망과 성격을 두려움으로 인하여 감히 표현하지 못하다.

学者为气所胜, 习所夺, 只可责志①.(《二程集‧河南程氏遗书》卷十五)

【주석】① 只可責志: 오직 뜻에 의거하여야만 기질과 습관을 이겨낼 수 있다.

或问: "人或倦怠, 岂志不立乎?" 曰: "若是气体, 劳后须倦. 若是志, 怎生倦得? 人只为气胜志, 故多为气所使. 如人少而勇, 老而怯, 少而廉, 老而贪, 此为气所使者也. 若是志胜气时, 志既一定, 更不可易. 如曾子易簀①之际, 其气之微可知, 只为他志已定, 故虽死生许大②事, 亦动他不得. 盖有一丝发气在, 则志犹在也."(《二程集 · 河南程氏遗书》卷十八)

【주석】① 曾 子易簀: 책(簀): 대나무로 엮은 깔개. 춘추시기 노(鲁)국 증참(曾参)이 숨질 무렵 자기 침대깔개가 너무 화려하여 그때 당시 예(礼)제에 부합되지 않는다고 자기 아들에게 대나무 깔개로 바꾸라고 했다. 예기·단궁상(《礼记·檀弓上》)을 볼 것. ② 许大: 이와 같이 크다.

2절. 집의(集義)

"집의(集義)6)"는 본래 맹자가 양기(養氣)에 대해서 말했을 때 제시되었던 수양 공부의 한 종류이다. 맹자는 "호연지기(浩然之氣)"는 "집의에서 만들어지는" 것이라 여겼다. "집의"라는 것은 자신의 도덕의식을 끊임없이 쌓아나가 기르는 것이다. 송나라 이후 "집의"는 또한 독립된 수양 방법이 되었다. 도덕 수양은 끊임없이 기르고 쌓아나갈 것을 요구하며, 결코 하루아침에 이룰 수 없다. 따라서 "집의"는 오늘날에도 유효한 수양 공부라고 할 수 있다.

孟子曰: "鱼, 我所欲也, 熊掌, 亦我所欲也: 二者不可得兼, 舍鱼而取熊掌

---

6) 집의 : 행동마다 의를 실천하여 의를 축적해 나감.

者也. 生亦我所欲也, 义亦我所欲也: 二者不可得兼, 舍生而取义者也." (《孟子·告子上》)

养浩然之气须是集义, 集义然后可以得浩然之气. 严正刚大, 必须得礼上, 下达. 义者, 克己也.(《张载集·经学理窟·学大原上》)

浩然之气本来是集义所生, 故下头却说①义. 气须是集义以生, 义不集如何得生?(《张载集·经学理窟·学大原下》)
【주석】 ① 却说: 바로 그러하다고 말하다.

问: "必有事焉', 当用敬否?" 曰: "敬只是涵养一事. 必有事焉, 须当集义. 只知用敬, 不知集义, 却是都无事也." 又问: "义莫是中理否?" 曰: "中理在事, 义在心内."(《二程集·河南程氏遗书》卷十八)

问: "敬, 义何别?" 曰: "敬只是持己之道, 义便知有是有非. 顺理而行, 是为义也. 若只守一个敬, 不知集义, 却是都无事①也. 且如欲为孝, 不成只守著一个孝字? 须是知所以为孝之道, 所以侍奉当如何? 温清当如何? 然后能尽孝道也."(同上)
【주석】 ① 事: 맹자·공손추상(《孟子·公孙丑上》)에 기재되어 있다. 마음속에 추구하는 목표가 있지만 그것을 억지로 요구하지 말며 급히 서두르지 말라는 뜻.

澄①问: "有人夜怕鬼者, 奈何?" 先生曰: "只是平日不能集义, 而心有所慊, 故怕. 若素行②合于神明, 何怕之有?"(王守仁:《王阳明全集》卷一《传习录上》)
【주석】 ① 澄: 왕수인(王守仁)의 제자 육징(陆澄). ② 素行: 평소의 행동.

甘泉子曰: "集义者, 如集聚百货之归也. 夫敬, 德之聚也. 君子虚以居之①,

问以聚之, 而众理会焉, 故能生生者根于中②者也."(湛若水:《湛甘泉先生文集》卷一《樵语》)

【주석】① 虛以居之: 허심탄회 덕을 쌓아 두다. ② 中: 착한 마음을 모으다.

凡气之馁者, 皆理之不直者也. 义集则直矣. …… 君子之于道也, 精于人物之理, 达于天地造化之秘, 而无不明. 明则进退取舍, 死生祸福咸有一定之拟. 加之集义而气充, 所谓"介如石①"者有之矣, 安有利害之恐以动其中乎? 安有鄙吝自私之心而反蚀其气乎? 故明道者养气之助, 气充者明道之成.(《王廷相集·愼言·见闻篇》)

【주석】① 介如石: 이 말은 주역·예(《周易·豫》) 육이 효사(爻辞)에서 나왔다. 개(介)는 개(砎)와 통용: 견고하다. 사람의 의지가 돌처럼 확고부동하다.

集义生气, 则心无愧怍①, 无往而不可行. 义未至而徒盛其气焉, 危行不足以明道, 激论不足以成德, 外阻挠而中消悔②者多矣, 不几于害气乎哉! (《王廷相集·愼言·潜心篇》)

【주석】① 愧怍: 부끄럽다. ② 外阻挠而中消悔: 바깥 일이 저지당하자 내심으로부터 뉘우치며 저주하다.

3절. 지경(持敬)⁷⁾

공자가 매우 중시한 도덕 수양 가운데 "경(敬)"이라는 글자는 "경으로써 자신을 닦는다[修己以敬]"와 "행동을 돈독하고 공경스럽게 한다[行篤敬]"라는 등의 사상으로 제시되었다. 맹자는 "좋은 말을 아뢰어 삿됨을 막는다[陳善閉邪]"라는 구절을 "경"으로 해석하였다.《역전(易

---

7) 지경 : 공경의 태도를 유지함

傳》은 "경으로써 안을 바르게 한다[敬以直內, 경으로 주관하여 마음을 정직하게 한다.]"의 사상을 제시하였다. 송대에 이르러 이정(二程) 형제는 특별히 "주경(主敬)"과 "지경(持敬)"을 제창하여 후대에 많은 영향을 미쳤다. 송나라 이후의 학자들은 항상 지경(持敬)을 주요한 수양 방법의 하나로 여겼다. 이정이 "경"에 관해 설명하는 방식에는 몇 가지 다른 의미가 있는데, 정제엄숙(整齊嚴肅)·주일무적(主一無適) 등이다. 정제엄숙은 외모와 말을 단정히 하는 것이고 주일무적은 마음을 한 곳에 집중하여 어지럽게 하지 않는 것이다. 요컨대 안과 밖 모두 경을 하는 것이다. 주희는 이것을 한걸음 더 발전시켜 "경"은 신중함과 삼감의 의미를 포함한다고 여겼다. 주희는 농사를 짓는 데 물대는 것이 필요한 것과 같이 "경"은 존양의 중요한 공부라고 여겼다.

直, 其正也①: 方, 其义也②. 君子敬以直內, 义以方外, 敬义立而德不孤. (《周易·乾》文言)

【주석】① 直, 其正也: 직(直)은 그 자리가 정중앙에 있기 때문이다. ② 方, 其义也: 방(方)은 그 자리가 적합하기 때문이다.

居处恭, 执事敬, 与人忠.(《论语·子路》)

子张①问行. 子曰:"言忠信, 行笃敬, 虽蛮貊之邦②, 行矣③. 言不忠信, 行不笃敬, 虽州里④, 行乎哉⑤? 立则见其参于前⑥也, 在舆则见其倚于衡⑦也, 夫然后行."子张书诸绅⑧.(《论语·卫灵公》)

【주석】① 子张: 전손사(颛孙师), 자 자장(子法), 공자의 제자. ② 蛮貊之邦: 이 뜻은 이적(夷狄)과 같다. 즉 동방의 오랑캐와 북방의 오랑캐를 이적이라고 함. 남쪽 소수 민족을 만(蛮)이라고 부르고 북방 소수 민족의 일종을 맥(貊)이라고 함. ③ 行矣:

319

통할 수 있다. ④ 州里: 한 고향 사람, 아내. ⑤ 行乎哉: 통할 수 있는가? ⑥ 立则见
其参于前: 서고 있을 때 마치 충신(忠信), 독경(笃敬)이란 글이 자기 앞에 보이는
것같다. 참(参), 여기서는 자기 앞에 있다는 뜻. ⑦ 在輿则见其倚于衡: 차 안에 앉아
있을 때 마치 그것이(충신, 독경) 앞에 있는 수레채 끝의 횡목에 기대어 있는 것같
다. 여(輿), 마차간. 형(衡), 고대 수레채 끝의 횡목. ⑧ 绅: 고대 사람들이 허리를
졸라매는 긴띠, 허리띠.

责难①于君谓之恭, 陈善闭邪②谓之敬.(《孟子·离娄上》)
【주석】① 责难: 대단히 어렵고 착한 일을 왕에게 요구하다. ② 闭邪: 나쁜 생각을
가로 막다, 왕의 악한 생각을 비판한다는 뜻.

齐庄中正①, 足以有敬也.(《礼记·中庸》)
【주석】① 齐庄中正: 단정하고 점잖으며 공정하다. 제(齐), 단정하다. 장(庄), 장중
하고 엄숙하다. 중정(中正), 공정하다.

　学者不必远求, 近取诸身, 只明人理, 敬而已矣, 便是约处①.《易》之《乾
卦》言圣人之学: 《坤卦》言贤人之学, 惟言"敬以直内, 义以方外, 敬义
立而德不孤". 至于圣人, 亦止如是, 更无别途.(《二程集·河南程氏遗书》
卷二上)
【주석】① 约处: 중요한 곳. 약(约), 요령.

　懈意一生, 便是自弃自暴.(《二程集·河南程氏遗书》卷六)

　发于外者谓之恭, 有诸中者谓之敬.(同上)

　人心不能不交感万物, 亦难为使之不思虑. 若欲免此, 唯是心有主. 如何为

主? 敬而已矣. 有主则虚, 虚谓邪不能入. 无主则实, 实谓物来夺也.(同上)

涵养须用敬, 进学则在致知.(《二程集·河南程氏遗书》卷十八)

伯温①又问: "心术②最难, 如何执持?" 曰: "敬."(《二程集·河南程氏遗书》卷二十二上)
【주석】① 伯温: 소백온, 이정(二程)의 친구 소옹(邵雍)의 아들. ② 心术: 사상과 지모, 또는 계책, 속셈.

或问敬. 子曰: "主一之谓敬." "何谓一?" 子曰: "无适之谓一." "何以能见一而主之?" 子曰: "齐庄整敕①, 其心存焉: 涵养纯熟, 其理著矣."(《二程集·河南程氏粹言》卷一)
【주석】① 整敕: 단정하고 조심스럽다.

行吾仁, 谓之恕. 操吾心, 谓之敬. 敬以养吾仁.(《胡宏集·知言·事物》)

是故明理居敬, 然后诚道得. 天道至诚, 故无息: 人道主敬, 所以求合乎天也. 孔子自志学至于从心所欲不逾矩, 敬道之成也. 敬也者, 君子之所以终身也.(《胡宏集·知言·一气》)

敬不是万事休置之谓, 只是随事专一, 谨畏, 不放逸耳.(朱熹:《朱子语类》卷十二)

问: "敬何以用工?" 曰: "只是内无妄思, 外无妄动."(同上)

持敬之说, 不必多言. 但熟味"整齐严肃", "严威俨恪"①, "动容貌, 整思虑",

"正衣冠, 尊瞻视"此等数语②, 而实加工焉, 则所谓"直内", 所谓"主一", 自然不费安排③, 而身心肃然, 表里如一矣.(同上)

【주석】① 严威俨恪: 엄숙하고 위엄이 있으며 장엄하고 공손하다. 출처 예기·제의(《礼记·祭义》). ② 이상의 말은 정이(程颐)가 유가의 고훈에 근거하여 공경한 마음을 견지하여야 한다는 것을 총화한 것이다. ③ 不费安排: 사람이 고의적으로 설치하지 않아도 된다.

敬有死敬, 有活敬. 若只守着主一之敬, 遇事不济之以义, 辨其是非, 则不活. 若熟后, 敬便有义, 义便有敬. 静则察其敬与不敬, 动则察其义与不义.(同上)

敬, 义工夫不可偏废. 彼专务集义而不知主敬者, 固有虚骄急迫之病, 而所谓义者或非其义. 然专言主敬而不知就日用间念虑起处, 分别其公私义利之所在而决取舍之几①焉, 则恐亦未免于昏愦杂扰, 而所谓敬者有非其敬矣.(朱熹:《朱子文集大全》卷五十九《答余正叔》一)

【주석】① 几: 중요한 고리.

4절. 절욕(節欲)

절욕[8](節欲, 욕망을 조절함)은 과욕(寡欲)이라 하기도 하며 옛사람들이 제시한 또 한 가지 중요한 도덕 수양의 준칙이다. 춘추 시기 노자(老子)는 이미 "사사로움을 적게 하고 욕심을 줄인다[少私寡欲]"라는 주장을 제시하였다. 전국 시기 맹자 또한 "마음을 기르는 데에는 욕심을 줄이는 것보다 좋은 것이 없다[養心莫善於寡欲]"라고 여겼다. 그 이

---

8) 절욕 : 하고자 하는 바를 억제함

후로도 더 많은 학자들이 절욕 사상을 제시했는데, 동중서(董仲舒)·
왕필(王弼)·왕통(王通)·주돈이(周敦頤)·이정(二程)·주희(朱熹) 등
이 그 예이다. 그들 가운데 혹자는 물욕은 양심의 활동을 방해하여 도
덕적이지 않은 행위를 만들어내는 근원이라 여기기도 하였고, 혹자는
물욕은 사람들의 정상적인 인지활동을 방해하여 사상의 혼란을 야기
한다고 여기기도 하였다. 이 때문에 그들은 절욕 사상을 제시하여 이
(理)나 예(禮)로써 욕망을 절제할 것을 주장하였고, 어떤 이들은 심지
어 무욕·멸욕(滅欲) 사상을 제시하기까지 하였다. 그들은 절욕이 도
덕 수양의 한 활동이며 또한 자신의 의지를 단련하는 일종의 공부라고
여겼다. 옛 사람들의 절욕 사상에는 합리적인 사상 요소가 많아 오늘
날 우리들의 귀감이 될 만하다. 다만 몇몇 고인들은 물욕의 위험성을
지나치게 과장하여 심지어 사람들의 정당한 물질 욕망의 요구마저 부
정하여 금욕주의의 경향을 띠기까지 하는데, 이는 비판적으로 제거해
야 한다.

君子以懲忿窒欲①.(《周易·損》象辞)
【주석】① 懲忿窒欲: 노하지 않도록 저지하고 탐욕을 아주 막다. 징(懲), 정지하다.
분(忿), 성내다. 노하다. 질(窒), 막다, 막히다.

见素抱朴①, 少私寡欲.(《老子》第十九章)
【주석】① 见素抱朴: 외관상 수수하지만 내심으로 소박함을 지키다. 견(见), 나타나다.

圣人去甚, 去奢, 去泰①.(《老子》第二十九章)
【주석】① 去甚, 去奢, 去泰: 하상공(河上公)의 주해에 의하면: 심(甚)은 음란한 가
무와 여색을 탐낸다는 것을 의미하고, 사(奢)는 옷차림새와 음식을 의미하며, 태(泰)

는 궁실의 누대(台榭)와 정자(亭子)를 의미한다. 이 문장의 뜻은 과도한 향락을 모두 다 없애야 한다.

罪莫大于可欲[①], 祸莫大于不知足, 咎莫大于欲得. 故知足之足[②], 常足.
(《老子》第四十六章)
【주석】① 可欲: 많은 욕심. ② 知足之足: 만족의 만족을 알다.

季康子[①]患盗, 问于孔子. 孔子对曰: "苟子之不欲, 虽赏之不窃[②]."
(《论语·颜渊》)
【주석】① 季康子: 성은 계손(季孙)이고 이름은 비(肥)다. 노국(鲁国) 대부. 강(康)은 그의 시호(谥号)이다. ② 이 두 구절의 뜻은 만약 네가 탐욕이 없다면 도둑질을 하라고 상을 주어도 사람들은 가서 하지 않을 것이다.

孔子曰: "君子有三戒: 少之时, 血气未定, 戒之在色: 及其壮也, 血气方刚, 戒之在斗: 及其老也, 血气既衰, 戒之在得[①]."(同上)
【주석】① 得: 탐욕.

孟子曰: "养心莫善于寡欲. 其为人也寡欲, 虽有不存[①]焉者, 寡矣: 其为人也多欲, 虽有存焉者, 寡矣."(《孟子·尽心下》)
【주석】① 不存: 착한 마음이 존재하지 않다.

人之情, 食欲有刍豢[①], 衣欲有文绣, 行欲有舆马[②], 又欲夫余财蓄积之富也, 然而穷年累世不知不足[③], 是人之情也. 今人之生也, 方知[④]畜鸡狗猪彘[⑤], 又畜牛羊, 然而食不敢有酒肉: 余刀布[⑥], 有囷窌[⑦], 然而衣不敢有丝帛: 约者[⑧]有箧箧之藏, 然而行不敢有舆马. 是何也? 非不欲也, 几[⑨]不长虑顾后而恐无以继之故也[⑩]. 于是又节用御欲, 收敛蓄藏以继之也, 是于己长虑顾后, 几不甚善矣哉!(《荀子·荣辱》)

【주석】① 刍豢: 소, 양, 개, 돼지, 닭 등의 가축과 날짐승, 파생된 의미는 육류. ② 輿马: 차와 말. ③ 不知不足: 당(唐)나라 때 양경(杨倞)은 만족을 모른다(욕심이 끝이 없다)로 생각했다. ④ 方知: 그리고 알다. 다 알다. ⑤ 狗: 개와 같다. 彘(彘): 돼지와 같은 가축. ⑥ 刀布: 고대 화폐. ⑦ 困窌(qún jiào群叫): 물건을 저장하다. 囷(困), 원형의 미창(米仓), 窌(窌), 窖(窖)와 통용하다. ⑧ 约者: 아끼는 사람. ⑨ 几: 기(岂)와 통용. ⑩ 也: 야(耶)와 통용, 의문을 나타내는 어기(语气). 御欲: 욕심을 억제하다.

性者天之就也, 情者性之质也, 欲者情之应也①. 以所欲为可得而求之, 情之所必不免也. 以为可而道之, 知所必出也②. 故虽为守门③, 欲不可去, 性之具也④. 虽为天子, 欲不可尽⑤也: 欲虽不可尽, 可以近尽⑥也: 欲虽不可去, 求可节也. 所欲虽不可尽, 求者犹近尽: 欲虽不可去, 所求不得, 虑者欲节求⑦也. 道者⑧, 进则近尽, 退则节求, 天下莫之若⑨也.(《荀子·正名》)

【주석】① "性者天下之就也"이 세 구절의 뜻은 사람의 성격은 하늘이 만든 것이다, 정은 성이 의지하는 본체이며 욕(欲)은 정의 표현이다. ② "以为可而道之"이 두 구절의 뜻은 욕망은 만족할 수 있다고 생각하여 나아가서는 구체적인 경로를 찾는다, 그리하여 지혜와 사고의 판단능력이 필연적으로 이로부터 생겨난다. ③ 守门: 문을 지키는 사람, 고대에 비천한 사람으로 본다. ④ 性之具也: 청나라 시기에 왕념손(王念孙)이란 사람은 이 네 글자는 연문(衍文)이라고 생각한다. 필사판각, 조판이 잘못되어 더들어간 글자나 문를 연문이라고 함. ⑤ 尽: 완전히 만족하다는 것을 가리킴. ⑥ 近尽: 완전히 만족함에 접근하다. ⑦ 虑者欲节求也: 사상이 있는 사람은 실현된 욕망을 통제하여야 한다. ⑧ 道者: 도덕이 있는 사람. ⑨ 莫之若: 능히 그와 비교할 사람이 없다.

天生人而使有贪有欲, 欲有情, 情有节①. 圣人修节以止欲, 故不过行其情②也. 故耳之欲五声, 目之欲五色, 口之欲五味, 情也. 此三者, 贵贱, 愚智, 贤不肖, 欲之若一. 虽神农, 黄帝③, 其与桀, 纣④同. 圣人之所以异者, 得其情也. 由贵生⑤动, 则得其情矣: 不由贵生动, 则失其情矣. 此二者, 死生存

亡之本也.(《呂氏春秋 · 情欲》)

【주석】① 欲有情, 情有节: 욕망은 그 이치가 있으며 이치는 모두 절제가 있다. ② 不过行其情: 행동은 이치를 초월하지 않는다. ③ 神农: 고대 전설 중에 나오는 우리 나라 농업 및 의약의 시조(始祖), 염제(炎帝). 황제(黄帝) : 도가(道家) 황노(黄老)학파의 마음속에 있는 성인(圣人). ④ 桀: 하(夏)왕조 때 나라를 망친 왕. 주(纣): 상(商)왕조 때 나라를 망친 왕. 이 두 사람은 폭군으로 여겼다. ⑤ 贵生: 생명을 귀중히 여기며 보양(保养)을 중요하게 여기다.

夫人生而有情, 情发而为欲. 物见于外, 情动于中, 物之感人也无穷, 而情之所欲也无极, 是物至而人化①也. 人化也者, 灭天理矣. 夫欲至无极②, 以寻难穷之物, 虽有圣贤之姿③, 鲜不衰败. 故修身, 治国之要, 莫大于节欲. 《传》曰: "欲不可纵."④ 历观有家有国, 其得之也, 莫不阶于俭约⑤; 其失之也, 莫不由于奢侈. 俭者节欲, 奢者放情. 放情者危, 节欲者安.(桓范:《政要论 · 节欲》, 载《群书治要》卷四十七)

【주석】① 物至而人化: 외부 사물은 사람에 대하여 항상 영향을 주고 있으므로 그 것이 절정에 도달하였을 때는 사람도 완전히 그것에 융합된다. ② 欲至无极: 욕망은 절대적으로 끝이 없다. 지(至), 매우, 비상히, 특수, 파생된 의미는 절대적이다. ③ 姿: 자태와 재능, 소질(素质). ④ 이 말은 예기·곡예상(《礼让·曲礼上》)에서 나왔다. 한나라 때 예기는 경(经)으로 높이 부르지 못했으므로 환범(桓范)은 주석의 성격으로 전(传)이라고 했다. ⑤ 阶以简约: 검약(简约)은 가정과 나라를 다스리는 좋은 방법이다.

仁之难成久矣, 人人失其所好. 盖人人有利欲之心, 与学正相背驰. 故学者要寡欲.(《张载集 · 经学理窟 · 学大原上》)

忿欲忍与不忍, 便见有德无德.(《二程集 · 河南程氏遗书》卷六)

修身以寡欲为要, 行己以恭敬为先.(《胡宏集·知言·修身》)

人欲盛, 则于天理昏. 理素明, 则无欲矣. 处富贵乎, 与天地同其通; 处贫贱乎, 与天地同其否①; 安死顺生, 与天地同其变. 又何宫室, 妻妾, 衣服, 饮食, 存亡, 得丧而以介意乎?(《胡宏集·知言·纷华》)

【주석】① "处富贵乎"四句: 부귀하여 거침없이 잘 통하다. 잘 살 때 천리(天理: 송대 이학의 봉건적 윤리로 객관적으로 존재하는 도덕 법칙)를 잊지 않으면 천지와 거침없이 잘 통하고; 빈곤은 막혀서 잘 통하지 않기 때문에 천지의 막힘과 일치한다. 여기에서 나타나는 호(乎)자는 어기조사.

人之一心, 天理存, 则人欲亡; 人欲胜, 则天理灭; 未有天理人欲夹杂者. 学者须要于此体认省察之.(朱熹:《朱子语类》卷十三)

人只有个天理人欲, 此胜则彼退, 彼胜则此退, 无中立不进退之理. 凡人不进便退也. 譬如刘, 项相距于荥阳, 成皋间①, 彼进得一步, 则此退一步; 此进一步, 则彼退一步. 初学则要牢扎定脚与他捱, 捱得一毫去, 则逐旋②捱将去. 此心莫退, 终须有胜时. 胜时甚气象③!(同上)

【주석】① 刘, 项相距于荥阳, 成皋间: 유(刘)는 유방(刘邦)이고 항(项)은 항우(项羽)를 가리킨다. 유방, 항우는 진(秦)나라 말기 진나라에 반대하여 봉기를 일으킨 수령이다. 유방과 항우는 각기 군대를 거느리고 관내에 들어와 진나라를 타파했다. 유방이 먼저 진나라의 수도 함양(咸阳)을 점령하였다. 항우는 입관(入关) 후 관중(关中)을 차지하고 유방을 한왕(汉王)으로 봉(封)했다. 유방은 먼저 관중에 있는 진나라의 세 패장(败将)이 차지하고 있는 지방을 정복하고 항우와 형양(荥阳), 성고(成皋) 지방에서 5년간 싸워 항우를 이겼다. 거(距)는 거(拒)와 통용하다. 형양, 성고는 오늘날의 하남성 형양 지방이다. ② 逐旋: 끊임없이, 계속하여. ③ 气象: 패기. 기백.

人心澹①然无欲, 故外物不足以动其心; 物不能动其心则事简, 事简则心澄,

心澄则神, 故"感而遂通天下之故"②. 是故无欲者, 作圣之要也.(《王廷相集 · 慎言 · 见闻篇》)

【주석】① 澹: 담(淡)과 통용. ② 感而遂通天下之故: 정신이 감각할 수 있으므로 모든 세상일을 다 알다. 이 말은 주역·계사상(《周易·系辞上》)에서 나왔다.

人欲不必过为遏绝, 人欲正当处, 即天理也. 如富贵福泽, 人之所欲也; 忠孝节义, 独非人之所欲乎? 虽富贵福泽之欲, 庸人①欲之, 圣人独不欲之乎? 学者只时从人欲中体认天理, 则人欲即天理矣, 不必将天理人欲判然分作两件也.(《陈确集 · 别集》卷二《近言集》)

【주석】① 庸人: 평범한 사람, 보통 사람.

5장

극치(克治)⁹⁾

이끄는 말

극치장(克治章)과 존양장(存養章)은 서로 보완하여 완성된다. 존양
은 사람의 본성이 본래 가지고 있는 선함을 적극적으로 보존하고 기르
는 것을 가리키며, 극치는 각종 사욕, 습관으로 생겨난 악을 힘써 극복
하고 제거하는 것을 가리킨다. 일찍이 《상서(尚書)》에서는 "극념(克
念)"이라는 사상을 제시한 적이 있고, 춘추 시기 공자는 "극기"를 명확
하게 제창하였고, 전국 시기 순자는 다시 "치심(治心)"을 제시하였다.
이들은 극치의 가장 초기의 사상과 관계가 있다고 할 수 있다. 송대
이후 이 분야의 내용을 총괄하여 극치라고 불렀고, 주로 허물을 고치
고 사욕을 이기는 것을 가리켰다. 총괄하여 말하면 극치는 마음속에
올바르지 않은 생각, 의식과 관념, 감정이 발생하는 것을 항상 경계하

---

9) 극치 : 즉석에서 물리침

고, 일단 생겨나면 이성의 힘으로 주동적으로 극복하고 잘못이 있으면
반드시 용감하게 고쳐야 하는 것을 가리킨다.

고대 사상가들의 이론으로 말하자면, 만약 주로 "존천리(存天理)"와
같은 종류의 수양을 존양이라고 한다면, 극치는 주로 "거인욕(去人欲)"
와 같은 종류의 수양을 가리킨다. 이 때문에 우리는 옛사람들이 말한
"존천리 거인욕(存天理去人欲)"의 내용과 의미를 정확하게 이해하도록
특별히 주의해야 한다. 옛사람들이 말한 "천리(天理)"는 윤리학에서 봉
건사회의 보편적인 도덕 준칙을 가리키며, "인욕(人欲)"은 이러한 도덕
준칙을 위반하는 감성과 욕망을 가리키지 사람의 모든 욕망을 일반적
으로 가리키는 것은 아니다. "존천리 거인욕"의 의미는 자신의 내재적
인 천리와 양심을 존양하여 도덕 자각을 제고하고 도덕과 양심에 위배
되는 각종 욕망을 제거하는 것이다. 당연히 옛사람들은 천백 여 년 전
에 살았으므로 그들이 구체적으로 이해한 것과 그들이 생활했던 시대
환경과 서로 관련 있는 도덕 준칙은 오늘날 우리 사회의 각종 도덕
준칙과는 완전히 동일하지는 않다. 예를 들어 옛사람들은 임금에게 충
성한다는 준칙이 있었으나 군주제도가 전복된 이후에는 이 준칙은 더
이상 존재하지 않는다. 그러나 어찌되었든 한 사회는 사회질서를 안정
되고 조화되도록 유지하는 도덕 준칙이 반드시 있고, 어느 시대를 막
론하고 그 시대의 도덕 준칙의 근원을 저해하고 파괴하는 것은 대부분
사람이 자신의 욕망을 제어하지 못하는 것에서 비롯된다. 게다가 고대
사회와 현대 사회의 많은 보편 도덕원리는 여러 부분에서 보면 서로
통한다. 따라서 "존천리 거인욕"의 명제는 지금까지도 여전히 합리적
인 사상 내용을 가진다. 물론 고대 사회에서 통치계급은 이 명제를 이

용하여 "이로써 사람을 죽이고[以理殺人]" 예교(禮教)로써 "사람을 착취한[吃人]" 것은 우리는 단호하게 반대해야 한다.

　마찬가지로 옛사람들이 말한 "의리지변(義利之辨)" 역시 이와 같다. 한 가지 행위가 도덕 행위가 되는 이유는, 행위 주체가 동기에서 개인의 이해와 이익은 고려하지 않고 그가 반드시 어떻게 해야 할 지만을 고려한다는 것이 그 특징이다. "반드시 해야 한다"는 것이 바로 "의(義)"이며, 옛사람들은 도덕 수양과 실천을 제창하였기 때문에 먼저 의와 이(利)를 구분해야 함을 강조하였다. 송대 이후 사상가들은 다시 의리지변으로 공사(公私)의 구별을 이해하였다. 현대사회에서 우리는 곳곳에서 "공"과 "사"의 대립을 만난다. "의"는 "공"적 이익을 대표하고 보호하는 것으로 설명할 수 있고, "리"는 개인의 이해관계의 총합을 가리킨다. 이러한 문제에 대해 옛사람들은 모두 유익한 사상, 더 나아가 수양의 방법을 많이 제시하였다.

1절. 신독(慎獨)10)

　초기 유가 경전인 《대학(大學)》과 《중용(中庸)》에서는 모두 "군자는 홀로 있는 곳에서도 삼간다[君子慎其獨]"라는 사유를 제시하였다. 신독(慎獨)은 한 사람이 혼자서 거처할 때도 자신의 마음과 행위를 신중하게 주의하여, 도덕에 위배되는 사념이나 도덕 요구에 부합하지 않는 행위를 방지하는 것이다. 《중용》에서는 더 명확하게 "보이지 않는 곳에서도 경계하고 삼가고, 들리지 않는 곳에서도 두려워한다[戒慎乎

---

10) 신독 : 혼자서 견뎌내는 방법.

其所不睹, 恐懼乎其所不聞"라고 설명하여 군자는 다른 사람이 자신의 언행을 보지도 듣지도 못할 때라도, 자신을 특별히 주의하여 점검할 것을 강조하였다. 송명 시기에는 이에 대해 비교적 자세히 토론하여, 주자 같은 경우 계신을 사람의 희노애락의 감정과 사려가 아직 생겨나지 않았을 때 가지는 경계심으로 여겼는데, 이는 사고를 미연에 방지한다는 뜻이다. 신독은 중국의 고대 철학자들이 제창한 매우 중요한 도덕 수양 방법으로, 이는 자신의 도덕 단속을 엄격하게 요구하는 정신을 나타내었다. 이러한 수양 방법은 실행하여 효과가 있는 방법이라고 역사적으로 이미 충분히 증명되었다.

2절. 자성(自省)

자성은 사람의 자아반성, 자아성찰을 가리킨다. 《논어(論語)》에서는 증자가 제시한 "나는 매일 세 번 나의 몸을 반성한다[吾日三省吾身]"라는 자성의 수양 방법이 수록되어 있으며 그 영향은 매우 심대하다. 공자 자신도 "안으로 자성한다[內自省]"라고 하였고, 맹자는 "스스로 돌이킨다[自反]", "돌이켜 자신에게서 구한다[反求諸己]"라는 사유를 제시했는데, 또한 자기의 언행을 반성하는 것을 가리켜 말한 것이다.

《역전(易傳)》에서는 이러한 자성의 수양을 "수성(修省)"이라 하였다. 후대의 사상가들 또한 이 방법을 발전시켜 다시 "책기(責己)"의 학설을 제시했는데, 현대인이 말하는 자아비판에 해당한다. 송명 이후에는 다시 "성찰(省察)"로써 앞서 서술한 자성의 사상을 나타내었다. 종합하여 말하면, 사람은 언제나 자신의 생각과 행위를 반성하고 자의식과 언행에서 선악과 시비를 분별하여 살피고 엄격하게 자아비판을 하고 자신의 잘못을 즉시 바로잡아야 한다. 자성의 수양 방법은 유학자들이 제창한 매우 중요한 수양 방법이다. 이렇게 자신을 엄격하게 단속하는 정신은 지금에 이르러도 여전히 매우 중요한 가치를 가지고 있고, 우리는 반드시 계승하여 발전시켜야 한다.

3절. 개과(改過)

개과(改過)는 도덕 수양에서 항상 만나는 문제이다. 개과는 잘못과 과실을 고치는 것이다. 한 사람이 허물이 있으면 반드시 노력하여 바로잡아야 한다. 공자는 허물을 고치는 것이 "선"의 구현이라고 일찍이 여러 차례 말했는데, 허물을 고치지 않는 것이 바로 진정한 "허물"이라 여겼다. 공자는 또한 안회(顏回)를 예로 들어, 덕이 있는 사람은 잘못을 저지르지 않는 것에 달려 있는 것이 아니라 허물이 있으면 바로 고쳐 다시 잘못을 하지 않는 것에 달려 있다고 제시하였다. 후대의 사상가들 역시 개과의 구체적인 여러 방법을 제시했는데, 예를 들어 과실을 스스로 앎[知過]·과실을 반성함[思過]·과실을 도와 바르게 함[補過]·자신의 잘못을 남에게 듣는 것을 좋아함[喜聞過] 등이다. 이는 자신의 잘못을 어떻게 처리할지, 다른 사람이 자신의 과실에 대해 비판할 때 어떻게 대처할지를 설명하는데, 중국 역대 사상가들이 계속하여 매우 중시한 문제였다. 과실이 있으면 고치기를 두려워하지 않고, 허물을 알게 되면 반드시 고치고, 다른 사람이 자신의 허물을 비판하는 것을 환영하는 것 등등은 중국 전통 도덕에서 중요한 수양 방법일 뿐만 아니라 또한 중화민족의 역사에서 형성된 중요한 미덕이다.

4절. 공의(公義)로 사사로움을 극복함(以公克私)

공의로 사사로움을 극복하는 것[以公克私]은 중국 전통 도덕 중에서 매우 중요한 사상이다. 공자孔子가 말한 "극기克己"는 "자기의 사사로움[己私]"을 극복하여 제거하는 것일 뿐으로, 곧 자신의 마음의 사심과 사욕을 극복하여 제거하는 것이다. 비록 시대에 따라 사람들이 이해하는 "공"과 "사"의 내용이 다르지만, 예부터 지금까지 도덕생활에서 "공"과 "사"가 주축이 되어 전개되지 않았던 적이 없었다. 역사적으로 "공"은 일반적으로 공의, "사"는 사리를 가리킨다. 공의는 실제로 특정 사회의 전체 이익을 반영하여 보편적으로 통행되는 도덕준칙이다. 이 때문에 도덕 수양의 중심 과제는 자발적으로 사심과 사욕을 억제하여 공리와 공익에 부합하는 도덕준칙을 보호하는 것이다. 고대에는 이러한 공과 사의 분별[公私之辨]이 항상 의로움과 이로움의 분별[義利之辨]이나 천리와 인욕의 분별[天理人欲之辨]로 표현되었다. 이들은 중국 전통 윤리학에서 중요한 내용을 구성한다. 공사간의 관계에 대해 고대 유가와 법가 등은 모두 공의로 사사로움을 이기고[以公克私] 공의에 따라 사사로움을 잊으며[公而忘私] 지극히 공정하여 사사로움이 없을 것[大公無私]을 제창하였다. 이러한 공사의 구별은 현대 사회에서도 매우 중요한 현실적 의미를 가진다. 공사 관계는 비교적 복잡한 문제인데, 우리는 한편으로는 전통 도덕 중에서 공으로 사를 이기고 공으로 사를 잊으며 지극히 공정하여 사사로움이 없음으로써 국가와 단체의 이익을 중요하게 여기는 사상을 계승하고 발전시키고, 다른 한편으로는 합리적으로 개인의 이익이 존재하고 확충시킬 것을 인정하고 보호하여 개인의 모든 이익과 욕망을 제거해야 한다고 주장해서는 안 된다. 공사에서 갈등이 발생하여 충돌할 때 우리는 공으로 사를 이길 것을 주장하며, 필요할 때에는 개인의 이익을 희생하기도 하고 심지어 자신의 생명을 희생하기까지 하여 국가와 단체의 이익을 보호한다.

6장

역행(力行)[11]

이끄는 말

중국 전통 도덕사상, 특히 유가 전통 도덕사상 가운데 이상적인 인격은 성성(成聖)과 성현(成賢)인데, 성성과 성현의 이상적인 실현은 최종적으로는 도덕을 실천하는 과정에서 실현시켜야 하며, 따라서 역행은 중국 전통 도덕에서 중요한 위치를 점한다.

중국 고전 가운데 역행과 관련된 글자는 매우 일찍 출현하였으며, 《좌전(左傳)》에서 "그것을 아는 것이 실로 어려운 것이 아니라 장차 행하는 것이 어렵다[非知之實難, 將在行之]"라고 한 설명과 《고문상서(古文尙書)》에서 "아는 것이 어려운 것이 아니라 행하는 것이 어렵다[知之匪艱, 行之惟艱]"라고 한 것들은, 행동하는 것이 아는 것에 비해

---

11) 역행 : 힘서 행하는 것.

사람을 정확하게 인식하는 데 더욱 중요한 의미를 가진다는 것을 강조하여 기록하였다. 공자가 가장 중요하게 여긴 사상인 "인(仁)"과 "충서(忠恕)"는 사람이 동정심을 가져야 할 것을 요구할 뿐만 아니라 또한 행동으로 동정심을 실천할 것을 요구한다. 맹자는 이상적인 인격을 길러 내는 것은 도덕을 실천하고 자신이 하늘로부터 부여받은 선한 본성을 다른 사람에게 미치는 것에 전적으로 달려 있다고 여겼다. 순자는 "배움은 행동에 이르러야 그만둔다[學至於行而止]"라고 제시하였으며 도덕 행위가 도덕 이상의 최종 완성이 된다. 유가와는 상반되게, 선진 시기 도가는 자연을 숭상하여 개인의 고결함을 추구할 목적으로 삼았고, 유가와 묵가의 도덕을 반대하였으며, 또한 실제로 실천하는 것을 반대하였다. 노자의 경우 "나가면 더욱 멀어지고 알면 더욱 작아지니 이 때문에 성인은 행동하지 않아도 안다[其出彌遠, 其知彌少, 是以聖人不行而知]"라 하기도 하였다. 이후 동한(東漢)의 왕충(王充)은 "실지(實知)"를 강조하고 참위(讖緯)의 학문과 술수와 미신을 반대하여, 몸소 획득한 직접적인 경험이 지식의 가장 확실한 바탕이라고 여겼다. 송명 성리학은 유가의 수양론을 집대성하여 일련의 완성된 철학 이론 체계를 건립하였고 도덕 수양 방법 역시 완성하여 건립했는데, 도덕 실천은 그 안에서 특별히 중시되었다. 예를 들어, 명대의 왕수인(王守仁)은 지행 이론이 지나치게 한쪽으로 치우친 것을 바로잡기 위해 "지행합일(知行合一)"설을 제시하여, 지와 행은 동일한 도덕 활동의 두 측면이며 "행이 밝게 깨닫고 정밀히 살핀 것이 바로 지이고, 지가 분명하여 독실한 것이 바로 행이다[行之明覺精察處 就是知: 知之眞切篤實處 就是行]"라고 하여 두 가지는 나눌 수 없다고 여겼다. 그는 또한 "치양지(致良

知)"라는 유명한 학설을 제시하여 행의 중요성을 강조하였고 "양지(良知)"를 추구하는 과정을 도덕 실천의 과정으로 보았다. 왕수인은 또한 특히 행이 곧 지이며, 지가 곧 행이라는 사상을 강조하여, 행하지 않으면 지라고 할 수 없으며 행 자체가 곧 지라고 여겼다. "효(孝)"를 알면 반드시 "효(孝)"를 행해야 하고 "효(孝)"를 행하면 곧 "효"를 아는 것이다.

이 사상은 중국 윤리 도덕의 역사에서 중대한 의미를 가진다. 명청시기 왕부지(王夫之)는 행이 먼저이고 지가 나중이며[行先知後] 지와 행이 서로 의지하여 작용한다는 등의 명제를 제시하였고 정주학파의 지선행후(知先行后)와 왕수인의 지행합일을 반대하였다. 근대에 들어 중국 철학의 이론의 관심사가 사회 정치문제로 옮겨갔지만, 많은 사상가들은 용감히 실천하고 대담하게 혁신하는 정신을 도덕 실천의 내용으로 삼아 새로운 요소를 첨가하였다. 손중산(孫中山)은 당시에 부족했던 이론을 창조하여 경솔하고 쉽게 움직이며 어려운 것을 두려워하고 편안함을 탐하는 현실을 바로잡고자 하여, "지는 어렵고 행은 쉽다[知難行易]"라는 말을 제시한 동시에 그것에서 "알 수 있으면 반드시 행할 수 있다[能知必能行]", "몰라도 행할 수 있다[不知亦能行]"라는 두 명제를 끌어내어, 지행 문제에 새로운 시대 내용을 주입하였다. 오늘날 우리는 중국 고대의 우수한 도덕 전통을 계승하고 특히 역행 사상을 계승하여, 공담(空談)을 좋아하지 않고 실제 행동을 중하게 여긴 미덕을 발전시키고, 도덕 이론, 도덕규범, 도덕 지식에 대한 이해와 학습을 확실한 도덕 행동 안에 융합시켜야 한다.

1절. 궁행(躬行)과 독행(篤行)[12]

궁행(躬行)과 독행(篤行)의 의미는 서로 비슷한데, 궁행은 몸소 실천한다는 의미이고 독행은 한마음 한뜻으로 실행한다는 의미이다. 이는 유가에서 말하는 "오사(五事)" 가운데 하나이다. 유가의 기본 문헌인 《예기(禮記)》 〈중용(中庸)〉에서 "두루 공부하고 깊이 묻고 신중하게 생각하고 밝게 분별하고 독실하게 행한다[博學之, 審問之, 愼思之, 明辨之, 篤行之]"라고 한 것은 군자는 박학하게 공부하고 신중하게 질문·변론·사고하고, 마지막으로 독실하게 실천한다는 것을 의미한다. "학(學)·문(問)·사(思)·변(辨)·행(行)"과 《예기》 〈대학(大學)〉의 "삼강령 팔조목"은 모두 사군자가 수신을 하기 위한 중요한 항목이다. 역대 사상사들은 이것에 대해 모두 논의하였지만, 지와 행만이 송명 성리학에서 가장 많이 논의된 철학 범주가 되었다. 따라서 궁행과 독행 각 부분의 함의는 성리학자들이 말한 것이 가장 깊고 절실하며 지행의 선후, 지행의 경중, 지행합일 등의 문제를 고찰한 것은 모두 이전 사람들의 성과를 넘어서는 것이다. 중국 고대 사상가들이 궁행 실천을 강조한 것은 민족의 사유방식 가운데 실천, 도덕 수양, 실용 기술 등을 중시한 특징을 중점적으로 대표하며, 이러한 특징은 실천을 이론보다 높게 여기고 실용을 상상보다 높게 여기며 실무에서는 공론을 높이지 않는 등의 민족 성격을 기르는 데 중요한 작용을 하였다.

---

12) 궁행 : 실제로 몸소 행함

독행 : 성실하고 친절한 행실

2절. 신언(愼言)과 신동(愼動)

　신언(愼言)와 신동(愼動)[13]은 언어와 행동을 신중하게 하여 방종해서는 안 된다는 의미이다. 중국의 가장 오래된 문헌인 《시경(詩經)》과 《좌전(左傳)》에 신언에 대해 기록되어 있다. 《시경》은 '백옥(白玉)의 티는 쉽게 갈 수 있으나 말에 실수가 있으면 고치기 어렵다'라는 말로 언어는 신중하게 해야 하며 심사숙고한 이후 밖으로 내어야 함을 설명하였다. 게다가 《좌전》에는 "군자의 말은 믿음직스러울 뿐 아니라 증거도 있다[君子之言, 信而有徵]"라고 하여 말을 할 때는 근거가 있어야 할 것을 강조하여 입에서 나오는 대로 말하는 것은 원혼을 맺고 재앙을 불러들이는 원인이 된다고 여겼다. 공자孔子는 "말은 어눌하게 하고 행동은 민첩하게 하는[訥於言而謹於行]"[14] 것을 인자(仁者)의 중요한 상징으로 여겼고, 말이 실제보다 지나친 것을 반대한데다가 번지르르한 말과 좋은 낯빛[巧言令色]으로 남의 환심을 사는 것도 반대하였다. 도덕 수양에 대해 언급을 많이 하지 않은 노자(老子)까지도 "가벼운 승낙은 믿음이 적다[輕諾必寡信]", "믿음직한 말은 아름답지 않고 아름다운 말은 믿음직하지 않다[信言不美, 美言不信]"라는 의미 깊은 명언을 남겼다. 《역전(易傳)》은 "말과 행동을 삼갈[謹言行]" 수 있느냐 아니냐를 일의 성패의 중요한 요인으로 삼았다. 혜강(嵆康)의 《가계(家誡)》, 안지추(顔之推)의 《안씨가훈(顔氏家訓)》 모두 말을 조심하고 행동을 신중히 하는 것을 후손을 훈계하는 중요한 내용으로 삼았다. 송명 성리학에서는 또 말과 행동을 도덕 수양의 중요한 방면으

---

13) 신언 : 말을 삼감

　　신동 : 행동을 삼감

14) 《논어》 〈이인〉에는 "訥於言而敏於行"라고 하여 '謹'이 '敏'으로 되어 있다.

로 삼아, 제자들에게 언행을 성찰하고 자제하도록 가르쳤고 감히 조금
도 함부로 하지 못하게 하였다. 그리고 "신독(愼獨)"을 강조하여, 다른
사람은 알지 못하고 자신만이 홀로 아는 때라도 행동을 주의하였다.
신언과 신동에 관한 중국 고대 사상가들의 논의는 우리에게 유익하다.
우리는 반드시 항상 엄숙하고 진지한 태도로 사람과 사물을 대하고 겸
손하고 신중하게 하여 일상의 언행에서 엄격한 기풍을 길러야 한다.
동시에 낙관적이고 거리낌 없는 정신 상태를 유지하여 신중하되 융통
성이 없지 않도록 하고 거리낌 없되 멋대로 행동하지 않도록 하여, 우
리 시대에서 요구하는 새로운 인간이 되어야 한다.

3절. 사상마련(事上磨煉)

사상마련(事上磨煉)15)은 중국 고대 사상가들이 제시한 가치 있는
수양 방법이다. 공자는 구체적인 업무상에서 능력을 단련하고 의지를
단련하도록 사람들을 가르쳤다. 맹자는 실제 업무를 고통스러운 경지
까지 단련하는 것이 사람이 큰 임무를 담당하기 위한 선결 조건이라
여겼다. 송명(宋明) 성리학은 "고명을 지극히 하여 중용을 따른다[極高
明而道中庸]"라고 제창하여 사상마련을 도덕 수양의 근본 방법으로 삼
았다. 일반적으로 중국 고대사상가들은 사상마련이 책보다 더 참되고
더 깊고 절실하다 여겼으며, 사상마련이 실제적인 일을 하는 것이며
또한 그 과정에서 인생을 체험하고 수양을 증진시킬 수 있다고 여겼
다. 특히 명청 시기에는 실학 사조가 흥기하여 공소(空疏)한 담론을

---

15) 사상마련 : 자기 양심에 따라 일하면서 공부함

반대하고 경세치용(經世致用)을 제창하였으며, 사상마련에 다시 새로운 내용을 부여하였다.

사상마련은 유가가 현실과 실제의 업무를 중시하였으며 구체적 사회생활을 하면서 이상적 인격을 기르는 것을 근본적인 수양 방법으로 삼았다는 것을 표명한다.

7장
이상(理想) 인격과 이상 경계(境界)

이끄는 말

이상 인격과 이상 경지는 도덕 교육과 도덕 수양의 중요한 내용이다. 중국 철학, 특히 유가 철학에서 매우 중요한 특징은 도덕으로 지식을 통솔하고 진리와 선의 통일을 강조한 것이다. 중국 고대 이상적 인격의 최고 경지는 지극히 참되고 지극히 선한 것이다. 지극히 참되고 지극히 선한 사람이 바로 성인이다. 비록 성인이라 불릴 수 있는 사람은 극소수이며 유가에서 말하는 성인을 예로 들자면 요(堯), 순(舜), 우(禹), 탕(湯), 문왕(文王), 무왕(武王), 주공(周公), 공자 등 몇 사람에 불과하지만, 대대로 모든 선비는 성인이 되고 현인이 되는 것을 최고의 목표로 삼았다.

공자가 생각한 이상 인격은 도덕과 지혜와 용기를 가지는데, 곧 지

(智)·인(仁)·용(勇)의 "삼달덕(三達德)"이다. 맹자가 생각한 이상 인격은 "대장부(大丈夫)"로, "부귀가 마음을 방탕하게 하지 못하며, 빈천이 절개를 옮겨놓지 못하며, 위무가 지조를 굽히게 할 수 없[富貴不能淫, 貧賤不能移, 威武不能屈]"으며, 곧 정의를 수행하여 처음부터 끝까지 변하지 않는다. 순자와 후대의 유학자들 역시 성인에 새로운 의미를 보태었고, 이상 인격이 가지는 "기상(氣象)", 이상 인격의 정신 경지를 구체적으로 서술하였다.

　도가 역시 고유의 이상 인격을 가지는데, 예로 들자면 노자의 이상인격은 자연 원래의 질박함과 하나가 되는 인간으로, 곧 그들이 말하는 "갓난아기로 되돌아간다[複歸於嬰兒]"라는 것이다. 유가, 도가 두 학파의 이상 인격이 서로 통일된 것이 곧 위진(魏晋)의 성인관이다. 그것의 두드러진 특징은 곧 내성외왕(內聖外王)이다. 송명 성리학에 이르러서는 도가의 이상 인격에서 초인의 성격을 제거하고 이상 인격을 평이하고 현실적인 기반 위에 두었다. 이상 인격은 사람이 사는 세상 속의 일원이며 초인적인 존재는 아니다. 그러나 도달하기는 어려워 이상 인격은 가깝지만 멀다. 송명 성리학은 이상 인격의 각 부분을 모두 천인합일의 각도에서 충분히 밝혀냈는데, 말하자면 그것은 명성과 실상이 서로 부합하는 "성학(聖學)"-성현이 되는 학문-이다. 송명 성리학의 이러한 성현관은 계속 지속되었으나 5·4운동에까지 이르러 송명 성리학은 그것의 성현관과 함께 근본적으로 흔들리게 되었다.

　고대 유가의 이상 인격에는 다른 단계가 있는데, 성인, 아성(亞聖), 현인(賢人)으로 구분된다. 성인은 공자이며, 아성은 안회(顔回)·맹자이며, 현인은 역대의 대 철학자이다. 이상 인격에서 가장 중요한 것은 그 정신 경지로, 성현의 기상은 이러한 정신 경지를 표현한 것이고 성현의 공업功業은 이러한 정신 경지의 성과이다. 오늘날 우리가 중국 고대의 이상 인격 사상을 비판적으로 계승할 때, 가장 중요한 것은 도덕을 추구하여 선에 이르겠다는 끈질긴 정신과 원대한 목표를 계승하는 것이고, 동시에 역대 유학자들이 이상 인격의 몸에 부착한 신비주의의 색채를 걷어내고 원대한 도덕 이상과 개인 자신의 도덕 상태를 긴밀하게 결합하여 도덕 경지의 단계를 착실하고 견실하게 끊임없이 올라가는 것이다.

1절. 군자(君子)와 성현(聖賢)

군자는 도덕 수준이 높은 사람이다. 성현은 중국 고대 문헌에서 이상적이고 훌륭한 인격을 가리킨다. 성인은 현인보다 단계가 높다. 유가에서 말하는 성인은 공자 이전의 제왕과 현신(賢臣)들이 많은데 요·순·우·탕·문왕·무왕·주공·공자 등이 그 예이다. 유가에서는 또 성성상전(聖聖相傳, 성인과 성인이 서로 전함)의 "도통(道統)"을 세워 서로 다른 시대의 인격적 모범을 수립하였다.

중국 역사상 군자, 성현과 관계된 논의는 매우 많으며, 군자와 성현은 누구인지, 성현의 정신 경지 및 겉으로 드러나는 방식, 성현이 되는 수양 방법 등 많은 분야를 포함한다. 중국은 성현을 숭배하는 국가라 할 수 있으며 유가의 학설은 넓은 의미에서 성현이 되는 이론이라 할 수 있다. 많은 성리학자들 역시 자신이 추구하는 학설을 "성학(聖學)"이라 칭하였다. 중국 고대 전적에서는 군자와 성현에 대해 많은 묘사를 하였다. 군자는 개인의 품성과 덕을 중시하고 성현은 도덕과 공업 (功業)을 모두 중시한다.

군자, 성현이 나타내는 인격의 단계는 대대로 선비들이 추구할 목표 였다. 역사적으로 성현의 인격과 공업은 무수히 많은 사람들에게 힘써 분투하도록 격려하곤 하였다. 그 중에서 새로운 시대정신과 부합하지 않는 요소를 제거하기만 하면 옛 성현들의 많은 부분들을 우리는 여전 히 본받을 수 있다. 우리는 새로운 시대의 군자와 성현을 필요로 한다.

2절. 공안낙처(孔顔樂處)

공안낙처(孔顔樂處[16])는 유가 도덕 수양의 중요한 부분이다. 공자 는 그의 제자 안회(顔回)에 대해 거칠고 조잡한 음식을 먹고 궁벽한 곳에서 거처하는 것을 일반 사람들은 견디기 어려워하는데 안회는 그 즐거움을 고치지 않았다고 칭찬하였다. 이후 공안낙처는 도덕수양으 로 야기되는 마음의 즐거움을 최고의 즐거움으로 여기는 정신 경지의 대명사로써, 안빈낙도(安貧樂道)의 대명사이자 유가가 중시한 정신적 즐거움이 되었다. 맹자가 말한 "대장부"가 표현하는 것 중의 하나는 "빈천(貧賤)이 절개를 옮겨놓지 못한다[貧賤不能移]"라는 것이다. 서한 의 양웅(揚雄)은 "성인인 하늘을 즐거워하고 명을 안다[聖人樂天知命]" 라고 했는데, 공자와 안연의 즐거움을 세속적 부귀에서 오는 즐거움보 다 더 높은 위치에 두었다. 송명 성리학에서는 공안낙처를 초학자들이 뜻을 세우고 부귀한 자들이 스스로 경계하고 가난한 자들이 유지해야

---

16) 공안낙처 : 이성과 정감이 어우러진 인생의 경지를 추구하는 것.

할 염치의 좌우명으로 삼았다. 주돈이(周敦頤)는 어린 이정(二程)에게 "공자와 안연이 좋아한 것을 찾으니, 즐거워한 것은 무엇인가[尋孔顏樂處, 所樂何事.]"라는 것을 가르쳤고 아울러 그의 저작 《통서(通書)》에서 "안자(顏子)" 1장을 전문적으로 논의하였다. 정이(程頤)는 《안자소호하학(顏子所好何學)》이라는 글 1편으로 태학(太學)의 제주(祭酒) 호원(胡瑗)으로부터 높은 평가를 받았다. 장재(張載)는 안연이 배움을 좋아하여 게으르지 않았고 또한 인(仁)과 지(智)의 품성을 갖추었다고 여겼다. 주희(朱熹)는 공안낙처를 확대하여 천지와 하나가 되는 경지로 삼아, 공안낙처를 이를 보존하고 욕망을 제거하여 얻을 수 있는 정신적 즐거움으로 여겼다. 명(明) 대 설선(薛瑄)은 공안낙처를 일종의 경지라고 제시했는데, 이 경지는 신체적인 고통에 기대는 것이 아니라 각고의 분발과 도덕 수양에 기대어 달성한다.

공안낙처는 물질생활이 고도로 발달한 오늘날의 시대에도 여전히 필요한데 왜냐하면 사람의 이상, 정신적 추구를 대표하기 때문이다. 공안낙처는 사람들이 살아가면서 고생을 두려워하지 않도록 격려하고 나쁜 환경의 영향을 받지 않도록 하여, 자신의 도덕 이상과 정신적 즐거움을 추구할 수 있게 한다. 물론 도덕 이상 역시 일정한 물질생활의 기반 위에서 추구해야 하지만, 결코 이 두 가지를 절대적으로 대립시켜서는 안 된다.

3절. 호연지기(浩然之氣)

호연지기(浩然之氣)[17]는 맹자가 가장 먼저 제시하였다. 맹자는 도

---

17) 호연지기 : 왕성하게 뻗친 기운.

덕 수양이 일정한 높은 경지에 도달하면 지극히 크고 지극히 굳센 정신력을 기를 수 있으며, 이 정신력은 사람을 고무하여 도의를 실현하고 용감하게 앞으로 나아갈 수 있게 한다고 여겼다. 호연지기는 필부의 용기와는 다른데, 그것은 도덕수양을 통해 생겨나며 또한 도덕수양으로써 그것을 보존하고 강화해야 한다. 호연지기를 기르는 것은 중단할 수 없고 성급하게 완성될 수도 없으며, 일상생활의 아주 작은 일에서 길러야 한다. 그것이 극도로 축적되면 "천지의 사이에 꽉 참[塞于天地之間]" 수 있다. 호연지기는 전혀 신비하지 않으며 실제 도덕수양을 통해 길러지는 일종의 용감히 앞으로 나아가는 기개이다. 호연지기는 천백 여 년 동안 지사(志士)와 인인인(仁人)들에게 위험을 두려워하지 않고 죽음을 걱정하지 않도록 고무하여 확고하게 도를 행할 정신력을 완성하였다.

호연지기는 송명 성리학에서 특히 발전할 수 있었다. 송명 성리학자들은 맹자를 추존하여 호연지기를 기르는 것을 도덕 수양의 중요 부분으로 삼았다. 오늘날 우리는 여전히 호연지기를 기르는 것이 필요하고, 도의를 위해 용감하게 앞으로 나가는 것이 필요하며, 여러 정의롭지 못한 것들 앞에서 당당하게 맞서며 정의를 위해 투쟁하는 것이 필요하다. 이러한 정신력은 현대, 더 나아가 미래의 사회에서도 모두 없어서는 안 된다. 정의와 도의에 관한 이런 사상의 구체적인 내용은 시대에 따라 달라진다.

명언편

道

德

1장

교화덕치(教化德治)

이끄는 말

　중국은 서주(西周) 이래로 덕을 중시하고 교화를 중시한 전통을 점차 형성하였다. 특히 유가의 "교화(教化)"·"덕치(德治)" 사상은 이 전통을 집중적으로 구현하였다. 물론 이런 사상전통은 도덕의 작용을 지나치게 강조하며 "도덕결정론"을 야기하기 쉽다. 동시에 봉건 통치의 수단이 되며 역사적, 계급적 한계가 뚜렷하다. 그러나 "교화" "덕치"에 관한 옛 현인들의 사상과 실천은 도덕 작용과 도덕 교육 측면에서 진리에 대한 인식을 포함하며, 또 일종의 문화 축적을 구현하여 자체의 민족특색을 가진다. 본 장에서는 교화(教化)·표솔(表率)·가교(家教)·이속(易俗)·덕치(德治) 등의 분야와 관련된 자료를 발췌하여 인용하여, 고대 사상가들이 교육 특히 가정과 사회의 도덕 교육을 통해

치국·평천하를 달성하기를 바라는 소원을 드러냈다.

1절. 교화(教化)

옛 중국 사람들은 민중에게 도덕교육을 실시하는 것을 "교화(教化)"라고 불렀는데, 곧 교육을 통해 도덕규범을 덕성으로 변화시켰고 "타율(他律)"을 "자율(自律)"로 변화시켰다. 고대에 "교화"라고 한 것은 뚜렷하게 계급성을 지니고 역사적 한계를 가진다. 그러나 도덕교육은 인재 육성의 측면과 사회의 도덕기풍과 민족의 문화소양을 제고하는 측면에서 모두 중요한 작용을 하였으며, 이는 인류의 정신문명이 의지하여 발전한 중요한 방식이다. 중국의 선철들, 특히 유가는 이 분야에서 귀한 공헌을 많이 하였고 중요한 사상을 많이 제시하였으며, 오늘날 여전히 현실적 의미를 가진다. 예를 들어 "교육흥국(教育興國)"·"권학육재(勸學育才)"와 같은 사상은 도덕 교육의 역할을 인정하는 것이고, "스승을 귀하게 여기고 높인다[貴師而重傳]"와 같은 사상은 교사의 가치와 역할을 긍정하는 것이다.

一. 重教兴国

君子以振民育德.(《周易·蠱》)

仁言不如仁声①之入人深也, 善政不如善教之得民也. 善政, 民畏之: 善教, 民爱之. 善政得民财: 善教得民心.(《孟子·尽心上》)

【주석】① 仁声: 雅乐正声(어진 말과 실제로 어질다는 소문(所聞)으로, 곧 어진 말만으로 백성들을 대하는 것은 실제 어진 행동을 하여 사람들의 마음속에 깊이 감

동을 주는 것보다 못하다).

不富无以养民情, 不教无以理①民性. ……《诗》曰: "饮之食之, 教之诲之②."
王事具矣.(《荀子·大略》)
【주석】① 理: 调理(돌보다. 버릇을 가르치다). ②《诗经·小雅·绵蛮》참조.

玉不琢, 不成器; 人不学, 不知道①. 是故古之王者, 建国君民, 教学为先.
(《礼记·学记》)
【주석】① 道: 法则(법칙), 原则(원칙), 规范(규범). 儒家以认识道为立身之本(유가는
도를 인식하는 것으로써 입신의 근본으로 삼았다).

教者, 政之本也. 道者, 教之本也. 有道然后教也. 有教, 然后政治①也. 政
治, 然后民劝也. 民劝之, 然后国丰富也.(贾谊: 《新书·大政下》)
【주석】① 政治: 国政得以治理(나라의 일을 통치 관리하는 것).

君民建国, 教学为先; 移风易俗, 必自兹始.(《隋书》卷三《炀帝纪上》)

育才造士, 为国之本.(权德舆: 《权文公集》卷四十《进士策问·五道》)

教则易为善, 善而从正, 国之所以治也; 不教则易为恶, 恶而得位, 民之所
以殃也.(《李觏集》卷十八《安民策第三》)

天下不可无一日而无政教, 故学不可一日而亡于天下.(王安石: 《王文公文集》
卷三十四《明州慈溪县学记》)

天下第一好事, 莫如诱人为善. 圣贤所以为圣贤, 只是欲引天下后世之人

皆入于善.(申居郧:《西岩赘语》)

二. 劝学育才

举善①而教不能, 则劝②.(《论语·为政》)

【주석】① 举善: 提拔有贤德的人(어질고 총명한 사람을 등용함). ② 劝: 勉励(독려하다, 장려하다). 意谓百姓会因此而自勉努力(백성들이 이로써 스스로를 독려하며 노력하는 것을 말한다).

一年之计, 莫如树谷: 十年之计, 莫如树木: 终身之计, 莫如树人.(《管子·权修》)

人之有道也, 饱食, 暖衣, 逸居而无教, 则近于禽兽.(《孟子·滕文公上》)

不以规矩, 不能成方圆.(《孟子·离娄上》)

蓬生麻中, 不扶而直: 白沙在涅①, 与之俱黑. 兰槐之根是为芷②, 其渐之滫③, 君子不近, 庶人不服④. 其质非不美也, 所渐者然也.(《荀子·劝学》)

【주석】① 涅: 黑土(검은 흙). ② 芷: 一种香草(향초의 일종). ③ 其渐之滫(xiū休): 其, 若(만약). 渐, 浸(담그다). 滫, 臭水(구정물). ④ 服: 佩戴(장식품 등을 달다, 차다, 지니다).

知其心, 然后能救其失也. 教也者, 长善而救其失者也.(《礼记·学记》)

蓬生麻间, 不扶自直: 白纱入缁①, 不练自黑. …… 夫人之性, 犹蓬纱也, 在所渐染而善恶变矣.(王充:《论衡·率性》)

【주석】① 缁: 指黑色的淤泥(검은 진흙을 가리킨다).

习善而为善, 习恶而为恶也.(王充:《论衡 · 本性》)

耳濡目染, 不学以能.(韩愈:《韩昌黎集》卷二十七《清河郡公房公墓碣铭》)

善国者, 莫先育才: 育才之方, 莫先劝学.(范仲淹:《范文正公集》卷九《上时相议制举书》)

善者一日不教, 则失而入于恶: 恶者劝而教之, 则可使至于善.(《欧阳修全集 · 居士集》卷四十七《答李翊书》)

人言教职为闲署, 不知人才为政事之本, 而学校尤人才之本也.(李塨:《颜习斋先生年谱》卷下)

三. 贵师重傅
善人, 不善人之师: 不善人, 善人之资. 不贵其师, 不爱其资, 虽智大迷, 是谓要妙.(《老子》第二十七章)

国将兴, 必贵师而重傅 …… 国将衰, 必贱师而轻傅.(《荀子 · 大略》)

有师法者, 人之大宝也: 无师法者, 人之大殃也.(《荀子 · 儒效》)

少而不学, 长无能也: 老而不教, 死无思①也.(《荀子 · 法行》)
【주석】① 死无思: 死后无人思念(죽은 후에 생각해 주는 사람이 없다).

天地之所贵者人也, 圣人之所尚者义也, 德义之所成者智也, 明智之所求者学问也.(王符:《潜夫论 · 赞学》)

357

德以修己, 教以导人.(《新唐书》卷一七八《刘蕡传》)

为国欲至升华, 必厚风俗: 欲厚风俗, 必正士习: 欲正士习, 必重师傅.(魏裔介:《琼琚佩语 · 政术》)

化民成俗, 基于学校, 兴贤育德, 责在师儒.(《清史稿》卷八十九《志六十四 · 礼八》)

2절. 표솔(表率, 모범)

도덕 표솔과 도덕 모범을 운용하는 것은 도덕 교육의 중요한 방법이다. 고대 중국에서는 도덕 표솔, 특히 통치자 자신의 도덕 표솔 작용을 매우 중시하여 "덕치(德治)" "교화(教化)"의 중요한 내용으로 간주하였다. 본 절에서 선별하여 수록한 관련된 언급 가운데 "군(君)" · "인주(人主)"와 몇몇 역사적 개념과 용어를 제외하고는, 거론된 도덕 모범의 역할 등에 관한 사상은 사회의 도덕 교육 내용이 되며 사회주의 사상의 도덕 건설에도 여전히 계도의 의미를 가진다.

一. 上行则下效
君子之德风, 小人之德草, 草上之风①必偃②.(《论语 · 颜渊》)
【주석】 ① 草上之风: 上, 加(~을 더하다, 가하다). 语义为风加之于草(말의 뜻은 '풀에 바람이 불다'이다). ② 偃: 仆, 倒(넘어지다, 쓰러지다).

上有好者, 下必有甚焉者矣.(《孟子 · 滕文公上》)

上重义则义克利^①, 上重利则利克义.(《荀子 · 大略》)

【주석】① 上重义则义克利: 义, 指礼义, 道义(义는 예의나 도의를 가리킨다). 克, 制胜(승리하다, 이기다). 利, 指个人利欲(利는 개인의 사리사욕을 가리킨다). 此句意谓上能崇尚道德礼义, 下则能以道德礼义来克制自己的个人利欲. 下句与此意义相反. (이 구절은 위의 도덕과 예의를 숭상한다는 의미이고, 아래는 즉 도덕과 예의로 자기 개인의 이익과 욕심을 자제하는 것을 의미한다. 아래의 구절은 이 뜻과는 상반된다.)

上行下效, 然谓之教.(马总:《意林 · 政说》)

上行下效, 捷于影响^①.(朱熹:《四书章句集注 · 大学章句》)

【주석】① 捷于影响: 比影之随形, 响之随声还迅速(그림자를 따라 소리가 나는 곳을 좇아 신속히 움직이는 것을 비유한다.)

二. 正人先正己

政者, 正也. 子帅以正, 孰敢不正?(《论语 · 颜渊》)

子^①曰: "其身正, 不令而行: 其身不正, 虽令不从."(《论语 · 子路》)

【주석】① 子: 孔子(공자).

君子之守, 修其身而天下平^①.(《孟子 · 尽心下》)

【주석】① 平: 太平(태평하다, 평안하다).

夫欲影正者端^①其表, 欲下廉者先之身.(桓宽:《盐铁论 · 疾贫》)

【주석】① 端: 正(바르다, 단정하다).

上清而无欲, 则下正而民朴.(刘向:《说苑 · 谈丛》)

欲政之速行也, 莫善乎以身^①先^②之: 欲民之速服也, 莫善乎以道御^③之.
(《孔子家语·八官》)

【주석】① 身: 指自己(자기 자신). ② 先: 先导(선도하다, 인도하다). ③ 御: 治理(통치하다, 다스리다).

凡下之从上也, 不从口之言, 从上之所好也: 不从力之制, 从上之所为也.
盖行诸己也诚, 则化诸人也深. 若不推之于诚, 虽三令五申而令不明矣.(白居易:《白氏长庆集》卷四十五《策林·号令》)

有诸己者, 而后求诸人: 责于下者, 必先禁于上.(同上)

律己足以服人, 量宽足以得人, 身先足以率人^①.(林逋:《省心录》)

【주석】① 率人: 作人的表率(모범적인 사람이 되다).

人不率^①, 则不从: 身不先, 则不信.(宋史》卷二八四《宋庠传附宋祁》)

【주석】① 率: 表率(모범, 본보기).

夫为政者, 廉以洁己, 慈以爱民, 尽其在己者而已. (王夫之:《读通鉴论》卷十九《隋文帝一〇》)

散才^①足以聚人, 责己足以屈人, 心公足以服人, 身先足以率人.(李惺:《药言滕稿》)

【주석】① 才: 同"财"(才는 "재물"의 뜻과 같다).

三. 为师重身教

善为师者, 既美其道, 有慎其行.(董仲舒:《春秋繁露·玉杯》)

以身教者从, 以言教者讼①.(《后汉书》卷四十一《钟离宋寒列传》)
【주석】① 讼: 争辩(논쟁하다).

圣人先之以躬行, 浸之以口语, 示之以好恶, 激之以赏罚, 日积月累, 耐意精心, 但尽熏陶之功, 不计俄顷之效, 然后民知善之当为, 恶之可耻, 默化潜移, 而服从乎圣人.(吕坤:《呻吟语·治道》)

耳聒义方之灌①, 若罔闻知: 睹一行之善而中心惕然者②, 身教亲于言教也.(《魏源集·默觚上·学篇二》)
【주석】① 耳聒(guō)义方之灌: 耳朵里灌满了关于义的说教(귀에 의로움과 관련된 설교를 채우다). "义方", 语出《左传·隐公三年》("义方"이라는 말은 《左传·隐公三年》에 나타난다). 后来专指父亲的教导(이후에는 전적으로 아버지의 가르침을 가리킨다). ② 惕然: 敬仰(공경하고 우러러보다).

为师之道, 端品为先①, 模范不端, 则不模不范矣. 不惟立言制行, 随时检点, 即衣冠瞻视, 亦须道貌岸然②.(张行简:《啸孙轩攒存·塾中琐言·端品》)
【주석】① 端品: 端正品行(품행이 단정하다). ② 道貌岸然: 道貌, 正经严肃的外貌(道貌는 단정하고 근엄한 외모를 말하고): 岸然, 高傲威严的样子(岸然는 긍지를 느끼고 위엄 있는 태도를 말한다). 形容神态庄重严肃(표정과 태도가 위엄 있고 근엄함을 묘사한 것이다).

3절. 가교(家教)

가정은 고대사회에서 가장 기본이 되는 단위로, 가정의 도덕 교육을 중시하여 가족의 구조와 가족들 간의 관계를 안정시키면, 치국(治国)

과 안방(安邦)을 위한 기초적인 역할을 한다. 이 때문에 옛 현인들은
가교와 관련된 많은 저작을 썼고 가정에서의 도덕 교육의 경험을 풍부
하게 기록하였다. 오늘날에도 가정은 여전히 사회의 세포로, 특수한
교육 기능을 가지며, 가정의 도덕 교육은 여전히 사회의 안정과 발전
에 없어서는 안 될 중요한 의의를 가진다. 뿐만 아니라 외동을 특징으
로 하는 핵가족이 발달함에 따라 이 문제가 더욱 두드러진다. 비판하
여 계승하려는 태도를 지니고서, 우리는 전통의 "가교"의 유산에서 유
익한 것들을 많이 발견할 수 있다.

一. 养子必教

所谓治国必先齐[①]其家者, 其家不可教, 而能教人者无之. 故君子不出家而
成教于国.(《礼记·大学》)

【주석】 ① 齐: 整治(정비하다, 갖추다).

养子莫徒使[①], 先教勤读书.(《王梵志诗》, 载《全唐诗外编·全唐诗补逸》
卷二)

【주석】 ① 徒使: 仅仅在于使唤.(다른 사람을 시키는 것만을 의미함)

广积不如教子, 避祸不如省非.(林逋:《省心录》)

父善教子者, 教于孩提. (同上)

养不教, 父之过. 教不严, 师之惰.(王应麟:《三字经》)

人家之兴替[①], 在义理不在富贵.(《陆九渊集》卷十二《与刘伯协二》)

【주석】① 兴替: 兴旺与衰落(번창과 쇠락).

爱其子而不教, 犹为不爱也: 教而不以善, 犹为不教也. (方孝孺:《逊志斋集》卷一《杂诫第三十七章》)

爱子不教, 犹饥而食之以毒, 适所以害之也①. (申涵煜:《省心短语》)
【주석】① 语出《后汉书》卷四十三《何敞列传》(이 말은《后汉书》권43《何敞列传》에 나타나 있다). 原文为: "爱而不教, 终至凶戾. 由是观之, 爱子若此, 犹饥而食之以毒, 适所以害之也."(원문에서는 "사랑만 하고 가르치지 않으면 결국 흉악해진다. 그 이유는 이것이니, 자녀를 사랑함이 이와 같다. 배가 고프다고 독을 음식으로 먹는 것처럼, 자녀를 해치게 된다."고 하였다.)

教诫子弟, 是第一要紧事. 子弟不成人, 富贵适以益其恶: 子弟能自立, 贫贱益以固其节. (孙奇逢:《孝友堂家训》)

爱子莫要于能教, 教子者莫贵乎以正. (李惺:《冰言》)

不怕饥寒, 怕无家教, 惟有教儿, 最关紧要. (李惺:《老学究语》)

子弟少年知识方开, 须以端谨长厚养其心, 为一生人品根基. (申居郧:《西岩赘语》)

有田不耕仓廪虚, 有书不读子孙愚: 仓廪虚兮岁月乏, 子孙愚兮礼义疏. (《增广贤文》)

二. 教以义方

爱子, 教之以义方, 弗①纳于②邪.(《左传·隐公三年》)

【주석】① 弗: 不(아니다). ② 纳: 使进入(들어가게 하다).

贤人智士之于子孙, 厉①之以志, 弗厉以辞: 劝之以正, 弗劝以诈: 示之以俭,
弗示以奢: 贻之以言②, 弗贻以财.(王符:《潜夫论·遏利》)

【주석】① 厉: 通"励"(격려하다, 고무하다). ② 贻: 指遗留(남겨놓다, 남기다).
言: 此处指有益的教导(言은 여기에서 유익한 가르침을 말한다).

以德遗后者昌, 以财遗后者亡.(林逋:《省心录》)

为子孙作富贵计者, 十败其九.(同上)

父子之间, 不可溺于小慈. 自小律之以威, 绳之以礼, 则无不肖之悔.
教子有五: 导其性, 广其志, 养其才, 鼓其气, 攻其病: 废一不可.(家颐:
《子家子·教子语》)

勿谓小儿无记性, 所历事皆能不忘. 故善养子者, 当其婴孩, 鞠①之使得所
养, 全其和气, 乃至长而性美, 教之示以好恶有常.(《二程集·河南程氏遗书》
卷二下)

【주석】① 鞠: 养育, 抚养(기르다, 부양하다).

要教给儿女知识和礼貌, 这样他们才能成为有用的人.(l维吾尔胸尤素甫·
哈斯·哈吉甫:《福乐智慧》)

养子弟如养芝兰, 既积学以培植之, 又积善以滋润之(祁承㸁:《澹生堂书约·

读书训》)

少年人只宜修身笃行, 勿深以得失为念. 所谓得固欣然, 败亦为喜.(吴麟徵:《家诫要言》)

大抵童子之情, 乐嬉游而惮拘检, 如草木之始萌芽, 舒畅之则条达①, 摧挠之则衰痿. 今教童子, 必使其趋向鼓舞, 中心喜悦, 则其进自不能已. 譬之时雨春风, 霑被卉木, 莫不萌动发越②, 自然日长月化(王守仁:《王阳明全集》卷二《传习录中》)

【주석】① 条达: 指枝叶繁盛(가지와 잎이 무성함을 말한다). ② 发越: 昂扬(기운이 세다, 드높이다).

…… 教训子孙, 必须自正己身, 己身能正, 就是教子孙的方法. 予最爱前人有二句话: "心术不可得罪于天地, 言行要留好样与儿孙." 真格言也.(石成金:《传家宝》二集卷二《人事通》)

一戒晏起, 二戒懒惰, 三戒奢华, 四戒骄傲. 既守四戒, 又须规以四宜: 一宜勤读, 二宜敬师, 三宜爱众, 四宜慎食. 以上八则, 为教子之金科玉律.(纪昀:《纪文达公遗集》)

凡子弟正在妙龄, 宜及时迎机训导, 随材造就, 务使之闻正言, 见正事, 存好心, 作好人. …… 此其效见于后来, 而其本端于蒙养.(李惺:《冰言》)

堂前教子, 枕边教妻, 对症下药, 量体裁衣.(硕果山人:《训蒙增广改本》)

少年子弟断不可浮闲无业, 或小或大, 必要寻一件事与他做, 则身心得以拘束, 业务得以演习, 人情得以谙练, 学识得以长进, 经营得以惯熟. 这便是大利益处, 何以堆金积玉哉?(汪汲:《座右铭类编 · 贻谋》)

4절. 역속(易俗)18)

고대 사상가들은 사회 기풍의 좋고 나쁨은 사회의 치란과 국가의 성쇠에 관계된다고 여겼으며, 따라서 "치국의 도는 풍속을 바로잡는 것보다 앞서는 것이 없다[求治之道, 莫先於正風俗]" 그들은 일련의 체계를 갖춘 "풍속을 바로잡을 방책[拯俗之方]"을 제시했는데, 예를 들어 도덕 교육, 특히 몸소 가르치고 청렴을 장려하는 것 등을 강화하였다. 명 대 고염무顧炎武는 "천하에는 변하지 않는 풍속은 없다[天下無不可變之風俗.]"라고 제시하여, 폐속(弊俗)을 제거하고 기풍을 미화하는 데에 낙관적인 태도를 가졌다.

一. 易俗求治

化民易俗, 近者悦服, 而远者怀之, 此大学之道也.(《礼记 · 学记》)

俗齐则和, 心一则固.(白居易:《白氏长庆集》卷四十五《策林 · 号令》)

人之寿夭在元气, 国之长短在风俗.(苏轼:《苏东坡全集 · 续集》卷十一《上神宗皇帝书》)

风俗, 天下之大事也.(《资治通鉴》卷六十八《汉纪六十》)

---

18) 역속 : 낡은 풍속이나 관습을 고침.

安利之要不在于它, 在乎正风俗而已. 故风俗之变, 迁染①民志, 关之盛衰, 不可不慎也.(王安石:《王文公文集》卷三十二《风俗》)

【주석】 ① 迁染: 感染, 影响(전염시키다, 영향을 끼치다).

求治之道, 莫先于正风俗.(《明史》卷一三九《叶伯巨传》)

二. 善教励俗

尔之教矣, 民胥①效矣.(《诗经·小雅·角弓》)

【주석】 ① 胥: 皆, 都(모두, 전부).

教训成俗.(《管子·权修》)

教变容改俗, 而莫得其所受之①, 此之谓顺情②.(《吕氏春秋·上德》)

【주석】 ① 莫得其所受之: 意谓不知道是在接受(外在)教化. 교화를 받아들이고 있는 지를 알 수가 없다. ② 顺情: 指顺其天性. 타고난 본성에 순응하는 것을 말한다.

君子如欲化民成俗, 其必由学乎.(《礼记·学记》)

风俗与化①移易.(韩愈:《韩昌黎集》卷二十《送董邵南序》)

【주석】 ① 化: 指教化(교화하다).

懿德茂行, 可以励俗.(韩愈:《韩昌黎集》卷二十三《祭薛中丞文》)

人无常心, 习以成性; 国无常俗, 教则移风.(白居易:《白氏长庆集》卷四十五《策林·策项》)

夫教化可以美风俗, 虽然, 必久而后至于善.(王安石:《王文公文集》卷三
十四《明州慈溪县学记》)

化民成俗之道, 除却身教, 再无巧术, 除却久道, 再无顿法.(吕坤:《呻吟语·
治道》)

变化人心, 荡涤污俗者, 莫急于劝学, 奖廉二事.(顾炎武:《日知录·名教》)

天下无不可变之风俗.(顾炎武:《日知录·宋世风俗》)

5절. 덕치(德治)

  도덕을 국가의 근본으로 간주하고, 따라서 "덕으로 정치를 함[为政
以德]"을 주장하는 것은 통치계급의 입장에서 그들의 장기간 안정된
통치를 위한 방법을 궁리한 것일 뿐만이 아니라 도덕의 역할을 과장한
것이기도 하다. 그러나 어떤 국가의 장기간 안정된 통치는 절대 도덕
과 떨어질 수 없고, 따라서 사회와 국가에 대한 도덕의 역할을 중시해
야 한다. 중국 전통(주로 유가)의 "덕치"사상은 우리에게 몇 가지 유익
한 시사점을 남겨두었다. 특히 "덕으로 정치를 한다[爲政之德]", "백성
들이 이롭게 여기는 것으로 그들을 이롭게 한다[因民之所利而利之]"라
는 등의 원칙이다. 본 절에서 열거한 일련의 명언은 모두 이러한 원칙
을 상세히 논술한 것이다. 고대 사상가들의 관점에서 보면, 치국은 비
록 "덕과 법이 서로 조화를 이루어야" 하지만 도덕의 역할이 더 근본이
된다.

一. 德为治本

德, 国家之基①也.(《左传·襄公二十四年》)

【주석】① 国家之基: 犹谓国家长治久安的基础或根本. 국가가 오랜 기간 통치하며 안정을 찾는 기초와 근간을 의미함.

隆①礼贵义者其国治, 简②礼贱义者其国乱. 治者强, 乱者弱, 是强弱之本也. (《荀子·议兵》)

【주석】① 隆: 崇尚(숭상하다, 받들다). ② 简: 怠慢, 轻忽(푸대접하다, 소홀히 하다).

国无义, 虽大必亡: 人无善志, 虽勇必伤.(《淮南子·主术训》)

居马上得之①, 宁可以马上治之乎? …… 文武并用②, 长久之术也.(《史记》 卷九十七《郦生陆贾列传》)

【주석】① 居马上得之: 骑在马上得到的.(말을 타고 있는 중에 얻게 되는 것.) 指用武力, 通过征战而得到江山.(무력을 이용하여 정벌하고 영토를 손에 넣는 것을 의미함.) ② 文武并用: 文, 这里主要指礼义, 道德, 教化. 武, 指刑法, 暴力.(여기에서 文은 주로 예의, 도덕, 교화를 의미하며 武는 형법과 폭력을 의미함.)

求木之长①者, 必固其根本: 欲流之远者, 必浚②其源: 思国之安者, 必积其德义.(吴兢:《贞观政要·君道》)

【주석】① 长(zhǎng掌): 生长(성장하다, 자라다). ② 浚(jùn俊): 指疏通水道(수로를 개통하는 것을 말한다).

夫国家之所以存亡者, 在道德之浅深, 而不在乎强与弱. 历数①之所以长短者, 在风俗之厚薄, 而不在乎富与贫.(苏轼:《苏东坡全集·续集》卷十一《上神宗皇帝书》)

【주석】① 历数: 指国家政权延续的时间长短(국가 정권이 지속되는 기간의 길고 짧

음을 가리킨다).

二. 为政以德

子曰:"为政以德, 譬如北辰^①居其所^②而众星共^③之."(《论语·为政》)

【주석】 ① 北辰: 北极星(북극성). ② 居其所: 安处于自己的位置. (자신의 위치에서 잘 있음.) ③ 共: 同'拱', 围绕(拱과 같은 글자이다. '둘러싸다, 에워싸다'의 의미이다).

子曰: "道之以政^①, 齐之以刑, 民免而无耻^②: 道之以德, 齐之以礼, 有耻且格^③."(同上)

【주석】 ① 道: 同"导", 教导(导와 같은 글자이다. 가르치다, 지도하다). 政: 指政令 (정부의 법령). ② 民免而无耻: 免, 指免于犯罪(죄를 면해준다는 말이다). 意谓人民只是暂时地免于犯罪, 却没有羞耻心(백성이 단지 일시적으로 죄를 면한다고 해도, 부끄러워하는 마음이 없음을 의미한다). ③ 格: 正也(바로잡다), 指守规矩(규칙을 지키다), 走正道(바른 길을 따르다).

政者, 正也. 子帅以正, 孰敢不正.(《论语·颜渊》)

以力服人者, 非心服也, 力不赡^①也: 以德服人者, 中心^②悦而诚服也.(《孟子·公孙丑上》)

【주석】 ① 赡: 足(충분하다, 풍족하다). ② 中心: 指人的内心(사람의 속내를 가리킨다).

得道者多助, 失道者寡助. 寡助之至, 亲戚畔^①之: 多助之至, 天下顺之. 以天下之所顺, 攻亲戚之所畔, 故君子有不战, 战必胜矣.(《孟子·公孙丑下》)

【주석】 ① 畔: 背叛(배신하다).

不以仁政, 不能平治天下.(《孟子·离娄上》)

治世以大德, 不以小惠.(常璩:《华阳国志》卷七《刘后主志》)

威与信并行, 德与法相济① …… (苏轼:《苏东坡全集 · 外制集》卷中《张世矩再任镇戎军》)

【주석】① 济: 补充(보충하다).

三. 为政之德

德惟善政, 政在养民①.(《尚书 · 大禹谟》)

【주석】① 此句意谓为政者的德表现于能推行善政, 而善政在于养护庶民(이 구절은 정치를 하는 사람의 덕은 올바른 정치를 널리 시행하는데서 드러나고, 올바른 정치는 백성들을 보호하는데 있다는 의미이다).

子张①问仁于孔子. 孔子曰: "能行五者于天下为仁矣." "请问之." 曰: "恭, 宽, 信, 敏, 惠②. 恭则不侮, 宽则得众, 信则人任焉, 敏则有功, 惠则足以使人③."(《论语 · 阳货》)

【주석】① 张: 春秋时陈国人(춘추시대 陈나라 사람). 名师(이름은 师). 孔子学生(공자의 학생). ②: 庄重(장중하다, 위엄이 있다). 宽: 宽厚(너그럽다). 信: 诚实(진실하다, 정직하다). 敏: 敏捷(민첩하다, 빠르다). 惠: 施利与人(사람에게 이로움을 주다). ③ 以使人: 能够管理, 领导别人(다른 사람을 관리하고 지도할 수 있다).

子曰: "因民之所利而利之, 斯不亦惠而不费乎①!"(《论语 · 尧曰》)

【주석】① 而不费: 给人以恩惠而没有额外的耗费(사람들에게 은혜를 베풀면 별도의 비용이 들지 않는다).

子贡①曰: "如有博施于民而能济众, 何如? 可谓仁乎?" 子②曰: "何事于仁③! 必也圣乎! 尧舜其犹病诸④!"(《论语 · 雍也》)

【주석】① 贡: 春秋时卫国人(춘추시대 위나라 사람). 姓端木, 名赐(성은 端木이고

이름은 賜이다). 孔子学生(공자의 학생이다). ② 子: 指孔子(공자를 가리킨다). ③ 何事于仁: 哪里仅是仁道(어느 곳에서나 대체로 仁道는 옳다고 여긴다). ④ 尧舜: 中国古代传说中的两位"圣王"(중국 고대 전설의 두 성군을 말한다.). 其犹病诸: 或者都难以做到.(누군가가 달성하기에 어렵다.)

守国之度, 在饰①四维②. …… 四维不张, 国乃灭亡.(《管子·牧民》)
【주석】① 饰: 整饬(단정하다, 정연하다). ② 四维: 使事物得以固定的四根大绳索, 此处指礼, 义, 廉, 耻, 为治国的四纲.(예·의·염·치를 가리키는 말로 국가를 다스리는 4가지 원칙)

存心于天下①, 加志于穷民②, 痛万姓之罹罪③, 忧众生之不遂④也.(刘向: 《说苑·君道》)
【주석】① 存心于天下: 指尽心竭力治理国家.(국가를 다스리는데 정성과 마음을 다하다.) ② 加志于穷民: 指用心于处于穷困中的百姓(곤궁에 처한 백성에게 마음을 쓰다.) ③ 罹(lí离): 遭遇不幸的事(불행한 일을 당하다.) ④ 不遂 指不如意.(뜻대로 되지 않다.)

以仁义礼信修其身, 而移①之政, 则天下莫不化之也.(王安石:《王文公文集》卷二十八《王霸》)
【주석】① 移: 转施于.(옮겨서 실시하다.)

为政之道, 以顺民心为本, 以厚民生为本, 以安而不扰为本.(《二程集·河南程氏文集》卷五)

文臣不爱钱, 武臣不惜命, 天下当太平……(朱熹:《朱子语类》卷一一二)

为政当以公平正大行之, 是非毁誉皆所不恤, 必欲曲循人情, 使人人誉悦, 则失公平之体, 非君子之道也.(《薛瑄全集·读书录》卷三)

2장

공사의리(公私義利)

이끄는 말

"공사(公私)와 의리(義利)의 구분"은 전체의 이익과 개인의 이익, 행위의 마땅함(도의, 道義)과 공리(功利)의 관계에 관한 것으로, 이는 중국 전통 도덕의 역사에서 기본적인 문제였으며 또한 인류 도덕의 역사에서도 기본적인 문제이다. 사람들은 언제나 경제적 지위와 이익의 관계에 근거하여 공과 사, 의와 리의 관계에 대해 각자 자신의 답을 내렸으며, 따라서 서로 다른 행위의 가치와 선악의 평가 기준을 세웠으며 이론상으로는 각종 도덕 가치론 더 나아가 각종 윤리 사상의 핵심을 만들었다. "공사(公私)" · "의리(義利)"의 구체적 내용은 시대와 사회에 따라 각각 서로 다르다. 중국 고대에는 "공(公)"은 주로 가족 · 통치계급의 전체 이익을 가리키며 때로는 서민이 포함된 "천하(天下)", 국가를 포괄하여 가리키기도 하였다. "사(私)"는 주로 개인이나 민간을 가리킨다. "의(義)"는 마땅함[宜]이며, 반드시 해야 함·도의이고, 주로 예제의 등급이나 규범의 등급을 가리킨다. "이(利)"는 공리(功利)로, "공리(公利)"라고 하면 천하의 리를 의미하며 사리(私利)라고 하면 개인의 이익을 의미한다. 중국 고대 사회에서는 가장과 족장(族長)을 전체 이익을 대표하는 최고 존재로 여기고 군주를 국가 전체 이익을 대표하는 최고 존재로 여겨 강조하였기 때문에, 공중사경(公重私輕: 공을 중하게 여기고 사를 가볍게 여김)을 공사관의 주 모델로 삼아 "지공무사(至公無私)"의 윤리 원칙과 "천하위공(天下爲公)"의 사회사상을 형성하였다. "공사의 구별"이 구현하는 도덕가치론은 곧 "의리지변(義利之辨)"과 "중의(重義)"·"귀의(貴義)"이다. 여기에는 두 가지 다른 이론이 있다. 일반적으로 유가는 "의"라는 자신의 도의(道義) 가치를 중시하여 심지어 "의만을 바르게 행하고 이익은 도모하지 않을[正其誼不謀其利]" 것을 요구하였다. 다른 하나는 "귀의(貴義)"를 "의"의 공리적 가치를 중시하는 것으로 보아 "천하의 이익을 일으키고 천하의 해로움을 제거할[興天下之利, 除天下之害]" 것을 주장하고 "의를 바르게 행하여 이익을 도모할[正其誼以謀其利]" 것을 요구하였다. 전통의 공사의리관에서 공을 중시하고 사를 경시한 원칙인 "귀공(貴公)"·"중의(重義)" 정신과 "이익을 보면 올바름을 생각하고[見利思義]" "의를 바르게 하여 이익을 도모하는[正义谋利]" 행동 양식은 합리적 요소를 가지고 있으며, 사회주의 시장경제의 조건 아래라 할지라도 반드시 견지해야 한다.

본 장은 "공사의리(公私義利)"를 중심으로 하여 사회에서 단체와 개인의 관계에 관련된 의견들을 선별하여 수록하였다. 고대 사상가들은 개인은 사회 단체의 안에서만 생존하고 발전할 수 있으므로 개인은

"무리를 구제하고[濟衆]", "사람을 사랑하고[愛人]", "다른 사람을 먼저 하고 자신을 뒤로 해야[先人後己]" 한다고 여겼다. 이렇게 "단체와 자기"의 관계를 파악하는 관점은 "공을 귀하게 여기는" 공사관을 나타낸다. 그리고 이러한 "공사관"은 도덕 가치론에서 "이익을 보면 의로움을 생각하고[見利思義]", "의를 바르게 하여 이익을 도모하는[正義謀利]" "의리관"을 나타낸다. 윤리 사상의 역사에서, "의리지변(义利之辨)" 이론이 깊이 발전함에 따라, 송명 시기에 이르러 "이욕지변(理欲之辨)"이 흥기하였다. 송명 성리학의 "천리를 보존하고 인욕을 제거한다[存天理, 滅人欲]"는 기본 관점은 몇몇 사상가들에게 비판을 받았으며, 특히 명말 청초의 진보적 사상가들 사이에서는 이리절욕(以理節欲: 이로써 욕망을 조절함)·이리도욕(以理導欲: 이로써 욕망을 인도함)과 욕망에 리가 담겨 있다[寓理于欲]고 주장하는 관점이 우위를 점하였다.

1절. 군기(群己, 무리와 나)

"군(群)"은 일정한 조직 형태에 의거하여 구성된 단체를 가리키며, 종족 단체를 포괄하며, 중인(衆人), 공중(公衆)을 가리키기도 하며 이후 "군중(群衆)"으로 파생되었다. 군기(群己)의 관계는 사회와 개인, 군중과 개인의 관계이다. 전통적 군기관의 기본적인 특징은 "군체본위(群體本位)"로, 사람이 "승리자"가 된 이유와 개인이 생존할 수 있었고 업적을 이룰 수 있었던 이유는 모두 "단체를 이룸[能群]"에 있다고 여긴다. "비록 요 임금의 지혜가 있더라도 여러 사람들의 도움이 없으면 큰 공은 세울 수 없고[雖有堯之智而無衆人之助, 大功不立]", "단체를 이룰 수

있는 이는 살아남고 단체를 이루지 못하는 이는 멸망한다. 단체를 잘
조직하는 이는 살아남고 단체를 잘 조직하지 못하는 이는 멸망한다[能
群者存, 不群者滅: 善群者存, 不善群者滅]." 여기에는 비록 편파적인 요
소가 있어 단체 안에서 개인이 가지는 독립적인 의미를 소홀히 하였으
나, 진리의 요소를 포함한다. 군기 관계에 대한 인식에 근거하여, 옛
현인들은   "제중(濟衆)"·"애인((愛人)"·"애군(愛群)"·"이군(利群)"·
"낙군(樂群)"의 윤리 원칙을 제시하였고, "천하의 흥망에는 필부에게도
책임이 있다[天下興亡, 匹夫有責]"라고 주장하였다. 본 절에서 선별하여
수록한 이러한 언론은 지금까지도 여전히 합리적 가치를 가진다.

一. 能群者存

人之生, 不能无群. (《荀子·富国》)

(人)力不若①牛, 走②不若马, 而牛马为用, 何也? 曰: 人能群, 彼不能群也.
(《荀子·王制》)
【주석】① 若: 如(같다). ② 走: 奔跑(빨리 달리다).

虽有尧之智而无众人之助, 大功不立. (《韩非子·观行》)

能群者存, 不群者灭: 善群者存, 不善群者灭. (严复: 《天演论·制私》案语)

道其善于群, 莫不善于独. 独故塞, 塞故愚, 愚故弱: 群故通, 通故智, 智故
强. (梁启超: 《饮冰室合集》文集之一《变法通议·论学会》)

人所以不能不群者, 以一身之所需求, 所欲望, 非独立所能给也, 以一身之

所苦痛, 所急难, 非独立所能捍也. 于是乎必相引, 相倚, 然后可以自存. 若是者谓之公共观念.(梁启超: 《饮冰室合集》专集之四《新民说·论合群》)

一群之公律罔不守, 一群之公益罔不趋, 一群之公责罔不尽, 如是之人, 如是之群, 而不能自强立于世界者, 吾未之闻也. 不如是, 而能自强立于世界者, 吾未之闻也.(梁启超: 《饮冰室合集》专集之四《新民说·论自由》)

合群明分①, 则足以御他族之侮. 涣志离德②, 则帅天下而路③.(章炳麟: 《章太炎政论选集》上《菌说》)
【주석】 ① 合群: 团结合作(단결하여 협력함). 明分: 明确各人应守的职分.(개인이 지켜야 할 직분을 명확하게 하다.) ② 涣志离德: 涣散志气, 离心离德.(지기(志氣)를 느슨하게 하여 불화가 있고 반목하다.) ③ 路: 通"露", 衰败(쇠퇴하다).

二. 爱群利群
以家为家①, 以乡为乡, 以国为国, 以天下为天下.(《管子·牧民》)
【주석】 ① 以家为家: 意指应以全家人之公治理家庭. 下三句类此.(온 가족의 공으로 가정을 다스리는 것을 의미하며 아래 세 구절도 동일한 내용들이다.)

小人则以身殉利……圣人则以身殉天下.(《庄子·骈拇》)

贵人而贱己, 先人而后己.(《礼记·坊记》)

圣人者, 不耻身之贱, 而愧道之不行: 不忧命之短, 而忧百姓之穷.(《淮南子·修务训》)

举事以为人者, 众助之: 举事以自为者, 众去之.(《淮南子·兵略训》)

谋及下者无失策, 举及众者无顿^①功.(桓宽:《盐铁论·刺议》)

【주석】① 顿: 失败(실패하다). 顿功, 不成功(성공하지 못하다).

每有患急, 先人后己.(《三国志》卷三十八《蜀书·许靖传》)

圣人不利己, 忧济在元元^①.(陈子昂:《陈拾遗集·感遇》)

【주석】① 元元: 庶民, 众民(서민, 백성).

利居众后, 责在人先.(韩愈:《韩昌黎集》卷三十六《送穷文》)

若问善德的秉性, 它不顾自己, 专利于他人. 它专门为所有的人们行善, 却从不居功, 要别人感恩. 它不求利己, 只为他人造福, 造福于他人, 而不求回赠.(维吾尔族尤素甫·哈斯·哈吉甫:《福乐智慧》)

君子之为君子也, 一人死而万人寿, 一人痛而万人愈, 一人忧而万人乐, 一人劳而万人逸. 君子不惜身以殉天下, 但欲天下有利于我之殉耳.(庄元臣:《叔苴子·内篇》卷五)

保国者, 其君其臣, 肉食者谋之: 保天下者, 匹夫之贱, 与有责焉耳矣^①.(顾炎武:《日知录·正始》)

【주석】① 顾炎武把国与天下区分开来, 认为保国家政权是君臣统治者的事而保天下者, 则人人有责. 此语后被梁启超表达为"天下兴亡, 匹夫有责".(고염무가 국가와 천하를 나누면서 생각하기를 국가 정치권력을 지키는 것은 군신통치자의 일이라고 했다. 또한 천하를 지키는 것은 곧 모든 사람에게 책임이 있다고 하였다. 이 말은 나중에 양계초에 의하여 "천하의 흥망은 평민에게 책임이 있다"는 말로 표현되었다.)梁启超说: "今欲国耻之一洒(xǐ, 通洗), 其在我辈之自新, 我辈革面, 然后国事始有所寄…夫我辈则多矣, 欲尽人而自新, 云何可致? 我勿问他人, 问我而已. 斯乃真顾亭林所谓天

下兴亡, 匹夫有责也."(양계초가 말하기를 "지금 국가의 수치중의 하나를 엎질러서 그것으로 나와 같은 사람들이 쇄신하고 혁명하여 나중에 국사의 시작에 있어서 보내기를…… 나와 같은 사람들이 많으나 사람이 자신을 새롭게 하려고 하나 어찌 말할 수 있단 말인가. 나는 다른 사람에게 묻지 않고 나에게 물을 뿐이다. 이것은 곧 고정림 선생이 말한 것처럼 천하의 흥망은 평범한 사람에게 책임이 있는 것이 다"라고 하였다."《饮水室合集》文集33《痛定罪言》 참고.)

不可以一时废千古, 不可以一人废天下.(王夫之:《读通鉴论》卷十四《安帝十四》)

处天下事, 先把"我"字阁①起.(汪汲:《座右铭续编·存心》)
【주석】① 阁: 通"搁"; 阁은 搁과 의미가 통하며, 놓다, 방치하다의 의미이다).

合群之德者, 以一身对于一群, 常肯绌①身而就群, 以小群对于大群, 常肯绌小群而就大群.(梁启超:《饮水室合集》文集之五《十种德性相反相成义》)
【주석】① 绌: 屈(굽히다, 억울하다).

身与群校①, 群大身小, 绌身伸群, 人治之大经②也. 当其二者不兼之际, 往往不爱己, 不利己, 不乐己, 以达其爱群, 利群, 乐群之实者有焉矣.(梁启超:《饮水室合集》专集之四《新民说·论自由》)
【주석】① 校: 通"较"(비교하다). ② 大经: 根本的原则, 道理(근본적인 원칙, 도리).

人之生息于一群也, 安享其本群之权利, 即有当尽其本群之义务. 苟不尔①者, 则直为群之蟊而已.(梁启超:《饮水室合集》专集之四《新民说·论公德》)
【주석】① 尔: 如此(이와 같은), 这样(이러한).

2절. 공사(公私)

"공사지변(公私之辨)"은 공리(公利)와 사리(私利), 위공(爲公)과 위사(爲私)의 관계 문제로, 지금에 이르기까지 인류 도덕생활의 기본 문제이다. 그러나 사회가 서로 다르면 그 구체적 내용과 표현 형식도 각각 서로 다르다. 계급이 대립하는 사회에서 공과 사는 언제나 갈등과 대립의 상황에 놓였으며, "이타주의"와 "이기주의", "집단주의"와 "개인주의"라는 두 종류의 대립하는 가치 방침과 가치 체계가 출현하였다. 중국 전통 "공사관"의 주류와 특징은 "위공"이다. 비록 개인의 이익 추구와 개성 발휘를 경시하고 억누르기까지 할 정도로 편파적인 결점을 가지기도 하지만 "위공"은 결국 인류 공동의 긍정적 가치의 지향이자 중요한 이론적 가치와 현실적 의미를 가진다.

본 절에서 열거한 세 조목은 비교적 체계적으로 전통 "공사관"의 특징을 반영하였다. 먼저 공사의 구별을 분명하게 하였다. 이어서 공사를 비교하여, 공은 무겁고 사는 가벼우며 "무릇 사람들이 세상에 처하는 도는 공을 귀하게 여기며[凡人處世之道, 以公爲貴]" 인류의 이상사회는 "천하위공(天下爲公)"이 될 것이라는 것을 주장하였다. 마지막으로 사람들이 공사 관계를 처리할 때 반드시 "공을 먼저하고 자신을 뒤로 해야[先公后己]" 할 것을 요구하였다. 그리고 "공"의 내재화를 실현하기 위해, 수양을 강화하여 무사심(無私心), 무사념(無邪念)을 이루어야 한다. 이 "위공"의 도덕가치관은 집중적으로 중화 전통 미덕의 기본 정신을 구현하였다.

一. 明别公私

公私不可不明, 法禁不可不审.(《韩非子·饰邪》)

私心胜者, 可以灭公.(林逋:《省心录》)

利于私, 必不利于公, 公与私不两胜, 利与害不两能.(杨万里:《诚斋集》卷
六十五《代萧岳英上宰相书》)

君子小人趣向①不同, 公私之间而已.(朱熹:《四书章句集注·论语集注》卷二)
【주석】 ① 趣向: 志趣, 意向(의향, 의도).

盖心之公私小异, 而人之向背顿殊, 学者于此不可以不审也.(朱熹:《四书
章句集注·孟子集注》卷八)

人只有一个公私, 天下只有一个邪正.(朱熹:《朱子语类》卷十三)

将天下正大底道理去处置事, 便公; 以自家私意去处之, 便私.(同上)

公则四通八达, 私则偏向一隅①.(《薛瑄全集·读书录》卷六)
【주석】 ① 隅: 角落(구석, 모퉁이, 외진 곳).

“公私”两字, 是宇宙的人鬼关. 若自朝堂以至闾里, 只把持得“公”字定, 便自
天清地宁, 政清讼息; 只一个“私”字, 扰攘得不成世界.(吕坤:《呻吟语·治道》)

克一个公己公人心, 便是吴越一家①; 任一个自私自利心, 便是父子仇雠.
天下兴亡, 国家治乱, 百姓死生, 只争这个些子.(吕坤:《呻吟语·存心》)

【주석】① 吴越一家: 吴, 越, 春秋末两个敌对的诸侯国. 吴越一家, 意谓出以公心, 可以化敌为友.(오, 월은 춘추말기에 두 개의 적대적인 제후국을 의미한다. 오월이 한 가족이라는 것은 공의로써 적도 친구가 될 수 있다는 것을 의미한다.)

二. 公重私轻

公道达而私门塞矣, 公义明而私事息矣.(《荀子 · 君道》)

能去私曲①就公法者, 民安而国治.(《韩非子 · 有度》)
【주석】① 私曲: 此处指君主的私意(여기서는 군주의 개인적인 뜻을 가리킨다).

私义行则乱, 公义行则治.(《韩非子 · 饰邪》)

智而用私①, 不若愚而用公②.(《吕氏春秋 · 贵公》)
【주석】① 智而用私: 此处指虽有智慧, 但以私心, 私意处理问题.(지혜가 있으나 사심과 사의로써 문제를 처리하는 것을 가리킨다.) ② 愚而用公: 此处指虽乏智慧, 但以公心, 公理处理问题.(지혜가 부족하나 공심과 공의로써 문제를 처리하는 것을 가리킨다.)

昔先圣王之治天下也, 必先公. 公则天下平矣, 平得于公.(同上)

大其牖①, 天光入: 公其心, 万善出.(方孝孺:《逊志斋集》卷一《杂铭 · 牖》)
【주석】① 牖(yǒu有): 窗户(창문).

只大公了, 便是包涵天下气象.(吕坤:《呻吟语 · 应务》)

人一生大罪过, 只在"自是自私"四字.(吕坤:《呻吟语 · 修身》)

天下惟公足以服人.(《明史》卷二三五《王汝训列传》)

有一人之正义^①, 有一时之大义^②, 有古今之通义^③: 轻重之衡, 公私之辨, 三者不可不察. 以一人之义, 视一时之大义, 而一人之义私矣: 以一时之义, 视古今之通义, 而一时义私矣: 公者重, 私者轻矣, 权衡之所自定也.(王夫之:《读通鉴论》卷十四《安帝十四》)

【주석】① 正义: 指个人的正确意见(개인의 올바른 의견). ② 大义: 这里指宜于一时的基本原则.(여기서는 일시적으로 기본 원칙에 부합하는 것을 말한다.) ③ 通义: 指宜于古今的普遍原则.(옛날과 지금의 보편적인 원칙에 부합하는 것을 말한다.)

以天下论者, 必循天下之公, 天下非一姓之私也.(王夫之:《读通鉴论》卷末《叙论一》)

人人好公, 则天下太平: 人人营私, 则天下大乱.(刘鹗:《老残游记》第九回)

三. 先公后私

君子之能以公义胜私欲也.(《荀子·修身》)

私仇不入公门.(《韩非子·外储说左下》)

公正无私, 一言而万民齐.(《淮南子·修务训》)

极身^①无二虑, 尽公而不顾私.(《史记》卷七十九《范雎蔡泽列传》)

【주석】① 极身: 此处意为一心一意(여기서는 '한마음 한뜻으로'의 의미이다).

治官事则不营私家, 在公门则不言货利.(刘向:《说苑·至公》)

不以私害公.(刘向:《新序·义勇》)

至公无私.(《忠经·天地神明章》)

苟利社稷, 则不顾其身.(《忠经·百工章》)

人主有公赋①无私求, 有公用无私费, 有公役②无私使, 有公赐③无私惠, 有
公怒④无私怨.(荀悦:《申鉴·政体》)
【주석】① 公赋: 指为国家需要而征收的赋税.(국가의 필요에 의해 징수하는 부세)
② 公役: 指为国家需要而征调的劳役.(국가의 필요에 의해 징발하는 부역) ③ 公赐:
出于公心而赏赐对国家有功的人. (공심(公心)에서 비롯되어 국가에 대해 공을 세운
사람에게 내리는 상) ④ 公怒: 出于公心的震怒. [공심(公心)에서 비롯된 진노]

古之所谓公无私者, 其取舍进退无择于亲疏远迩, 惟其宜可焉.(韩愈:《韩
昌黎集》卷十九《送齐暤下第序》)

惟至公不敢私其所私, 私则不正.(《欧阳修全集·外集》卷十《三年无改问》)

天下至公也, 一身至私也, 循公而灭私, 是五尺竖子①咸知之也.(《李觏集》
卷二十七《上富舍人书》)
【주석】① 竖子: 小子(어린 사람).

私欲不可以胜公议 …… (苏轼:《苏东坡全集·奏议集》卷四《论特奏名》)

官无大小, 凡事只是一个公. 若公时, 做得来也精采. 便若小官, 人也望风
畏服. 若不公, 便是宰相, 做来做去, 也只得个没下梢①.(朱熹:《朱子语类》

卷一一二)
【주석】① 没下梢: 没有好下场(좋은 결과가 없다).

宁公而贫, 不私而富: 宁让而损己, 不竞①而损人.(张养浩:《牧民忠告》)
【주석】① 竞: 争夺(쟁탈하다, 다투다).

固不可假公法以报私仇, 亦不可假公法以报私德.(《薛瑄全集 · 读书录》卷七)

不以一己之利为利, 而使天下受其利; 不以一己之害为害, 而使天下释其害.
(黄宗羲:《明夷待访录 · 原君》)

不以私害公, 不以小害大.(王夫之:《读通鉴论》卷十五《明帝二》)

团体之公益与个人之私利, 时相枘凿①而不可得兼也, 则不可不牺牲个人
之私利, 以保持团体之公益. 然无法律以制裁之, 无刑罚以驱迫之, 惟持此
公德之心以维此群治. 故公德盛者其群必盛, 公德衰者其群必衰, 公德者
诚②人类生存之基本哉.(梁启超:《饮冰室合集》文集十四《论中国国民之
品德》)
【주석】① 枘凿: 枘, 榫头.(枘은 장부이다) 凿, 榫眼.(凿은 장부구멍이다) 枘凿系"方
枘圆凿"的简化.(장부구멍은 네모난 장부와 동그란 장부구멍의 약칭이다.) 意即榫头
与榫眼不合, 比喻矛盾.(곧 장부와 장부구멍이 맞지 않음 곧 모순에 비유한다.) ②
诚: 这里作动词用, 意谓实在是, 的确是.(诚은 여기에서 동사의 용법이며, '정말로, 확
실히'의 의미이다.)

3절. 의리(義利, 의리와 사리)

"의로움과 이로움의 분별[義利之辨]"은 사실상 "공과 사의 분별[公私之辨]"을 도덕가치론에서 표현한 것이다. 이는 역시 중국 전통 가치론의 기본 문제이며 내용도 상당히 풍부하다. 중국 전통의 의리관, 특히 의로움과 이로움의 분별은 "의로움[義]"의 지위를 두드러지게 하여 "의로움 중시[重義]"의 정신을 나타내었는데, 이 점은 매우 훌륭하다. 사실로 증명되었듯이 어떠한 사회라도 도덕이 없을 수 없고, 이익 추구(경제적 이익을 추구함)를 행동 방침으로 여기는 경제 분야, 경제 활동에서도 도덕("의로움[義]")을 말하지 않을 수 없다. 만약 "이익을 보면 의로움을 잊고[見利忘義]" "이익만을 도모하면[唯利是圖]" 정상적인 경제 질서와 사회질서는 파괴될 것이다. 의로움과 이로움의 관계에서 중국 전통 의리관, 특히 유가는 비록 지나치게 의로움를 중시하고 "이익[利]"를 소홀히 하는 경향이 있지만, 그러나 우리는 긍정적인 측면에서 옛사람들을 이해하여 전통적으로 "의로움을 중시하였던" 정신을 발전시켜야 한다.

一. 明辨义利

君子喻^①于义, 小人喻于利.(《论语·里仁》)

【주석】① 喻: 明晓(잘 알다, 조예가 깊다).

鸡鸣而起, 孳孳为善者, 舜之徒也; 鸡鸣而起, 孳孳为利者, 蹠^①之徒也. 欲知舜与蹠之分, 无他, 利与善之间也.(《孟子·尽心上》)

【주석】① 蹠: 同"跖", 盗跖(蹠은 跖과 같다. 춘추시대의 유명한 도적인 盗跖을 말한다).

保利弃义谓之至贼.(《荀子·修身》)

先义而后利者荣, 先利而后义者辱.(《荀子·荣辱》)

君子思义而不虑利, 小人贪利而不顾义.(《淮南子·缪称训》)

君子尚义, 小人尚利. 尚利则乱, 尚义则治.(邵雍:《伊川击壤集》卷十四《义利吟》)

义与利, 只是个公与私也.(《二程集·河南程氏遗书》卷十七)

义者, 心之制, 事之宜也.(朱熹:《四书章句集注·孟子集注》卷一)

当营而营①, 当取而取, 便是义. …… 不当营而营, 不当取而取, 便是利.
(陈淳:《北溪字义·义利》)
【주석】① 营: 谋求(강구하다, 모색하다).

学莫先于义利之辨.(刘宗周:《人谱类记》)

学者知心上公私, 便知事上有义利.(徐问:《读书札记》,《明儒学案》卷五十二)

立人之道曰义, 生人之用曰利. 出义入利, 人道不立; 出利入害, 人用不生.
(王夫之:《尚书引义》卷二《禹贡》)

二. 正义明道
君子之于天下也, 无适①也, 无莫②也, 义之与比③.(《论语·里仁》)

【주석】① 无适(dí适): 适, 亲近(适은 친하고 가까운 것이다). 无适即不亲近(无适은 즉 친하고 가깝지 않은 것이다). ② 无莫: 莫, 疏远(소원하다, 멀다), 冷淡(냉담하다). 无莫即不疏远(无莫은 즉 소원하지 않은 것이다). ③ 比(bǐ必): 挨近(가까이 다가가다), 靠拢(좁히다, 접근하다). 意谓君子只遵从义的原则与人交往接近.(군자는 오직 정의의 원칙에 따라 사람과 왕래하고 가까이 지낸다는 의미이다.)

君子谋道不谋食. …… 君子忧道不忧贫.(《论语 · 卫灵公》)

君子义以为上①.(《论语 · 阳货》)
【주석】① 上: 通"尚"(上은 尚과 그 뜻이 통하며, '숭상하다, 중시하다'의 의미이다).

君子义以为质①.(《论语 · 卫灵公》)
【주석】① 此句意谓君子以"义"为根本(이 구절은 군자가 義를 근본으로 삼는다는 뜻이다).

仁义忠信, 乐善不倦, 此天爵也: 公卿大夫, 此人爵也. 古之人修其天爵, 而人爵从之. 今之人修其天爵, 以要人爵①: 既得人爵, 而弃其天爵, 则惑之甚者也, 终亦必亡而已矣.(《孟子 · 告子上》)
【주석】① 今之人修其天爵, 以要人爵: 意思是说, 今人只把标榜道德作为谋取官位的手段.(현대인들이 단지 도덕성을 표방하는 것을 관직을 얻는 수단으로만 여긴다는 뜻이다.) 故有下文"既得人爵, 而弃其天爵"之说.(다음 문장에 "既得人爵, 而弃其天爵(사람이 작위를 얻으면 天爵을 버린다.)"라는 말이 있기 때문이다.)

义与利者, 人之所两有也. 虽尧, 舜①不能去②民之欲利, 然而能使其欲利不克③其好义也. 虽桀, 纣④亦不能去民之好义, 然而能使其好义不胜其欲利也. 故义胜利者为治世, 利克义者为乱世.(《荀子 · 大略》)
【주석】① 尧, 舜: 历史传说中的两位圣王(역사 속 전설상의 두 성군). ② 去: 除去

(제거하다). ③ 克: 胜过(이기다). ④ 桀, 纣: 桀是夏代最后一位君主(桀은 夏나라의 마지막 왕이고), 纣是商代最后一位君主(纣는 商나라의 마지막 왕인데), 两者皆暴虐无道(둘 다 포악하고 잔인하였다).

天之生人也, 使人生义与利. 利以养其体, 义以养其心. 心不得义不能乐, 体不得利不能安. 义者, 心之养也: 利者, 体之养也. 体莫贵于心, 故养莫重于义, 义之养生人大于利.(董仲舒:《春秋繁露·身之养重于义》)

天地之所贵者人也, 圣人之所尚者义也, 德义之所成者知也, 明智之所求者学问也.(王符:《潜夫论·赞学》)

见利争让, 闻义争为.(王通:《文中子·魏相篇》)

君子谋道不谋富.(柳宗元:《柳河东集》卷二十《吏商》)

 …… 不论利害, 惟看义当为与不当为.(《二程集·河南程氏遗书》卷十七)

义者, 宜也. 君子见得这事合当如此, 却那事合当如彼, 但裁处其宜而为之, 则何不利之有. 君子只理会义, 下一截利处更不理会.(朱熹:《朱子语类》卷二十七)

大利不换小义, 况以小利坏大义乎? 贪者可以戒矣.(吕坤:《呻吟语·存心》)

钱财如粪土, 仁义值千金.(冯梦龙:《警世通言》卷二十五)

三. 见利思义

多行不义必自毙①.(《左传·隐公元年》)
【주석】① 毙: 踣(넘어지다). 犹谓跌跤, 失败(실패를 뜻한다).

子①曰: "富与贵, 是人之所欲也, 不以其道得之, 不处也. 贫与贱, 是人之所恶也, 不以其道得之②, 不去也."(《论语·里仁》)
【주석】① 子: 指孔子(공자를 가리킴). ② 得之: 杨伯峻《论语译注》认为, "得之"是 "去之"之误. (양백준의 《论语译注》에서는 "得之"를 "去之"로 잘못 표시하였다)

不义而富且贵, 于我如浮云.(《论语·述而》)

士见危致命, 见得思义.(《论语·子张》)

见利思义.(《论语·宪问》)

义然后取, 人不厌其取.(同上)

非吾仪①, 虽利不为: 非吾当, 虽利不行: 非吾道, 虽利不取.(《管子·白心》)
【주석】① 仪: 准则(준칙, 규범).

非其义也, 非其道也, 一介①不以与人, 一介不以取诸人.(《孟子·万章上》)
【주석】① 一介: 极微小之物(아주 작은 물체).

以义制利.(《荀子·正论》)

临才毋苟得①, 临难毋苟免②.(《礼记·曲礼上》)

【주석】① 临才毋苟得: 才, 同"财"(才는 财와 같다), 财货(재물). 此句意谓在财货面前, 如义不当得, 就不要以不正当手段取得.(의에 따라 재화를 눈앞에 두고도 당연하단 듯이 얻지 말라, 즉 정당하지 못한 수단으로 취득하지 말라는 의미이다.) ② 临难毋苟免: 意谓面临危难, 若义不能免, 不要苟且贪生, 偷偷地逃跑.(위험과 곤란에 직면하여 만약 의롭게 면할 수 없다하더라도 남몰래 도망하여 구차하게 목숨을 구하지 말라.)

仁者以财发身①, 不仁者以身发财②.(《礼记·大学》)
【주석】① 以财发身: 意为散布财物以求完善自身的德性.(자신의 덕행에 완전함을 구하기 위해 재물을 사용하다.) ② 以身发财: 意为不惜残生亡身以聚敛财物.(재물을 끌어 모으는데 남은 인생을 소비하고 몸을 망치는 것을 아까워하지 않다.)

仁者不以欲伤生, 知①者不以利害义.(《淮南子·人间训》)
【주석】① 知: 同"智"(知는 智와 같다).

不义之财, 见之如鬼, 不善不乐: 诱饵之食, 见而欲呕, 不觉其乐.([藏族]《礼仪问答卷》)

利者, 众人所同欲也. 专欲益己, 其害大矣. 欲之甚, 则昏蔽而忘义理: 求之极, 则侵夺而致仇怨.(《二程集·周易程氏传》卷三)

圣人于利, 不能全不较论, 但不至妨义耳.(《二程集·河南程氏外书》卷七)

人不可以苟①富贵, 亦不可以徒②贫贱.(苏轼:《苏东坡全集·前集》卷二十八《上梅直讲书》)
【주석】① 苟: 苟且(정당하지 못하다, 구차하다, 얼버무리다), 此指不正当地取得(이것은 정당하지 않게 얻은 것을 말한다). ② 徒: 听任(맡기다, 마음대로 하게 하다).

非理之财莫取, 非理之事莫为.(冯梦龙:《古今小说》卷二十六)

从来有名士不用无名钱, 若爱一文, 不直一文①.(李惺:《药言》)
【주석】① 不直一文: 意谓丧失人格(인격을 상실한다는 의미이다). 直, 同"值"(直은 值과 같으며, '가치'의 의미이다).

四. 义在利民

仁之事者, 必务求兴天下之利, 除天下之害, 将以为法乎天下. 利人乎, 即为: 不利人乎, 即止.(《墨子·非乐上》)

所为贵良宝者, 可以利民也, 而义可以利人, 故曰: 义, 天下之良宝也.(《墨子·耕柱》)

墨子兼爱, 摩顶放踵①利天下, 为之.(《孟子·尽心上》)
【주석】① 摩顶放踵: 摩秃了头顶, 走破了脚跟.(정수리부터 발꿈치까지 다 닳는다는 의미이다.) 形容不顾身体, 不畏劳苦.(자신의 몸을 돌보지 않고, 수고스러움을 두려 워하지 않는 것이다.)

言义必及利.(《国语·周语下》)

义以生利, 利以丰民.(《国语·晋语一》)

谋度于义者必得, 事因于民者必成.(《晏子春秋·内篇·问上》)

圣人非不好利也, 利在于利万人: 非不好富也, 富在于富天下.(白居易:《白氏长庆集》卷四十六《策林·不夺人利》)

不能说今生的财富丑恶不堪, 自用又惠人, 会得福缘. …… 人有财富方能得到知识, 智慧, 行善积德方能心愿得遂. …… 人倘无财物, 两袖清风, 就难以施舍去行善功.(〔维吾尔族〕尤素甫 · 哈斯 · 哈吉甫:《福乐智慧》)

有德而富贵者, 乘富贵之势以利物: 无德而富贵者, 乘富贵之势以残身. (《胡宏集 · 知言 · 仲尼》)

一身之利勿谋也, 而利天下者则谋之. 一时之利勿谋之, 而利万世者则谋之. (《胡宏集 · 知言 · 纷华》)

功到成处, 便是有德: 事到济处, 便是有理. (陈傅良:《止斋文集》卷三十六《致陈同甫书》)

古人以利与人而不自居其功, 故道义光明. ……既无功利, 则道义者乃无用之虚语耳.(叶适:《习学记言序目》卷二十三)

夫欲正义, 是利之也: 若不谋利, 不正可矣. 吾道苟明, 则吾之功毕矣: 若不计功, 道又何时而可明也.(李贽:《藏书》卷三十二《德业儒臣后论》)

不言理财者, 决不能平治天下. 何也? 民以食为天, 从古圣帝明王, 无不留心于此者.(李贽:《四书评 · 大学》)

夫孰知义之必利, 而利之非可利者①乎!(王夫之:《尚书引义》卷二《禹贡》)
【주석】① 而利之非可利者: 若背义求利, 这样的'利'就会造成祸患, 即"小人之数数于利也, 则未有不为凶危之都者矣".(《尚书引义》卷二, 의를 배반하고 이익만을 구한다면, 그렇게 얻은 이익은 즉 재앙을 초래할 것이다. 즉 "소인이 누누이 이익

을 추구하는 것은, (앞으로) 흉험할 것에 대해 생각해본 적이 없기 때문이다."《尚书引义》 2권 참조.)

义中之利, 君子所贵也.(《颜元集·四书正误》卷一)

正其谊以谋其利, 明其道而计其功.(同上)

人必能斡旋乾坤[1], 利济苍生, 方是圣贤.(《颜元集·颜习斋先生言行录》卷下)
【주석】① 斡旋乾坤: 斡旋, 扭转(교정하다, 바로잡다). 乾坤, 天地(하늘과 땅, 세계). 寓意革故鼎新, 振兴国家. (낡은 것을 버리고 새로운 것을 창조하여 국가를 부흥시킨다는 의미가 함축되어 있다.)

天下有大利焉, 利人是也. 有大害焉, 利己是也. 利己必损人, 人既损矣, 己复何利之有?(李惺:《药言》)

4절. 이욕(理欲)

"이욕지변(理欲之辨)"은 도덕관념과 사람의 물질 욕망의 관계를 어떻게 처리할 것인가의 문제에 대해 논의하는 것에 중점이 있다. 역사적으로 중국 윤리학에서는 "인욕(人欲)"을 어떻게 처리할 것인가라는 문제와 관련하여 종욕주의(縱欲主義)와 금욕주의가 출현한 적은 있었지만 주류는 아니었다. 이에 대한 기본적이며 합리적으로 인식하는 자세는 "사람은 나면서부터 욕망이 있기[人生而有欲]" 때문에 욕망은 끊을 수 없지만 방종하여 한도가 없어서는 안 되므로 "욕망을 따르면 재앙을 낳는다"라는 것이다. 올바른 자세는 "절욕(節欲)"과 "도욕(導欲)"이다.

"이욕지변(理欲之辨)"은 선진 시대에 싹이 터서 송명 시대에 번성하였다. 송명 성리학자들이 이 문제에 대해 중점적으로 외친 슬로건은 "존천리 멸인욕(存天理, 滅人欲)"인데 후대에 좋지 않은 영향을 미쳤다. 따라서 여기서는 기본적으로 선별하여 수록하지 않고 그들을 비판하는 몇 가지 언급을 골라 수록하였다. 이러한 언급의 기본정신은 리로써 욕망을 절제하고 이욕(理欲)을 통일하는 것이다.

一. 存欲勿纵
祸莫大于不知足, 咎①莫大于欲得.(《老子》第四十六章)
【주석】① 咎: 过失, 罪过(잘못, 실수, 과실).

性者, 天之就也: 情者, 性之质也: 欲者, 情之应也.(《荀子·正名》)

祸难生于邪心, 邪心诱于可欲.(《韩非子·解老》)
饮食男女, 人之大欲存焉: 死亡贫苦, 人之大恶①存焉. 故欲恶者, 心之大端也.(《礼记·礼运》)
【주석】① 恶: 厌恶(혐오하다, 몹시 싫어하다).

夫物之感人无穷, 而人之好恶无节, 则是物至而人化物也, 人化物也者, 灭天理而穷人欲者也.(《礼记·乐记》)

敖①不可长, 欲不可从②, 志不可满, 乐不可极.(《礼记·曲礼上》)

【주석】① 敖: 同"傲", 傲慢(敖는 傲와 같으며, '거만하다, 건방지다'의 의미이다).
② 从: 同"纵", 放纵(从은 纵과 같으며, '방종하다, 예의가 없다'는 의미이다).

放情者危, 节欲者安.(桓范:《政要论·节欲》, 载《群书治要》卷四十七)

嗜欲喜怒之情, 贤愚皆同, 贤者能节之不使过度, 愚者纵之多至失所.(吴兢:《贞观政要·慎终》)

乐不可极, 极乐成哀: 欲不可纵, 纵欲成灾.(吴兢:《贞观政要·刑法》)

人之有喜怒哀乐者, 亦其性之自然, 今强曰必尽绝, 为得天真[1], 是所谓丧天真也.(《二程集·河南程氏遗书》卷二上)
【주석】① 天真: 指人的本然之性(사람 본연의 성질을 말한다).

愿你以理智将情欲制服, 屈从了情欲会变为野人, 身心享乐会将你摧毁……(〔维吾尔族〕尤素甫·哈斯·哈吉甫:《福乐智慧》)

有知者啊, 莫做欲念的俘虏, 否则会毁弃了信仰的道路.(同上)
纵肆忽怠, 人喜其佚: 孰知佚者, 祸所自出.(方孝孺:《逊志斋集》卷一《家人箴》)

贪欲者, 众恶之本: 寡欲者, 众善之基.(《王廷相集·慎言》卷五)

迷于利欲者, 如醉酒之人, 人不堪其丑, 而己不觉也.(《薛瑄全集·读书录》卷八)

人无以货利损行, 无以嗜欲妨生, 无以骄奢败俗, 无以暴虐戕人, 无以富贵自矜, 无以贫贱自轻.(薛应旂:《薛子庸语》)

世间万物皆有所欲, 亦是天理人情.(吕坤:《呻吟语·治道》)

圣人只是一中①, 不绝欲, 亦不从②欲, 是以难耳.(《陈确集·别集》 卷五《瞽言四·无欲作圣辨》)

【주석】① 中: 指"中庸"(중용을 말한다), 无过无不及.(과하지도 부족하지도 않다) ② 从: 通"纵"(从은 纵과 뜻이 통한다).

盖性者, 生之理也. 均是人也, 则此与生俱有之理, 未尝或异: 故仁义礼智之理, 下愚所不能灭, 而声色臭味之欲, 上智所不能废, 俱可谓之为性.(王夫之:《张子正蒙注》卷三)

凡事为皆有于欲, 无欲则无为矣: 有欲而后有为, 有为而归于至当不可易之谓理.(戴震:《孟子字义疏证》卷下《权》)

二. 以理导欲

饮食, 人之所欲而不可无也, 非理求之, 则为饕①为馋: 男女, 人之所欲而不可无也, 非理狎之, 则为奸为滥: 财物, 人之所欲而不可无也, 非理得之, 则为盗为赃.(袁采:《袁氏世范》卷二《处己》)

【주석】① 饕(tāo滔): 贪甚(탐욕이 지나침).

七情总是个欲, 只得其正了都是天理.(吕坤:《呻吟语·谈道》)

时时体悉人情, 念念持循天理.(吕坤:《呻吟语·修身》)

天理正从人欲中见, 人欲恰好处, 即天理也.(《陈确集·别集》卷五《瞽言四·无欲作圣辨》)

······ 是礼虽纯为天理之节文, 而必寓于人欲以见 ······ 终不离欲而别有理也.(王夫之:《读四书大全说》卷八)

学者有理有欲, 理尽则合人之欲①, 欲推即合天之理②.(王夫之:《读四书大全说》卷四)

人欲之各得, 即天理之大同: 天理之大同, 无人欲之或异.(同上)

性, 譬则水也: 欲, 譬则水之流也: 节而不过, 则为依乎天理, 为相生养之道, 譬则水由地中行也.(戴震:《孟子字义疏证》卷上《理》)

理也者, 情之不爽失也: 未有情不得而理得者也.(同上)

道德之盛, 使人之欲无不遂, 人之情无不达, 斯已矣.(戴震:《孟子字义疏证》卷下《才》)

遂己之欲, 亦思遂人之欲, 而仁不可胜用矣: 快己之欲, 忘人之欲, 则私而不仁.(戴震:《原善》卷下)

3장

인생처기(人生處己)

이끄는 말

사람마다 일생에서 겪는 삶과 죽음[生死], 노력과 운명[力命], 영예와 치욕[榮辱], 근심과 즐거움[憂樂], 빈곤과 현달[窮通] 등의 문제에서 그의 인생의 가치관이 집중적으로 나타난다. 이러한 문제에 대해 중국 고대 사상가들은 각자 자신의 견해를 고집하여 어떤 것이 옳은지 하나의 결론을 내릴 수는 없지만, 주도적 위치를 차지하는 관점은 다음과 같다. 첫째 하늘에 운명을 맡기지 않고 나에게 있는 것을 다하여, 인간의 주체적 역할과 낙관적이고 진취적인 자세를 견지한다. 둘째 덕과 의(義)와 백성의 이익을 중심으로 삼아, 결코 개인의 득실에 구애되지 않은 채 원대한 포부와 덕을 높이고 의를 중시하는 정신을 표현하였다. 셋째 변증법적 태도로 시비와 이해를 다루고 힘써 노력하여 이롭

지 않은 것을 이롭게 변화시켜 소극적인 요소를 적극적인 요소로 변화
시켰다. 이러한 처기(處己)의 정신과 자세는 유물변증법에 부합하며
많은 진리 요소를 포함하여 지금까지도 중요한 의미를 가진다.

1절. 생사(生死)

생사 문제는 인생철학의 중심 의제로, 중국 전통 윤리 사상에서 많
이 토론되었고 전반적인 내용도 매우 현실적이다. 본 절에서 선별하여
수록한 자료는 대체로 두 가지 층위로 나뉜다. 첫 번째와 두 번째 조
목이 첫째 층위를 이루는데, 옛 현인들이 생사를 달관하였음을 집중적
으로 반영하였다. 사람의 생사를 사물에는 시작과 끝이 있고 때에는
낮과 밤이 있다는 자연 규율과 같다고 여겼다. 그러므로 삶을 기뻐할
필요도 없고 죽음을 싫어할 필요도 없으므로, 일종의 유물주의적 이성
의 정신을 나타낸다. 세 번째와 네 번째 조목이 둘째 층위를 이루는데,
옛 현인들(주로 유가)의 의(義)에 따라 생사를 결정하는 생사관은 "인
을 이루고[成仁]" "의를 취하는[取義]" 것을 인생에서 추구할 가치로 삼
고, 사회를 위해 "덕을 세우고[立德]" "공을 세우고[立功]" "말을 세우면
[立言]" 사라지지 않고 영원할 것임을 집중적으로 반영하였다.

一. 生死自然
原始反终①, 故知生死之说.(《周易 · 系辞上》)
【주석】① 原始反终: 追溯初始, 推究终结(처음으로 거슬러 올라가 살펴, 결말을 규
명하다).

大块^①载我以形, 劳我以生, 佚我以老, 息我以死. 故善吾生者, 乃所以善吾死也.(《庄子·大宗师》)

【주석】① 大块: 指大地, 或指大自然(대지 또는 대자연을 말한다).

生也死之徒^①, 死也生之始.(《庄子·知北游》)

【주석】① 徒: 同类之意(같은 뜻).

死生为昼夜.(《庄子·至乐》)

讳死者不可以得生, 讳亡者不可以得存.(刘向:《说苑·正谏》)

有生者必有死: 有始者必有终.(扬雄:《法言·君子》)

死去何所道, 托体同山阿^①.(陶潜:《陶渊明集》 卷四《诗五言·拟挽歌辞三首》)

【주석】① 山阿(ē): 山中曲处(산속의 구부러진 곳), 山湾(산의 湾).

物之有成必有坏, 譬如人之有生必有死.(苏轼:《苏东坡全集·前集》 卷三十一《墨妙亭记》)

由致新而言之, 则死亦生之大造矣.(王夫之:《周易外传》 卷二)

生而死, 死而生, 如草木之花, 开开谢谢, 才有理趣(钱泳:《履园丛话·神仙》)

福寿康宁, 固人之所同欲: 死亡疾病, 亦人所不能无.(程允升:《幼学琼林·疾病死丧》)

二. 达观生死

死生亦大矣, 而无变乎己, 况爵禄乎!(《庄子·田子方》)

死生无变于己, 而况利害之端乎!(《庄子·齐物论》)

死亦不须忧, 生亦不须喜[①] ……
生死不由我, 我是长流水 …… (《王梵志诗》, 载《全唐诗外编·全唐诗补逸》卷二)
【주석】 ① 此二句原作"生亦不须喜, 死亦不须忧", 此处据刘复《敦煌掇琐》校改. (이 두 구절은 원래 "낳는 것 또한 기뻐할 필요가 없고, 죽는 것 또한 슬퍼할 필요가 없다"고 쓰여졌는데, 여기서는 刘复의 《敦煌掇琐》에 근거하여 고친 것이다.)

君子明于死生之分, 达于利害之变, 则富贵, 贫贱, 夷狄, 患难, 寿夭, 一以视之矣.(薛应旂:《薛子庸语》)

三. 生以载义

志士仁人, 无求生以害仁, 有杀身以成仁.(《论语·卫灵公》)

所恶有甚于死者, 故患有所不辟[①]也.(《孟子·告子上》)
【주석】 ① 辟: 同 "避"(辟은 避와 같다).

尽其道而死者, 正命也.(《孟子·尽心上》)

义之所在, 不倾于权, 不顾其利, 举国而与之, 不为改视, 重死持义而不桡, 是士君子之勇也.(《荀子·荣辱》)

士之为人, 当理不避其难, 临患忘利, 遗生行义, 视死如归.(《吕氏春秋 · 士节》)

生有益于人①, 死不害于人.(《礼记 · 檀弓上》)
【주석】① 人: 此处指他人(여기서는 타인을 가리킨다).

人固有一死, 死有重于泰山, 或轻于鸿毛.(《汉书》卷六十二《司马迁传》)

义死不避斧钺之诛, 义穷不受轩冕之荣.(刘向:《新序 · 义勇》)

朝与仁义生, 夕死复何求.(陶潜:《陶渊明集》卷四《咏贫士七首》)

曲生何乐, 直死何悲. (韩愈:《韩昌黎集》卷二十二《祭穆员外文》)

宁以义死, 不苟幸生, 而视死如归.(《欧阳修全集 · 居士集》卷十八《纵囚论》)

生当作人杰, 死亦为鬼雄.(《李清照集》卷二《乌江》)

义无可舍之理. 当死而死, 义在于死: 不当死而死, 义在于不死: 无往而非义也①.(朱熹:《朱子语类》卷五十九)
【주석】① 此句意为, 当死与不当死均应以是否合于义作标准.(이 구절은 죽어 마땅한 것과 그렇지 않은 것은 모두 올바른 도리로 만들어진 기준에 부합하는지를 살펴야 한다는 뜻이다.)

义在于生, 则舍死而取生: 义在于死, 则舍生而取死.(同上)

403

义之所在, 毅然必为. 人之毁誉欢戚, 事之成败利钝, 己之死生祸福, 皆所不顾也.(宋缲:《古今药石·理学名臣言行录》)

将贵其生, 生非不可贵也: 将舍其生, 生非不可舍也. …… 生以载义, 生可贵: 义以立生, 生可舍.(王夫之:《尚书引义》卷五《大诰》)

四. 生以益世

"古人有言曰, 死而不朽, 何谓也?" …… "大上有立德①, 其次有立功, 其次有立言. 虽久不废, 此之谓不朽."(《左传·襄公二十四年》)

【주석】① 立德: 指其品德为后世人所称颂和效法(그 인품과 덕을 후세의 사람들이 칭송하고 본받는 것을 말한다).

其身殁矣, 其言立于后世, 此之谓死而不朽.(《国语·晋语八》)

生而不淑①, 孰谓其寿? 死而不朽, 孰谓其夭? (韩愈:《韩昌黎集》卷二十四《李元宾墓碑》)

【주석】① 淑: 美好(좋다, 훌륭하다). 这里指美德善行(여기서는 미덕과 선행을 가리킨다).

坐在家中活百岁, 不如为国争光彩.([藏族]《格萨尔王传·霍岭战争》)

以身殉道不苟生, 道在光明照千古.(《文天祥全集·指南后录·言志》)

人生自古谁无死, 留取丹心照汗青①.(《文天祥全集·指南后录·过零丁洋》)

【주석】① 汗青: 史册(역사책).

世俗以形骸为生死, 圣贤以道德为生死. 赫赫与日月争光, 生固生也, 死亦生也. 碌碌与草木同腐, 死固死也, 生亦死也.(汪汲:《座右铭类编·摄生》)

2절. 역명(力命)

인생에서 기회를 얻는 것은 최종적으로 누가 결정하는가를 논의한 "역명지변(力命之辨)"에 대해 옛 현인들의 주장에는 이론이 많다. 하나는 "천명론(天命論)" 혹은 숙명론이라고도 하며, 운명을 하늘에 맡기고 "어떻게 하지 않고, 마음 편하게 명을 따를[無可奈何而安之若命]" 것을 주장하여 사람의 주관적 능동성을 부정한다. 이것과 대립하는 것이 "명"을 사람이 인식할 수 있고 장악할 수 있는 객관 필연성 혹 자연 규율로 간주하는 것으로, 길흉화복은 "사람의 힘에 달려 있고[在我人力]" 얻거나 잃는 것을 "하늘로 돌리지 않는다[不歸於天]"고 여기는 것이다. 사람과 하늘은 서로 간여하여 친구가 될 수 있어, "사람의 이치를 취하면 하늘과 더불어 서로 이길 수 있다. 하늘의 이익을 사용하여 사람의 벼리를 세운다[能執人理, 與天交勝: 用天之利, 立人之紀]"[19]라고 여겼다. 이에 의거하여 "사람은 하늘을 이긴다[人定勝天]"라는 평가를 제시하였고, "역명지변"에서 반숙명론의 우수한 전통을 형성하였다. 후자의 견해들은 현대인들이 계승하고 발전시킬 가치가 있다.

---

19) 원문은 "能执天理, 与天交胜"인데, "天理"는 "人理"의 오류인 듯하여 바로잡아 번역하였다.(원서 268쪽 해당 원문 있음)

一. 成事在力

今天下之士君子, 中实^①将欲求兴天下之利, 除天下之害, 当若有命者之言^②, 不可不强非^③也.(《墨子·非命下》)

【주석】① 中实:《非命上》作 "忠实".(《非命上》에서는 "忠实"이라고 썼다) ② 当若有命者之言: 面对着那些持有命论者的言论(그런 운명론을 지닌 사람들의 의견에 직면하다). 若, 指示代词, 那些.(若은 지시대명사로, '그들, 그것들'의 의미이다.) ③ 强非: 大力反驳(강하게 반박하는 것).

命者, 暴王所作^①, 穷人所术^②, 非仁者之言也. 今之为仁义者, 将不可不察而强非者, 此也.(同上)

【주석】① 暴王所作: 亡国昏君所制造. 昏君亡国, 把原因归结于命, 以推卸自己的责任.(망국의 어리석고 무능한 군주가 만들어 낸 것. 어리석고 무능한 군주가 나라가 망한 이유를 운명에 귀결하려는 것은 결국 자신의 책임을 떠넘기려고 하기 위함이다.) ② 穷人所术: 穷苦人所讲述. 穷苦之人, 把穷苦原因归结于命, 所以喜欢讲述天命.(가난하고 고생스러운 사람을 말하며, 가난하고 고생하는 사람은 가난과 고생의 원인을 운명에 귀결하려고 하므로 하늘의 운명을 이야기함을 좋아한다.) 术, 同 "述".(术은 述과 같고, 곧 '말하다'의 의미이다.)

自知者, 不怨人: 知命者, 不怨天. 怨人者穷, 怨天者无志. 失之己, 反之人, 岂不迂乎哉^①?(《荀子·荣辱》)

【주석】① 这三句是说, 错在自己, 反归之于别人, 岂不是绕远了吗?(이 세 구절에서 말하길, 자신에게 있는 잘못을 남에게 뒤집어씌우는 것이 어찌 멀리 돌아가는 것이 아니겠는가?라고 하였다.)

君子敬其在己者^①, 而不慕其在天者, 是以日进也.(《荀子·天论》)

【주석】① 敬其在己者: 严肃认真地坚持自己的道德修养.(엄숙하고 진실하게 자신의 도덕 수양을 견지하는 것이다.)

变祸为福, 易曲成直, 宁矣天命? 在我人力.(柳宗元:《柳河东集》卷二《愈膏肓疾赋》)

士之贫贱, 天无所夺: 人之不死, 国之不亡, 天无所予: 乃当人致力之地, 而不可以归之于天.(王夫之:《读四书大全说》卷十)

造命回天①者, 主宰气运②者也: 知命乐天者, 与天为友者也: 安命顺天者, 以天为宅者也: 奉命畏天者, 懔③天为君者也. 然奉而畏之, 斯可以安而顺之矣: 安而顺之, 斯可以知而乐之矣: 知而乐之, 斯可以造而回之矣. 若夫昧之, 逆之, 其天之贼乎!(《颜元集 · 颜习斋先生言行录》卷下)

【주석】① 造命回天: 意思是说, 人可以主宰自己, 去掉天生的戾气, 培养和气, 改造自己的气质, 以期达到圣人的境界.(사람은 스스로를 다스려 타고난 나쁜 기운을 없애고 온화한 기운을 배양하며, 자신의 기질을 본질적으로 바꿈으로써 성인의 경지에 도달할 수 있다는 의미이다.) ② 气运: 气数命运(운명). ③ 懔: 危惧, 戒惧(경계하고 두려워하다).

二. 天人分职

人法地, 地法天, 天法道, 道法自然.(《老子》第二十一章)

天何言哉? 四时行焉, 百物生焉, 天何言哉?(《论语 · 阳货》)

天行①有常, 不为尧存, 不为桀亡. 应之以治则吉, 应之以乱则凶②.(《荀子 · 天论》)

【주석】① 天行: 这里指天体的运行, 引申为天道(여기서는 천체의 운행을 가리키는 말로, 天道(하늘과 땅의 자연 법칙, 하늘의 뜻)의 의미로 파생되었다). ② 应之以治则吉, 应之以乱则凶: 意为天人虽然相关, 但人世的吉凶在政治的治乱, 非天所决定.(하늘과 인간이 비록 서로 연관되어 있다 하더라도, 인간 세상의 길흉은 정치적으로

혼란을 다스리는 데에 있는 것이지 하늘이 결정하는 바가 아니라는 의미이다.)

天有其时, 地有其财, 人有其治, 夫是之谓能参^①.(同上)

【주석】 ① 能参: 荀子认为, 天, 地各有其职, 人不能与之相争, 但人有其治的功能, 可与天, 地鼎足而三, 故曰"能三".(순자가 생각하기를 하늘과 땅은 모두 자신의 직분이 있으며 사람은 그것을 놓고 다툴 수 없고 사람에겐 그것을 다스릴 능력만 있다. 그러나 하늘과 땅은 세 세력이 정립하고 있는 것과 같다. 이에 '能三'이라고 하였다.) 参, 同"三".(参은 三과 같다.)

天^①之能, 人固不能也: 人之能, 天亦有所不能也. 故余曰: 天与人交相胜耳^②. 其说曰: 天之道在生植, 其用^③在强弱: 人之道在法制, 其用在是非. (《刘禹锡集》卷五《天论上》)

【주석】 ① 天: 指自然界(자연계를 가리킨다). ② 天与人交相胜: 天, 人各有所能, 各有所不能者. 天所能者, 人所不能者, 天胜人: 反之, 则人亦胜天. 하늘과 사람은 각기 능력이 있으며, 또한 각기 불가능한 것들도 있다. 하늘은 가능하나 사람은 불가능한 것이 있다. 하늘이 사람을 이긴다, 또한 그것과 반대로 사람이 또한 하늘을 이기기도 한다.) ③ 用: 作用(작용하다), 表现(나타내다).

三. 制天用命

从天^①而颂^②之, 孰与^③制天命而用之^④?(《荀子·天论》)

【주석】 ① 从天: 顺从天(자연에 순응하다). ② 颂: 颂扬(찬양하다). ③ 孰与: 哪如. (무언가를 주다) ④ 制天命而用之: 意指驾驭自然界变化的规律而利用它.(자연을 다스려 규율을 바꾸고 그것을 이용한다는 의미이다.) 制, 控制(制는 다스리다, 관리하다의 의미이다). 命, 这里指客观必然性(命은 여기에서 객관적인 필연성을 의미한다.)

倮虫之长^①, 为智最大. 能执人理, 与天交胜. 用天之利, 立人之纪.(《刘禹锡集》卷五《天论下》)

【주석】① 倮虫: 没有毛介鳞羽的动物(날개를 덮는 털이 없는 동물). 倮虫之长, 指人类.(倮虫之长은 인류를 의미한다.) 倮, 同"裸". (倮는 裸와 같다)

士君子尽心利济, 使海内人少不得, 则天亦自然少他不得, 即此便是立命.
(陈继儒:《安得长者言》)

世上无难事, 只怕有心人.(吴承恩:《西游记》第二回)

夫天与之目力, 必竭而后明焉: 天与之耳力, 必竭而后聪焉: 天与之心思,
必竭而后睿①焉: 天与之正气, 必竭之而后强以贞焉. 可竭者天也, 竭之者
人也.(王夫之:《续春秋左氏传博议》卷下)
【주석】① 睿: 明智(총명하다), 智慧(지혜롭다).

天之所死, 犹将生之: 天之所愚, 犹将哲之: 天之所无, 犹将有之: 天之所
乱, 犹将治之.(同上)

禽兽终其身以用天①, 自无功, 人则有人之道矣. 禽兽终其身以用其初命②,
人则有日新之命矣. 有人之道, 不谌③乎天: 命之日新, 不谌其初.(王夫之:
《诗广传 · 大雅》)
【주석】① 用天: 指利用自然提供的条件(자연이 제공하는 조건을 이용하는 것을 가
리킨다). ② 初命: 指天生的本能(타고난 본능). ③ 谌(chén 沉): 相信(믿다, 신뢰하다),
引申为不局限.('국한되지 않는다'라는 의미로 파생되었다.)

人定真足胜天, 今人但委命于天而不知人事之未定耳. 冬气闭藏不能生物,
而老圃能开冬花, 结春实. 物性蠢愚不解人事, 而鸟师能使雀弈棋, 蛙教书,
况于能为之人事而可委之天乎!(李惺:《药言》)

3절. 영욕(榮辱)

중국 옛 현인들의 "영욕관(榮辱觀)"은 많은 현대인들을 도와 귀감이 될 만한 통찰력 있는 견해를 제시하였다. 그들은 영욕의 구분은 지위의 고하, 재물의 다소에 있지 않고, 도의에 맞는지 아닌지에 있으며 "의에서 말미암으면 영예롭고 의리에 배치되면 치욕스럽다[由義爲榮, 背義爲辱]"라고 여겼다. 사람이 세상을 살면서 반드시 영욕의 구분을 분명하게 해야 하는데, 마땅히 영예로운 일을 하고 치욕적인 행위는 거절해야 한다. 영예는 명성을 부르고 치욕은 비방을 불러온다. "비방과 명성을 주거나 뺏는 것은 다른 사람이 결정하는 것이고, 입신하여 행동하는 것은 내가 결정하는 것이며[毁譽予奪是人主張 立身行己是我主張]", "명예에도 기뻐하지 않고 비방에도 노여워하지 않아[譽之不喜, 毁之不怒]" 한다. 더 나아가 사람은 반드시 "명성을 이루고 절개를 아름답게 하는 것은 혼자서만 차지하지 않으며, 다른 사람에게 나누어 주고[完名美節不宜獨任, 分些與人]", "욕된 행실과 더러운 이름은 남에게 미루지 않으며 허물은 자기에게로 돌려[辱行汚名不宜全推, 引些歸己]"야 한다. 명성을 들으면 두려워하여 "실제 하지도 않고서 명성을 훔쳤을까 두려워하고[懼無其實而掠美也]" 비방을 당하면 다행으로 여겨 "내가 알게 된 것을 다행으로 여기고 고친다[幸吾得知而改之也]" 그 말과 이치가 사람을 깊이 깨닫게 한다.

一. 由义为荣

名不可简而成也, 誉不可巧而立也. 君子以身戴行者也.(《墨子·修身》)

仁则荣, 不仁则辱.(《孟子·公孙丑上》)

好荣恶辱, 好利恶害, 是君子小人之所同也, 若其所以求之之道则异矣. (《荀子·荣辱》)

荣辱之大分, 安危利害之常体: 先义而后利者荣, 先利而后义者辱: 荣者常通, 辱者常穷: 通者常制人, 穷者常制于人, 是荣辱之大分也.(同上)

物类之起, 必有所始: 荣辱之来, 必象其德[1].(《荀子·劝学》)
【주석】① 象: 通"像"(象은 像과 뜻이 통하며, '비슷하다, ~와 유사하다'의 의미이다). 必像其德, 指与人的品德相一致.(必像其德은 사람의 인품·덕성과 서로 일치해야한다는 의미이다.)

无德而望其福者约[1], 无功而受其禄者辱.(《战国策》卷十一《齐宣王见颜斶》)
【주석】① 约: 困穷窘迫(곤란하다, 곤궁하다).

辱莫大于不义.(《吕氏春秋·贵生》)

富以苟[1]不如贫以誉, 生以辱不如死以荣.(《大戴礼记·曾子制言上》)
【주석】① 富以苟: 富有而不义. (부유한데 의롭지 못하다) 苟, 苟且, 引申为不义. (苟는 '부적절한, 정당하지 못한'등의 의미로, '의롭지 못하다'라는 의미로 파생되었다.) 以, 通"而", 下同. (以는 而와 뜻이 통하며, 아래(구절)도 동일하다)

宠位不足以尊我, 而卑贱不足以卑己[1].(王符:《潜夫论·论荣》)
【주석】① 全句的意思是说, 所处地位的尊卑不能代表人格的尊卑.(전체 구절의 의미는 지위의 높고 낮음이 인격의 높고 낮음을 나타낼 수는 없다는 것이다) 宠位, 因受帝王恩宠而获得的高位.(宠位는 제왕의 총애를 받아서 얻은 높은 지위를 의미한다.)

惧名实之不副, 耻才能之无奇.(祢衡:《鹦鹉赋》)

由义为荣, 背义为辱. 轻重荣辱, 惟义与否.(《陆九渊集》卷十三《与郭邦逸》)

为善则流芳百世, 为恶则遗臭万年.(程允升:《幼学琼林·人事》)

二. 立身由己

举世誉之而不加劝[①], 举世非之而不加沮[②]. 定乎内外之分[③], 辩乎荣辱之境[④], 斯已矣.(《庄子·逍遥游》)

【주석】 ① 此句指不因名誉而勉励进取.(명예로 인하여 장려하거나 진취적이지 안은 것을 의미한다) ② 此句指不因非议而沮丧不前.(비난을 받음으로 인하여 낙담하고 앞으로 나아가지 않으면 안 된다는 의미이다.) ③ 此句指坚定内心, 轻视外在的荣辱. (마음을 확고히 하여 외적인 영예와 치욕에 대하여 가볍게 보는 것을 의미한다) ④ 此句指达到辨明荣辱无关的境界(영예와 치욕이 영향을 미치지 않는 경지를 분명하게 판별하여 도달하는 것을 의미한다).

君子耻不修, 不耻见污; 耻不信, 不耻不见信; 耻不能, 不耻不见用. 是以不诱于誉, 不恐于诽.(《荀子·非十二子》)

行义不顾毁誉.(《战国策》卷五《蔡泽见逐于赵》)

不汲汲[①]于荣名, 不戚戚[②]于卑位.(《骆宾王文集·上吏部裴侍郎书》)
【주석】 ① 汲汲: 心情急切(마음이 다급하다). ② 戚戚: 忧愁(근심스럽다).

闻毁勿戚戚, 闻誉勿欣欣. 自顾行何如, 毁誉安足论? (白居易:《白氏长庆集》卷二十二《续座右铭》)

不因赞扬而高兴, 不因辱骂而不悦; 好好得持自己的功德, 这才是圣人的

气度.([藏族]萨班 · 贡噶坚赞:《萨迦格言》)

善誉人者, 人誉之: 善毁人者, 人毁之.(邓牧:《伯牙琴 · 名说》)

名贵与^①而不贵取.(薛应旂:《薛方山纪述》)
【주석】① 与: 给予(주다).

闻人之谤当自修, 闻人之誉当自惧.(胡居仁:《居业录 · 学问》)

君子之学, 务在求己而已. 毁誉荣辱之来, 非独不以动其心, 且资之以为切磋砥砺之地.(王守仁:《王阳明全集》卷六《答友人》)

富贵贫贱得失荣辱如春风秋月, 自去自来, 与心全不牵挂, 我到底只是个我. 夫如是, 故可贫可富, 可贵可贱, 可得可失, 可荣可辱.(吕坤:《呻吟语 · 修身》)

人誉我谦, 又增一美: 自夸自败, 还增一毁.(吕坤:《续小儿语》)

完名美节不宜独任, 分些与人, 可以远害全身: 辱行污名不宜全推, 引些归己, 可以韬光养德.(洪应明:《菜根谭》)

曲意而使人喜, 不若直节而使人恶: 无善而致人誉, 不如无恶而致人毁.(同上)

宁有求全之毁, 不可有过情之誉: 宁有无妄之灾, 不可有非分之福.(同上)

誉乎己, 则惧焉, 惧无其实而掠美也: 毁乎己, 则幸焉, 幸吾得知而改之也.
(《方苞集》卷十八《通蔽》)

毁誉皆出于私心, 我不肯徇[1]人之私, 则宁受人毁, 不可受人誉矣.(张廷玉:
《澄怀园语》)
【주석】① 徇: 顺从, 曲从(순종하다, 굴복하다).

毁誉皆切磋之资. 誉者导我以前塗[1], 毁者示我以险阻.(李惺:《药言》)
【주석】① 塗: 同"途"(塗는 途와 같다).

我无过而谤语滔天, 不足惊也, 可谈笑而受之. 我有过而幸不及闻, 当寝不
贴席, 食不下咽矣. 故君子贵无恶于志[1].(同上)
【주석】① 志: 指内心的道德意志(마음속의 도덕적 의식).

我如为善, 虽一介之士有人服其德: 我如为恶, 虽位极人臣有人议其过.(同上)

誉有益于名, 无益于实: 毁有损于名, 无损于实. 君子务实而已, 毁与誉两
无与也.(李惺:《药言賸稿》)

毁誉予夺, 是人主张, 立身行己, 是我主张.(金缨:《格言联璧·持躬》)

三. 善用毁誉
有不虞[1]之誉, 有求全之毁[2].(《孟子·离娄上》)
【주석】① 不虞: 预想不到(예기치 못하다). ② 求全之毁: 因过分追求完美而受到的
非难. (지나치게 완전무결함을 추구하여 도리어 비난을 받는다.)

或誉人而适足以败之, 或毁人而乃反以成之.(《淮南子·人间训》)

其誉人也不望其报, 恶人^①也不顾其怨, 以便国家利众为务.(《史记》卷一二七《日者列传》)

【주석】 ① 恶(wù오)人: 诋毁别人(남을 비방하다), 此处指批评别人(여기서는 남을 비판하는 것을 의미한다).

妄誉, 仁之贼也: 妄毁, 义之贼也.(扬雄:《法言·渊骞》)

人或毁己, 当退而求之于身. 若己有可毁之行, 则彼言当矣: 若己无可毁之行, 则彼言妄矣. 当则无怨于彼, 妄则无害于身, 又何反报焉? …… 谚曰: "救寒莫如重裘, 止谤莫如自修." 斯言信矣.(《三国志》卷二十七《魏书·王昶传》)

君子不受虚誉, 不祈妄福, 不避死义.(王通:《文中子·礼乐篇》)

与其有誉于前, 孰若无毁于其后: 与其有乐于身, 孰若无忧于其心.(韩愈:《韩昌黎集》卷十九《送李愿归盘谷序》)

不苟^①一时之誉, 思为利于无穷.(《欧阳修全集·外集》卷十三《偃虹堤记》)

【주석】 ① 苟: 随便(마음대로 하다). 此处为只图眼前之意(여기서는 바로 눈앞의 의지만을 꾀하는 것을 말한다).

誉之不喜, 毁之不怒.(司马光:《温国文正司马公文集》卷一《灵物赋》)

4절. 우락(憂樂, 근심과 즐거움)

본 절에서 선별하여 수록한 것은 중국 고대의 우락관의 정수로, 그 내용에 따라 대체로 네 가지 층위로 나눌 수 있다. 첫째는 개인과 천하(사회)의 윤리 관계에서 우락(憂樂)을 말한 것으로 "먼저 천하의 근심을 근심하고 이후에 천하의 즐거움을 즐거워한다[先天下之憂而憂, 後天下之樂而樂]" 둘째는 덕성 수양으로 우락을 말한 것으로, 숭고한 덕성을 닦는 것을 즐거움으로 여긴다. 이러한 "락(樂)"은 주체가 자신의 인격의 선함을 내재적으로 체험하는 것이다. 셋째는 인생의 근심과 즐거움을 어떻게 바르게 다룰 것인가로, "즐거워도 근심을 폐하지 말고, 근심스러워도 즐거움을 잊지 않아[樂不以憂而廢, 憂不以樂而忘]"서 "심지는 고생스럽게 해야 하고 의지는 즐겁게 해야 한다[心志要苦, 意趣要樂]" 넷째는 심리의 치원에서 우락을 말한 것으로, 우락을 일종의 심리 체험으로 여겨 종종 욕망이 충족되는지 아닌지와 서로 연결하였고, 욕망은 끝이 없으므로 따라서 "만족을 알면 즐겁다[知足則樂]"고 주장하였다. 이러한 명언들은 다른 측면에서 사람들이 고통과 즐거움을 바르게 다룰 수 있도록 인도한다.

一. 乐以天下
与民偕①乐, 故能乐也.(《孟子·梁惠王上》)
【주석】 ① 偕: 共同(공동의, 함께).

乐民之乐者, 民亦乐其乐: 忧民之忧者, 民亦忧其忧. 乐以天下①, 忧以天下②, 然而不王者, 未之有也.(《孟子·梁惠王下》)
【주석】 ① 乐以天下: 以天下所乐为乐.(천하의 즐거움을 즐거워하다.) ② 忧以天下:

以天下所忧为忧.(천하의 근심을 근심하다.)

惟圣人以万物得所为乐, 故曰: "老者安之, 朋友信之, 少者怀之." 乐而已矣. 圣人之乐, 公乐也, 万物所同愿也.(庄元臣:《叔苴子·内篇》卷三)

先天下之忧而忧, 后天下之乐而乐.(范仲淹:《范文正公集》卷七《岳阳楼记》)

君子之忧乐在天下, 小人之忧乐在一身.(薛应旂:《薛子庸语》)

二. 仁者不忧

仁者不忧.(《论语·子罕》)

子^①曰:"贤哉, 回^②也! 一箪^③食, 一瓢饮, 在陋巷, 人不堪其忧, 回也不改其乐^④. 贤哉, 回也!"^⑤(《论语·雍也》)

【주석】① 子: 指孔子(공자를 가리킴). ② 回: 孔子弟子颜回(공자의 제자인 안회), 字子渊(자는 자연이다). ③ 箪(dān 단): 古代盛饭用的圆形竹器(고대에 밥을 담는데 사용한 대나무 그릇). ④ 乐: 指修德求仁的愉悦心情.(덕을 닦고 인을 구하는 즐거운 마음을 의미한다.) ⑤ 这段话所讲的内容被宋代儒家称为"孔颜乐处".(이 단락에서 말하는 내용은 송대 유학자에 의하여 '孔颜乐处(공자와 안회의 즐거움)'라고 불렀다)

反身而诚^①, 乐莫大焉.(《孟子·尽心上》)

【주석】① 反身而诚: 反躬自省自己的德性, 笃实无妄.(자신의 덕성을 돌이켜 반성하고, 망령됨이 없이 성실하다)

借外物以乐之, 外物虽丰, 哀亦备矣. 有主于中, 以内乐外^①, 虽无钟鼓, 乐已具矣.(《嵇康集·答难养生论》)

【주석】① 有主于中, 以内乐外: 与借外物以乐相反, 指通过内心的修养而达到一种恬静惬意的精神境界所产生的快乐心境(밖으로 드러나는 물건을 통해서 즐거움으로

삼는 것과 반대로, 내면의 수양을 통하여 일종의 평강과 만족의 정신적 경지에 도
달하여 즐거운 마음이 생겨나는 것을 의미한다)

廉者常乐无求, 贪者常虞不足.(王通:《文中子·王道篇》)

不以物喜, 不以己悲.(范仲淹:《范文正公集》卷七《岳阳楼记》)

为人如果秉性善良, 无论何处, 都会心怀欢畅. (I维吾尔族I尤素甫·哈斯·
哈吉甫:《福乐智慧》)

乐要知内外. 圣贤之乐在心, 故顺逆穷通随处皆泰: 众人之乐在物, 故山溪
花鸟遇境才生.(吕坤:《呻吟语·品藻》)

行得一件好事, 心体泰然: 行得一件歹事, 衾影抱愧[1]. 即此是天堂, 地狱.
(李惺:《药言》)
【주석】① 衾影抱愧: 良心有愧(양심에 가책을 느끼다). 衾, 被子(이불). 影, 身影(모
습, 그림자). 古人讲"慎独", 要求人们"独立不惭影, 独寝不愧衾."

平生无一事可瞒人, 是大快乐.(李惺:《药言媵稿》)

三. 忧乐相依
生于忧患而死于安乐[1].(《孟子·告子下》)
【주석】① 此句意为忧患的环境可以锻炼人, 使人顽强生存, 而安乐的环境反而使人
易于死亡.(어려운 환경이 사람을 단련시킬 수 있고 사람으로 하여금 완강하게 생존
하도록 하는데, 안락한 환경은 반대로 사람이 죽기가 쉽다는 의미이다.)

欢乐之后紧跟着苦难, 苦难岁月之后, 欢乐相连.(l维吾尔胸尤素甫·哈斯·哈吉甫:《福乐智慧》)

乐不以忧而废, 忧不以乐而忘.(罗大经:《鹤林玉露》卷二)

圣人于乐中未尝无忧也, 忧中未尝不乐也.(薛应旂:《薛子庸语》)

殃咎之来, 未有不始于快心者, 故君子得意而忧, 逢喜而惧.(吕坤:《呻吟语·存心》)

知苦之为乐者, 善乐者也: 而以乐为乐者痴, 一苦不返(吕坤:《呻吟语·谈道》)

心志要苦①, 意趣要乐. 气度要宏, 言动要谨.(金缨《格言联璧·持躬》)
【주석】① 苦: 指刻苦(매우 노력하다, 고생을 참아내다).

能吃亏是大便宜, 能受苦是大安乐.(李惺:《药言》)

以安乐之心处忧患, 故忧患不生: 以忧患之心处安乐, 虽安乐不死: 只看人承受何如耳.(李惺:《冰言》)

四. 知足则乐
持而盈之①, 不如其已②. 揣而锐之③, 不可常保. 金玉满堂, 莫之能守. 富贵而骄, 自遗其咎④. 功成, 名遂, 身退, 天之道.(《老子》第九章)
【주석】① 持而盈之: 保持盈满(충만함을 유지하다). ② 已: 止住(멈추다, 억제하다). 满可招损, 所以不如不持满而无损. ③ 揣而锐之: 指刀刃锤锻得又尖又利.(칼날을 쇠망치로 단조하여 날카롭고 예리하게 만드는 것을 의미한다) 揣, 敲击(두드리다). ④

419

自遺(wèi未)其咎: 自寻灾害(화를 자초하다). 遺, 赠予(증여하다).

知足者富.(《老子》第三十三章)

名与身孰亲? 身与货孰多^①? 得与亡孰病^②? 是故甚爱必大费, 多藏必厚亡. 知足不辱, 知止^③不殆, 可以长久.(《老子》第四十四章)
【주석】① 多: 重要(중요한). ② 病: 此处指损害(여기서는 손해를 의미한다). ③ 知止: 知道适可而止(적당한 선에서 이해하고 그치다).

祸莫大于不知足, 咎莫大于欲得^①, 故知足之足, 常足矣.(《老子》第四十六章)
【주석】① 欲得: 指贪得无厌(욕심이 끝이 없다).

世之难得者, 非财也, 非荣也, 患意之不足耳. 意足者, 虽耦耕畎亩^①, 被褐啜菽^②, 莫不自得: 不足者, 虽养天下, 委以万物, 犹未惬然.(《嵇康集·答难养生论》)
【주석】① 耦耕畎(quǎn犬)亩: 耕作种田(농사를 짓다). 耦耕, 泛指耕种(耦耕은 일반적으로 땅을 갈고 파종하는 것을 말함). 畎亩, 泛指田地(畎亩은 일반적으로 경작지를 의미함). ② 被褐啜(chuò绰)菽: 以粗布为衣, 以豆为食, 指生活清苦(무명으로 옷을 해입고 콩으로 밥을 먹는 것으로, 고생스럽게 생활하는 것을 나타낸다). 啜, 吃(먹다), 喝(마시다). 菽, 豆类(콩).

德比于上, 欲比于下, 德比于上则知耻, 欲比于下则知足.(傅玄:《傅子·仁论篇》)

知足则乐, 务贪心忧.(《林逋·省心录》)

贪之为字与贫相似, 人以为贪可不贫, 不知贪则已贫也.(李惺: 《药言滕稿》)

事能知足心常惬, 人到无求^①品自高.(《古今楹联类纂》卷一)
【주석】① 无求: 指不追求财货等物质享受(재물 등의 물질적인 향락을 추구하지 않는 것).

5절. 궁달(窮達)

본 절에서 선별하여 수록한 언론은 옛 현인들이 인생의 궁달(窮達)[20]을 다루었던 주요 관점을 대표한다. 옛 현인들은 군자가 말하는 궁달의 관건은 정신과 절개(덕)에 있지 물질과 명예, 지위에 있는 것이 아니라고 여겼다. 이 때문에 마땅히 "곤궁해도 절개를 바꾸지 않고 현달하여도 청렴함을 잃지 않아[窮不易節, 達不失廉]"야 한다. 바로 맹자가 말한 "부귀가 마음을 방탕하게 하지 못하며, 빈천이 절개를 옮겨놓지 못하며, 위무가 지조를 굽히게 할 수 없다[富貴不能淫, 貧賤不能移, 威武不能屈]"라는 것과 같으며, 이러한 "궁달관"은 행위 방식에서 "현달하면 모두 은혜를 얻게 하고 곤궁하면 스스로 닦는다[達則兼濟, 窮則自修]"라는 것을 표현한다. 그렇게 하기 위해서는 곤궁하거나 현달한 상황에 놓였을 때 자신을 단련하여 덕성을 증가시켜야 한다.

一. 穷达缘义
与其无义而名兮, 宁穷处而守高.(宋玉: 《九辩》)

---

20) 궁달 : 가난함과 부귀함을 아울러 이르는 말.

君子之行也, 动必缘义, 行必诚义①, 俗虽谓之穷, 通也: 行不诚义, 动不缘义, 俗虽谓之通, 穷也: 然则君子之穷通, 有异乎俗者也.(《吕氏春秋·高义》)

【주석】① 行必诚义: 用行为来完成义.(행동하여 의로움을 완성한다) 诚, 今人高亨认为通"成".(诚은 현대인인 高亨이 "成"과 뜻이 통한다고 생각하였다)

君子不患位之不尊, 而患德之不崇: 不耻禄之不夥①, 而耻智之不博.(《后汉书》卷五十九《张衡传》)

【주석】① 夥: 盛多(매우 많다, 풍부하다).

不患无位, 而患德之不修也: 不忧其贱, 而忧道之不笃也.(罗隐:《罗昭谏集·两同书·贵贱》)

富莫富于常知足, 贵莫贵于能脱俗: 贫莫贫于无见识, 贱莫贱于无骨力. 身无一贤曰穷, 朋来四方曰达: 百岁荣华曰夭, 万世永赖曰寿.(李贽:《焚书》卷六《富莫富于常知足》)

贫莫贫于不闻道, 贱莫贱于不知耻.(李惺:《药言賸稿》)

仕能行道之谓达, 贫不安分之谓穷. 流芳百世之谓寿, 快意一时之谓夭.(同上)

二. 穷不易节

士穷不失义①, 达不离道②.(《孟子·尽心上》)

【주석】① 穷不失义: 指未出仕时以道独善其身.(벼슬을 하지 않을 때에는 道로써 자기 자신을 수양하는데 힘쓰는 것을 의미한다) 穷, 此处指未出仕.(穷은 여기에서 벼슬에 나가지 않는다는 뜻이다.) ② 达不离道: 指出仕时一切行为要尽合于道, 使天下受益.(벼슬을 할 때에는 모두 되도록 도리에 맞게 행동하고, 천하가 이익을 얻을 수

있도록 해야 한다는 의미이다) 达, 此处指出仕(达은 여기에서 벼슬에 나아간다는 의미이다)

富贵不能淫, 贫贱不能移, 威武不能屈, 此之谓大丈夫.(《孟子·滕文公下》)

君子之学, 非为通^①也, 为穷而不困^②, 忧而意不衰也, 知祸福终始而心不惑也.
(《荀子·宥坐》)
【주석】① 通: 显达, 出仕高官(높은 지위에 오르다). ② 穷而不困: 处境艰辛而内心
不因此而窘迫(처지가 고생스러워도 마음속은 곤궁하지 않다).

处逸乐而欲不放^①, 居贫苦而志不倦.(王充:《论衡·自纪》)
【주석】① 欲不放: 不放纵自己的欲望(자기의 욕망을 방종하지 않음).

君子修道立德, 不为穷困而改节.(《孔子家语·在厄》)

登山, 不以艰险而止: 积善, 不以穷否^①而怨.(葛洪:《抱朴子·外篇·广譬》)
【주석】① 否(pǐ痞): 困境(곤경, 궁지).

松柏死不变, 千年色青青. 志士贫更坚, 守道无异营.(孟郊:《孟东野诗集》
卷七《答郭郎中》)

穷不易操, 达不患失, 非见善明, 用心刚者不能也.(林逋:《省心录》)

善者不必福, 恶者不必祸, 君子稔知^①之, 宁祸而不肯为恶: 忠直者穷, 谀佞
者通, 君子稔知之也, 宁穷而不肯为佞. 非但知理有当然, 亦其心有所不容
已^②耳.(吕坤:《呻吟语·修身》)

【주석】 ① 稔知: 熟知(익히 알다). ② 已: 此(이것), 这种事(이러한 일).

见富贵而生谄容者最可耻, 遇贫穷而作骄态者贱莫甚.(朱柏庐:《治家格言》)

贫不足羞, 可羞是贫而无志: 贱不足恶, 可恶是贱而无能: 老不足叹, 可叹是老而虚生: 死不足惜, 可惜是死而无补.(汪汲:《座右铭类编·志节》)

三. 善处穷达

古之人, 得志, 泽加于民: 不得志, 修身见于世. 穷则独善其身, 达则兼善天下.(《孟子·尽心上》)

不得志, 独行其道.(《孟子·滕文公下》)

达则兼善而不渝, 穷则自得而无闷.(《嵇康集·与山巨源绝交书》)

丈夫贵兼济, 岂独善一身.(白居易:《白氏长庆集》卷一《新制布裘诗》)

进则安居以行其志, 退则安居以修其未能, 则进亦有为, 退亦有为也.(张养浩:《牧民忠告》)

宠辱不惊, 闲看庭前花开花落: 去留无意, 漫随天外云卷云舒.(洪应明:《菜根谭》)

四. 磨炼得失

泽无水, 困. 君子以致命遂志①.(《周易·困》象辞)
【주석】 ① 泽水干涸无水, 自是困境(연못의 물이 말라 없어지면 당연히 곤란한 상황

에 처한다) 君子处于困境时, 即使舍弃生命也要完成志愿.(군자가 곤경에 처했을 때는 설령 목숨을 내놓는 한이 있더라도 희망을 완성해야 한다.) 致命, 舍命.(致命은 목숨을 버린다는 의미이다.)

人之有德慧术知①者, 恒存乎疢疾②.(《孟子·尽心上》)

【주석】 ① 德慧术知: 指德行, 智慧, 道术, 才智(도덕적인 품행과 지혜, 도술, 재능과 기지를 가리킨다). ② 疢(chèn衬)疾: 疾病(질병), 比喻忧患(우환에 비유됨).

富贵福泽, 将厚吾之生也: 贫贱忧戚, 庸玉女于成也①.(《张载集·正蒙·乾称》)

【주석】 ① 庸玉女于成也: 把你锻炼成才.(너를 단련하면 인재가 된다) 庸, 通"用". (庸은 用의 뜻과 통한다) 女, 通"汝", 你.(女는 汝와 뜻이 통하며, '너, 당신, 너희들'의 의미이다.) 玉汝于成, 即"玉成汝", 把你琢磨成美玉.(玉汝于成는 즉 "너를 옥으로 만든다"이며, 너를 조각하여 아름다운 옥이 되도록 한다는 의미이다.)

君子遇穷困, 则德益进, 道益通.(《陆九渊集》卷三十四《语录上》)

富贵何尝非祸, 你看得他重, 他陷你必深: 贫贱何尝有毒, 你处得他好, 他益你亦深.(李惺:《药言》)

人于贫穷患难之日, 当忍苦支撑, 不可因而失足. 此际站立得住, 便有来复之机.(同上)

贫贱是苦境, 能善处者自乐: 富贵是乐境, 不善处者更苦.(金缨:《格言联璧·持躬》)

4장

대인교우(待人交友)

이끄는 말

본 장은 옛사람들의 대인교우(待人交友) 사상의 정수를 발췌하였으며, 주로 세 부분으로 나뉜다. 첫 번째 부분에서는 대인교우의 전제는 사람을 아는 것임을 서술했는데, 사람을 아는 방법은 "그 사람이 하는 말을 듣고서 그 사람의 행동을 보는[聽其言而觀其行]" 것이며, 특히 매우 중요하고 어려운 순간에 사람을 가장 잘 알 수 있다. 두 번째 부분에서는 교우의 도를 논술하였으며, 주로 "다른 사람과 함께 선을 행하며[與人爲善]", "신의를 말하며 의를 중하게 여기며[講信重義]" 너그럽게 용서하고 관대하게 하고 또 원칙을 고수해야 한다. 세 번째 부분에서는 올바른 대인교우의 중요성을 말하였으며, 이는 "사람은 조화를 이루는 것을 귀하게 여기며, 많은 사람이 합심하면 성을 이룬다[人和为贵 衆心成城]"는 것이다.

1절. 지인(知人)

옛 현인들은 사람을 알아야 사람을 적재적소에 잘 쓸 수 있으며 이 것이야 말로 총명한 사람이라고 여겼다. 지인(知人)의 기본 방법은 "그 사람이 하는 말을 듣고서 그 사람의 행동을 보는[聽其言而觀其行]" 것이다. 지인은 쉽지 않으며 시간을 기다려야 하므로 "길이 멀어야 말의 힘을 알 수 있고 날이 오래되어야 사람의 마음을 볼 수 있다[路遙知馬力, 日久見人心]"고 하는 것이다. 본 절에서 선별하여 수록한 언론은 지금까지 현실 생활에서 여전히 광범위하게 사용된다.

一. 知人则哲

知人则哲.(《尚书·皋陶谟》)

知人者智, 自知者明.(《老子》第三十三章)

樊迟[①]问仁. 子曰: "爱人." 问知. 子曰: "知人."(《论语·颜渊》)
【주석】① 樊迟: 孔子的学生(공자의 학생).

事之至难, 莫如知人: 事之至大, 亦莫如知人.(《陆九渊集》卷十八《删定官轮对箚子》)

知人有三: 知人之短: 知人之长: 知人短中之长, 知人长中之短.(李惺:《冰言》)

二. 听言观行

子曰: "始吾于人也, 听其言而信其行: 今吾于人也, 听其言而观其行."(《论语·公冶长》)

鲁君^①谓子墨子曰:"我有二子, 一人者好学, 一人者好分人财, 孰以为太子而可?"

子墨子曰: "未可知也. 或所为赏与为是也^②. 钓者之恭^③, 非为鱼赐也. 饵鼠以虫^④, 非爱之也. 吾愿主君之合其志功而观^⑤焉." (《墨子·鲁问》)

【주석】① 鲁君: 春秋时鲁国的国君, 可能是鲁元公.(춘추시대 노나라의 왕) ② 或所为赏与为是也: 或为求得赏赐名誉而伪作这样的事. 与, 通"誉".(혹은 명예를 얻기를 구하여 이와 같은 일을 거짓으로 꾸미는 것을 의미함. 여는 명예이다.) ③ 钓者之恭: 钓鱼的人在水边等鱼上钩时的"恭敬"样子. 钓, 同"钓".(고기를 낚는 사람이 물가에서 고기를 낚을 때의 공경하는 모양이다.) (钓는 钓와 같으며, '낚다'의 뜻이다.) ④ 饵鼠以虫: 近人吴毓江认为"虫"是"肉"字之误.(근래에 오육강은 虫은 肉의 잘못된 글자라고 인식하였다). ⑤ 合其志功而观: 志, 动机. 功, 功效, 效果. 此语意谓: 评价一个人及其行为, 要将其动机和效果统一起来考察.(지는 동기이며 공은 공력과 효과이다. 이 말은 곧 한 사람의 행동에 대한 평가는 동기와 효과를 모두 함께 고려하여야 한다는 뜻이다.)

故论人之道: 贵则观其所举^①, 富则观其所施, 穷则观其所不受^②, 贱则观其所不为^③, 贫则观其所不取^④. 视其更难^⑤, 以知其勇: 动以喜乐, 以观其守: 委以财货, 以论其仁: 振以恐惧, 以知其节: 则人情备矣.(《淮南子·氾论训》)

【주석】① 所举: 指推荐的人. 以知虽贵而不失正直.(사람을 추천함을 의미하며, 비록 귀하다 하더라도 정직을 잃으면 안 된다는 것을 알고 있다.) ② 所不受: 如不受无功之禄, 以示穷不失志.(공이 없는 봉급을 받지 않음으로써 가난해도 의지를 잃지 않음을 보여준다.) ③ 所不为: 如不为邪恶之事, 以示虽贱而不失气节.(사악한 일을 하지 않고 비록 비천하나 기개를 잃지 않는 것을 보여준다.) ④ 所不取: 如不取不义之财, 以示虽贫而不失操行.(불의한 재물을 취하지 않으며 비록 궁핍하나 품행을 잃지 않음을 보여준다.) ⑤ 更难: 指经历之困难. 以此而知其临危不惧(어려움을 겪는 것을 의미하고 이것은 곧 어려움 앞에서도 두려워하지 않음을 안다는 것이다.)

知人之道有七焉: 一曰, 问之以是非以观其志: 二曰, 穷之辞辩以观其变:

三曰, 咨之以计谋而观其识: 四曰, 告之以祸难而观其勇: 五曰, 醉之以酒
而观其性: 六曰, 临之以利而观其廉: 七曰, 期之以事而观其信.(《诸葛亮集·
文集》卷四《将苑》)

观操存在利害时, 观精力在饥疲时, 观度量在喜怒时, 观存养在纷华时, 观
镇定在震惊时.(吕坤:《呻吟语·品藻》)

大事难事看担当, 逆境顺境看襟度, 临喜临怒看涵养, 群行群止看识见.
(吕坤:《呻吟语·修身》)

路遥知马力, 事久见人心.(《增广贤文》)

2절. 대인(待人)

옛사람들은 총괄 윤리 실천의 기초에서 대인(待人)과 관련한 미덕을
많이 축적하였다. 그 핵심은 "인애(仁愛)" 원칙으로, "남을 돕는 것을
기쁘게 여기고 남에게 좋은 일을 하며[助人爲樂, 與人爲善]", "다른 사
람의 아름다운 점은 이루어주고 다른 사람의 악한 점은 이루어주지 않
는다[成人之美, 不成人之惡]" 등과 같이, 덕으로 사람을 대한다. 인간관
계에서 덕으로 덕에 보답하는 원칙을 따르며 다른 사람보다 자신이 나
은 점을 확실하게 기억해서는 안 되고, 대인(待人)에는 관용을 베풀고
진실해야 한다. 그 외에 대인(待人)에는 "공정(公正)"을 마음으로 삼아
귀천과 빈부를 막론하고 선악의 기준 앞에서 누구나 차별 없이 대해야
한다. 자신의 호오로 사람을 대해서는 안 된다.

一. 与人为善

柔亦不茹①, 刚亦不吐②. 不侮矜③寡, 不畏强御④.(《诗经·大雅·烝民》)
【주석】① 茹: 吞咽.(삼키다) 引申为吞并, 侵侮.('吞并'(합병하다)으로 파생되었으며, 침범하여 모욕을 준다는 의미이다) 柔亦不茹, 指对柔弱者不相欺.(연약한 사람을 깔보지 않는 것을 의미한다) ② 吐: 吐出, 引申为"畏避".('뱉다'의 의미인데, '두려워서 피하다'라는 의미로 파생되었다.) 刚亦不吐, 指遇到强者也不畏避.(강한 사람을 만나도 두려워하며 피하지 않는 것을 의미한다.) ③ 矜(guān官): 通"鳏".(矜은 鳏(홀아비)의 뜻과 통한다) ④ 强御: 强暴有势力的人.(난폭하여 세력이 있는 사람)

我无尔诈①, 尔无我虞②.(《左传·宣公十五年》)
【주석】① 尔诈: 骗你(누구를 속이다). ② 我虞: 骗我(나를 속이다). 虞, 欺骗(속이다, 기만하다).

君子见人之厄①, 则矜②之: 小人见人之厄, 则幸③之.(《公羊传·宣公十五年》)
【주석】① 厄: 处境危难(처지가 위험하고 곤란하다). ② 矜: 怜悯(가엾게 여기다), 同情(동정하다). ③ 幸: 指幸灾乐祸(타인의 불행을 즐기다).

君子成人之美, 不成人之恶.(《论语·颜渊》)

利人乎, 即为: 不利人乎, 即止.(《墨子·非乐上》)

取诸人以为善①, 是与人为善②者也. 故君子莫大乎与人为善.(《孟子·公孙丑上》)
【주석】① 取诸人以为善: 指吸收别人的优点来做善事.(남의 장점을 흡수하여 좋은 일을 한다는 의미이다) ② 与人为善: 助人一起做善事, 我吸收别人的优点来做善事, 别人因受到鼓舞而更努力为善, 其效果等于帮助别人做善事.(사람들을 도와 함께 좋은 일을 하고, 나는 남들의 장점을 흡수하여 좋은 일을 하는데 쓴다. 다른 사람들은

격려를 받고 더욱 善을 위해 노력하며, 그 효과는 또 다른 사람들을 도와 좋은 일
을 하는 것과 같다.)

与人善言, 暖于布帛: 伤人以言, 深于矛戟.(《荀子·荣辱》)

厚者不毁人以自益也, 仁者不危人以要名.(《战国策》 卷三十一《燕王喜
使栗腹以百金为赵孝成王寿》)

君子贵人而贱己, 先人而后己.(《礼记·坊记》)

为善最乐.(《后汉书》卷四十二《东平宪王苍传》)

助人为乐, 人家才爱.([傣族]《布算兰》)

民吾同胞, 物吾与也. …… 凡天下疲癃残疾, 茕①独鳏寡, 皆吾兄弟之颠连②
而无告③者也.(《张载集·正蒙·乾称》)
【주석】① 茕(qióng穷): 本义为无兄弟(본래의 의미는 형제가 없는 것이다), 引申为
孤独无靠(파생되어 고독하여 의탁할 데가 없는 자가 되었다). ② 颠连: 狼狈困苦的
样子(매우 곤궁하고 난처한 모양). ③ 无告:《孟子·梁惠王下》: "天下之穷民而无告
者."谓无处申诉自己的困苦.(无告는《孟子·梁惠王下》에서 "天下之穷民而无告者(전
국의 가난한 백성들이 의지할 곳이 없다)"라고 했는데, 자기의 어려움을 의지할 데
가 없다는 의미이다.)

处人须要重厚, 待人须要久远.(许衡:《许文正公遗书》卷一《语录上》)

肯替别人想是第一等学问.(吕坤:《呻吟语·应务》)

路径窄处, 留一步与人行: 滋味浓时, 减三分让人食. 此是涉世一极乐法. (洪应明: 《菜根谭》)

救人须救急, 施人须当厄.(冯梦龙: 《醒世恒言》卷十)

虽路人之言, 臧获[1]之智, 皆当取之. 取诸人乃所以与诸人也, 故君子莫大乎与人为善.(孙奇逢: 《孝友堂家训》)

【주석】① 臧获: 古代奴仆之贱称(고대에 노비를 낮춰 부르던 말).

害人之心不可有, 防人之心不可无, 此戒疏于虑者. 宁受人之欺, 勿逆人之诈, 此戒伤于察者. 二语并存, 精明而浑厚矣.(李惺: 《药言》)

当厄之施, 甘于时雨: 伤人之语, 毒于阴冰.(金缨: 《格言联璧·悖凶》)

二. 受恩必报

人之有德于我也, 不可忘也: 吾有德于人也, 不可不忘也.(《战国策》卷二十五《信陵君杀晋鄙》)

无道人之短, 无说己之长: 施人慎勿念, 受恩慎勿忘.(萧绎: 《金楼子·戒子》)

我有功于人不可念, 而过则不可不念.(洪应明: 《菜根谭》)

三. 宽恕待人

成事不说, 遂事不谏[1], 既往不咎[2].(《论语·八佾》)

【주석】① 遂: 已经完成(이미 완성하다). 谏: 规劝君主, 尊长或朋友, 使之改正错误(군주나 촌장 혹은 친구를 타일러 잘못을 고치도록 함). ② 咎: 责备(책망하다, 꾸짖다).

既往不咎: 已经过去的事就不要再责备了(이미 지나간 일을 다시 꾸짖을 필요가 없다).

己所不欲, 勿施于人.(《论语·卫灵公》)

君子贤而能容罢^①, 知而能容愚, 博而能容浅, 粹而能容杂.(《荀子·非相》)
【주석】① 罢(pí畀): 指软弱无能(연약하고 무능함을 뜻한다).

水至清则无鱼, 人至察则无徒.(《大戴礼记·子张问入官》)

君子尊贤而容众, 嘉善而矜^①不能.(韩婴:《韩诗外传》卷五)
【주석】① 矜: 怜悯(가엾게 여기다), 同情(동정하다).

躬自厚而薄责于外.(董仲舒:《春秋繁露·仁义法》)

宽小过, 总^①大纲.(《后汉书》卷四十七《班超传》)
【주석】① 总: 总揽(한 손에 장악하다), 统率(통솔하다), 这里指把握(여기서는 장악
한다는 의미이다).

君子不求备于一人.(《三国志》卷六十四《吴书·诸葛恪传》)

勿以己才而笑不才.(《晋书》卷八十四《殷仲堪传》)

宁人负我, 无我负人.(《晋书》卷一二九《沮渠蒙逊载记》)

人有不及, 可以情恕.(刘义庆:《世说新语·德行》)
君子不责人所不及, 不强人所不能, 不苦人所不好.(王通:《文中子·魏相篇》)

和以处众, 宽以待下, 恕以待人, 君子人也.(林逋:《省心录》)

虽圣人亦不以不能责人之必能.(《欧阳修全集·外集》卷十七《与高司谏书》)

以己之心, 度人之心.(朱熹:《四书章句集注·中庸章句》)

待人要丰, 自奉要约, 责己要厚, 责人要薄.(吕坤:《续小儿语》)

不责人小过, 不发人阴私, 不念人旧恶, 三者可以养德, 亦可以远害.(洪应明:《菜根谭》)

处世让一步为高, 退步即进步的张本: 待人宽一分是福, 利人实利己的根基. (同上)

事后论人, 局外论人, 是学者大病. 事后论人每将知人说得极愚, 局外论人每将难事说得极易, 二者直从不忠不恕生出.(魏禧:《里言》)

四. 崇德扬善

人之有技, 若己有之: 人之彦[①]圣, 其心好之.(《尚书·秦誓》)

【주석】 ① 彦: 才德杰出(재능과 덕이 출중하다).

君子以遏恶扬善.(《周易·大有》象辞)

不夺人之功, 不蔽人之能.(《晏子春秋·内篇·杂下》)

君子崇人之德, 扬人之善, 非谄谀也.(《荀子·不苟》)

见人有善, 如己有善: 见人有过, 如己有过.(《尸子·治天下》)

面折其过, 退称其美.(申居郧:《西岩赘语》)

五. 好恶惟公

苟善所在, 不讥贫贱: 苟恶所错[①], 不忌富贵.(王符:《潜夫论·交际》)

【주석】 ① 所错: 所在(장소, 소재). 错, 同"措", 放置(错는 措와 같다. '방치하다, 놓다'의 의미이다).

不以爱憎匿善.(刘义庆:《世说新语·识鉴》)

圣人一视而同仁, 笃近而举远[①].(韩愈:《韩昌黎集》卷十一《原人》)

【주석】 ① 笃近而举远: 对亲近者诚恳, 对疏远者也同样重视(가까운 자에게 진실하게 대하면 먼 자에게도 똑같이 중요하게 대한다).

君子之于人, 非是全无恶人处, 但好善恶恶, 皆出于公.(朱熹:《朱子语类》卷二十四)

凡事只看其理如何, 不要看其人是谁.(《陆九渊集》卷三十五《语录下》)

于人无憎恶之私, 惟公好恶而行之.(《薛瑄全集·读书续录》卷二)

不可以私意喜一人, 不可以私意怒一人.(胡居仁:《居业录》卷二《学问》)

爱人不以理, 适是害人: 恶人不以理, 适是害己.(魏际瑞:《伯子文集》卷八)

3절. 교우(交友)

중국 고대 사상가들은 교우는 사람의 인생에서 필수적이며 중요하다는 것을 충분히 깨달았으나, "천금은 얻기 쉬우나 자신을 알아주는 이는 구하기 어렵고[千金易得, 知己難求]", "사람을 아는 것은 쉽지 않고 서로 알아주기란 실로 어려움[知人未易, 相知實難]"을 체득하였기 때문에 교우의 분야에서 귀중한 것은 마음을 이해해 주는 것이라 주장하였다. 대체로 붕우는 "믿음을 가르치고 의를 중하게 여길[講信重義]" 것을 기본 원칙으로 삼아야 하며, "군자의 사귐은 담백하여 물과 같고, 소인의 사귐은 달달하여 단술과 같다[君子之交淡如水, 小人之交甘若醴]"라고 하였다. 옛 현인들이 이상적인 교우의 원칙으로 여긴 것은 "마음이 맞는 친구를 중하게 여기고 지향이 같은 친구를 중하게 여기[重神交而重道合]"는 것이며, 붕우의 의리는 "절차탁마하여 서로 바로잡고 권계하고 바르게 충고해[切磨箴規]"는 것에 있어 서로 절차탁마하고 서로 충고한다. "우정은 늘기도 하고 줄기도 하여[友分益損]", 따라서 교우할 때에는 반드시 "신중하게 선택"해야 하며, "덕이 있는 친구와 교우를 맺으며 의롭지 않은 친구와는 절연한다[結有德之友, 絕無義之朋]" 본 절에서 기록한 옛 현인들의 "교우"와 관련된 가르침은 현대인들도 반드시 본받아야 한다.

一. 交友相益
嚶①其鳴矣, 求其友聲. 相②彼鳥矣, 猶求友聲; 矧③伊人矣, 不求友生④?
(《诗经·小雅·伐木》)
【주석】① 嚶: 鸟鸣声(새가 지저귀는 소리). ② 相: 视(보다, 살피다). ③ 矧(shěn审): 况且(게다가, 더군다나). ④ 友生: 朋友(친구).

有朋自远方来, 不亦乐乎?(《论语·学而》)

君子以文会友, 以友辅仁.(《论语·颜渊》)

益者三友, 损者三友. 友直①, 友谅②, 友多闻③, 益矣. 友便辟④, 友善柔⑤, 友便佞⑥, 损矣.(《论语·季氏》)
【주석】① 直: 正直(정직하다). ② 谅: 信实, 诚信(진실되다). ③ 多闻: 见多识广(견문이 넓다). ④ 便(pián骈)辟: 善于回避而不正直(회피하는데 능하고 정직하지 못하다). 便, 擅长(잘하다, 능숙하다). 辟, 同"避"(辟은 避와 같다). ⑤ 善柔: 善于谄媚而不诚实(아첨을 잘하고 진실하지 않다). ⑥ 便(pián骈)佞: 善于夸夸其谈而又没有见闻之实(과장을 잘하고 견문의 진실함이 없다). 佞, 巧言善辩(말만 번드르르하게 잘한다).

人虽有性质美而心辨知, 必将求贤师而事之, 择良友而友之.(《荀子·性恶》)

邻并须来往, 借取共交通①: 急缓相凭仗, 人生莫不从.(《王梵志诗》, 载《全唐诗外编·全唐诗补逸》卷二)
【주석】① 借取共交通: 借取物品互通有无(있는 것과 없는 것을 서로 융통하여 빌려주다).

夫将有为之士, 常喜其类, 盖类同则志合, 志合则力并, 力并则事可行, 功可成.(《李觏集》卷二十七《与章秘校书》)
谁若有许多良朋益友, 谁的后盾就像岩石般坚定.([维吾尔]胸尤素甫·哈斯·哈吉甫:《福乐智慧》)

做伟大事业的时候, 需要努力依靠好友: 火烧大森林的时候, 一定要靠大风相助.([藏族]萨班·贡噶坚赞:《萨迦格言》)

学贵得师, 亦贵得友. 师也者, 犹行路之有导也: 友也者, 犹涉险之有助也. (唐甄:《潜书·讲学》)

二. 知己难求

二人同心, 其利断金: 同心之言, 其臭[1]如兰.(《周易·系辞上》)

【주석】① 臭: 通"嗅"(臭는 嗅와 의미가 통한다), 指气味(냄새를 의미한다).

士有争友[1], 则身不离于令名[2].(《孝经·谏诤章》)

【주석】① 争友: 能够直言规劝的朋友(솔직하게 충고할 수 있는 친구). 争, 同"诤"(争은 诤과 같다). ② 令名: 善名(좋은 이름).

两心不可以得一人, 一心可以得百人.(《淮南子·缪称训》)

人之相交, 贵相知心.(李陵:《答苏武书》, 载《文选》卷四十一)

知人未易, 相知[1]实难.(陶潜:《陶渊明集》卷六《读史述九章·管鲍》)

【주석】① 相知: 指相互知心(서로 허물이 없다).

海内存知己, 天涯若比邻.(王勃:《送杜少府之任蜀州》, 载《全唐诗》卷五十六)

人生贵相知, 何必金与钱.(李白:《李太白集》卷十二《赠友人》)

三. 讲信重义

与朋友交, 言而有信.(《论语·学而》)

朋友有信.(《孟子·滕文公上》)

君子之交淡如水①, 小人之交甘若醴②: 君子淡以亲, 小人甘以绝③.(《庄子·山木》)

【주석】① 淡如水: 水清淡, 喻君子之交不以势利相亲, 而以道义相交, 故亲而久长. (물이 담백하다는 것으로 군자의 사귐이 세력으로 인한 친함이 아니며 도의로서의 사귐이고 그러므로 친구의 정이 오래 감을 의미한다) ② 醴(lǐ里): 甜酒.(찹쌀로 빚은 술을 의미한다) ③ 小人甘以绝: 意谓小人以势利相待, 故“久而怨起”(王达《笔畴》), “忿怒易生”(罗泽南《小学韵语》), 易绝. (소인은 세력과 이익으로 서로를 대하므로 오랜 원한이 생긴다는 의미이다. 王达의 《笔畴》참고. 罗泽南의 《小学韵语》에서 “忿怒易生”은 매우 쉽다는 의미이다.)

士为知己者死, 女为说(悦)己者容.(《战国策》卷十八《晋毕阳之孙豫让》)

贫贱之知不可忘, 糟糠之妻①不下堂②.(《后汉书》卷二十六《宋弘传》)

【주석】① 糟糠之妻: 糟糠, 穷人用以充饥的酒糟糠皮等粗劣食物.(“糟糠”은 가난한 사람이 굶주림을 해결하기 위해 쌀겨와 같은 거칠고 품질이 좋지 않은 식물로 술을 말한다.) 糟糠之妻, 指曾经共过患难的妻子.(조강지처는 환난을 함께 겪은 아내를 가리킨다.) ② 下堂: 遗弃之意.(유기하다. 내버리다.)

盛不忘衰, 达不弃穷, 不疑惑于谗构, 不信受于流言, 经长历远, 久而逾固. (钟会: 《刍荛论》, 载《太平御览》卷四〇六)

非诚心款契①, 不足以结师友.(葛洪: 《抱朴子·内篇·微旨》)

【주석】① 款契: 恳切地结交. (진지하게 교제하다.) 款, 真诚, 恳切.(“款”은 진실하다. 성실하다의 뜻이다) 契, 交友互相投合.(“契”는 서로 마음이 맞는 벗을 사귄다는 뜻이다.)

势利之交, 古人羞之.(刘义庆: 《世说新语·忿狷》)

善交者, 不以出入易意, 不以生死移情. 在终如始, 在始如终.(刘昼:《刘子·
言苑》)

结交贵肝胆, 或则尚道义.(梁绍王:《论交》, 载《清诗铎》卷二十二)

损友敬而远, 益友宜相亲: 所庆在贤德, 岂论富与贫.(陈梦雷:《家范典》)

四. 切磨箴规

切切偲偲[①], 怡怡[②]如也, 可谓士矣. 朋友切切偲偲, 兄弟怡怡.(《论语·子路》)
【주석】① 切切偲(sī斯)偲: 互相恳切地严格要求对方向善.(서로 간곡하고 엄격하게
상대방이 선한 일을 하도록 요구하다.) ② 怡怡: 和顺的样子.(온순한 모양)

君子周[①]而不比[②], 小人比而不周.(《论语·为政》)
【주석】① 周: 指以道义来团结人.(도의로써 단결하다.) ② 比: 指相互勾结结成朋党.
(상호간에 결탁하여 붕당을 결성하다.)

不挟[①]长, 不挟贵, 不挟兄弟而友. 友也者, 友其德也, 不可以有挟也.(《孟子·
万章下》)
【주석】① 挟: 倚仗, 自恃.(의지하다. 기대다.)
非我而当[①]者, 吾师也: 是我而当者, 吾友也: 谄谀[②]我者, 吾贼也.(《荀子·
修身》)
【주석】① 当(dàng荡): 适合, 得当.(적합하다. 적당하다.) ② 谄谀(chǎn yú产于): 巴
结奉承.(아첨하다.)

儒有合志同方[①], 营道同术: 并立则乐, 相下不厌[②]: 久不相见, 闻流言不信.
其行本方立义[③], 同而进, 不同而退. 其交友有如此者.(《礼记·儒行》)

【주석】① 同方: 同一方向. (동일한 방향) ② 并立: 指社会地位相等.(사회적 지위가 서로 같다.) 相下: 指地位上下有别.(지위의 높고 낮음이 서로 다르다.) ③ 本方立义: 本心正直, 所作之事合于道义.(본심이 정직하고, 하는 행동이 도의에 합당하다.)

闻善以相告也, 见善以相示也.(同上)

智可以砥①, 行可以为辅弼者, 人友也.(韩婴:《韩诗外传》卷五)
【주석】①砥: 磨刀石. (숫돌) 磨刀石可以使刀锋利, 此处指朋友的智慧可以启发自己, 故曰"智可以砥".(숫돌은 칼을 날카롭게 만드는데, 이는 자신을 깨우치게 하는 벗의 지혜를 가리킨다. 옛 말로는 "智可以砥(지혜는 가히 숫돌이라 할 수 있다.)"라 한다.)

士立争友, 义贵切磋.(《后汉书》卷六十四《卢植传》)

陷人于危, 必同其难.(《后汉书》卷七十三《公孙瓒传》)

朋友之义, 务在切直以升于善道者也.(徐幹:《中论·贵验》)

君子交有义①, 不必常相从.(郭遐叔:《赠嵇康二首》之二, 载《诗纪》卷十八
【주석】① 义: 道义.(도덕과 정의)
善交则狎①而不慢②, 和而不同③. 见彼有失, 则正色而谏之: 告我以过, 则速改而不惮. 不以忤④彼心而不言, 不以逆我耳而不纳, 不以巧辨饰其非, 不以华辞⑤文其失. 不形同而神乖⑥, 不匿情而口合, 不面从而背憎. 不疾人之胜己, 护其短而引其长, 隐其失而宣其得.(同上)
【주석】① 狎: 亲近. (친하다, 가깝다) ② 不慢: 严肃. (엄숙하다, 진지하다) 慢: 放肆. (慢은 버릇없이 굴다, 방자하다의 의미이다) ③ 和而不同: 语出《论语·子路》"君子和而不同", 此处指朋友间坚持正确意见, 互相交流, 达到和谐, 而不是无原则地随声附和. (《论语·子路》에 "君子和而不同"라는 말이 보이는데, 여기서는 친구사이에 정

확한 의견을 단호히 하면서 서로 교류하면 잘 어울리게 될 것이고, 그렇지 않으면
원칙 없이 남의 언행을 따르게 된다) ④ 忤: 抵牾. (모순되다, 충돌하다) ⑤ 华辞:
虚饰之言.(겉만 그럴 듯하고 실속은 없는 말) ⑥ 乖: 违背.(위반하다, 배반하다)

交友投分①, 切磨②箴规③.(周兴嗣:《千字文》)
【주석】 ① 投分: 意气相投.(의기투합하다) ② 切磨: 指互相切磋琢磨.(서로 함께 토
론하고 연구하다, 깊이 생각하다) ③ 箴规: 指彼此规谏劝诫(서로 충고하여 타이르다)

能攻①人之实病, 至难也: 能受人之实攻者, 为尤难. 人能攻我实病, 我能
受人实攻, 朋友之义, 其庶几②乎.(《胡宏集 · 知言 · 事物》)
【주석】 ① 攻: 指责, 批评.(책망하다, 비판하다) ② 庶几: 近似, 差不多.(유사하다, 비
슷하다)

须是德业相劝勉, 过失相箴规, 乃为益友.(吕坤:《四礼翼 · 蒙养礼》)

五. 慎择益友
君子居必择乡, 游必就士.(《荀子 · 劝学》)

匹夫不可以不慎取友.(《荀子 · 大略》)
与君子游, 芯①乎如入兰芷之室, 久而不闻, 则与之化矣: 与小人游, 贷②乎
如入鲍鱼之次③, 久而不闻, 则与之化矣. 是故君子慎其所去就(《大戴礼记 ·
曾子疾病》)
【주석】 ① 芯(bì必): 馨香, 香气浓郁.(향내, 향기가 진하다) ② 贷: 意为以其身贷予小
人.(그 몸을 소인에게 빌려준다는 의미이다) ③ 鲍鱼之次: 臭咸鱼市.(시장에서 소금
에 절인 물고기의 냄새가 지독하다) 次, 此处指市.(次는 여기에서 시장을 의미한다.)

善人同处, 则日闻嘉训: 恶人从游, 则日生邪情.(《后汉书》卷四十八《爱

延传》)

近朱者赤, 近墨者黑.(傅玄:《傅子·太子少傅箴》)

与善人居, 如入芝兰之室, 久而自芳也: 与恶人居, 如入鲍鱼之肆, 久而自臭也. …… 君子必慎交游焉.(颜之推:《颜氏家训·慕贤》)

乃知择交难, 须有知人明. 莫将山下松, 结托水上萍.(白居易:《白氏长庆集》卷二《寓意诗》)

友正直者日益, 友邪柔者日损.(《薛瑄全集·读书录》卷七)

落落者①, 难合亦难分: 欣欣者②, 易亲亦易散. 是以君子宁以刚方见惮③, 毋从媚悦取容.(洪应明:《菜根谭》)

【주석】① 落落者: 气质孤高, 与人难合者.(성격이 거만하고 사람과 어울리는 것이 어렵다) ② 欣欣者: 欣欣, 喜乐貌(기쁘고 즐거운 모양) 欣欣者, 指为人随和, 易于交往者.(됨됨이가 온화하고 쉽게 사귈 수 있는 사람을 말한다) ③ 刚方见惮: 严厉正直, 使人生畏.(엄격하고 정직하여, 두려워할 만하다, 감탄스럽다.)

居有恶邻, 坐有损友, 借以检点自慎, 亦是进德之资.(申居郧:《西岩赘语》)

4절. 인화(人和)

중화민족은 원래 "조화를 귀하게 여김[貴和]"으로 유명하며, "어진 이와 친하게 지내고 이웃과 잘 지낸다[親仁善鄰]", "믿음을 가르치고

화목함을 닦는다[講信修睦]", "하늘의 때는 땅의 이로움만 못하고 땅의
이로움은 사람의 화목함만 못하다[天時不如地利, 地利不如人和]", "자
신에게 품은 원한을 풀어야지 맺어서는 안 된다[怨家宜解不宜結]" 등의
격언은 줄곧 다민족, 대가족인 우리들의 정신적 연결 고리가 되었다.
본 절에서는 이와 관계있는 옛 현인들의 순언(粹言)을 선별하여 수록
하여 "인화(人和)"의 합리 사상을 반영하였다. 처음은 "화이부동(和而
不同)"으로, 덕을 같이하고[同德] 마음을 같이하며[同心] 뜻을 같이하는
[同志] 것을 기본으로 하고, 원칙을 고수하는 한에서 "서로 조화를 이
룬다[相濟]" 그 다음은 "화목창제(和睦昌濟)"로, 이것은 비록 자연 경제
와 종법제의 특색을 조금 지니지만 그 기본 정신은 여전히 제창하고
발전시킬 만한 가치가 있다. 그 다음은 "인화위기(人和爲貴)"로, "인화"
의 가치가 함의하는 것을 밝혔다. 오늘날 계획경제체제에서 시장경제
체제로 전환되는 과정에서, 우리는 전통의 "인화" 정신을 발전시켜, 정
국의 안정과 국민의 단결을 유지하는 측면에서 개혁과 개방을 순리적
으로 진행하고 지속적 성장을 책임지는 것이 전적으로 필요하다.

一. 和而不同

君子和而不同①, 小人同而不和②.(《论语 · 子路》)

【주석】① 和而不同: 不同的事物, 互相和谐, 组成一个有机整体, 谓之和. 同一类事
物, 集合在一起, 谓之同. 古人重和而轻同. "和而不同", 谓"君子"尚义, 无乖戾之心,
虽所见各异, 各不苟同, 然能和谐统一, 不求"专同".(각기 다른 사물은 서로 어울리어
하나의 유기적인 완전체를 만드는 것을 화라고 말한다. 같은 종류의 사물이 한군데
결합되는 것을 동이라고 말한다. 옛 선조가 화를 중시하고 동을 경시했다. 화이부
동은 곧 군자는 의를 받들고 괴팍하지 않은 마음이 있어야 한다. 비록 각기 다름이
보이더라도 각각으로 동의하지 않으며 화해로 하나를 이룰 수 있다. 오로지 같은

것을 추구하지는 않는다.) ② 同而不和: 意谓"小人"尚利, 专同于嗜欲, 然各有争心, 故不和. (소인은 이익을 중시하며 사치와 욕심으로 모든 것을 같게 하려 한다. 그리하여 각기 다투는 마음들이 있다. 그래서 화합하지 못한다)

四海之内, 皆兄弟也——君子何患于无兄弟也?(《论语·颜渊》)

君子和而不流①.(《礼记·中庸》)
【주석】① 流: 指随波逐流, 即只会点头附和别人的意见, 而不敢持独立的见解.(남이 하는 대로만 따라하면 남의 의견만을 따르게 되고 자신의 견해를 주장하지 못한다는 의미이다) 或指同流合污.(또는 나쁜 무리와 한패가 된다는 뜻이다.)

和羹之美, 在于合异①: 上下之益, 在能相济②.(《三国志》卷九《魏书·夏侯玄传》)
【주석】① 和羹之美, 在于合异: 春秋齐晏婴论"和同"曰: "和如羹焉, 水火醯醢(xī hǎi 西海)盐梅以烹鱼肉, 燀(chǎn产)之以薪, 宰夫和之, 齐之以味, 济其不及, 以泄其过, 君子食之以平其心."(《左传·昭公二十年》)故有"和羹之美, 在于合异"之说. 意谓美味的佳肴, 在于和合各种不同的调味品.(춘추시대 제나라 안영이라는 사람이 "화동"에 대해 말하기를 화는 국과 같다고 하였다. 끓는 물에 식초와 젓갈, 소금과 매화를 넣고 고기를 삶아서 땔감을 땐다. 사람이 그것을 합하여 맛을 내고 급하지도 않고 넘치지도 않게 하여 군자가 그것을 먹으면서 마음의 평온을 찾는다.《左传·昭公二十年》 참고. 그러므로 국과 같은 아름다움은 각기 다른 것의 조화에 있다는 말이다. 곧 맛있는 요리는 각기 다른 종류의 조미료를 함께 어우러지는데 비결이 있다는 뜻이다.) ② 上下之益, 在能相济: 晏婴又曰: "君所谓可而有否焉, 臣献其否以成其可; 君所谓否而有可焉, 臣献其可以去其否. 是以政平而不干, 民无争心." 此即所谓"上下之益, 在能相济". 也即"和而不同"之义. 안영이 또 이르기를 "군주가 옳다고 하는데 옳지 못함이 있으면 신하가 그 옳지 못한 바를 아로어 옳음을 이루고, 군주가 옳지 않다고 하는데 옳음이 있으면 신하가 그 옳음을 아뢰어 그 옳지 못함을 제거합니다. 그러므로 정치가 공평하여 어긋나지 않고 백성은 다투는 마음이 없는 것입니다. " 라

고 하였다. 이 말은 곧 上下의 이익이 서로 조화를 이룬다는 뜻이다. 곧 화합은 되나 똑같지는 않다는 뜻이다.

二. 和睦昌济

兄弟敦和睦, 朋友笃信诚.(陈子昂:《陈拾遗集·座右铭》)

内睦者家道昌, 外睦者人事济.(林逋:《省心录》)

家有一心, 有钱买金: 家有二心, 无钱买针.(徐田臣:《杀狗记》第十九折)

家和万事成.(同上)

懂得同别人和睦相处, 才是有识之士: 就连牲畜之类, 不是也能类聚?!([藏族] 萨班·贡噶坚赞:《萨迦格言》)

三. 人和为贵

亲仁善邻①, 国之宝也.(《左传·隐公六年》)
【주석】① 邻: 这里指邻国.(여기서는 이웃나라를 의미한다.)

礼之用, 和为贵①, 先王之道, 斯为美.(《论语·学而》)
【주석】① 和为贵: 以和为最高价值.(화합을 최고의 가치로 삼다) 贵, 价值高. (贵는 가치가 높다는 의미이다.)

不和于国, 不可以出军: 不和于军, 不可以出阵: 不和于阵, 不可以进战: 不和于战, 不可以决胜.(《吴子·图国》)

天时不如地利, 地利不如人和.(《孟子·公孙丑下》)

众心成城, 众口铄金①.(《国语·周语下》)
【주석】① 此句意思是说, 众人一心, 力量坚固如同城墙: 众口一词, 可以熔化金属. (여러 사람이 한 마음이면 그 힘의 견고함이 마치 성벽과 같고, 여러 사람이 한 목소리를 내면 금속도 녹일 수 있다.)

千人同心, 则得千人之力: 万人异心, 则无一人之用.(《淮南子·兵略训》)

福善之门莫美于和睦, 患咎之首莫大于内离. (《汉书》卷八十《东平思王宇传》)

单者易折, 众者难摧.(崔鸿:《三十国春秋·西秦录》, 载《太平御览》卷三四九)

중국의 전통도덕

초판 1쇄 인쇄   2015년 8월 10일
초판 1쇄 발행   2015년 8월 15일

주 편   뤄궈제(羅國杰)
옮긴이   초위림 · 김강일 · 이형준
감 수   김승일
발행인   김승일

펴낸곳   경지출판사
출판등록   제2015-000026호
판매 및 공급처   도서출판징검다리 / 경기도 파주시 산남로 85-8
　　　　　　　Tel : 031-957-3890~1 Fax : 031-957-3889
　　　　　　　e-mail : zinggumdari@hanmail.net

ISBN 979-11-955508-3-8   03320